中国科学技术专家传略

理学编
物理卷 4

中国科学技术协会　编

中国科学技术出版社

·北京·

图书在版编目（CIP）数据

中国科学技术专家传略．理学编．物理卷．4/中国科学技术协会编．—北京：中国科学技术出版社，2012.3

ISBN 978 - 7 - 5046 - 6050 - 3

Ⅰ．①中… Ⅱ．①中… Ⅲ．①科学家 - 列传 - 中国 - 近现代②物理学家 - 列传 - 中国 - 近现代　Ⅳ．①K826.1

中国版本图书馆 CIP 数据核字（2012）第 048684 号

本社图书贴有防伪标志，未贴为盗版

中国科学技术出版社出版

北京市海淀区中关村南大街 16 号　邮政编码：100081

电话：010 - 62173865　传真：010 - 62179148

http://www.cspbooks.com.cn

科学普及出版社发行部发行

北京中科印刷有限公司印刷

*

开本：850 毫米×1168 毫米　1/32　印张：17.5　字数：454 千字

2012 年 5 月第 1 版　　2012 年 5 月第 1 次印刷

印数：1 - 1000 册　　定价：62.00 元

ISBN 978 - 7 - 5046 - 6050 - 3/K · 103

物理学卷编纂委员会

主　　编　杨国桢

编　　委　（按姓氏笔画为序）

　　　　　王　牧　王恩哥　朱伯荣　刘寄星

　　　　　杨国桢　吴伟文　谷冬梅　陆　果

　　　　　聂玉昕　钱　俊　戴念祖

责任编辑　张　日

封面设计　赵一东

责任校对　孟华英

责任印制　李春利

总　　序

在中国古代科学技术发展的历史上，曾经出现过不少卓越的科学家和技术专家。他们所创造的辉煌成就，不论在科学或是技术方面都对世界文明的发展作出过杰出的贡献，使中华民族毫无愧色地屹立于世界民族之林。例如，火药、指南针、造纸和印刷术的发明和西传，促进了近代欧洲的社会变革和科学技术发展，以至整个人类社会的进步。

但是，从15世纪起，由于中国的封建社会进入晚期，日趋腐朽没落，严重地束缚了生产力的发展，使中国长期居于世界领先地位的科学技术停滞、落后了。近代科学技术在资本主义的欧洲兴起。1840年，资本主义列强乘坐坚船，使用利炮，轰开了古老中国的大门，清王朝丧权辱国，中国逐步沦为半殖民地、半封建社会。

近代中国的历史是一部在苦难中求生路的奋斗史。鸦片战争的耻辱唤醒了中国的知识界，不少正直的知识分子和爱国的仁人志士，抱着"科学救国"的美好愿望，为了探求民族富强之路，进行了艰苦卓绝的奋斗。他们有的长年战斗在祖国科研、教学岗位上，为振兴科学而呕心沥血；有的漂洋过海到日本和西方国家学习科学技术，为着祖国的昌盛而献身科学、刻苦求知，学成之后重返故里，引进了大量西方近代的科学和技术，传播了先进的科学思想和科学方法。在当时的条件下，他们回国之后大多在高等院校任教，传授知识，培育人才，开拓科学技术研究领域，筹建科学研究机构，组织学术团体，出版学术刊物，辛勤耕耘于教育与科研领域，为振兴中华而不遗余力。让我们永远记住他们——鸦片战争以来祖国科学技术事业开拓者们的功勋；永远不要忘记他们在艰难的岁月里，为祖国所作的奉献和牺牲。

历史事实告诉我们，科学技术不仅可以创造新的生产力，而且是推动社会、经济、文化发展的重要力量。中华人民共和国成立之后，尽管我国的科学技术事业和祖国的命运一样，经历了不平坦的路程，但在中国共产党的领导下，广大科学技术工作者始终顽强奋斗、执著追求，在国防建设、经济建设、基础科学和当代各主要科学技术领域里都取得了举世瞩目的成就，为社会主义祖国的现代化建设奠定了重要基础，为国家争得了荣誉，提高了我国的国际地位。一代又一代的科学技术专家，接过前辈爱国主义和科学精神的火炬，成长起来了。他们没有辜负人民的期望，为我国科学技术事业的发展作出了巨大贡献。

在这场科技长征之中，不少科技专家表现出了高贵的品质。有的终生严谨治学，着力创造；有的用自己的身体进行病毒试验；有的在临终前还在继续写作科学技术论著；有的一生节衣缩食，却将巨款捐赠学会，作为培养青年的奖学金。他们用生命谱写了中华民族的科学文化史，他们在雄伟壮丽的科学技术事业里，留下了可歌可泣的事迹，不愧是共和国的栋梁，代表了有着悠久文明史的中华民族的精神。

为了填补中国近、现代科学技术史的空白，宣传"尊重知识、尊重人才"，弘扬中国科学技术专家"献身、创新、求实、协作"的高尚情操和科学精神，中国科学技术协会于1986年6月在第三次全国代表大会上决定编纂出版《中国科学技术专家传略》。

这是一部以中国近、现代科学技术人物为主线，反映中国科学技术发展进程的史实性文献。其目的是为中国著名科学技术专家立传，记载他们的生平及其对祖国乃至对人类科学技术、经济、文化和社会发展作出的贡献，为中国科学技术史的研究提供史实，并从中总结经验与教训。因此，它是一项需要长期坚持的、具有历史意义的工作。只有持之以恒，不断积累，方可形成一部反映中国近、现代科学技术发展史实的、综合的、系统的、具有权威性的文献。它的编纂方针是运用历史唯物主义的观点，坚持实事求是的原则，以翔实可靠的材料，通俗生动的文字，准确简练地介绍我国近、现代著名科学技术专家，力求文献性、学术性、思想性、可读性的统一。主要读者对象为科技领导工作者、科技工作者、科技史研究工作者、高等院校师生。

这是一部在中国科学技术协会主持下，组织数以千计的专家、学者撰写编纂的大型文献。编纂机构由总编纂委员会、学科（各编）编纂委员会、分支学科（各卷）编纂委员会（或编写组）组成。参加各级编纂委员会工作的有中国著名的科学技术专家200余人。凡在学科创建、科学技术领域开拓、理论研究、应用技术的发明创造和推广普及、重点项目的设计施工、科学技术人才培养等方面作出重要贡献的中国近、现代科学技术专家，经分支学科领域编纂委员会提名并通过，征求有关学会的意见，由学科编纂委员会审定资格后列选入传。

《中国科学技术专家传略》分工程技术、农学、医学、理学四编。工程技术编分为：力学、机械、交通、航空航天、电子电工、能源、化工、冶金、自动化及仪器仪表、土木建筑、纺织、轻工12卷；农学编分为：作物、植物保护、林学、养殖、园艺、土壤肥料、综合7卷；医学编分为：基础医学、临床医学、预防医学、中医学、药学5卷；理学编分为：数学、物理学、化学、天文学、地学、生物学6卷。

编纂出版《中国科学技术专家传略》也是进行爱国主义教育、加强社会主义精神文明建设的一种重要形式。中国科学技术协会是科学技术工作者之家，为我们的科学技术专家立传，义不容辞。应当把我们这个"大家庭"中代表人物的业绩和品德记载下来，延续下去，达到激励来者之目的。因此，这也是中国科学技术协会的一件重要工作。

世界近百年的历史教育了中国人民：一个没有现代科学技术意识和实力的民族，永远不能自立于世界民族之林。我们殷切期望从事科学技术工作的后来者，继先驱之足迹，扬民族之文明，前赴后继，青出于蓝而胜于蓝，为振兴中华奋斗不懈。

钱三强

1991 年 3 月 4 日

前　　言

　　受中国科学技术协会及其《中国科学技术专家传略》（以下简称《传略》）总编纂委员会的委托，由中国物理学会组织编撰的《传略》理学编物理学4卷业已顺利完成并出版面世。

　　至此，包括先前编辑出版的《传略》理学编物理学1、2、3卷在内，已收集了我国198名物理学家的重要资料。其内容主要为他们的生平、学术活动和主要贡献等，并附其简历与代表作目录，进行了如实、全面的记述。为便于广大读者及有关方面的了解和查阅，现将前三卷中专家的名单附在了"附录"中。

　　从19世纪后期开始，物理学研究向微观领域的深入发展，导致了以量子力学和相对论为代表的近代物理学的产生和蓬勃发展，对人类社会发展带来了空前的革命性的变化。

　　20世纪是我国物理学勃兴的一个重要历史时期。从早期西方先进科学技术与知识的引入开始，经过一代代人的不懈努力、执著追求，近代物理学已在中国这片沉睡的土地上生根、开花、结果，令世人瞩目，并促进了我国经济社会的进步与发展。

　　无疑，这是我国无数物理学工作者艰苦创业、呕心沥血、开拓奋进的结果。而入传《传略》理学编物理卷的专家们，就是其中的突出代表。现已出版的《传略》理学编物理学4卷中的39名专家，大多出生在1936～1940年间，其中以潜心科研和从事教学工作的居多，分布于全国不同地区各个不同的专业岗位和工作部门。他们奋斗一生、敬业奉献，为我国经济建设和社会进步作出了重要贡献。他们创造的光辉业绩，将永载于共和国科学史册。

可以看到，本卷《传略》中专家们的经历、成就和爱国情怀与优良品德，印记着我国时代变迁的特征，也从一个侧面折射出近代物理学在中国崛起与发展的曲折历程。今天编辑、出版他们的传记，是留下的一份宝贵财富，且愈久弥珍。他们不仅是广大专家学者的学习楷模，并将激励年轻一代奋发图强，发扬优良传统，共同肩负起国家赋予的历史使命和光荣责任。从另一方面的意义来说，《传略》理学编物理学卷以系列性渐次编辑出版，为当代人和后世人探究 20 世纪中国近代物理学的发展史提供了又一可靠资料，以史为鉴，其中值得让人们铭记和借鉴。

需要说明的是，由于资料收集不全，难免会有遗缺；或在传记的评述和文字等方面可能存在缺点和不妥之处，敬请广大读者提出宝贵意见、批评指正，使之不断补充和改进。

杨国桢

2011 年 4 月

目　　录

李复几

(1881—1947)

李复几,中国第一位物理学博士。是中国近代物理学先驱者之一。1907 年,他以碱金属光谱的分光镜实验证明了勒纳(Philipp Lenard)提出的光谱形成机制的理论是错误的。开创了中国人自行生产钢铁及炼铁炉配套机械,自行制造煤矿机械、铁路桥梁构件、盐井生产机械,为中国机械工程事业的发展和中国工业近代化作出了重要贡献。

李复几,原名福基,字泽民,江苏吴县(今苏州)人。清光绪七年十月十八日(1881 年 12 月 9 日)生于上海一个梨园世家。其祖父是吴中伶工,善昆曲,即今日之昆曲艺术家,常饰旦登场。其父李维其(约 1864—?)继承父业,主清音班。据德国波恩大学档案馆藏李复几自填家世履历,言其父"李盛昌是位班主"。"盛昌"当是李维其艺名。其姑亦善昆曲与京剧,艺名"花春林",表演艺术惊艳苏沪,名噪一时。然而,对李复几影响一生的是其历任汉阳钢铁厂总办、汉冶萍公司①协理、经理、高级顾问的叔父李维格（1867—1929）。李复几的学业与工作经历都与其叔李维格有直接关联。

私塾习业多年之后，1897 年，16 岁的李复几在其叔李维格引导下入长沙时务学堂念书。1899 年，又随其叔转入南洋公学中院。南洋公学乃今日上海交通大学之前身，"中院"相当现在的中学。1901 年，李复几以优异成绩毕业于中院，成为南洋公学中院首届毕业生之一。按理，中院毕业生可直接升上院（相当今日大学），但因学校生源缺乏和办学经费困难，上院缓办。为解决这批学生继续学业的问题，由南洋公学时任总理（今校长）劳乃宣提议、并获公学督办盛宣怀允准，李复几等 4 人由公学出资派往英国留学，并指定李复几出国学习机械学。

1901 年秋，李复几入伦敦国王书院（King's College）短期学习英语后，进入芬斯伯里学院（Finsbury College）习机械工程。后在伦敦机械工程师研究所（Institution of Mechanical Engineers）实习，再入伦敦大学，1904 年毕业。毕业后，李复几前往德国杜塞尔多夫的汉内尔机器厂（Haniel Company in Dusseldorf）实习。1905 年初，留学 4 年期限将满，李复几向母校请求延期两年，以便在德国继续深造。其申请获得南洋公学提调兼总理张美翊、督办盛宣怀准许。张、盛两人赞扬李"才品甚优，有志向学，自应展长学期方能造就成材，以备回华效用"。于是，李复几于 1906 年 5 月入波恩皇家大学（Königliche Universität in Bonn，即今波恩大学），在该校艺术系自然科学专业（Natural Science at the Arts Faculty）师从物理学家凯瑟尔（Heinrich Kayser）

---

① "汉冶萍公司"，全称汉冶萍煤铁厂矿公司，中国最早的钢铁联合企业。光绪十六年（1890），张之洞（1837—1909）在湖北汉阳建炼铁厂、在大冶办采矿厂；光绪二十四年（1898），又在江西萍乡开办煤矿。光绪三十四年（1908），合并成立汉冶萍公司。

教授作光谱研究。8 个月后，即 1907 年 1 月（光绪丙午三十二年冬），李复几完成博士论文。3 月 5 日（光绪丁未三十三年正月廿一日），被该校授予高等物理学博士学位。李复几时年 26 岁。

李复几在伦敦期间，是伦敦中国协会会员，中国联谊会负责人；在欧洲大陆期间，曾任巴黎佛教俱乐部名誉主席，欧洲中国 Duc Tsch Tsih① 布道团志愿人员。

1907 年夏，李复几回国至上海。此时，南洋公学已更名为上海高等实业学堂，属清政府邮传部管辖。1908 年 8 月~1910 年 7 月，李复几任该校机电科教员。1909 年兼职上海高昌庙江南船坞副工程师。1910~1913 年，任职（或兼职）上海南洋劝业会研究会机械馆书记（相当现在之秘书）。南洋劝业会研究会成立于宣统二年（1910），下设教育馆、机械馆、工艺馆、医学馆、农业馆、美术馆、武备馆等，各馆多有产业、产品鉴定、产品说明多层实体。它是一个集研究、开发和教育于一体的组织，其性质类似于美国于 1846 年在华盛顿成立的史密逊协会（Smithsonian Institution，又译为史密逊研究院）。可惜，南洋劝业会研究会在 20 世纪初期的军阀混战中存时未久。

南洋公学资遣出国留学生均需与校方订立一"具结"文书，保证"毕业回国听候监督示谕……倘有中途无故转业，或未奉允准自行改业以及私行他就等情，情愿甘罚缴学费"云云。故而，李复几并不像其他官费或公费留学生可回国自谋教职。他只能在盛宣怀势力圈内就业。加之其叔李维格举荐，他就进入到当时"实业建国"的行业中了。约 1912 年起，李复几历任汉阳铁厂机器股主任（股长），汉口工巡处总工程师，外交部特派员汉口工程秘书。1917~1926 年，任汉冶萍公司萍乡煤矿总机器师（机械制造处处长）。其间，于 1923 年曾申请出国进修，公司以

① Duc Tsch Tsih 疑是"大施舍"三字的韦氏音标，且带有上海口音或江浙口音。

经济困难为由未予允许。从 1926～1930 年，先后任津浦铁路济南厂厂长，粤津铁路徐家棚修理厂厂长，徐州华东煤矿公司机电主任，并曾短期出任复旦大学理工科教授、主任。1930 年初，居故里苏州，职业不定，以承接机械制造或筑路修桥工程谋生。家道尚富。1935 年又出任汉口工巡处总工程师。1936 年入四川，任四川盐务局总工程师，往返于自流井与贡井（今自贡县）、荣县等盐矿之间。他一生对铁、煤、盐矿业机械作出了巨大贡献。1947 年 9 月 16 日病逝于四川自贡。

以实验否定"中空火焰"的光谱理论

在 19 世纪、20 世纪之交，光谱实验及其规律的数学表达式成为物理学家和数学家的热门课题。

早在 1883 年，李复几的导师凯瑟尔及其合作者龙格（C. Runge）测量了许多元素的光谱，他们从中发现了谱线系的间隙与强度呈规则性变化的现象，提出了一种表示该变化的数学公式。1885 年，巴尔末（J. J. Balmer）在可见光范围内总结了氢谱线波长的公式；1890 年，里德伯（Rydberg）公式发表；闻名的塞曼（Zeeman）效应发于 1896 年。在李复几发表论文之后一年，即 1908 年，帕邢（F. Paschen）发表了后来被称为帕邢谱线系公式。

在探讨光谱形成的物理机制方面，当时也产生了许多理论设想。例如，凯瑟尔等人曾提出发射中心说，认为光谱线系的载体或激励体系至少有几个不同的发射中心，他们估计碱金属的发光蒸汽有 6 个不同的中心，这是载体发射中心说。在当时较有影响的理论是勒纳（P. Lenard）在 1903 年提出，1905 年完善的假说：在火焰或电弧中，不同发射中心在空间上是分开的；光弧是由大量相互包裹起来的中空火焰层组成的，每一个火焰层都是一个不同的发射中心，每个中心发射一个线系；主线系出现在电弧

（或火焰）外层，第一副线系靠近核心一层，第二副线系更靠近核心，等等，这是火焰发射中心说。按照他的理论，人们应当在所有光谱线处观察到相应的中空火焰形状，而且主线系的火焰中空形状最大，第一、第二副线系的中空形状逐渐缩小。

李复几的博士论文是《关于 P. Lenard 的碱金属光谱理论的分光镜实验研究》。其主要内容为，以高倍摄谱仪拍摄钠在电弧中的火焰图像，验证勒纳提出的关于光谱形成原因的火焰中心发射说是否成立。

为了验证勒纳的理论，李复几在其导师指导下，在波恩大学物理研究所作了有关的实验研究。他将钠放入两根碳棒做成的电弧中，并用摄谱仪拍下火焰照片。他用的摄谱仪是当时最好的摄谱仪，可以在 0.01 秒曝光时间内拍下清楚的铁弧光谱。实验分为两步：一是确证火焰中空；二是判别其大小。如果勒纳的理论正确，那么实验第一步应当能在拍摄的光谱图中显示出中空火焰，而且在火焰边缘有一明亮厚层，在底片上就显得较暗。但是，李复几在拍摄大量照片中，即使以高倍放大镜在毛玻璃上观察，也"没有一次有这种现象，连一丝痕迹都没有，火焰图像在画面上依据线系的强度具有相同的阴暗，只有边缘处强度下降，以便尽快达到零值"。"可以肯定地说，发射各个谱线的火焰不是中空的"。第二步稍微复杂些，起初的实验证实了勒纳的假设。后来经过理论分析表明，火焰图像的大小实际上是与其强度相关的，"各种波长的谱线如果均以同样的强度由弧的各处发射，那么，所有光谱图像就应该一样大"。事实上，找不到这样的光谱线系，而是最强的谱线图像最大，最弱的谱线图像最小。李复几又进一步采用加大光圈或延长曝光时间的方法，结果发现，对于光谱而言，"光圈加大一倍，第一副线系谱线的图像就和正常光圈时主线系的一样大；再加大光圈，第一副线系的图像还可以大于最小光圈时主线系的图像。"如果保持光圈不变，延长曝光时间，也得出同样的结果。李复几得出的结论是："在极短的曝光时间里，对于副线系来说强度太弱才造成其图像显得小的缘故。"

通过上述两种实验，李复几断言："我相信，这足以证明勒纳关于光孤由大量相互包裹的中空火焰组成、每一火焰都是一个不同的发射中心、每个中心发射一个线系的假说是不正确的。"他的论文还指出勒纳的错误原因：第一是勒纳的光谱理论的错误，勒纳的理论认为，主线系是带中性电荷的原子引起的，第一副线系是失去一个电子的带正电的原子引起的，第二副线系是又失去一个电子的原子引起的，等等；第二是勒纳以肉眼观察分光谱中的图像，而没有借助任何摄像技术。

勒纳于 1905 年因阴极射线的研究而获得诺贝尔物理奖。鉴于他在 20 世纪初物理学界的影响，李复几以实验证实他的光谱理论假说的错误，对物理学的正确发展是有助益的。

自然，在玻尔（N. Bohr）于 1913 年发表氢原子能级理论之前，尤其在量子力学诞生之前，提出有关光谱理论的许多假说中大多属于猜想，含混不清，甚至错误，这是可想而知的。科学史又往往揭示出，许多错误的假说又曾是正确理论的产婆。勒纳的火焰发射中心说一方面酷似托勒密的宇宙体系，另一方面又在那近十年间对于原子模型的种种假说的建立产生了一定的影响。

对中国机械工程发展的贡献

李复几在欧洲学成回国后，在上海高等实业学堂和复旦大学短期任教。虽然他未曾进入南高北大（南京高等师范和北京大学）等名校不无遗憾，然而他却以其机械和物理知识为中国机械工程事业的发展和中国工业近代化作出了重要贡献。

1914 年，在袁世凯和丁士源（时任汉口海关税务监督）议决重修汉口市政工程中，李复几受聘为汉口工巡处总工程师和外交部特派员汉口工程秘书。他于 1915 年制订《汉口重建及其扩展规划》，对汉口城市道路、卫生设施、商业与工业区布局作出全面规划。由于经费匮乏、军阀割据与外国势力插手多方原因，此计划未能得以及时实施，却奠定了汉口市此后半个多世纪市政面貌发展的基本轮廓。

自1912年李复几任职汉冶萍公司起，他开创了中国自行生产钢铁、制作钢铁炉全套机械配件，自行制造煤矿机械和铁路桥梁构件的先河。1923年1月李复几在致汉冶萍公司总经理关于"请资遣出洋考察"报告中自述道："自民国元年（1912）供职汉阳铁厂机器股主任十一年，先后完全修竣厂所有新旧大小机械工程。民国来汉厂钢铁乃是纯粹国人同事在厂协成。更始三年（1914）四号化铁炉全套机械配置竣事，亦悉无外助。厂长所引以为佳。及于六年（1917），供职萍乡煤矿制造处主任，又七年（1923）于兹矣。矿上工程，照常维持进行，历有节费、增功比较。而欧战期间，特来矿外工程多种。大冶新厂（有）国外不济之精巧机械名件凡九百吨，多由萍矿制造处按期建成运交。大岛君①尝称冶厂得一大助。综前后十年所得，以告厥成功，无大贻误……"

自从清末洋务运动以来，所有厂矿，机械之设计及生产均聘有外国技师以指导其业。然，自李复几始，汉阳铁厂钢铁生产及其新旧大小机械工程、炼铁炉全套机械配置"乃是纯粹国人所为"而"悉无外助"。非但如此，第一次世界大战期间，外国不售卖予中国的精巧机械也多由萍矿制造处自行设计生产。如此，连握有汉冶萍公司多半股权的日本代表大岛君亦不能不称赞李复几为该公司"得一大助"。萍矿制造处原本是一个修理厂，此时成为一个可独立制造的工厂。1920年起，在李复几主持下，该厂先后制造了行车能力为 E_{40}、E_{45}② 的桥梁构架。迄1923年的4

---

① "大岛君"，疑为当时汉冶萍公司日本股权代表，也未可知。

② E_{40}、E_{45}抑或指具有特定物理性能（如几何形状、尺度、钢铁弹性或范性模量等）的桥梁构架的标号。本可在20世纪30年代相关的机械工程手册中获知，然，相关书籍大多被图书馆当废品处理了，笔者一时难求，尚请识者匡我不逮。

年中，制成京汉铁路大小桥梁93座。仅桥梁一项为汉冶萍公司获净利20余万大洋。同时，该厂还试验铁轨所用窝钉钢材性能，制造了拖轮机所用的蒸汽锅炉等。这在中国铁路史、桥梁史和交通史上也是前无古人之奇迹。1923年，李复几向公司夏偕复（1916年接任盛宣怀总经理之职）总经理、盛思颐（盛宣怀之子）副总经理申请出国进修，以了解国外机器进展并求自身知识之提高。公司以"经济如此困难，安有余力出此经费"而拒绝。从此，李复几的机械成就未再有"独上高楼凭阑处"了。

李复几在入川任监务局总工程师后，往来于自贡、荣县等盐矿产地，改进了掘井、提取、传运等井盐生产机械。自明清以来，盐井故乡自贡等地的传统生产方式逐渐转为近代机械生产方式，当有李复几的一份辛劳与智慧。

（戴念祖）

简 历

1881年12月9日　生于上海

1897—1899年　就读于长沙时务学堂

1899—1901年　就读于南洋公学中院

1901—1904年　入英国芬斯伯里学院、伦敦大学

1904—1906年　在德国杜塞尔多夫汉内尔机器厂实习

1906—1907年　在波恩皇家大学深造并获高等物理学博士学位

1908—1910年　任上海高等实业学堂机电科教员。其间，于1909年兼任上海高昌庙江南船坞副工程师

1910—1913年　任（或兼职）上海南洋劝业会研究会机械馆书记

1912—1916年　任汉阳铁厂机器股主任，汉口工巡处总工程师，外交部特派员汉口工程秘书

1917—1926年　任汉冶萍公司萍乡煤矿总机器师，机械制造处处长

1926—1930 年　任津浦铁路济南厂厂长，粤津铁路徐家棚修理厂厂长，徐
　　　　　　　州华东煤矿公司机电主任，复旦大学理工科主任、教授
1931—1934 年　居故里苏州
1935 年　任汉口工巡处总工程师
1936—1947 年　任四川省盐务局总工程师
1947 年 9 月 16 日　病卒于四川自贡县

主 要 论 著

Fo-Ki Li. Spektroskopische Untersuchungen Über P. Lenards Theorie der Spektren der Alkali-Metalle（from Bonn, Buchdr. S. Foppen, 1907）.（本文中译本见：戴念祖主编，20 世纪上半叶中国物理学论文集粹，长沙：湖南教育出版社，1993，第 13 – 18 页）

参 考 文 献

［1］小横香室主人编 . 清人遗事 . 李维格 . 清朝野史大观（卷八）. 上海书店，1981（据中华书局 1936 年版复印本）.

［2］陶少杰撰 . 李维格 .//中国科学技术协会编 . 中国科学技术专家传略·工程技术篇·冶金卷，第 1 卷 . 北京：中国科学技术出版社，1995.

［3］欧七斤 . 略述中国第一位物理学博士李复几 . 中国科技史杂志，2007（2）：125.

［4］欧阳圻 . 揭开尘封的记忆——追寻中国第一位物理学博士李复几 . 人物，2008（12）：38.

［5］南洋劝业会研究会编 . 南洋劝业会研究会报告书 . 上海：中国图书公司印行，中华民国二年五月初版 .

［6］戴念祖 . 我国第一个物理学博士李复几 . 中国科技史料，1990（4）：32；见：物理，1996（11）.

［7］档案：为李复几请资遣出洋考察事 . 汉冶萍公司经理处卷，中华民国十二年一月，湖北省档案馆，LS56 – 1 – 825.

周均时

(1891—1949)

周均时，物理学家，教育家。专长力学、弹道学和兵工科技。早年留学德国。1936年编译 Westaphal 所著《高等物理学》教材，被多所高等院校采作教本。先后任教于暨南大学、广西大学、中央大学、重庆大学，曾任同济大学和上海吴淞商船专科学校校长。

周均时，原名烈忠，字君适，以字行。1891年11月8日生于四川省遂宁县。父亲周汇三，曾是聚兴诚银行上海分行经理，曾紧急资助孙中山及其领导的四川国民党革命活动。周均时幼年入重庆正蒙公塾，1906年入上海中国公学英语科，1909年就读邮传部上海高等实业学堂（其前身为南洋公学，即后来的上海交通大学）船政科。1911年8月船政科改名商船学校。周均时于1913年春毕业于该校，并任职上海招商局。

1913年，周均时通过四川省成都稽勋局的留学考试，于1914年初入德国柏林工业大学学习，主修数学、力学、弹道学。空闲时，他深入察访德国国情和日耳曼民族的传统习性，留心探访德国兵工科技和组织管理。又一说，周均时于1919年离德赴波兰学习，此后经俄罗斯回国。

1920年，周均时回国至上海。他满怀实业救国思想，一心想在四川地区兴办厂矿或军工厂。他的想法得到了当时四川军政首领熊克武、杨沧白支持。1922年四川军政界又派他赴德国考察实业。但周均时至德后，川内局势变化，熊、杨失和，在川设厂计划流产。于是，周均时转入柏林大学学习。此时，德国物理学家劳厄（Max von Laue）、爱因斯坦（Albert Einstein）都在柏林大学任教。神奇的相对论吸引他从劳厄，并多次听过爱因斯坦的讲座。周均时记下了相当完整的听课笔记。数学家何鲁曾阅其笔记而深为感慨，言"其一式动盈数纸，尽得其中奥窍。又搜集遗文，顾工缮印，自补算式，皆一时杰作"云云。

周均时两次赴德，都曾与朱家骅同学。第一次，朱家骅与周均时同年赴德，并于1916年就读柏林工大三年级，同年底回国。周均时家底稍丰，曾资助朱家骅在欧战期间度过困难。1918年秋，朱家骅二次赴欧留学，先入瑞士伯尔尼大学地质系三年级，后转入德国柏林大学，并于1922年底获柏林大学哲学博士学位。周均时二赴柏林并入柏林大学，与朱家骅此时在该校不无关系。作为同学的朱家骅，不仅赞赏周均时耿直、忠厚的性格，也为他努力学习，学而求通的精神所钦佩。20世纪20至30年代，朱家骅从政并多次出任国民政府教育部长，他曾力劝周均时或从政、或从教。当周均时二次在德国学习时，他的同乡朱德也于1922年赴德勤工俭学。他们一度在柏林相识并同租住一屋。朱德外出参与革命活动，便将随身财物交予周均时保管，彼此照顾有加。1924年因周均时回国而彼此分别，他的人品与学业也给朱德留下印象。27年之后，即1950年朱德成为新中国领导人，回四川视察，特地去看望已成为烈士的周均时的家属。

周均时二次留德后，于1924年回国，居上海。实业救国思想促使他在上海集资兴办新型商业组织"中欧公司"，代理德、奥、瑞士等国 50 余家工厂的机械设备，企求从国外市场引进国内急需的生产设备与技术。鉴于其市场思想远在当时中国现实之前，加之国内复杂的政情与商情，不到两年公司被迫停办。周均时旋又转回重庆兴办"巴山冰厂"冰冻企业。1927 年，南京暨南学堂更名暨南大学，并迁校于上海。在平、沪众多文教名流劝言之下，周均时于当年走上教学之途。他被聘为暨南大学物理学教授。1928 年，南京东南大学更名为中央大学（校长张乃燕）。是年秋，周均时受聘为中央大学数学系教授，主讲微积分和矢量代数，并首次在大学数学系开设统计学专修班。1931 年秋，专任广西大学物理学教授①。1932 年四川省立重庆大学招收本科生，周均时即回重庆，任重庆大学物理系主任，直至 1940 年 7月为止。

1937 年，日本帝国主义继"七·七"卢沟桥事变后，又挑起上海"八·一三"事变，加速侵略中国的步伐。北京、上海各大专院校纷纷内迁。同济大学辗转五次迁入昆明，原校长1940 年 7 月辞职。鉴于周均时留德多年，在学界负有盛名，教育部推荐其为校长。周均时受命于危难之时，在他组织领导下，同济大学于当年 10 月迁至四川李庄（今宜宾市南溪县），同济师生的生活与学习终于开始步入战乱时期中的稳定状态。由于国民政府拖延、扣压办学经费，同时"C·C"派学生在校中作乱，口出恶言，威胁校长，周均时被迫于 1942 年 2 月辞职。

辞去校长不久，周均时即受国民政府兵工署署长俞大维之聘，任兵工署高级技术员和枪炮制造顾问。在周均时离开教育界之后几年中，他仍关心大、中学校教育事业。1944 年中国公学

---

① 已经发表的有关周均时传记类文章或网站文帖中，关于周均时简历之年月，甚而其生年，各不相同；其在广西大学任教事，均未涉及。本文笔者在读其编译的《高等物理学》中，发现周均时本人在"译者序"中言及自己"历在暨南大学、广西大学及重庆大学等校"任物理学教授事。笔者分析其生平行状，将其广西大学任教事排在是年。

在重庆复校。作为校友，他出任中国公学董事长，积极协助复校。寻找校址、筹措经费、延聘师资、招生开学等事，他常过问或帮助解难。同年，在中共南方局领导下一些进步青年创办了重庆蜀都中学，周均时任董事长。他不仅为办学出力，还亲自到校讲课。1945年，重庆筹办私立重华法商学院，他亦作为董事长忙里忙外。

抗战胜利后，内地纷纷复校。朱家骅再任教育部长，并决定恢复上海吴淞商船专科学校（今上海海事大学前身），委派周均时任校长。周均时到校后，尽快恢复学校教学秩序，搜罗教师、开列课程，并全力恢复学生驾船实习。1946年，周均时在上海加入中国国民党革命委员会（简称"民革"），开始反对蒋介石独裁、要求民主的政治活动。1949年夏天，他在重庆参与建立民革川东分会的地下组织及策反工作。当年8月20日被捕，囚于重庆国民党政府保密局"白公馆"监狱，被杀害于松林坡，时年58岁。当时被囚禁于白公馆、渣滓洞、松林坡三处的几百位革命者，除极少数脱险外，其余全部殉难。

1949年12月重庆解放。四川省人民政府在重庆黄捅垭修建了周均时烈士墓。12月31日，中国物理学会上海分会、重庆分会和重庆各学校团体分别在沪、渝两地为周均时烈士举行追悼会。四川省巴蜀学校全体员工在悼词中写道：

"先生的热血，冲刷了旧时代污秽的残渣，加速了法西斯魔鬼的灭亡，带来重庆人民久已渴望的光明，促成了西南同胞共同争取的解放。在你伟大灵魂号召之下，无数的人民将踏着你的血迹前进，斩除荆棘，创造出新中国的自由之花。"

编译物理教材　热心科学教育

周均时在暨南大学、广西大学和重庆大学任物理学教授期间，德国柏林大学教授威斯特伐尔（W. H. Westphal）著《高等物理学》一书一直被其做教本使用。周均时曾指导学生姚启钧将该书德文原本第二版译成中文，及至译完，德文第三版问世且增补甚多，遂又全部改译。师生前后历时 5 年，修改数次，方告译完。中文译本经教育部大学丛书委员会审查，批准列为高等院校物理学教材，并于 1936 年上海商务印书馆初版，1939 年长沙商务印书馆第二版，周均时在"译者序"中云："虽不敢云信达，然下笔颇知谨慎，力求不失原意。"中译本被宁、沪、渝和桂、滇、黔等地各大学采作教本。

《高等物理学》上、中、下三册，共 9 编 37 章。除第一编"通论"外，依次为：刚体力学、重力；柔体力学（弹性固体及流体的力学）；振动与波、声学（声学中还包括今日大学物理中已不涉及的音阶、调音、钢琴与风琴、语言及母音即今日之声母等基础知识）；热力学（包括气象与大气物理知识）；电磁学；光学及广义辐射学（包括光谱学、温度辐射与冷光现象等）；量子论与物质论（包括量子论、量子力学、费米－玻色统计、金属电子论和原子核等）；相对论（狭义与广义两部分）。如此安排大学物理教材内容，充分显出德国物理教育的深度与特色。

1949 年之前，中文本大学物理教科书并不多见。教授们多据外文原本在课堂讲解，外文教本之选取也多以教者之能力与喜好自行择定。起初使用的是日本饭盛挺造编、藤田丰八译、王季烈重编的《物理学》（上、下两册，分别出版于 1900 年和 1903 年）。该书原版是日本医科大学用书。1903 年，京师大学堂出版《额伏烈特物理学》，原著者额伏烈特（J. D. Everett，今译为埃弗雷特）是英国物理学家。此书原本是法国德夏内尔（A. P. Deschanel）著《初等物理》，中文译本是据额伏烈特的英译修订本译出的。20 世纪 20 年代，美国达夫（A. Willmer Duff，也译"特夫"）主编《物理学》中译本出版，该书原是工科教材，简明扼要，遂为多所大学采用。如此之类教本显然不合 1930 年后中国大学物理教育之需要。1933 年，萨本栋编著《普通物理学》，开创中国人自编物理教材之始。1941 年，戴运轨编著《大学普通物理学》（成都：新华出版社），1947 年严济慈编著《普通物理学》（正中书局）。比较之下，周均时译《高等物理学》是当时中国大学物理教材中内容最广、最深的一本。它不仅有除德国外欧美教本和中国自编教材所没有涉及的内容（某些内容在中国大学中曾单独开课，如清华大学叶企孙曾开设"大气物理"课），还有如 Maxwell 速度分布律、Planck 辐射定律、量子力学和相对论等超出普通物理学范畴的内容。周均时在《译者序》中说："作者原意在说明它们思想概念之重要，而不涉及定律如何导出之数学步骤。初学者认清此点即可。"

《高等物理学》还具有一些特点。按译者周均时说，原著"阐明原理，不厌求详，而尤重基本思想"，"给初学者以深切之印象"。周均时还将原著中繁杂的初等数学运算改成微积分，又将微积分数学作为该书附录供学生学习。原著中如 Maxwell 左坐标系改为中国学生习惯的右坐标系。最难得的是他为该教材增加了 300 例习题作为全书附录，以供学生练习思考。附录中包括人名索引、主题索引（德汉对照，汉德英对照两类），以便读者检索查阅。可见周均时对这本中译教材所付出辛劳与智力。译书过程中，周均时除参照 1934 年教育部公布的《物理学名词》外，又推敲并修订其中大量词汇，如 Anisotropic，其时《物理学名词》译为"非向各同性"，周均时改译为"各向异性"。如此之类，不一一例举。

据说，周均时尚有著作《弹道学》一书。笔者未见其详，留待再评。笔者查获，他曾在《科学》（《中国科学》社编辑出版）发表《近世物理学中之电磁光浪说》一文。该文述及以矢量法表述电磁波在行进中彼此垂直的电振动和磁振动，并用清楚明了的立体几何图表示；述及麦克斯韦（J. C. Maxwell）、韦伯（W. E. Weber）、赫兹（H. R. Hertz）、玻耳兹曼（L. Boltzmann）等人的相关贡献，特别叙述了韦伯于 1856 年在实验中发现电量的两种基本单位（静电计量制和电磁计量制）之比恰为真空中的光速；此外还涉及了劳厄（M. von Laue）的 X 射线衍射，玻尔（N. Bohr）以量子论解释光谱及原子结构等事。

周均时是 20 世纪 20 年代至 40 年代极好的物理学教育家之一。他平日不嗜文学小说，却迷恋数理。按数学家何鲁所言："周均时坐卧行皆以高深数理书相随，未尝不终卷，未尝不演算，未尝不正误。"在其出任教授的那几个大学，均值学校初办，受经费所限，置办实验仪器维艰，无法让学生实验。但他能反复讲解其中的物理概念，口讲指划，生动有趣，学生皆喜听其课。为了一个物理概念或原理，他找出诸多事例，包括生活事例或常识，通俗易懂地向学生讲解。从选用教材到讲课，从不怠倦。对青年学生亲切如友，毫无师长教授之架子。凡学生所问，必详为解答，务使学生完全领悟而后已。即使偶有自己一时未知之处，事后必尽快查明予以答复，务使学生满意，从不托辞搪塞。他培养了如李达、姚启钧等一批数学家和物理学家。李达（又名李仲珩）在中央大学时曾任周均时的助教，后来成为美籍华裔科学家，在数学、物理学和航空航天科学上颇有建树。李达在自传中总不忘其师周均时在当年的指导。姚启钧在重庆大学时与其师合译《高等物理学》，后来历任大同、同济和华东师范大学等校物理学教授，其著作《光学教程》长期被高等院校采用。

弹道学是周均时感兴趣、寄希望的学问之一。从少年时起，他一直以为，有坚船利炮，有弹道学问，必将以夷人之器制胜侵华之夷人。青年的他，到欧洲学弹道学，其后又在课堂上（无论数学或物理力学课）必讲授弹道学，其目的皆在此。他联系兵器制造、射击技术、瞄准器安装与使用等，将物理学中抛物体运动或数学中二次方程乃至多次方程的解讲得深刻和有内容。他也是在中国大学讲坛上最早讲解火箭及其原理的物理教授，常给学生展望太空飞行的可能性。他教授的学生，有很大一部分在抗日战争中成为兵工机械制造的高级技师。

在抗日战争最艰难之时，周均时出任同济大学校长，完成同济大学迁校并安定教学的使命。此时校务纷繁，百废待兴。据《同济英烈》一书中述及此时的周校长，"上任后，苦心筹划，对当时校舍、经费、设备、教师、学生等方面存在的问题提出改进意见。首先，他整顿校风，提倡合作精神，慎重聘任各院系负责人；其次，尽力使各院系教授改善待遇，克服兼职之风，注意教材的编写；第三，加强学生德文补课，增加实习机会，改善学生的学习、生活条件；第四，除组织力量抢修好 17 部工具机和 4560 件工具供学生实习之用外，还移用庚子赔款，订造机器设备和添购附设医院材料、药品，充实教学设备"。周均时既要与教务长郑太朴（第一个完成翻译牛顿的《自然哲学的数学原理》一书，于 1931 年由商务印书馆出版）研究教学规划、考察教学情况，添聘专家教授，又要与总务长日夜安排师生食宿，而他本人还担任高等数学中矢量数学课。即使如此艰难、繁忙，他还时刻提醒学校教师：同济大学是国内唯一以德语教习的大学，负有沟通中德文化的使命。他不间断地与德国洪堡基金会保持着联系，使同济大学在 40 年后还受其益。他还经常给师生讲述"第一次世界大战"期间在德国留学的体会：德国人黩武召祸，虽不可取，但其召之即来，来之能战的精神为其他民族所缺乏。他感叹："一战"伊始，全德数百万人入伍，秩序不乱、市廛不惊，其组织能力之强、守法精神之高，正是吾国人抗战之所需者矣。他勉励师生奋发求学，振兴中华。作为校长的周均时，此时本可享受出行时籐轿一座，轿夫三人的坐轿待遇，但他总是步行外出办事，除非急事逢雨时刻。他处处以平民校长自勉。

上海吴淞商船学校原是周均时 1913 年毕业的母校，1937 年为日军炮火炸毁而停办。1946 年复校，周均时出任校长。他定下"教授应用科学、养成航海技术人才"为学校宗旨。除课堂教学外，他十分重视实践，利用一切可能条件，加强学生出海实习与技能训练。为适应航海，学生必要有强健体魄。他要求加强体育课和体育训练，体育不及格者不予毕业。他为中国培养了一大批懂航行、懂海事的高级航海技术人才和船长。

同心抗日　迎接解放

1840 年鸦片战争之后，中华民族饱受列强侵略之苦难与耻辱。1931 年日本军国主义在沈阳发动"九·一八"事变，1932 年又在上海发动"一·二八"事变，以蚕食政策步步入侵中国。此时，一些稍有民族气节的地方军政首领，如川军首领刘湘，也感悟到扩大军旅、改进武器装备、保卫国家之重要。周均时回乡任重庆大学物理系主任之后，1934 年 5 月受四川省政府委托（实则为刘湘军团）赴德国购买枪炮及兵工机械。1935 年受刘湘之聘，任四川工业试验所所长兼武器修理所技术指导。他利用寒暑假或课余时间履行聘约，指导该所制造或修理武器。在他指导下，该所生产的德式重型机枪性能超过了汉阳兵工厂所制造的中国老牌机枪。在周均时心中，只要同心抗日，他将献其所能。同时，周均时也不忘在军人中宣讲保家卫国、唇亡齿寒的道理。他通电全国，一致抗日。在他影响下，川军首领刘湘虽曾在国内战争中参与过对红军的围剿，但在 1937 年"七·七"事变后，川军 7 个军团共 40 余万人出川抗战。1938 年 1 月 20 日，刘湘病逝汉口。卒前誓言："抗战到底。敌军一日不退出国境，川军则一日誓不返乡。"这遗嘱成为刘湘兵团的哀歌泣言，鼓舞其将士杀敌向前。

全面抗战爆发后，俞大维在重庆主持兵工署。他曾于 1922 ~ 1929 年留学德国，与周均时早年相识。周均时离开同济大学后旋即为俞大维所聘请，曾一度进入兵工署任高级技术员，在武器的设计、改进与生产方面为之出谋划策。

周均时在出任蜀都中学、重华法商学院董事长期间，热心支持青年人进步活动。抗战胜利后，他又站在反独裁、反内战的民主行列。1946 年，他被推举为重庆市参议员。为响应上海人权保障大同盟的号召，他在重庆组织"人身自由保障委员会"，反对国民党军警特各种暴行，为社会伸张正义。也是这一年，他参加了民革，成为民革重庆地区负责人。1948 年 4 月，中共地下刊物《挺进报》被国民党特务破坏，8 月华蓥山起义受挫。此时，周均时与何鲁、税西恒[①]等商议，组成"文教界应变联谊会"，揭露蒋介石阴谋活动，推动重庆文教界民主爱国运动。在其参与民革川东分会地下组织和策反工作中，确立"保川拒蒋、迎接解放"的方针。行将丢失统治权的国民党当局，加紧镇压学生和群众运动。友人劝周均时暂且躲避，他答曰："我不能走"。被捕入狱后，在狱中他劝告年轻人：倘有出狱之日，定要学好科学；又提出，将来汉字要改革。一个身处狱中、手脚披枷的物理学者，还关心、勉励青年人，可见其精神境界之高。

（戴念祖　刘　娜）

简　历

1891 年 11 月 8 日　出生于四川省遂宁县

1906—1909 年　入上海中国公学英语科学习

1909—1913 年　就读于上海高等实业学堂船政科，毕业于上海商船学校

1914—1920 年　留学于德国柏林工业大学，1920 年回国

1922—1924 年　留学于德国柏林大学

1924—1926 年　创办"中欧公司"，在渝创办"巴山冰厂"

1927—1929 年　任上海暨南大学物理学教授

1929—1930 年底　任广西大学物理学教授

---

① 税西恒，四川泸州人，原国民党左派人士。1946 年任《九三学社》中常委理事。1949 年 6 月与周均时等谋划策反起义军。1949 年后，连任 6 届《九三学社》中央副主席。

1931—1932 年　任中央大学数学教授

1932—1940 年　任重庆大学物理系主任

1940 年 7 月—1942 年 2 月　任同济大学校长

1942—1945 年　任兵工署高级技术员

1946 年 7 月—1949 年 4 月　任上海吴淞商船专科学校校长；同年，加入中
国国民党革命委员会

1949 年 11 月 27 日　壮烈牺牲于重庆国民党政府保密局"白公馆"监狱

主 要 论 著

1　周君适. 近世物理中之电磁光浪说. 科学，1927，12（1）：15.

2　周君适，姚启钧译，（德）韦斯特发尔（W. H. Westphal）著. 高等物理
学. 上海商务印书馆，1936；长沙商务印书馆，1939.

参 考 文 献

［1］戴念祖. 中国物理学记事年表（1900—1949）. 中国科技史料，1983
（4）：92.

［2］陈种美，郝敏真，等. 为革命英勇献身的教育家——周均时烈士传略//
屠听泉，陈铨娥主编. 同济英烈. 上海：同济大学出版社，1997，129.

［3］陈云阁. 爱学术更爱革命真理——周均时烈士传略. 团结（杂志），
2007（4）：50.

［4］戴念祖. 周均时——一个鲜为人知的烈士物理学家. 物理，2009，38
（10）：738.

［5］许康，苏衡彦. 关于李达博士生平史料的若干探索和注记. 中国科技
史料，2001（3）：256.

顾静徽

（1900—1983）

顾静徽，物理学家、物理教育家。中国第一位物理学女博士，从事光谱学和低温物理研究。较早研究对称三原子分子 ClO_2 谱带系的工作者之一，为相应的分子结构和量子跃迁提供了实验证据。20世纪40年代开展了稀土元素的斯塔克效应光谱分析研究。先后在南开大学、大同大学、中央研究院物理研究所、广西大学、北京钢铁学院（今北京科技大学）执教或研究，培养了吴健雄等一批优秀物理学家。

顾静徽，1900年7月1日生于江苏嘉定县（今属上海市）。父母早亡，在继母支持下，20岁之前曾入嘉定小学、江苏省立师范学校（苏州）刻苦读书。1920年入上海大同大学，成为胡刚复的学生。1923年尚在大同大学念书的顾静徽考取留美公费生，入美国康奈尔大学文理学院，1926年获学士学位。1928年获耶鲁大学硕士学位，同年入密执安大学研究院，师从理论物理学家丹尼森（D. M. Dennison）研究光谱学，1929年成为美国物理学会会员，1931年获物理学博士学位，成为我国第一个获此学位的女性。

1931年顾静徽回国。任南开大学物理系教授暨物理系主任，成为继饶毓泰之后第二任南开物理系主任；后任上海大同大学物理系教授，兼任中央研究院物理研究所研究员。1938~1939年在德国柏林威廉皇帝物理研究所（Kaiser Wilhelm – Institut für Physik，今普朗克物理研究所）任客座自然科学家。回国后任唐山交通大学物理学教授（其时该校在贵州平越县，即今福泉县）。1928年实业家马君武于梧州创办广西大学，1936年迁桂林并成为省立大学。抗日战争爆发后，北方与东南沿海各大专院校西迁，许多流离的名家教授云集西南，也到广西大学任教，1939年该校遂更改为国立大学。顾静徽被该校聘为教授。抗战胜利后，西南的各院校复迁原地。顾静徽于1946年回大同大学任教，次年任职于上海国立编译馆。1949~1952年又任教于大同大学。此后，她一直任北京钢铁学院（今北京科技大学）教授、物理教研室主任，并任中国物理学会北京市分会第一届副理事长。她还是中国物理学会的筹办者之一。1932年，中国物理学会成立暨第一次年会筹备会议上，她是该筹备委员会委员兼论文组审查人。1956年加入中国共产党。1983年10月30日卒于北京。

当顾静徽在密执安大学师从丹尼森时，吴大猷在南开大学师从饶毓泰。1929年饶毓泰赴德国莱比锡大学研究，吴大猷是年毕业于南开大学，并留校任教两年。1931年吴大猷赴密执安大学深造，师从古兹米特（S. A. Goudsmit）和丹尼森，而顾静徽此时刚告别其师丹尼森，并任南开大学物理学教授兼系主任。中国早期的这两位物理学家在彼此不相识情况下却在地球的空间位置上准确地调换，也是科学史上一趣事。

还有一件有意义的事是，早在1934年，《中国评论》（China Critic）周刊第七卷某期上曾刊登"顾静徽"英文小传。连载这些小传的专栏称为"人物速写"（Unedited Biographies）或"知交剪影"（Intimate Portrais）。上此专栏的人物有陈嘉庚、丁文江、冯友兰、顾维钧、胡适、刘复、刘海粟、吴宓、吴稚晖、徐志摩、叶公超、赵元任等。专栏的作者是1930～1940年代文化界的新明星温源宁。其中，部分传记曾由作者结集出版，钱钟书曾为之撰写书评。书评中指出，该书中文章"好比信笔洒出的几朵墨花，当不得《现代中国名人辞典》用"，但是，这些文章是"富有《春秋》笔法的当代中国名人小传"。该书近年有中英文对照本出版，书名为《不够知己》。

温源宁与顾静徽于1933年或1934年在上海同租住一公寓而彼此相识。温源宁为之写传，为的是抨击社会中轻视妇女的现象，甚至认为女性不应享有高等教育之"阔论"者。时为中央研究院物理研究所研究员的顾静徽就成为温源宁反击这些人的利器。"顾静徽"小传由此而出。本文仅摘引其中两段主要文字如下：

"她（顾静徽）在苏州读江苏省立师范学校时，中文成绩出类拔萃。苏州是一个景色秀丽的古城，曾经是才子辈出，佳人如云。顾静徽在班上年龄最小，却是最出色的学生之一。后来她上Utopia 学院（直译应为"乌托邦学院"，实乃指"大同大学"的"大同"二字。因为"天下大同"有乌托邦之味——本文笔注），为出国留学做准备。在那个学院里，她又以确定无疑的未来物理学家的前景鹤立鸡群。她毕业于康奈尔大学。耶鲁大学给了她硕士学位。密歇根大学培养她成为合格的物理学博士。她的学业记录毫无瑕疵。她现在任职于中央研究院物理学研究所。

"但是静徽的为人更加可爱。她身材矮小，却有高大的灵魂，文静而不矫揉造作，和朋友们相处，乐于助人，善于安慰。她的同情精神无可挑剔。朋友们随时可以来找她向她诉说自己伤心的故事，而她，总有倾听的耐心。她的最大特点，是她对别人的关心。那也是真正的宽容大度和开朗——总有容纳别人意见的心胸。她不喜欢为了谈话而谈话，那是大多数男人都觉得有趣和开心的事情。然而她有大多数人所缺乏的幽默感。"

这些文字给我们留下了才智、善良的青年顾静徽的真实形象。

光谱学研究

顾静徽的博士论文题目是《二氧化氯（ClO_2）的吸收光谱和对称三原子分子带状光谱系中的强度分布》。该文分别以题为《二氧化氯的吸收光谱》和《对称三原子分子带状光谱系的强度分布》的两篇文章发表于 1933 年 9 月同一期的美国 *Phys. Rev.* （44 卷，第 376、第 383 页）。

1927 年量子力学诞生，其理论立即被用于探讨双原子分子（如 H_2）的光谱强度分布和结构问题，光谱实验与量子力学理论彼此促进。继而，一些研究者开始探讨三原子分子的振动光谱。在三原子分子中有 5 个小组在 1931 年前后开展对 ClO_2 光谱的研究。他们中，有两个组是在可见光区和紫外区较早些对 ClO_2 作研究的；Urey 和 Johnston 的小组测定了 ClO_2 的可见光区和红外吸收光谱，并在分析中假定有 3 个简正频率，但在实验中没有发现它们。因此，他们推论该分子的电子低能态有 3 个简正频率，高能态只有 2 个简正频率。顾静徽和丹尼森为同一个小组，丹尼森对 ClO_2 直线型分子结构作了分析，然后又指导顾静徽对红外和紫外区光谱作了实验测定，并对 ClO_2 三角形分子结构作出分析。第五小组，即 Bailey 和 Cassie 的小组在红外区作了实验测定，他们的实验证实了顾静徽的有关计算和推论。有意思的是，顾静徽的博士学位论文虽是在 1931 年完成的，但发表于 1933 年，在 Bailey 和 Cassie 之后一年。这就出现了他们之间彼此互相引用文献的情况。

顾静徽从实验上测量了 ClO_2 在不同散射下的可见光和紫外

吸收谱带的强度。其中测定了 179 段带谱在真空中的波数（wave numbers）。这些数据是她对 ClO_2 光谱结构和分子常数进行计算分析的基本数据。由这些数据，使顾静徽从电子能带中发现，无论低能态或高能态，ClO_2 分子只有 3 个电子简正态，它们的简正频率分别为 $\nu_1 = 529$，$\nu_2 = 954$，$\nu_3 = 1105$（cm^{-1}）。可见，顾静徽的论文和 Urey 和 Johnston 的推论具有本质的区别。ν_2 和 ν_3 可直接从实验中得到证明；ν_1 未在红外区域观察到，可能是由于实验中分光技术的局限性，它处于顾静徽的实验光谱之观察极限。假定 ClO_2 的 3 个原子成三角形，顾静徽进而分析并计算了这三角形的顶角，即 $\alpha = 65°$ 以及该分子单价力势的常数（the constants in a simple valence force potential）：$k' = 6.74 \times 10^5$，$k = 1.16$。还计算出 O—Cl 之间的距离为 $1.22 \times 10^{-8} cm$。关于这 3 个简正频率和分子常数，都得到 Bailey 和 Cassie 小组的证实。

但是 Bailey 和 Cassie 推断还有 2 个简正频率，它们分别为 1884 和 2034。顾静徽认为，这 2 个频率是她所测定的 3 个简正频率的组合，如 $1884 = 2\nu_2$，$2034 = \nu_2 + \nu_3$。顾静徽论文中，对其所测定的分子常数与 Cl 的同位素（Cl = 35 和 Cl = 37）移位的观测值作比较。由于当时的理论与实验技术都尚未完全成熟，对移位的测量精度达不到，因此，这种比较不能得出什么有意义的结果。5 年后，即 1936 年，从电子衍射的测量中获得 ClO_2 的顶角为 $137° \pm 15°$，顾静徽所测的分子常数偏小才为人所知。但她的关于 3 个简正频率的数值，至今还被人们所重视。

1939 年，吴大猷撰写了《多原子分子的振动光谱及其结构》一书。书中关于三原子分子中 ClO_2 一节，有关其简正频率和分子常数的数据大多源自顾静徽的博士论文。吴大猷根据当时已发展了的有关分子振动光谱知识和电子衍射对 ClO_2 的测定，重新编排了顾静徽的观测与计算结果，即对 ClO_2 简正频率的序号与能带类型作了新的排位。其中，对 1884 这一简正频率的组合比顾静徽更为准确。至于分子顶角，吴大猷以电子衍射数据计算为

122°。1971 年诺贝尔化学奖获得者赫兹堡（G. Herzberg）在他三卷本的名著《分子光谱和分子结构》中引用了顾静徽的论文，并注明她的工作是当时唯一一篇研究三原子分子 ClO_2 的紫外吸收光谱的论文。

值得注意的是，丹尼森与顾静徽师生是同龄人，他们当时都还年轻。因此，顾静徽的学位论文未及时发表。直到次年（1932）Bailey 和 Cassie 的论文发表并证实顾的工作之后，丹尼森才决定立即将顾静徽的论文送出发表。顾静徽在论文中又肯定 Bailey 两人的成果，并将其论文于 1933 年 5 月邮寄至 *Phys. Rev.* 。吴大猷等后来引用文章者不知此意，往往将顾静徽、Bailey 和 Cassie 的论文同时引用，甚至于有颠倒其时间次序者。

顾静徽从她的光谱实验数据中，还计算了 ClO_2 的电子处在受激态时的 3 个可几频率和分子常数。这 3 个可几频率分别为 $\nu_1' = 271.2$，$\nu_2' = 302.9$，$\nu_3' = 721.7$。她的另一篇文章主要是将 Franck – Condon 理论推广到一般的 XY_2 型（X、Y 分别代表两种元素，右下角数字是原子数）三原子分子谱带的强度分布的研究中。通过波动力学计算，发现它的最可几跃迁的各态振动量子数的表示式。并且，通过计算得出，在某些量子数下，跃迁几率的积分归为零，因此，她期待在光谱中可观测到相应的禁戒跃迁。

顾静徽在德国威廉皇帝物理研究所期间独自研究了"铬钒在低温下的斯塔克效应及其热与磁的特性关系"（Der Starkeffekt und sein Beziehung zum thermodynamischen und magnetischen Verhalten in Chromalaun bei tiefen Temperaturen）。根据某些报道，顾静徽的这篇论文原拟在 1939 ~ 1940 年间的德国威廉皇帝研究所刊物 *Physik. Z.* 上发表，可能由于第二次世界大战的日趋激烈而未能实现。待第二次世界大战结束，也就事过境迁了。然而，顾静徽对低温物理情有独钟。她曾在中央研究院物理所指导吴健雄研究低温下某种气体分子的光谱；在 20 世纪 50 ~ 60 年代，又曾在北京钢铁学院多次提出要研究低温物理。但是纵然当时的北京钢铁学院同意她筹建低温物理实验室，一是因吴健雄与顾静徽本人分别出国作研究而未能如愿；二是因不间断的政治运动难于让顾静徽的计划实现。

培养学生

顾静徽长期执教鞭于大学讲坛。讲课时，她总是柔情而又慢条斯理地讲解某一理论的来龙去脉，强调其中的关键所在，甚至一个因子的变化与影响、量纲的判断与失误也都一一道来。1949年之前，她以流利的美式英语教课，选用教材也是欧美的。在广西大学，当时有来自全国各地学生，其贫富差异也颇悬殊。顾静徽对学生一视同仁。凡有问题与之探讨者，她会忘记一切而与之专注讨论。对那些贫困生，她还会从自己腰包里掏出钱为之接济。在周末或年节之日，还邀这些同学来家做客。在那个艰难的环境里，她的教学耐心与认真、待人诚恳与善良，给学生们留下了深刻的印象。然而，对于像她这样早期南方出身的教员，其地方方言极难改变为普通话（上海郊区方言比上海话更难听懂）。1952年当她来到北京钢铁学院、且要求用普通话讲课时，北方学生似乎很难听懂她的口音。因之，需要一个语言能力较强的助教协助她。即使如此，在她长期执教的讲坛或研究中，她培养了一批又一批优秀的学生。吴健雄就是其中之一。

吴健雄生于江苏太苍县浏河镇。该镇与顾静徽出生地嘉定县是近邻。吴健雄于1934年毕业于中央大学，后在浙江大学任助教一年，1935～1936年间，在中央研究院物理研究所任研究助理。后来她对物理学作出了许多重大贡献，成为国际上一流的知名物理学家。而第一个指导她进入物理研究领域的正是顾静徽。顾静徽此时执教于大同大学并在中央研究院物理研究所兼任研究员。当有人向顾静徽介绍吴健雄"智高能耐、做事认真、性情和善"时，顾静徽暗自庆幸物理所物色到一个优秀才女。据江才健所撰的《吴健雄传》写道：

"吴健雄到了物理研究所，便和由美国密执安大学获得博士回来的顾静徽一块工作。她们的实验室分成两间，大的是暗室，小的是讨论室。这两位有雄心的新女性，都想窥探原子内部的奥秘。她们计划在低温下测定某种气体的光谱，因此花了许多工夫进行仪器装置、气体的净制和达成高度真空的工作。她们朝夕埋首于暗室中，几乎到了废寝忘食的地步。"

因有大同大学执教事，顾静徽每周只能去物理所一天。研究工作多是吴健雄独自进行。在研究方案制定后，顾静徽如同今日博士或博士后指导老师一样指导吴健雄的研究。然而，就是这个实验室，为吴健雄的未来打下了良好基础。1936年春夏之交，吴健雄决定出国深造，顾静徽十分支持，还教她英文。这一年的经历，令吴健雄受益匪浅，终生难忘。

在顾静徽的建议和推荐下，吴健雄原本也要到美国密执安大学深造。但她到了旧金山后，受同学影响并闻讯密执安大学有歧视女性倾向，改而决定入加利福尼亚大学。在美国生活、学习和工作多年的她，对于美国歧视女性的程度颇为诧异和难于置信。她以自己成长经历和感受，例举顾静徽老师、苏州女子师范（吴健雄曾在此念书）校长杨诲玉老师，以及她的同学等事，告诉美国社会，在中国女性受到更多公平待遇。1973年和1977年，吴健雄先后两次回国探亲，每到北京，她都要去看望顾静徽老师，且执礼甚恭，尊师尚道。

（戴念祖　刘　娜）

简　历

1900 年 7 月 1 日　出生于江苏嘉定县（今上海市）

1920—1923 年　就读于上海大同大学

1923—1926 年　就读于美国康奈尔大学文理学院，获学士学位

1926—1928 年　就读于耶鲁大学，获硕士学位

1928—1931 年　在密执安大学深造，获物理学博士学位

1931—1933 年　任南开大学物理学教授，系主任

1933—1937 年　任上海大同大学物理学教授，兼中央研究院物理研究所研究员

1938—1939 年　任德国柏林威廉皇家物理研究所（今普朗克研究所）研究员

1940—1941 年　任唐山交通大学（贵州平越县，今福泉县）物理学教授

1941—1945 年　任广西大学（桂林）物理学教授

1946—1947 年　任大同大学物理学教授

1947—1949 年　任上海国立编译馆编纂

1949—1952 年　任大同大学物理学教授

1952—1983 年　任北京钢铁学院（今北京科技大学）物理学教授

1983 年 10 月 30 日　逝世于北京

主 要 论 著

1　Z W Ku. The absorption spectrum of chlorine dioxide. Phys. Rev. , 1933, 44: 376.

2　Z W Ku. Intensity distribution in a band system of symmetrical triatomic molecules. Phys. Rev. , 1933, 44: 383.

3　Z W Ku. Der starkeffekt und sein beziehung zum thermodynamischen und magnetischen verhalten in chromalaun bei tiefen temperaturen. Physik. Z. （因第二次世界大战影响，该文是否刊载，刊载卷期均不明）

参 考 文 献

［1］吴大猷. 早期中国物理发展之回忆. 台北：联经出版公司，2001.7；
上海：上海科学技术出版社，2006.6.

［2］温源宁，不够知己. 江枫译. 长沙：岳麓书社，2004.81.

［3］Gerhard Herzberg. Molecular Spectra and Molecular Structure. Vol. 2（Infrared and Raman Spectra of Polyatomic Molecular）. New York：Van Nostrand Co. ，1945.287.

［4］江才健. 吴健雄——物理科学的第一夫人. 台北：时报出版公司，1996.54；61；270；380.

［5］戴念祖，刘娜. 顾静徽——中国近代第一位物理学女博士. 物理，2009，38（3）.

周如松

(1912—2005)

　　周如松，金属物理学家，物理教育家。对体心立方金属的滑移要素进行了系统研究，所得结果至今仍被国际相关学者承认并引用。长期任武汉大学物理系教授并从事内耗研究，创建武汉大学金属物理专业，为国家培养了大量专业人才。1992年主编出版了《金属物理》教材。

　　周如松，女，1912年4月出生于湖南长沙，中国民主建国会会员。其父周鲠生是我国著名法学家，曾任武汉大学校长、外交部首席顾问等要职；母亲黄本春操持家务。周如松排行老大，尚有一妹二弟，她因自幼聪颖好学，备受父母宠爱。

　　周如松7至12岁随父母先后在长沙、上海、北京念小学；1924～1930年，先后在北京、上海念初中和高中；1930～1934年在武汉大学物理系学习；毕业后留在物理系任助教；1936～1939年在英国伦敦大学攻读博士，1939年10月获得博士学位。留英期间，她在体心立方金属的范性形变方面取得了开创性的成果。

　　1940年初，周如松回到了被日本帝国主义践踏的祖国。

1940 年 2 月～1943 年 2 月在四川成都华西大学物理系任教授。1943 年 8 月～1944 年 8 月在四川北碚复旦大学数理系任教授。其后因病休养一年。

1945 年 8 月起周如松一直在武汉大学物理系任教授。先后主讲普通物理、热力学、热力学与分子运动论以及统计物理等课程。她对教材理解深刻，讲课十分投入，讲授内容很有深度。李方华院士是她当年的学生，在武汉大学物理系读完一年级后，被选派赴苏联留学，由于周如松教授所教的普通物理课内容足够深，使她得以在苏联直接就读二年级的课程。

1954 年，周如松受命领导创建武汉大学金属物理专业。她除了领导筹建实验室和安排教学计划外，还先后主讲了金属学、金属物理、晶体缺陷与范性形变等课程，编写了有关讲义，并积极培养青年教师。1956～1966 年间，武汉大学物理系共有约 800 名左右的金属物理专业的毕业生，他们活跃于各个与金属物理相关的工作岗位上。周如松还坚持教学和科研相结合，带头开展了金属内耗的研究及培养研究生的工作。

20 世纪 70 年代后期起，她用内耗的方法详细研究了碳、氮、氢在 $\alpha-$ 铁中的弛豫过程。20 世纪 80 年代，她将对内耗的研究内容扩展到对金属玻璃结构弛豫、形状记忆合金相变的研究。1989 年，她协助研究生翻译出版了研究生教材《向错理论导论》。80 年代中期，受高等教育出版社的委托，周如松开始编写《金属物理》教材。该书于 1992 年出版，并于 1995 年获得国家优秀教材二等奖。

周如松长期担任湖北省物理学会常务理事，湖北省金属学会常务理事、金属学及金属物理分会主任委员等职。湖北省的冶金工业与机械工业都非常发达，社会上亟须提高相关人员的金属物理方面的知识，为此，她组织金属物理专业教师先后举办了多场晶体学、金属物理、位错基础以及断裂与失效分析等方面的培训班，受训学员遍及湖北省及周边六省的很多工厂。

确定体心立方金属的滑移要素

在伦敦大学留学期间，周如松在导师 Andrade 教授的指导下从事金属范性形变研究。当时，学术界对面心立方金属的滑移要素已有明确的结论，但对体心立方金属晶体的滑移要素的实验结果却有争议。周如松与钱临照一起在导师的指导下，对多种体心立方金属在不同温度下形变时的滑移面与滑移方向进行了系统的研究。他们自制了钠、钾、钼及 α – 铁等体心立方纯金属单晶体，在自制的真空拉伸仪上做拉伸实验，同时用 X 射线劳埃照相与极射赤面投影分析，测定滑移面与滑移方向。对熔点较低的钠与钾，除室温外还测量了 – 82℃ 及 – 185℃ 时的低温形变；对熔点较高的钼，除室温外还测到了 1000℃ 时的高温形变，此后，她又将拉伸温度提高到了 1500℃ 及 2000℃。从一系列的实验结果中，他们总结出温度是影响滑移要素的重要因素；在所有测量温度下，体心立方金属的滑移方向总是最密排方向 <111>，但滑移面则与温度有关。用 T 和 T_m 分别表示用绝对温度表征的形变温度及该金属的熔点，当 T/T_m 较小，在 0.08 ~ 0.24 之间时，滑移面为 {112}，钠、钼和钨都是如此；当 T/T_m 处于 0.26 ~ 0.50 之间时，其滑移面变为 {110}，钼、钠和 β 黄铜属于此类；当 T/T_m 达到 0.80 时，滑移面变成了 {123}，钠和钾如此。而 α – 铁比较特殊，以上 3 种滑移面可以同时出现。

周如松的论文还总结出，拉伸过程中相邻滑移面的间距随形变温度的升高而显著增大。当应变量逐渐增加时，新滑移线增加的数量随形变温度的升高而减少，但每一滑移线的滑移量则随形变温度的升高而增加。因此，随着形变温度的升高，滑移线变稀，滑移线间距变宽，滑移量则变大。几厘米长的钼单晶丝在 2000℃ 拉伸时，只出现一两条滑移线，直至切变断开。

周如松还测定了开始滑移时的临界切应力以及拉伸过程中小

晶块的转动。发现对于相同的应变，拉伸温度越低，这种转动越显著。他们认为，这是造成形变硬化的主要原因。

以上开创性成果揭示了金属晶体特别是体心立方金属范性形变的最基本规律，成为研究范性形变的重要基础之一。

金属内耗研究

20 世纪 50 年代中期，周如松开始用内耗方法研究桐油的黏滞特性。60 年代，她带领年轻教师和研究生筹建了内耗实验室，设计并制造了真空扭摆内耗仪，开展了对含碳、氮的 α - 铁的冷加工内耗峰的研究，详细研究了含碳量极低的 α - 铁的冷加工内耗峰的振幅效应，系统测量和比较了低碳、低氮的 α - 铁的冷加工峰的行为特点，接着，又结合武汉钢铁厂所用的大冶铁矿石的含铜问题，用内耗法研究了铜对 α - 铁的冷加工峰的影响。

"文化大革命"结束后，她重建并扩充了内耗实验室，开展了对 α - 铁—氢的冷加工峰位错内耗的研究。组织物理系的其他教师与研究生一起，于 1983 年试制成功了当时国内第二台磁降落仪。利用该仪器系统地测量了稀释铁—氮合金在 200 ~ 480k 宽温区的磁滞后效应现象。获得了包括 4 个弛豫过程的完整的磁弛豫谱，并由计算机模拟确定了弛豫参数。她还将内耗研究内容扩展到对金属玻璃结构弛豫和形状记忆合金相变的研究。1985 年，73 岁高龄的周如松带着与以上工作相关的 3 篇学术论文，只身赴美国参加了第八届国际内耗与超声衰减学术会议。

2003 年"三八妇女节"，中国物理学会特邀专文报道了 5 位还健在的年长的著名女物理学家，周如松名列其中。

道德风范

1942 年，周如松与陈华癸结婚。陈华癸是农学专家，中国科学院院士，华中农学院（现华中农业大学）院长。由于两个人都是骨干教师，不易调动，因此，他们长期过着一周只见一次面的生活。但是他们以大局为重，毫无怨言。

周如松的思想感情与祖国的荣辱兴衰息息相关。1978年她作为学术界代表，应邀参加了全国科学大会。开会回来，年近古稀的她非常振奋，逢人便说科学与教育有希望了。她决心在有生之年奉献自己全部的光和热。1982年秋，她随湖北省金属学会常务理事会参观了正在施工建设的葛洲坝工程，当时长江见底，机械穿梭，人流奔忙，这一壮观景象令她兴奋不已，她感慨地说："这才是伟大的工程！这才是为国家作出的重大贡献！"

周如松十分爱惜和重视人才，努力让年轻人尽快成长，甘当人梯。从统计物理基础课，到20世纪60年代初期的专业课，如金属学、金属物理、范性形变与强度等课程，都是在她开了第一学期课之后就交给青年教师去教。而她自己则夜以继日地编写教材，给年轻人以有力的支持。

她指导研究生更加耐心细致，倾注心血。除了在科研思路上导航外，她还亲自下实验室给予指导，要求实验结果必须准确可靠。周先生一贯鼓励年轻教师自选课题，开展科学研究。对年轻人的新思路、新想法，她总是热情鼓励，积极支持。

周如松对国家财产百般爱惜。在实验室建设时，力求用最少的钱办最多的事。对自己的生活，节俭得近乎苛刻。在她生病住院时，稍有好转就立即要求出院，说高干病房太贵，让国家出的钱太多了。1982年冬，她因肺气肿住院治疗，当时的高干病房满员，她就住进了普通病房，还坦然地说："我是来治病的，不是来享福的，住在哪里不都是一样的打针吃药吗？"病情得到控制后，她就在病床上赶着修改了几位年轻教师的论文，使得这几篇国际学术会议论文得以按时寄出。

周如松从不计较个人得失，但却斤斤计较国家的有限资金是否发挥着最有效的作用、耽误的光阴怎样才能补回来、年轻教师怎样才能较快成长起来。她不计较文章是否有她署名，排在哪里，但却计较实验的数据是否准确可靠，分析和讨论是否合理、深刻。

周如松是著名的女物理学家和杰出的教育家。几十年来，她淡泊名利，不事张扬，诲人不倦，为国育才，严于律己，宽以待人，为我国的后辈物理学工作者树立了榜样。

（徐约黄）

简　历

1912 年 4 月　出生于湖南长沙

1919—1924 年　先后在长沙、上海、北京读小学

1924—1930 年　先后在北师大附中、燕京大学附中及上海大同大学附中读初、高中

1930—1934 年　在武汉大学物理系读本科

1934—1936 年　任武汉大学物理系助教

1936—1939 年　在英国伦敦大学攻读博士，1939 年 10 月获得博士学位

1940—1943 年　任华西大学物理系教授

1943—1944 年　任复旦大学数理系教授

1945 年　任武汉大学物理系教授，直至退休

主 要 论 著

1　L C Tsien, Y S Chow. Proc. Roy. Soc. A, 1937, 163: 19.

2　E N DAC. Andrade, F R S, Y S Chow（周如松）. Proc. Roy. Soc. A, 1940, 175: 290.

3　周如松（主编）. 金属物理（上、中、下）. 北京：高等教育出版社, 1992.

4　丁棣华，周如松（译）. 向错理论导论. 武汉：武汉大学出版社, 1989.

赵恒元

（1915—1994）

赵恒元，物理学家，教育家，中国声学奠基人之一。长期从事物理教学工作，对早期陕西师范大学的建设和发展发挥了积极作用，培养了许多优秀人才。创建我国第一个声学研究所。致力于声学理论及其应用技术的研究，在超声钎焊、声透镜等方面作出了重要贡献。

赵恒元于 1915 年出生于山西省寿阳县，1922 年就读于寿阳县第二区公立两级小学，中学时代就读于山西太原省立一中，他品学兼优，特别喜欢学习数理课程，每年在学校总是考取前二、三名，高中毕业会考时名列全省第三。1934 考入了北平师范大学物理系，他以科学救国的信念激励自己，奋发读书，1938 年以优异成绩毕业，获理学学士学位。

本科毕业后，赵恒元先后在陕西省洋县国立七中、西北师范学院、川北大学、西北大学、陕西省立师专、西安师院、陕西师范大学担任教师、讲师、副教授、教授。曾讲授过电动力学，近代物理、超声学等多门课程。他治学严谨，富于创新，为我国物理学事业培养了大批教学和科研人才。1982 年开始培养硕士研究生，他坚持教学与科研相结合，收到了明显的效果，他的研究生中有许多是我国高等学校及科研单位的教授、专家及组织领导者。为了振兴和繁荣我国的科学事业，在搞好教学工作之余，他夜以继日、全身心地投入到科研工作中，先后在法国巴黎的第十一届和中国的第十四届国际声学会议、中日声学会议及《科学通报》、《声学通报》、《中国生物医学工程学报》等学术会议、学术刊物上宣读、发表过《功率超声学》、《医学超声学》、《超声点焊》、《超声清洗》、《生物和医学超声工程》等学术论文 30 余篇。出版专著 4 部，编写了《电动力学》、《声学基础》、《超声学》、《声学及应用》等教材。他主持研究的"铌钛超导线超声钎焊"等项目已在国内大范围推广使用，"声衰减系数中的相位对消假象"等十余项成果分别获省部级以上科研成果奖、科技进步奖，"内径为 29 厘米中心场强为 44 千高斯的铌钛超导磁体"等十余项科研成果被列为国家级重大科研成果。他主编的《机械工程手册（声学篇）》荣获陕西省科学大会奖和全国科学大会奖。

赵恒元 1954 年加入中国民主同盟，1956 年加入中国共产党。先后担任川北大学物理系主任，西安师院、陕西师范大学物理系主任，陕西师范大学科研处长，中国科学院陕西分院应用声学研究所及陕西省物理研究所研究员、所长，陕西师范大学副校长，校学术委员会副主任，校学位评审委员会委员，校党委委员。在担任行政职务期间，赵恒元总是将技术专家的作用和组织领导的作用交融在一起。既注意抓课题、抓项目，又重视人才培养和调动科技人员的积极性。在任陕西师范大学物理系主任期间，他特别重视对青年教师的培养，不仅亲自制订培养计划，指导青年教师备课，亲自听课、亲临辅导，还根据青年教师的特长开设新的课程，为陕师大物理系的建设作出了很大贡献。党的十一届三中全会后，他担任陕西师范大学副校长，为该校积极贯彻落实党的知识分子政策，为开创该校教学、科研新局面做了大量工作，取得了突出成绩。由于他忘我的工作精神，他先后被评为西安市劳动模范、陕西省劳动模范、陕西省高等院校科研先进个人，陕西省先进工作者。1988 年荣获全国劳动模范称号。1992年 10 月国务院为表彰他在发展我国高等教育事业中做出的突出贡献，批准享受政府特殊津贴。

赵恒元在致力于教学、科研及管理工作的同时，积极参加各种学术活动、社会活动。20 世纪 50 年代为发展我国声学事业，创建了我国第一个声学研究所，又于 1982 年筹建了陕西省物理研究所。他曾担任中国声学学会第一至三届理事会常务理事、中国电子学会应用声学学会副主任委员、中国电子学会超声专业委员会副主任委员、国家科委生物医学工程学科组成员、国家科委发明评选委员会特邀审查员、陕西省物理学会第一至三届副理事长、陕西省生物医学工程学会副理事长、中国《应用声学》杂志编委、西安声学学会理事长。他多次组织国内物理学术会、全国超声学术交流会、陕西省超声探伤学术会、陕西省超声农业短训班。组织筹建了"陕西省超声技术交流协作组"，起草制定了"陕西省超声技术发展十年规划"。1960 年他曾到苏联、捷克、匈牙利等国进行科学考察和学术交流，1966 年出席荷兰国际焊接学会年会，1980 年参加美国 IEEE 国际超声会议，并去日本考察生物医学工程，为我国与国际学术交流架起了一座座桥梁。

赵恒元性格开朗、心怀坦荡。他经常关心、帮助别人，不少同志、朋友甚至普通工人，只要有求于他，他从不推辞，因此受到人们的普遍崇敬。退休以后仍以老骥伏枥的精神，经常去声学所指导工作。住院治病期间，总是手不释卷，念念不忘学校和研究所的工作，经常帮助病友和其他同志。赵恒元于1994 年 2 月 11 日逝世，他一生留下的学术遗产和奋斗精神永为后人所珍视。

创办中国第一个声学研究所

1956 年党中央发出"向科学进军"的号召，在全国科技事业"百花齐放、百家争鸣"大局势下，声学事业展示出了勃勃生机。赵恒元满怀献身科学事业的强烈事业心和爱国主义精神，率领陕师大物理系仲永安、董彦武、程存弟、张福成、马玉英、陈启敏等一批技术骨干，在当时科研条件比较简陋的情况下，研制出了"超声波清洗机"、"模拟电子计算机"、"核子计算器"等先进仪器，在国内产生较大的影响，曾被《光明日报》采访报道。在教育部于北京举办的"教育与生产劳动相结合"等大型展览会上多次展出，受到普遍关注和好评。此外在"固体发光"、"场致发光"方面研制出的几种发光材料，经鉴定，认为达到国内先进水平。

在陕西师范大学物理系研发态势良好的情况下，赵恒元积极争取上级领导的支持，努力创造科研条件，重视科研梯队的建设，使当时的物理系表现出空前的凝聚力，形成了较强的科研、师资阵容。1959 年 1 月 1 日在陕西省政府高度重视、陕西师范大学大力支持、赵恒元多方协调推动、物理系同仁不懈努力下，中国科学院陕西分院应用声学研究所、应用光学研究所、半导体研究室成立了。其中，中国科学院陕西分院应用声学研究所系中国第一个声学所（1962 年国民经济调整中，陕西省政府将该所移交学校，改名为："陕西师大应用声学所"），归属于中国科学院陕西分院。赵恒元任所长。声学所成立当天，来自全国各地的同行专家、陕西省政府领导出席了成立仪式，时任陕西省省长赵守一亲自为声学所揭牌。中国科学院陕西分院应用声学所的成立对于陕西乃至全国声学事业的发展起到了推波助澜的积极作用，影响深远、意义重大，为当时国内声学界进行科学研究、学术交流，培养高端人才搭建了一个学术平台，树起了一面旗帜，在中国声学发展史上具有里程碑作用。

声学所成立后，购置了大量实验设备、图书和期刊，有了一座单独的研究大楼。赵恒元针对当时的科研局面，制定了声学所发展规划，不断加强学术交流，先后派几十位教师前往中国科学院、长春光机所等地进行学术交流，活跃学术气氛。声学所研究方向主要是功率超声、医学超声、声学测量、噪声控制。研究内容以应用基础和应用研究为主。在赵恒元任所长的十几年时间里，声学所在各类期刊、杂志发表学术论文二三百篇，其中20余篇在国外杂志发表。鉴于超声学是一门应用性和边缘性很强的学科，具有极强的交叉性与延伸性，赵恒元主张大力开展合作项目，先后与国家大型企业合作，承接国家级的高难度的研制任务。在超声波焊接、超声波清洗等研究方面得到国内外同行的认可和重视，达到国际水平。研制的多种医用超声换能器及诊断、治疗仪器，在国内具有一定特色，促进了我国医学超声的发展。当年声学所的成立和发展为今天陕西师范大学应用声学所事业的繁荣奠定了坚实的基础。

开拓超声钎焊新领域

超声学随着它在国防、工农业生产等领域中应用的不断深入而得到发展，同时超声学的发展又为这些学科的发展提供了一些重要器件和行之有效的研究手段。赵恒元在致力于超声学基础理论研究的同时非常注重将研究得出的结论转化为实际应用产品。

20世纪60年代以后，飞机上的铜母电缆逐渐被铝电缆代替。应用铝电缆的关键是解决铜接头和铝电缆的焊接问题。曾经试验过压接法、机械法和化学法，均不能达到质量要求。针对这种情况，赵恒元提出用超声波来解决这一焊接工艺问题的思想。1971年开始与红安公司一分厂（后改为西安飞机制造公司总装厂）合作研究"航空母电缆的超声钎焊"项目。他以其深厚、渊博的超声学专业知识和丰富的实践经验，经过长时间的艰苦实验，利用超声钎焊处理的接头研制成功。经检验，各项数据均符合规定指标。同时研制了一种"铝导线超声搪锡机"配制了锡、锌、锑复合焊料，全面解决了铝导线焊接技术问题。1972 年 5 月鉴定后正式投入"运七"、"运八"飞机生产工艺，1973 年该工艺在红安公司用于批量生产，并扩大应用到轰六型机的生产，以后推广到 182 厂、122 厂、北京民航、成都民航等单位。经过几年的生产和飞行实践，证明超声钎焊的航空铝电缆性能良好，工作正常。这项研究技术打破了苏联对我国的技术封锁，使以铝代铜从而减轻飞机重量的先进技术在我国航空工业广泛应用，为国家节约了资源，赢得了荣誉。1977 年获陕西省高教局重大科技成果奖，1978 年获陕西省科学大会奖。随后赵恒元等人在 1972 年 7 月至 1973 年 9 月又与原第二机械工业部协作研究"铌钛超导线的超声钎焊"技术，解决了 $\phi 0.37mm$ 和 $\phi 0.42mm$ 铌钛超导线的接头连接问题。该技术方法简便，性能可靠，在全国得到大范围推广使用。1977 年获陕西省高教局重大成果奖，1978 年获全国科学大会奖。

赵恒元的超声钎焊技术成果在当时的焊接技术领域具有划时代的意义，产生了良好的社会效益与经济效益，为我国国防事业作出了重大贡献。

研制出准平板系列声透镜

1980 年前后，赵恒元主要潜心于"准平板型声透镜"的设计研究。以往使用的固体聚焦声透镜几乎大都是中心薄而边缘厚，声波在其中穿过的路程愈长，损耗愈大，这样不仅损失了声能，还因发热而导致透镜的聚焦性能变坏。赵恒元经过一段时期探索、研究，设计了一种聚焦声能的新型透镜——准平板型声透镜。它是根据声的折射定律和到达焦点的各声束所必须满足的物理条件设计的。这种声透镜特点是薄，犹如平板一样，声能在其中的损耗小，聚焦性能好。它不仅可用来聚集声能，以产生高的声强。而且可用于声成像。赵恒元推出了斜面形和弧面形准平板型声透镜的计算公式，用此公式设计制作的弧面形透镜，经测试有效 F 数为 1.2，优于国外 O. Wess 和 C. Scnerg 所做的透镜（其 F 数为 1.5，发表于 1979 年 5 月国际超声学会议上）。在 1980 年美国召开的 IEEE 国际超声学会议上赵恒元宣读了该论文。该成果获陕西省 1980 年科技成果二等奖，1982 年教育部将其以重大科研成果上报国家科委。

1981 年赵恒元又从点声源入射的情况出发，根据折射定律和经过透镜到达焦点的各声束必须同相的条件，从理论上推出了斜面和弧面准平板型声透镜的一般计算公式，用所推得的公式设计制作了斜面和弧面两种准平板声透镜，用 3 种实验方法观测了聚焦性能。结果证明这些公式是完全正确的，理论与实验相符。赵恒元研究设计的声透镜非常薄，因而具有声能损耗小、用料省、体积小、重量轻等特点。它是当时用来产生高强度超声场的简单而又价廉的有力工具。当时用作处理农作物种子。它在抑制生物细胞生长，超声喷雾和声成像等方面也有很广泛的应用，1982 年在美国 IEEE 会议上交流并收入会议论文集，获陕西省高教局 1983 年度科研成果二等奖，1985 年获国家教委二等奖。

主编《机械工程手册（声学篇）》

1974 年，赵恒元接受了由机械工业部、中国科学院、教育部等部门共同组织编写《机械工程手册（声学篇）》的主编任务。该书是中国第一部系统概括机械工程各专业主要技术内容的大型综合工具书，他组织了编写队伍，确立了高标准、高质量的指导思想，按照这部大型科技著作的要求，全面扼要地总结了我国声学专业的发展状况、科技成果及应用经验，力求"立足全局，勾划全貌，反映共性，突出重点"。内容包括 3 章，第一章声学基础（包括声速、波动方程式、反射、折射、干涉、衍射、衰减、多普勒效应、声学参量、声全息）；第二章超声及其应用（包括发生器、换能器、振动系统、超声效应及应用等）；第三章噪声及其应用（包括噪声基础、隔绝、吸收及振动隔离等）。赵恒元从拟订书稿章节大纲到具体内容的编写、审定稿件等工作都亲自主持，付出了艰辛的劳动。

该书从基础出发，概括了声学专业的主要技术内容并和其他学科有机联系起来，同时考虑到发展的需要，总结了中国声学方面的成就，也吸收了其他国家的成熟经验，汇集的资料丰富，有较高的学术水平和实用价值，圆满地完成了上级交予的任务。《机械工程手册（声学篇）》获 1978 年度陕西省科研成果三等奖。《机械工程手册》获 1978 年全国科学大会奖，1982 年获机械工业出版社优秀图书一等奖，1984 年被选参加了全国伟大成就展览会。

开发实验仪器，改进教学方案

赵恒元自幼养成爱动手的好习惯，在长期的教学生涯中，他深切体会到实验工作在理工学科中的重要性，始终强调学生动手能力的培养是学生进一步学好现代科学技术和在未来工作中进行科学实验和技术革新的基础。他不论在哪里任教，一直非常重视学生实验能力的培养，训练学生动手设计、制造实验仪器。

早在国立七中任教期间，赵恒元就很注重直观性教学，几乎每堂课都有生动且富有启发性的演示实验。这些实验很受学生欢迎，教学效果良好。演示所用的仪器设备都是他不惜用很多时间和精力准备的。他亲自设计、率领学生制作了 101 种物理仪器，受到当时教育部的奖励。在陕西师范大学任教期间，他组织学生及有关工作人员制作各种仪器模型 120 件，既培养了学生的动手能力，又解决了实验设备短缺的问题。

其中最令人感佩的是，他在1956年带领部分教师深入到79所中学调查研究，收集物理教学方面的问题260多个，系统分析研究后，提出了改进物理教学的意见和方法。使物理系根据当时中学教学实际情况，调整教学方案，增强师范生的实践能力，为中学培养了合适、优秀的师资人才，受到各基层中学的欢迎，得到学界的推崇。这种自力更生、艰苦奋斗的办学精神一时传为佳话，其意义超越了改进教学本身所起的作用。

崇高的爱国主义道德情操

赵恒元不仅在教学和科研领域成绩卓越，而且对党和国家无限忠诚。他的爱国热情和强烈的社会责任感使他在工作中、生活中始终保持着奋发向上、积极进取的精神风貌。

上大学期间，赵恒元参加过"一二·九"学生爱国运动，并遭受反动军警的毒打。他曾加入过国民党，1948年，当他认清国民党反动腐败的本质后，毅然烧毁党证，与国民党决裂。1956年12月加入共产党。1966年7月，在荷兰参加国际焊接学年会期间，荷兰极右势力掀起一股反华逆流，驱逐了我驻荷兰代办，迫害在荷中国公民。被荷兰特警围困在使馆中的赵恒元教授与其他同志一起，与荷兰反动当局进行了坚决的斗争。他在9月25日给陕西师大校党委书记刘泽如的信中写道："7月18日我曾向支部宣誓，不论在任何情况下，甚至付出生命，也绝不玷污党和祖国的一点荣誉……特警包围使馆并发出传票，要传讯我们，我们已做好精神准备，去坐洋监牢……如敌人胆敢逮捕（我们），则誓与反动派斗争到底。"字里行间洋溢着一个爱国知识分子的赤子情怀。赵恒元在国外进行的学术交流中，他的成绩受到有关学术组织的重视，他们以丰厚、优裕的物质条件挽留他，但他毫不犹豫地婉拒了他们，毅然回到祖国。"文化大革命"

中，他作为"反动学术权威"被关进"牛棚"，身心遭受严重摧残，但长期的知识积累、敏锐的观察力和对教育及科技事业的高度责任感，使他从没有放弃对党的信仰，对国家深切的眷恋和无限热爱。赵恒元这种朴素、深沉的爱国情操是一笔宝贵的精神财富，是推动国家、民族进步和发展的精神力量，值得人们缅怀和发扬。

（石　立）

简　历

1934—1938 年　在北京师范大学上学

1938—1942 年　任陕西洋县国立七中理化教员

1943—1945 年　任西北师范学院理化讲师

1945—1949 年　历任西安陕西专科理化科副教授、教授，兼任西北药专教授

1949—1950 年　任四川三台川北大学数理系教授、系主任

1950—1994 年　任陕西师范大学教授

1950—1960 年　任陕西师范大学物理系代系主任

1960 年　任陕西师范大学物理系主任

1961 年　任陕西师范大学科学研究处处长

1978 年　任陕西师范大学副校长

1988 年 4 月　获全国劳动模范称号

1988 年 5 月　退休

1992 年 10 月　获政府特殊津贴

1994 年 2 月　逝世

主要论著

1 赵恒元，李怀江，陈启敏．热处理对磁致伸缩换能器固有频率的响应．

陕西师范大学学报, 1965.

2　赵恒元. 超声与医学. 陕西医药, 1979 (1).

3　H Y Zhao, Y W Dong, S Y Liu. Ultrasonic soldering of the Nb – Ti super-conducting wires. Abstracts, 1980.

4　H Y Zhao, Y W Dong. Acousfic power measurement of ultrasonic transducers using the constant flow colorimetry method. Abstracts, 1980.

5　赵恒元. 加强生物医学超工程的基础研究. 陕西师范大学学报 (自然科学版), 1980—1981 (合刊), (7): 89.

6　赵恒元. 机械工程手册 (声学篇). 北京: 机械工业出版社, 1981.

7　赵恒元, 董彦武. 功能换能器电声效率测量的初步研究. 应用声学, 1982, 1 (1): 24.

8　赵恒元. 国外超声功率的进展. 国外声学, 1982 (1).

9　赵恒元, 张福成, 郭孝武. 准平板型声透镜的聚焦原理及计算. 陕西师范大学学报 (自然科学版), 1982.

10　赵恒元, 董彦武. 利用恒流量热法测量超换能器的声功率. 印度杂志 (Journal of Pure and Applied Uitrasonics), 1983 (2).

11　H Y Zhao, Q M Hen, S Y Liu, et al. The experiment and analysis of com-pressing the side – lobes by means of weighting the area of the phased array elements. II ICA, 1983, 1: 11.

12　赵恒元, 高键波, 张福成. 大孔径消差准平板型声透镜. 美国 IEEE 超声会议, 1984.

13　赵恒元, 孙永臣, 董彦武. 在高声衰减媒质中的非线性声参量 B/A 的测量. 中日声学讨论会论文汇编, 1985. 11.

14　赵恒元, 赵小立, 程存弟. Mobius 变换分析方法对组合变幅杆及圆形截面任意变幅杆的作用. 陕西师范大学学报, 1986 (11).

15　赵恒元, 侯泽章, 陈启敏. 超声脉冲 Doppier 系统接受换能器带宽的实验研究. 医疗器械, 1986 (5).

魏墨盦

（1922—1996）

　　魏墨盦，声学家，超声学教育家。一生从事超声学科研、教学工作。曾任《声学译丛》、《声学技术》主编。领导建立了几种超声定量测量方法。著有《机械振动与波》，主编《超声工业测量技术》等专著，是超声学研究的开拓者和超声检测技术研究的奠基人之一。

从事《超声》四十年

　　魏墨盦，1922 年 10 月 4 日出生于上海市，原籍浙江余姚。1943 年毕业于上海震旦大学，获数理学士和机电工程学士。毕业后曾在上海徐家汇佘山天文台工作，1950～1952 年回到震旦大学任兼职教授，专任讲师。1952 年院系调整到同济大学物理教研组任普通物理课教师，1956～1958 年任同济大学物理教研组主任。1956～1966 年任同济大学校务委员会委员。从 1956 年开始直至 1996 年病逝，从事超声学教学、科研 40 年，他所领导的超声学研究团队在超声检测技术研究中，多项成果获国家、教育部及上海市奖励，魏墨盒是同济大学超声学学科开创者，也是我国超声学研究的开拓者和超声检测技术研究的奠基人之一。

1960 年同济大学即成立声学教研组招收声学专业（超声）本科生（招收一届），魏墨盒是教学负责人。1964 年同济大学成立声学研究室并招收研究生，魏墨盒是两位导师之一。1984 年同济大学成立声学研究所，魏墨盒出任首任所长，1987 年后任名誉所长。曾参与 1962 年国家远景科技规划中声学部分的起草（国家科委声学专业组超声分组委员），《辞海》等辞书声学部分的编撰，也是国家声学标准《超声学名词术语》的起草人之一。1977 年，上海科教电影制片厂拍摄一部科教电影《超声》，魏墨盒担当顾问。20 世纪 80 年代参与中国声学学会的创建，曾任中国声学学会副理事长，也是上海市声学学会的主要创建者，曾连任上海市声学学会第一、第二届理事长。1988 年参与筹备在上海召开的第三届西太平洋地区国际声学会议。1989 年以访问教授身份出访法国，获任法国声学会法语专家会员。魏墨盒不仅是声学教育家、声学活动家，也是一位社会活动家，1957 年加入九三学社，任九三学社上海市委文教科技委员会委员。1983 ~ 1992 年，任上海市第八、第九届人民代表大会代表。

教学科研并重

20 世纪 50 年代中期，超声技术作为当时三大新技术之一进入人们的视线（另两项新技术是红外线和半导体）。1956 年，在"向科学进军"旗帜的指引下，魏墨盒在教学工作的同时，开始介入超声领域的基础研究，如棒振动的共振测量，超声石英喷泉的制作等。

1958 年上海江南造船厂生产国产超声探伤仪，不仅用于工业探伤，还被上海一些医院用于超声诊断，上海超声事业遂逐步开始形成，共同的工作促进了学术交流，于是"上海超声协作组"应运而生（隶属于上海市物理学会），在国内开创了超声协作的先例。第一机械工业部上海材料研究所曾克京和上海热工仪表研究所郑冠雄、上海无线电技术研究所张本厚、上海市第六人民医院周永昌，以及中原电器厂张泽琦等都经常参加协作组的学术交流。魏墨盦成为"超声协作组"的领军人。

1960年初，上海举办（技术革命、技术革新）双革展览会，会上展出了一些单位把机械型超声发生装置安装在机床上，以提高金属切削效率的应用成果。可是后来自上而下随之兴起一股"土超声"热，到处推广使用超声波，魏墨盦也不得不和青年教师一起挑灯夜战，建立装置、测量"土超声"各项参数。"土超声"的效果究竟多大，机理如何，推广前景怎样，这一系列问题就成为1960年12月上海召开的"超声波理论讨论会"的主题。但这次会议没有对"土超声"作出评价和结论。会后成立了上海市声学工作委员会（仍隶属于上海市物理学会），魏墨盦任副主任委员。

上海市声学工作委员会的重要贡献之一是在1966年前组织翻译、出版了30多册《声学译丛》，魏墨盦时任《声学译丛》主编，介绍当时国外声学发展现状，除超声外还涉及建声、电声、水声等多项分支学科，面向全国发行。若干年后国内声学同行还提及《声学译丛》给他们留下的深刻印象。《声学译丛》给"土超声"与"洋超声"之争画上了句号，也提示了当时一代人，头脑中要树立科学的发展观，大轰大嗡绝不是科学。

重视应用基础研究

20世纪60年代最初几年，魏墨盦从事教学，并编写教材（与同济大学数理系主任江之永合编高校普通物理教材），还出版了《机械振动与波》等专著。同时也一直从事超声基础研究，主要是在实验室领导建立超声定量测量的几种方法，如力学法测量机械型超声发生器功率、热学法测量压电超声源功率、光学法测量声场、声强、脉冲法测量媒质声速、衰减等，这就是后来常提到的超声四个"法"。后来同济开展超声工业测量技术研究，以及混凝土建筑工程超声无损检测，就是以这四个"法"为基础。1977 年由上海人民出版社出版，同济大学声学研究室编著（魏墨盦任主编）的《超声工业测量技术研究》一书，也反映了这一时期（1966～1974 年）的科研面貌和成果。

学术交流与科学普及

1979 年，北京召开全国声学会议，成立中国声学学会（隶属于中国物理学会），魏墨盦任副理事长，1985 年任检测声学分会主任委员。1980 年，成立中国应用声学学会（隶属于中国电子学会），魏墨盦任副主任委员。此外，他还担任过全国声学标准化委员会超声水声分会副主任委员。此间，魏墨盦与北京大学杜连耀（超声、水声专家）、陕西师范大学赵恒元（超声专家）交往密切，被称为我国超声应用研究领域的"三元老"。

1980 年底，由同济大学、中国科学院东海研究站等单位筹划的上海市声学学会宣告成立，魏墨盦任第一届、第二届理事长至 1986 年，后任名誉理事长。这是国内首个地方声学学会，1982 年学会刊物《声学技术》正式出版发行（1986 年起向国外发行），魏墨盦先任顾问、后任主编至 1996 年，这是国内首个地方性学会主办的声学刊物，与《声学学报》、《应用声学》（魏墨盦任此两刊物编委），都是国内的核心声学期刊。

20 世纪 80 年代以来，改革开放的春风也给国内超声的研究和生产带来发展生机。各类学术会议包括检测声学学术会议日渐增多。因为魏墨盦总是能针对各研究和生产单位中碰到的有关超声原理和技术中的一些基本问题像课堂教学一样，在会上给予条理清晰、逻辑严谨的总结，使人受益匪浅。为此魏墨盦得到了同行很高的评价。有同行说，参加过不少会议，但在检测声学学术会议上收获最大，这在其他场合是很难学到的。

在20世纪六七十年代，同济大学声学研究室接待各地来访者门庭若市，其中不乏是慕名而来。一个时期学校门卫室曾统计过来校联系工作（咨询）的人数，其中找声学的最多。

人才与成果

"文化大革命"后1978年恢复招收研究生，同济声学专业首批获准学位授予权。魏墨盦指导的20多名硕士、博士生分布全国各地，或走出国门，活跃在声学学科各个领域。由魏墨盦领衔建立的同济大学超声教学研究集体培养了一批又一批的接班人，至今还工作在超声学科的前沿，出人才也出成果，即使在十年动乱期间，科研工作也一直持续，成果不断涌现；1979年《同济大学学报》出版声学专辑，声学研究室投送稿件的数量几乎是所约稿件的两倍。到1984年声学所成立时，魏墨盦参与或参与指导的获奖科研成果有："混凝土超声检测仪的研制"（上海市重大科技成果奖，1977）、"多种油品单管顺序输送装置"（全国科学大会奖，1978）、"超声烧蚀测试技术研究及其地面样机研制"（国防科委尖端科技成果奖三等奖，1980）、"测量声速的精测尾时方法"（国家发明奖四等奖，1981），还有国家教委优秀成果奖、上海市重大科技成果奖以及其他部委、同济大学奖励等10余项。

同济大学的超声研究在国内独具特色，声望至今不衰。什么是同济的超声研究特色？同行专家的评价是：解决超声实际应用问题的能力技高一筹。这得益于扎实的实践与理论基础。

20世纪60年代中后期，魏墨盦与青年教师一起下厂矿、工地，远到贵州乌江渡、湖北丹江口大坝（坝体超声无损检测）；近到上海炼油厂（油罐超声液位测量）。酷暑季节，上海气温高达 36℃，油罐金属表面温度超过 50℃，年近 50 的魏墨盒身体力行，与青年教师一起在现场观测数据。

进入 20 世纪 90 年代，魏墨盒已到古稀之年，仍在考虑如何跟踪超声前沿学科的发展，他与中国科学院声学研究所声学所的应崇福、南京大学的张淑仪联合申请国家重点基金项目"激光超声研究"。并与法国波尔多第一大学建立合作关系，双方互访，在激光超声领域共同开展研究。

敬业风范，永存后人

魏墨盒性情直率，勇于讲实话，这在极左路线时期常常会成为受冲击的对象，但他在困境和逆境中仍坚持工作，有时白天开会，晚上还进行科研，从未有过消沉低落情绪。

魏墨盒的文学知识渊博，文字功力出色，他编著和撰写的教材和科技文章，词义贴切，文笔流畅，这在理工科知识分子中很少见到，给年轻人树立了榜样。

1993 年在全国检测声学会议上，魏墨盒主动退任，并积极妥善安排学会新人接班。1994 年他最后一次去北京参加全国检测声学会议，回沪时没买到卧铺票，在列车上几经周折，半路才睡上卧铺车厢。时年已七十有三。

1996 年 9 月 7 日，因积劳成疾，匆匆走完了他的人生之旅。魏墨盒对超声学界的贡献，将永存于世。

（阎玉舜）

简　历

1922 年 10 月 4 日　出生于上海市

1938—1943 年　在上海复旦大学数学系和电机工程系学习，获数理学士和

机电工程学士

1943—1945 年　任上海徐家汇天文台助研，上海徐家汇文哲学院、徐汇中学兼职教师

1945—1951 年　任上海徐汇中学、上海震旦附中、无锡中学、上海养正中学教师

1950—1952 年　任上海震旦大学兼职教授，专任讲师

1952—1956 年　任同济大学讲师

1956—1958 年　任同济大学物理教研组主任

1956—1966 年　任同济大学校务委员会委员

1957 年　成为九三学社成员，曾任九三学社上海市委学习委员会、科技委员会委员

1962—1966 年　任国家科委声学专业组超声分组委员和国家科委技术物理和电子学专业委员会委员

1962—1980 年　任同济大学副教授

1977 年　任国家自然科学规划声学组委员

1979 年　任中国声学学会副理事长

1979—1984 年　任同济大学声学研究室主任

1980 年　任同济大学教授

1980—1986 年　任上海市声学学会第一、第二届理事长

1983 年　任国家标准局声学标准化技术委员会委员

1983—1987 年　任上海市人民代表大会第八届代表

1984—1986 年　任同济大学声学研究所所长

1986 年　任同济大学声学研究所名誉所长，同济大学声学专业博士生导师

1988 年 5—7 月　任法国巴黎第六大学及法国波尔多第一大学访问教授

1988—1992 年　连任上海市人民代表大会第九届代表

1996 年 9 月 7 日　病逝于上海

主 要 论 著

1　魏墨盦主审. 超声物理 1 – 7 册. 声学译丛. 上海：科学技术编译馆，1961 – 1965.

2 魏墨盦主编. 超声工业测量技术. 上海：上海人民出版社，1977.

3 魏墨盦编. 机械振动与机械波. 上海：上海人民出版社，1979.

4 魏墨盦，朱士明，孙长俊. 超声波声速仪及其在化工分析上的应用. 同济大学学报，1979，1：55.

5 阎玉舜，魏墨盦. 分析工业氯气纯度的超声方法. 同济大学学报，1979，1：70.

6 孙承维，魏墨盦. 高浓度悬浮液的声学特性. 声学技术，1983，1：1.

7 钱梦騄，魏墨盦. 一个新型的 T 型耦合谐振光声腔. 声学学报，1983，6：321.

8 Mo – an WEI, Jingxing TAN. Pulse echo overlap method using electrostatic transducers. Chinese Journal of Acoustics, 1983, (3): 177.

9 Mo – an WEI, Menglu QIAN. The desing of a sensitive low frequency coupled resonant photo – acounctic cell. Chinese Journal of Acoustics, 1983, (4): 428.

10 钱梦騄，魏墨盦. 一种高灵敏度的低频耦合谐振光声腔. 声学学报，1984，2：100.

11 钱梦騄，魏墨盦. 光声效应及光声监测系统. 声学技术，1985，2：1.

12 Menglu QIAN, Moan WEI. A novel conpled resonant photoacoustic cell（T – type）. Chinese Journal of Acoustics, 1985, (4): 328.

13 钱梦騄，吴大同，魏墨盦. 一种光声检测材料热扩散率的新方法. 应用声学，1988，4：7.

14 朱士明，刘镇清，魏墨盦. 提高测量声时精度的"过零检测增均法". 声学技术，1990，3：36.

15 钱梦騄，魏墨盦，徐伟. 光声信号的数字处理. 声学学报，1989，2：92.

16 钱梦騄，吴大同，魏墨盦. 线性调频光声检测薄膜材料的热扩散率. 应用声学，1991，6：8.

17 Jun XIAO, Menglu QIAN, Mo – an WEI. Detection of thermal diffusivity of thin film using photoacoustic frequency modulation lock – in technique. Journal De Physique, 1992, 2: 809.

18 Mo – an WEI, Shu – ning YANG, Menglu QIAN. Thermoelastic generation of ultrasonic wave by pulse laser. Journal De Physique, 1992, 2: 797.

19 钱梦騄，章罕，魏墨盦. 薄膜热扩散率和耦合层厚度的光声检测. 声学技术，1991，3：6.

20 刘镇清，魏墨盒. 用于超声波激发与检测的电容声换能器. 传感器技术，1992，1：28.

21 刘镇清，魏墨盒. 用 20MHz 静电换能器精密测量超声波声速和声衰减系数. 声学技术，1992，4：14.

22 刘镇清，魏墨盒. 一种宽带非接触电容式超声波传感器. 传感技术学报，1993，4：48.

23 刘镇清，魏墨盒. 超声波溶液浓度在线检测中气泡影响的消除方法. 化工自动化及仪表，1993，3：39.

24 钱梦騄，李志淳，魏墨盒. 激光超声技术研究纳米材料的力学特性. 应用声学，1994，1：5.

25 刘镇清，魏墨盒，朱士明. 一种超声波液体浓度传感器的研制. 传感技术学报，1994，1：5.

庄育智

(1924—1996)

庄育智，材料科学家，物理冶金学家，中国科学院院士。我国难熔金属合金研究领域的开拓者之一。领导了我国第一颗返回式人造卫星钼合金蒙皮、铌合金耐热天线的研制，为国防工业和高技术的发展作出了突出贡献。早年从事钢中夹杂物和薄板夹层、复相不锈钢中δ-铁素体恒温分解、钼合金顶尖、相图等研究工作，促进了我国钢铁和石化工业的生产。在稀土-过渡金属化合物的结构和磁性等方面取得创新性成果，推动了我国磁性和磁性材料学科的发展。

庄育智，1924年7月27日出生于广东省潮安县（今广东省潮州市）。父庄孚初，与朋友在汕头合伙开布店。母亲是家庭妇女，勤劳贤淑。父母对他严格要求，对他的做人、治学等方面均有深刻的影响。

庄育智五岁入潮安县立第六小学。1933年转入潮安县立第一小学，毕业后考入潮安县立中学。抗日战争爆发后，又相继在香港华仁书院、昆明南菁中学、云南大学附中学习。1942年考取交通大学唐山工学院矿冶系。1946年6月大学毕业后在开滦矿务局和天津炼钢厂工作过1年。1947年赴英留学，在英国利物浦大学冶金系读研究生，先后从事Pb–Sn合金的时效硬化和Zr粉末烧结金相学研究。他找到一种适合原子能生产的结构性能良好的Zr粉，还撰写了"不锈钢和耐热钢组织结构变动"和"Pb单结晶之X光衍射研究"两篇论文。先后获得利物浦大学冶金工程专业的工学硕士和哲学博士学位。

1951年12月获得博士学位后，庄育智于1952年1月回到祖国。他协助李薰创建中国科学院金属研究所，历任副研究员、研究员、难熔金属室主任和金属所副所长。

根据国民经济恢复时期的需要，为解决钢材质量问题，庄育智深入东北几个大钢厂，开创了我国对钢中夹杂物和薄板夹层的研究。他针对抚顺石油三厂高压加氢装置的重大爆炸事故，结合我国石油化工工业所用的耐热不锈钢设备中存在的问题，研究了复相不锈钢中δ–铁素体的恒温分解，探讨了这一类钢中δ–相和χ–相形成的规律，先后在《金属学报》和《物理学报》杂志上发表了一系列学术论文。从理论上阐明了这类钢变脆的原因，提出了合理的热处理工艺，有效地指导了石油化工厂的生产。

1958年，庄育智领导创建了难熔金属研究室，开辟了我国冶金科技尖端——难熔金属合金研究的新领域。难熔金属合金主要用于航天技术和原子能工业。当时，既无国外的技术资料，更买不到现成的熔炼和测试设备。他克服重重困难，带领青年科技人员自行设计和研制难熔金属的熔炼、测试等实验设备，建立了相应的测试方法。到1964年实验室基本上接近当时的国际水平。小型真空压蠕变试验机和真空高温维氏硬度计因结构和性能指标达到国际先进水平，在1964年全国工业新产品展览会上获得三等奖。他积极开展高温钼合金和难熔金属合金相图的研究；系统地研究了钼合金熔炼过程中杂质的脱除、合金的凝固和结晶规律；探讨了合金元素改善钼合金韧性的机理。1964 年在全国首次难熔金属学术会议上，庄育智和学生们共发表了有价值的学术论文 30 多篇，极大地推动了我国难熔金属的科研和生产。1965 年研制成功穿制耐热不锈钢无缝钢管用的钼合金顶尖，经鞍钢无缝钢管厂的试用表明比苏联生产的合金顶尖寿命高 200 倍。通过中国科学院和冶金工业部的鉴定，该项成果广泛应用于全国耐热钢管制造部门，取得了很大的经济效益。该成果 1978 年获全国科学大会奖。1964 年庄育智被评为沈阳市劳动模范、中国科学院先进工作者。

"文化大革命"期间，庄育智排除各方面的干扰，领导了返回式人造卫星 Mo 合金蒙皮的研制。他带领科技人员克服了冲压成形和焊接中的种种困难，终于按期完成了人造卫星 Mo 合金蒙皮的研制。随后又取得了 Nb 合金耐热天线的研究成果。从而保证了我国第一颗返回地面人造卫星的成功发射和按计划安全降落在地面上。由于贡献突出，庄育智获 1977 年冶金工业部工业学大庆会议表彰，沈阳市、辽宁省科学大会奖和 1978 年全国科学大会奖。1979 年天线和蒙皮研制分别获国防科委科技成果奖三等奖和四等奖，所属总项目获 1986 年国家科技进步奖特等奖。Nb 合金耐热天线的研制成功还为我国各种新型导弹作出了重大贡献，1985 年获国家科技进步奖三等奖。

1976 年后，金属研究所由以研究结构材料为主扩展到材料科学和材料工程研究领域。他又走在开拓者的前列。领导了 Nb – Ti 合金和 A – 15 化合物实用超导材料、稀土 – 过渡金属化合物永磁材料和贮氢材料、难熔金属合金耐蚀材料、热弹性马氏体效应和形状记忆合金以及夹层化合物的研究。1980 年完成了 Mo – 30W 耐锌液腐蚀合金的研究，为葫芦岛锌厂试制成功扬锌泵竖轴，比原来的石墨竖轴寿命提高了 100 多倍，获得中国科学院科研成果奖二等奖。庄育智在难熔金属材料、磁性材料、相图学研究及安全科学技术等领域作出了突出的贡献，在国内外知名学术刊物上发表论文 100 多篇。稀土过渡族金属化合物结构和磁性研究 1987 年获国家自然科学奖四等奖，1995 年获国家自然科学奖三等奖；铌钛合金超导线 1988 年获中国科学院二等奖。

开展相分析，服务钢铁、石化工业

中华人民共和国建立初期，我国处于国民经济恢复时期，百废待兴。由于钢中存在非金属夹杂物，破坏了钢的结构均匀性，影响了钢的机械性能。例如，具有尖锐棱角的夹杂物将导致应力集中，使钢材易于断裂；在轧制过程中某些分布于晶粒间界的夹杂物也可能引起热脆现象。因此分析夹杂物的来源，控制夹杂物的形成便成为提高钢的质量的重要环节之一。庄育智根据国家的需要，深入抚顺、鞍山、大连的几个大钢厂，参加对钢的质量鉴定和分析工作，解决钢厂中存在的钢材质量问题。庄育智在参考苏联学者研究结果的基础上，首先在国内建立了电解法分离钢中金属夹杂物的技术，开创了国内对钢中夹杂物和薄板夹层的研究。他通过电解分离低碳钢非金属夹杂物的系统试验，改进了已有的电解分离夹杂物方法，指出，电解分离钢中非金属夹杂物时，电解液的成分及破坏碳化物方法，对分离夹杂物结果影响很大。所用化学试剂，在破坏碳化物的过程中都对夹杂物有影响，因而寻求一种只除去碳化物而不损失夹杂物的方法具有重大意义。他发现，用硫酸亚铁法进行电解，再用过硫酸铵法或硝酸法破坏碳化物来分离稳定夹杂物是较为适当的；用亚硫酸钠法（两种溶液）分离不稳定夹杂物得到较为满意的结果。他应用上述方法，并结合金相检查对钢厂低碳钢板材进行了试验，为钢铁生产部门提高钢质量提供了技术依据。

1956 年，抚顺石油三厂高压加氢装置发生重大爆炸事故。庄育智从现场取回样品进行金相、X 光和力学性能检测，查清了爆炸的原因是高压加氢反应装置管道材质老化所致。在原油生产提炼过程中，高压加氢装置把氢加入原油中要经过 2 ~ 3m 长的不锈钢管，这种不锈钢管具有奥氏体、铁素体两种相结构，在使用时温度不能过高。如果温度过高，其中的铁素体相在高温中不稳定，会分解转化为很脆的 δ - 相。不锈钢管长期使用已经陈旧，加上使用时没有很好地控制温度，使材质中的 δ - 相逐渐增多，一旦压力超过负荷就会发生爆炸事故。找到事故原因后，庄育智和助手对管材的试样不断地做热处理实验，终于在一次次的失败中摸索出修复原有不锈钢管材的热处理办法，圆满地解决了工厂面临的难题。随后，庄育智又针对爆炸事故，结合我国石油化工工业所用的耐热不锈钢设备中普遍存在的问题，分别开展了钢中非金属夹杂物、钢中板钢夹层来源、耐热不锈钢中相变与变脆等方面的研究课题。σ - 相是一种极脆且硬的金属化合物相，若这种组织沿着钢的晶粒间界分布，则使钢变得更脆。当时大多数学者认为，18/8 型不锈钢材在高温保温后其室温冲击韧性的降低是由于 σ - 相的沉淀所引起的。庄育智应用金相法研究了 18/8/3/1Cr - Ni - Mo - Ti 不锈钢经 1300℃ 固溶处理后在 950℃、850℃ 及 750℃ 恒温分解初期金相组织的变化，并用电解分离及 X 射线衍射方法鉴定在不同恒温分解阶段 δ - 铁素体分解的产物。他观察到，由于提高了固溶处理温度，高温固定下来的铁素体极为不稳定，在分解为奥氏体的同时有 TiC 的沉淀出现。当 δ→γ 的转变，由于 Cr、Mo 等合金元素的偏聚不能进行时，才发现残留的 δ - 铁素体转变为 σ - 相。这表明在 σ - 相出现之前，钢的冲击韧性已显著下降，这可能与 δ - 铁素体分解初期 TiC 的沉淀有关。深入了解 σ - 相形成的过程具有重要的实际意义。庄育智先后在《金属学报》和《物理学报》杂志上发表了"18/8/3/1Cr - Ni - Mo - Ti 不锈钢中 δ - 铁素体的恒温分解"、"含钼复相不锈钢中 χ - 相的形成"等一系列学术论文，从理论上阐明了这类钢变脆的原因，提出了合理的热处理工艺，对当时的生产起了很大的指导意义。

研究难熔金属合金，服务国防尖端事业

1958 年，金属研究所的研究方向由为钢铁工业服务转向为国防技术服务。在国家的需要和探索未知世界的好奇心的催动下，庄育智放弃了一直研究的钢，开辟我国冶金科学的尖端——难熔金属合金的新领域。难熔金属合金也就是高熔点合金，主要用于航天技术和原子能工业。当时这在我国还是空白研究领域，是一项十分保密的研究课题。既得不到国外的技术资料，也没有现成的熔炼和测试设备。他领导创建了难熔金属研究室，开展高温钼合金和难熔合金相图的研究。庄育智带领助手，自行设计和研制了难熔金属真空熔炼、加工、测试等许多实验设备，包括 1.5kg 真空自耗电极电弧炉、25kg 真空自耗电极电弧炉、小型真空非自耗电极电弧炉、真空淬火炉、真空退火炉、真空持久强度实验机、小型真空压蠕变试验机和真空高温维氏硬度计等。他们还建立了相应的测试方法，使难熔金属实验室到 1964 年基本上接近当时的国际先进水平。

庄育智等人积极开展高温 Mo 合金的难熔金属合金相图的研究，建设了相图实验室。系统地研究了 Mo 合金真空自耗电极电弧熔炼过程中杂质的脱除、合金的凝固和结晶规律；探讨了合金元素改善 Mo 合金韧性的机理。指出 Ti 改善 Mo 合金脆性主要是因为增加了氧在 Mo 合金中的固溶度，改变了晶界上氧化物的分布形态。还系统地测定了 Nb – Mo – Zr、Mo – Ti – Zr、Mo – W – Zr、Mo – B 和 Mo – Gd 等系列相图。1964 年在全国首次难熔金属学术会议上，庄育智和他的学生共发表了有价值的学术论文 30 多篇，对我国难熔金属的科研和生产起了很大的推动作用。

在研究工作中，他们分析讨论后认为，Mo 在难熔金属中是比较有代表性的金属。Mo 的一系列工艺问题如果能够得到解决，

其他难熔金属就不难解决了。经过两年多时间，他们做了大小上百炉的试验，经历了许多次失败，终于找到了制备 Mo 合金的一套工艺，炼出了性能合格的钼合金，并及时进行总结，写出了十几篇研究报告和论文，为我国发展 Mo 合金奠定了基础。

1965 年 2 月，鞍钢钢铁研究所希望金属所帮助无缝钢管厂解决穿管用的顶头效率低和寿命短的问题。穿无缝钢管的顶头的好坏，直接影响无缝钢管的产量和质量。每个苏联牌号的合金钢顶头在 6~7 秒内仅能穿一根 1m 长的不锈钢管坯就报废了。由于钢顶头耐高温强度低，穿孔中顶头软化划伤钢管内壁，造成钢管内壁不光洁，必须经过一道镗磨工序，工人劳动强度大，产品质量合格率也很低。更突出的问题是钢顶头只能穿出 4~5m 长的不锈钢管，不能生产国家建设迫切需要规格为 8~9m 长的无缝钢管。庄育智和助手们决定全部用 Mo 合金做顶头。做全钼顶头困难重重。首先必须炼出过去没有炼过的直径不小于 100mm 的大钼锭；其次必须解决大钼锭的开坯和模锻的工艺和设备问题。1965 年 6 月 5 日，庄育智领导研制出的钼顶头在鞍钢无缝钢管厂开始了试验。用一个钼顶头穿成 48 根 4~5m 长的不锈钢管，而且还第一次穿过了 5 根 8m 以上的不锈钢管，突破了苏联专家说的"鞍钢不能生产长不锈钢管"的洋框框。试验结果表明钼顶头可使成品率提高 15%~20%，还可以省去镗磨工序。钼顶头比钢顶头的寿命高 200 多倍。中国科学院和冶金工业部对该项成果进行鉴定，使之广泛用于全国耐热钢管制造部门，取得了很大的经济效益。当时《人民日报》、《辽宁日报》和《沈阳日报》都相继报道，称之为工业生产上的一项重大技术革新。此成果 1978 年获全国科学大会奖。1964 年庄育智被评为沈阳市劳动模范、中国科学院先进工作者。

"文化大革命"期间，庄育智克服了极左路线对科研工作造成的严重困难，开展难熔金属高温宇航结构材料的研究。1968年，庄育智接受了代号"705 - Ⅱ"工程任务，为我国第一颗返回地面的人造卫星——"尖兵一号"侦察卫星研制外蒙皮的材料和成形工作。人造卫星重返地面时要通过地球的稠密大气层，高速运动的人造卫星在通过大气层时发生空气动力加热，产生很高的温度，足以使一般 Ni 基高温合金软化甚至熔化。由于材料极易氧化，需要加抗氧化的防护涂层才能使用，因而对卫星蒙皮材料的质量要求很高。当时庄育智已被错误地打成里通外国的特务、反动学术权威，但他排除各方面的干扰，与科技人员一起投入研制。选用 Mo 合金作为板材，要经过熔炼成锭、冲压成形、淬火、酸洗和焊接等工序。庄育智每道工序都到现场，严把质量关。Mo 合金板材经过淬火后，表面有一层氧化皮，要有酸洗工序。Mo 合金板材遇浓硝酸产生强烈的刺鼻黄烟。他们共清洗了 2000 多块 Mo 合金板材。每块板材在焊接前要形成一定的尺寸和弧度，如果尺寸与弧度不对，则整个蒙皮连起来就会变形。通常需要几十块板材拼成一个弧板，稍不留心就会出错。庄育智领导大家克服了冲压成形、焊接中的种种困难，终于按期完成了人造卫星 Mo 合金蒙皮的研制。他主持研究的"遥测 Ni 合金天线"也取得成功，从而保证了 1975 年 11 月我国第一颗返回地面人造卫星的成功发射和按计划安全返回地面。

研究功能材料，参与国际竞争与合作

1967 年后，金属研究所的科研方向由为国防尖端服务转到研究材料科学和材料工程。庄育智又走在了开拓者的前列，在金属研究所开辟了功能材料研究领域。在他的领导下，开展了 Nb – Ti 合金和 A – 15 化合物实用超导材料、稀土 – 过渡金属化合物永磁材料和贮氢材料、难熔金属合金耐蚀材料、热弹性马氏体效应和形状记忆合金以及夹层化合物的研究。1980 年，他领导研制了 Mo – 30W 耐锌液腐蚀合金，为葫芦岛锌厂试制成功耐腐蚀合金扬锌泵竖轴，比原来竖罐锌蒸馏炉用的石墨竖轴寿命提

高了 100 多倍，荣获中国科学院科技进步奖二等奖。研究的 Nb
- Ti 合金超导线于 1988 年获中国科学院自然科学奖二等奖。自
1986 年起，他先后承担了 8 个国家自然科学基金项目，在稀土
金属间化合物和稀土合金相图或相关系研究、制备稀土金属间化
合物功能材料新工艺方面积累了丰富的实践经验。他领导的稀土
- 过渡族金属间化合物结构和磁性研究，为发展利用我国丰富的
稀土资源和永磁材料提供了理论基础。他结合发展稀土永磁材料
和稀土巨磁致伸缩材料（Terfenol - D 合金）的合金相图和磁性
能，先后研究了 Er - Co 和 Dy - Co 二元系相关系，（$Pr_{0.8}Tb_{0.2}$）
FeAl 和（$Dy_{0.65}Tb_{0.25}Pr_{0.1}$）FeAl 赝三元系富 Fe 区及（$Dy_{0.6}Tb_{0.3}$
$Pr_{0.1}$）（$Fe_{1-x}Mn_x$）$_{1.85}$ 系富 Fe 部分的相图。发现了具有应用前景
的含 Pr 新型巨磁致伸缩稀土合金（Dy，Tb，Pr）FeAl 和（Dy，
Tb，Pr）FeMn 化合物。系统地研究了 $Nd_2Fe_{14}B$、$Er_2Fe_{17}C_x$、
$Dy_2Fe_{17-x}Al_x$（N 或 H）$_y$、$RCo_{12-x}Ti_x$、$RCo_{10}Mo_2$ 和 $RT_{10}Si_2$（T =
Co，Co 和 Ni，Fe 和 Ni）等稀土 - 过渡金属间化合物的结构与磁
性。他撰写了许多具有独到见解的论文，如"Y（$Co_{1-x}M_x$）$_5$ 化
合物的结构和磁性能"、"Gd（$Co_{1-x}M_x$）$_5$ 化合物的稳定性与分
解机制的研究"等。自 1981 年起，他先后在国际、国内刊物上
发表稀土合金相图、稀土金属间化合物结构与磁性的学术论文
100 多篇，多次参加国际学术会议进行交流。稀土 - 过渡族金属
间化合物结构和磁性研究方面的相关工作获 1987 年国家自然科
学奖四等奖、1994 年中国科学院自然科学奖二等奖、1995 年国
家自然科学奖三等奖。由于他在稀土 - 过渡金属间化合物结构和
磁性研究的成就，荷兰阿姆斯特丹大学物理实验室和奥地利维也
纳技术大学实验物理所先后主动提出建立联合培养研究生的合作
关系，双方由 1983 年起开始进行合作研究。已培养博士生 10 多
人、硕士生 30 多人。他后又与中国科学院金属所、有色金属研
究总院、华南理工大学等单位合作培养硕士、博士研究生 20 多
人。为我国培养了一批磁性和磁性材料领域的青年优秀人才，为

磁性和磁性材料学科的发展作出了杰出贡献。

制定标准，服务安全科学技术

1984 年 11 月，庄育智调中华人民共和国劳动人事部任锅炉压力容器检测中心主任兼总工程师，从事中心的实验室建设工作。安全科学技术是新兴的边缘学科，也是一项开拓性的工作。随着劳动安全卫生方面大量的法规技术标准颁布和安全科学技术的发展，出现了很多新概念、新名词，而从国外翻译介绍的大量专业术语，名词不统一、不规范，解释各异，造成使用上的困难。因此，急需一部有权威性的综合的安全科学技术词典，为安全卫生专业科技词汇作规范性释义。1987 年 3 月，劳动部组成以李伯勇副部长为主任委员，庄育智、傅师荣、隋鹏程担任主编的编委会，组织有关方面专家 75 人进行编写工作。该词典编写工作历时 5 年，共收词 3000 条，分为安全管理、工厂安全、矿山安全、劳动卫生工程和裸露压力容器安全 5 部分，主要解释安全科学技术专业术语，或在劳动保护工作中常用的、重要的、有代表性的词汇，并适当介绍了安全生产的法规、标准、机构以及有参考价值的国外情况。庄育智除担任主编外，还承担了压力容器安全部分的编写工作。在劳动部期间，他还参加安全生产中长期发展纲要、"八五"规划的讨论和压力容器国家标准英文本的审定。

鞠躬尽瘁，无私奉献

在锅炉压力容器检测中心工作期间，庄育智继续在中国科学院金属研究所培养博士研究生。1994 年 12 月到华南理工大学任教授。他为华南理工大学不但提出了学科建设的战略思想，还提出了许多新的学术思想、观点和战略措施，并且身体力行去实践。在他的领导下，机电工程系筹建了磁性材料实验室，申报的金属材料及热处理博士点也获批准。进一步密切了与中国科学院及国内外的学术交流和合作，并与荷兰阿姆斯特丹大学签订了合作科研和联合培养研究生的协议。在他的带动下，华南理工大学金属材料学科在一年多的时间里获得了 19 个国家和省部级科研项目。庄育智废寝忘食地工作着，在他的工作日程表上没有休息日。即使是春节，也加班加点伏案工作，为申报国家自然科学基金重点项目撰写申报书。

1996 年 3 月 7 日至 10 日，庄育智独自一人冒着严寒上北京为原来所承担的课题结题和新项目的申报工作而忙碌。回校后又开始主持研究生论文答辩工作，对 10 多位毕业研究生的论文一一过目；3 月 14 日至 18 日，为拓展与海外同行的联系，他请荷兰阿姆斯特丹大学的德·波尔教授来校讲学，商定合作协议；3 月 19 日至 20 日，又为系学位委员会的工作奔走；3 月 21 日晚，他又要到沈阳主持研究生毕业答辩，这已是短短一个月内的第四次出差了。临行前，他还照例在早晨 7 点 30 分到办公室，与分管科研的系副主任和金属材料及热处理教研室主任一起研讨金属材料学科"211 工程"建设的立项等问题，一直忙到中午 12 时才分手。3 月 23 日 19 时 40 分，庄育智因劳累过度心脏病突发在北京逝世，享年 71 岁。

庄育智为我国金属材料学科的发展，一生呕心沥血，鞠躬尽瘁，死而后已。他用自己的一生谱写了为祖国科学事业顽强拼搏、无私奉献的壮丽诗篇。为我国钢铁和石化工业以及航天事业的技术进步，难熔金属合金、相图和磁性材料等学科专业的发展和人才培养作出了突出贡献。他德高望重的学者风范、严谨治学的科学态度和无私奉献的崇高品德激励着每一位后来者。

（张志东）

简　历

1924 年 7 月 27 日　生于广东省潮安县（今潮州市）

1942—1946 年　在交通大学唐山工学院矿冶系学习，获工学学士学位

1947—1951 年　在英国利物浦大学冶金系冶金工程专业攻读研究生，先后
　　　　　　　获工学硕士和哲学博士学位

1952—1984 年　历任中国科学院金属研究所副研究员、研究员、室主任、
　　　　　　　副所长

1980 年　当选为中国科学院学部委员（院士）

1984—1994 年　调劳动人事部任锅炉压力容器检测中心主任兼总工程师

1987—1993 年　任劳动部科学技术委员会副主任

1994—1996 年　任中国劳动科学研究院名誉院长

1994—1996 年　任华南理工大学教授

此外，庄育智还任中国金属学会名誉理事、中国有色金属学会理事、
中国物理学会相图专业委员会主任、合金相图国际委员会成员，《中国科
学》、《科学通报》编委，《稀有金属》编委会副主任，《中国有色金属学
报》、《稀土学报》编委。

主要论著

1　庄育智，李有柯. 18/8 型不锈钢中 σ - 相的形成. 物理学报，1954，10：
　321.

2　庄育智，白玉文，李静媛，等. 电解分离低碳钢中非金属夹杂物的研
　究. 金属学报，1956，1：59.

3　庄育智，吴昌衡. 低碳钢板材夹层的鉴定及其来源的分析. 金属学报，
　1956，1：155.

4　庄育智，刘嘉乐. 18/8/3/1/Cr - Ni - Mo - Ti 不锈钢中 δ - 铁素体的恒温
　分解. 金属学报，1956，1：337.

5　庄育智，刘嘉乐，张庆春. 含钼复相不锈钢中 χ - 相的形成. 金属学
　报，1957，2：81.

6　庄育智, 蒋宁寿. 18/8 型不锈钢中 δ – 铁素体恒温分解初期的电子显微镜观察. 金属学报, 1957, 2: 299.

7　庄育智, 李有柯, 张燕玲. 含少量钼、铁 18/8Cr – Ni 不锈钢中 δ – 铁素体的恒温分解. 金属学报, 1957, 2: 377.

8　庄育智, 吴昌衡. d – 铁中的退火孪晶. 金属学报, 1958, 3: 55.

9　庄育智, 吴平森. 钛对钼脆性的影响. 金属学报, 1963, 6: 176.

10　庄育智, 唐全红, 庄祥麟. 钼 – 钛 – 锆与钼 – 铌 – 锆两三元系平衡图中 1200℃ 恒温截面的研究. 金属学报, 1966, 9: 63.

11　庄育智, 李朝武, 庄祥麟, 等. 钼 – 钇系相图的研究. 金属学报, 1966, 9: 110.

12　庄育智, 倪国平. 钨 – 钼 – 锆三元系平衡图中 1200℃ 恒温截面的研究. 金属学报, 1966, 9: 176.

13　Y C Chuang, C H Wu, T C Li, et al. Structure and magnetic properties of Gd ($Co_{1-x}Ni_x$)$_5$ compounds. J. Less – Common Metals, 1981, 78: 219.

14　Y C Chuang, C H Wu, Y C Chang. Structure and magnetic properties of Y ($Co_{1-x}M_x$)$_5$ compounds. J. Less – Common Metals, 1982, 84: 201.

15　Y C Chuang, C H Wu, S C Chang, et al. Structure and magnetic properties of the pseudobinary compounds Pr ($Co_{1-x}M_x$)$_5$, J. Less – Common Metals, 1984, 97: 245.

16　Y K Huang, C H Wu, Y C Chuang, et al. First – order magnetic transition in (Nd, Pr)$_2$Fe$_{14}$B. J. Less – Common Metals, 1987, 132: 317.

17　Y C Chuang, C H Wu, T D Chang, et al. Structure and magnetic properties of cobalt – rich Pr – Co – B alloys. J. Less – Common Metals, 1988, 144: 249.

18　X C Kou, X K Sun, Y C Chuang, et al. Structure and magnetic properties of $R_2Fe_{14}B_{1-x}C_x$ compounds (R = Y, Nd). J. Magn. Magn. Mater. , 1989, 80: 31.

19　Q Wang, Z G Zhao, Y C Chuang, et al. Rotation alignment for measuring easy – plane magnetic anisotropy。J. Magn. Magn. Mater. , 1992, 109: 59.

20　W Liu, Q Wang, Y C Chuang, et al. Metastable Sm – Fe – N magnets prepared by mechanical alloying. J. Magn. Magn. Mater. 1994, 131: 413.

21　Y C Sui, Z D Zhang, Y C Chuang, et al. R – Fe – (C, B) permanent magnet made by mechanical alloying and consequent annealing. J. Phys. Cond. Matt. , 1996, 8: 11231.

22　X L Dong, Z D Zhang, Y C Chuang, et al. Characterization of ultrafine $\gamma - Fe$ (C), $\alpha - Fe$ (C) and Fe_3C particles synthesized by arc - discharge in methane. J. Mater. Sci. , 1998, 33: 1915.

23　X L Dong, Z D Zhang, Y C Chuang, et al. The preparation and characterization of ultrafine Fe - Ni particles. J. Mater. Res. , 1999, 14: 398.

24　X L Dong, Z D Zhang, Y C Chuang, et al. Characterization of Fe - Co ultrafine particles and Fe - Co (C) nanocapsules. Phys. Rev. , B, 1999, 60: 3017.

喀兴林

(1929—)

　　喀兴林，理论物理学家，物理教育家。在北京师范大学从事本科和研究生的基础课教学工作。担任《大学物理》杂志副主编，著有《高等量子力学》一书，为提高我国高等院校物理基础课程的教学水平、推动物理教学改革、培养物理学人才以及物理名词规范化作出了重要贡献。

　　喀兴林，蒙古族人，1929 年 6 月 2 日生于吉林省吉林市的一户满清中等官僚没落下来的家庭中。父亲喀颐泰技工学校毕业，前半生是铁路职员，当过车队长、站长和铁路监理员，后来辞职开了一家无线电修理店。中华人民共和国成立后为一家手工业合作社的八级修理工。

　　喀兴林蒙姓喀尔堪，祖籍甘肃敦煌一带（现甘肃省肃北蒙古族自治县），祖父喀尔堪·炳源早年由原籍"上京赶考"，考中后在京工作一段时间，后来随吉林将军（清朝官名，吉林省的军政首脑）到吉林市，任其秘书并定居于此。民国初年清查户口时，祖父恐怕老姓喀尔堪从此泯失，遂决定全家姓喀，以后按汉族习惯起名，这就是喀姓的由来。

喀兴林经历了日本统治下伪满洲国的全过程。两岁时（1931年）伪满洲国成立，到16岁时（1945年）伪满洲国倒台。喀兴林自幼聪颖好学，入小学前已认识数百汉字，初中读的是一所商业学校，15岁（1944年）初中毕业到银行工作，当出纳员。这时，喀兴林对于学习仍有浓厚兴趣，常去省图书馆借些数理方面的书回来读。

1945年8月15日日本侵略军投降。苏联红军首先进入吉林，银行瘫痪。日本侵略军投降后，由于日本人的集中收容和遣返，有很多日文书流入市场，喀兴林买来了不少日文的大学数理化教材，在家学习。

不久，我党东北抗日联军进驻吉林，并全面接管了吉林市的各行各业。从延安来的何锡磷接管了吉林市唯一的一所大学"吉林师道大学"，改名为吉林大学，并且很快开始招生。喀兴林放弃了银行的工作，考入了吉林大学理工学院预科。

几个月后国民党打过来，把吉林大学改为"永吉临时大学先修班"，喀兴林在此继续学习，学习的内容基本上是内地的一部分高中课程。到1947年6月毕业。正在这时，接到北平师范学院的通知，要求每省派去5名保送生。吉林省因为还没有高中，就决定把这个先修班毕业考试的前五名送去，喀兴林是全班第一，于是报名去北平师范学院的物理系。

那时，国民党在东北只剩下几个大城市在手中，从吉林去北平的路上是很困难的。喀兴林只带了几件衣服和4本日文书，和另外4位同学一起走了7天，艰难地来到北平。于是，喀兴林在18岁时（1947年）进入了北平师范学院物理系。中华人民共和国成立后，于22岁（1951年）从北京师范大学物理系本科毕业。

进入大学物理系后，喀兴林遇到的第一只拦路虎是英文。他以前在东北只补习过半年英文，现在所有课程的教材和实验讲义全都是英文的，老师讲课半英半中，做习题和实验报告都要用英文。偏偏英文课的分班考试又把他分到一个高级班。喀兴林顿时感到晕头转向，困难重重。他用了整整一个学期的时间才闯过了英文关。

喀兴林性格内向，不善与人交往，经常一个人闷头读书演算，但能热心帮助同学学习。他为人机械刻板，不善灵活变通，思想也极为单纯，把他称为书呆子并不为过。他把自然科学看成一成不变的刻板的死知识，认为物理常数、化学原子量越精确越好，数字计算越准越好，经常使用七位对数表来算实验数据和做习题。

在大学阶段，使喀兴林受益最深的是祁开智和王竹溪两位老师。祁开智是他的启蒙老师，引领他进入物理学的大门，教过他很多门课，王竹溪虽然只教过他一门热力学，却使他受益最深。这是他4年中学得最好的课，使他初步体会到理论物理的魅力。是王竹溪引导他进入理论物理学的殿堂。

喀兴林在能够流利地阅读英文书之后，深感外文对今后的学习十分重要。看到资料室里日文书很少，却有很多德文书和德文杂志，便萌生了学习德文的想法。于是在二年级选修了初级德文。

喀兴林大学毕业后留系作助教。在1952年的院系调整中从北京大学调来了张宗燧，同时辅仁大学并入了北京师大。张宗燧是中国科学院的首届学部委员（院士），他的到来对于喀兴林日后的成长起了至关重要的作用。

张宗燧来系后，给本科三四年级先后开了几门课，其中包括统计物理和量子力学。这两门课是在教学内容上全面学习苏联后新开设的课，师大没有人开过，也没有人能开。张宗燧的课由喀兴林作助教，上辅导课。喀兴林本人也没有学过这两门课，一点准备也没有。由于学生的水平太差，很少有人能当堂听懂。喀兴林也是第一次听讲，却要在第二天或第三天的辅导课上给学生讲明白。喀兴林在张宗燧的具体指导下，阅读了大量书籍，自己先彻底弄明白，然后讲给同学们听。他的工作得到了张先生的肯定，也得到了同学们的热情欢迎。喀兴林在进行这两门课教学的一年中付出了巨大的精力，同时又是在学习能力上的一次极大的提高。

这时，教育部准备调集全国理论物理骨干教师举办向苏联学习的"理论物理进修班"，请苏联专家来任课。为了迎接这个班，物理系一批年轻教师突击学习俄文，喀兴林也参加了学习。大家用两三个月的时间，达到了能初步阅读俄文书的水平。喀兴林在突击学完俄文之后，立即试着阅读俄文书刊，逐渐熟练起来。俄文是他学的第四门外文，他感到英、日、俄、德这4种文字，尽管只掌握了阅读一项，却在他一生求学的过程中，帮了他极大的忙。

1955年"理论物理进修班"开办，请苏联专家来任课。苏联专家给进修班上的课尽管学时很多，内容则完全是苏联师范学院给三四年级开的理论物理课，困难在于翻译。而张宗燧给进修班讲的课成了学员的主要学习内容。张宗燧给进修班和物理系年轻教师讲了许多课，有群论、分析力学、电动力学、统计物理专题和量子电动力学等，喀兴林和学员们一样，听了张宗燧这些课受益颇多。

专心致力于教学工作

1953年喀兴林向党组织提出了入党申请，并于同年12月加入了中国共产党。喀兴林幼年生活在日本侵略者统治之下，首先是由中国共产党从日本的铁蹄下解放出来的，受到一年多党的熏陶。后来又经过几年国民党的最后没落时期。前后对比，加上中华人民共和国成立4年多的学习和感受，他深深认识到中国共产党的伟大，愿意为党和人民而献身。

入党后三四年的工作主要是给张宗燧的理论物理课作辅导工作和苏联专家讲义译文的校对工作，在张宗燧的具体指导下学习各门理论物理课程。喀兴林在工作完成的喜悦和未能很好完成任务的悔恨中，深深体会到做一个人民教师的责任重大和任务艰巨，同时，也深深热爱上了自己所从事的人民教师的工作。以前，喀兴林认为自己口才不好，对毕业后当教师没有信心。后来在给张宗燧的理论物理课当辅导老师时获得同学的欢迎，信心大增。认为人民教师的工作很适合自己的性格和能力，今后决心做好这个工作。

喀兴林在给同学讲清一个复杂的问题或帮助同学弄懂一个难懂的原理中，找到了他的人生价值，也受到了同学们的爱戴。他慢慢体会出作为一个人民教师的崇高责任，认识到为了搞好自己的工作必须永无止境地学习充实自己。下决心把做一个优秀的人民教师作为自己一生的奋斗目标。

1957 年，苏联专家的理论物理进修班结业，张宗燧离开师大去了中国科学院数学研究所。在这以后的十几年中，喀兴林教了不少课程，有普通物理、理论力学、热力学统计物理和量子力学等，其中教得最多的是量子力学。他每教一门课程，案头总有十来本这门课的外文教材随时翻阅参考，常常备课到深夜。在教第二遍时还要查阅更多文献和历史材料。对于每一个问题，首先要求自己懂透，然后再考虑怎样讲能使同学听明白。历届同学对他的讲课都有很好的反映。

同学们反映，他讲课的内容充满了对相关知识的充分发掘，凝聚了他的深刻见解，是从其他教材和书本中难以寻求的。听他的课如饮甘泉，这是学生们的普遍感受。

喀兴林强调学生要独立思考，独立完成作业而不借助习题解答之类，倡导学生不拘泥于前人的思想，对于指正他教学或讲义中错误的学生一律在学业成绩中加 5～10 分，以示鼓励。

喀兴林从大学毕业开始，就不断有人对他说："像你这样的能力，应该做一些科研工作，写论文。"在理论物理进修班时期，张宗燧也曾带过班上的六七位学员作过研究工作，发表了论文。喀兴林也为此困惑过，当时的舆论普遍是"做教学工作是为人民服务，搞科研是个人主义"。尽管这有一定的片面性，喀兴林当时对此深信不疑，认为自己是一名共产党员，应该全心全意为人民服务，努力排除个人主义的想法，认为自己所从事的教学工作十分重要，要求自己在教学工作岗位上做出出色的成绩。

从1954年开始，喀兴林辅导过和教过的学生陆续毕业，他们之中先后有不少人留校任教。五六年之内在物理系形成了一支年轻的骨干教师团队。他们在喀兴林的带动和影响下，都很热爱教学工作，努力搞好教学工作。在那一时期，北京师范大学物理系的教学质量很高是出了名的。其中，普物力学、普物电磁学、理论力学和热力学统计物理等课是比较突出的。后来这4门课都出版了在全国有影响的教材。

"文化大革命"造成了教学队伍青黄不接的局面，喀兴林对此十分忧虑。他一方面自己努力开展教学工作，另一方面对青年教师给予无微不至的帮助，给年轻教师系统地讲理论课。那些担任过他的助教的青年教师更是深刻地感受到他的关怀。喀兴林耐心细致地指导他们教学，给他们解答各种问题，介绍自己讲课经验和方法，帮助他们提高教学水平，鼓励、扶助他们尽快走上主讲教师的岗位。许多青年教师在他的言传身教之下很快成为教学科研的骨干。喀兴林非常关心系里的教学工作和研究生培养工作，在多次研究教学和科研的会议上，他都积极提出改进工作的建议，并对年轻的系领导班子给予热情的支持和鼓励。喀兴林为改革开放后的师大物理系的恢复和发展作出了重要的贡献。

传播量子力学

1978年，中国科学院提议，与教育部联合办一个"高等量子力学讲习班"，帮助科研人员启动，帮助教师提高。这个任务就落到了喀兴林的头上。这是他遇到的又一次极好的机遇，从此同高等量子力学结下了不解之缘。

喀兴林接受任务之后立即开始紧张地准备。20世纪60年代只有北大、师大等少数学校开过此课，内容也不完全。他来不及写讲义，只写了一份简单的提纲就开始上课了。来参加学习的有全国19个科研院所和46所高等院校共160多人。喀兴林把10年来压抑的精力充分释放出来，努力备课，认真讲课，学员们也是一样，夜以继日如饥似渴地努力学习。学员们反映这是一次高水平、非常"解渴"的学习，提高很大，对自己日后的工作有很大的帮助。高校来的不少学员后来成为各自学校的量子力学或高等量子力学课的骨干教师。

次年，喀兴林又在同一系列的第二次讲习班上讲了群论。

1982年，华中工学院（现华中科技大学）联合各校教师办了一个规模较大的理论物理研究生班，邀请喀兴林去讲授高等量子力学。由于高等量子力学这门课是研究生的主要基础课，又是量子力学教师进修所必需，有很多高校派老师前来听课，形成了一个很大的班。

这次，喀兴林准备了一份比较完整全面的讲义，认真系统地讲了120小时，产生了较大影响。在这次研究生班之后，有一些学校就用这份讲义作为本校培养研究生的教材，喀兴林本人也在北京师大用这份讲义给研究生上课。这一用就是十多年。

在这十多年中，喀兴林每年要讲一至两次高等量子力学课（包括在兄弟单位讲课），虽然用的是同一本讲义，但讲课内容每次都有所更新。还有一些较大的或尚不太成熟的改动或更新作为积累没有拿出来。1990年喀兴林的爱妻吴乃莹因癌症去世，喀兴林在悲痛之余发愤把书写出来。他充分整理提高历年来的教学积累，参考多种书籍文献，并充分发挥自己多年来在教学中获得的灵感和创造性。从次年开始一边上课一边写书。不是把原来的讲义修修补补，而是从头一个字一个字重新写起。喀兴林高度近视，患有多种眼疾，近年来视力已经降到了 0.04，看书要用高倍放大镜，写字只能凭感觉运笔，有时写出来的字连自己都不认识。这样一直写了 6 年，直到 1997 年终于把《高等量子力学》一书写成。

1983 年全国各校的量子力学教师成立了高等院校量子力学研究会，喀兴林被推举为理事长（1983～2003）。研究会每年开会联系全国的量子力学教师，研讨量子力学教学中的各种问题，介绍量子力学的最新成就。这些学术会议给全国的量子力学教师创造了相互交流学习、提高教学水平的良好机会。喀兴林以其渊博的学识，谦和的性情和细致入微的领导作风，赢得了全国量子力学教师的尊重，享有很高的威望，使得量子力学研究会的活动长盛不衰，为我国形成一支浩大的，高水平的量子力学教学队伍作出了重要贡献。喀兴林生性淡泊，不计名利，默默无闻地奉献了几十年的心血。

在此期间，喀兴林还当选为中国物理学会第四至第六届全国理事会的理事（1987～1998）。在物理学会内担任了物理教学委员会委员、副主任委员，物理名词委员会委员。此外他还担任了学会内两项较长期的任务：一项是《大学物理》杂志的副主编（1981～2009），另一项是全国中学生物理竞赛委员会常委、副主任委员（1982～2005）。他在这两个岗位上做了大量的具体工作。在《大学物理》副主编的岗位上，他不顾自己视力日渐减退，凭借高倍放大镜认真细致地审阅大量稿件并在主编会上公正坦率地发表意见。他与赵凯华、潘维济等有着长期的友谊，由于他们深厚的物理功底，渊博的知识和认真负责的精神，长期以来《大学物理》杂志的学术质量得到了各界的认可。

此外，喀兴林还凭借他渊博的专业知识和英、日、俄、德文深厚的外文功底，为量子力学专著和教材的出版事业作出了不少贡献。他曾主持过多种量子力学教材的评选，进行过一些书稿、译稿的审查工作。狄拉克的名著《量子力学原理》是由喀兴林校订的，译文精准，在我国广大科研人员和高校教师中广为流传，口碑颇好。最近，喀兴林又校订了朗道的名著《量子力学（非相对论理论）》一书。

编写《高等量子力学》

喀兴林编写的《高等量子力学》初版于 1999 年，2000 年获教育部研究生工作办公室推荐成为研究生教学用书后，于 2001 年出第二版。

《高等量子力学》（以下简称《高量》）是为攻读硕士学位的研究生所写的基础课教材。是喀兴林在讲授此课 20 余年的基础上耗 6 年之功写成的，可以说是他的一本力作，是他平生智慧的结晶。

写教材与写专著不同。写教材是要在国内外已经存在众多同类教材的情况下再写一本新的，所以应该写得更好一些，至少应该更适合读者对象。喀兴林出色地完成了这一任务。喀兴林常说，写教材最重要的是不能有错误，否则就要误人子弟。这个要求初看起来似乎过于简单，但做起来却极不容易。所写出来的每一句话都要认真对待，在概念上和讲解上都不能含混、不能出错。这实际上是对作者水平的考验，没有过硬的水平是做不到的。喀兴林在他自己的学习中也常为书上的错误伤透脑筋，有时一本书上给出的一个概念有错，往往使他花一两个星期的时间才能搞明白是书上错了。因此，他在自己写书时特别注意这一点。他确实做到了，在《高量》中每一个概念的定义都是字斟句酌地给出的，既清楚明确又无懈可击。

写一本新的教材应该处理好两件事：传承和创新。传承是要把已有的，前人创造出来或总结出来的东西继承下来并传递下去。这是一本教材应当做到的最重要的任务；但是光有传承还不够，教材里头要比单纯继承的东西多一些，还要有作者自己创造或总结的东西，这就是创新。喀兴林的《高量》在传承和创新这两方面都做得非常好。

先说传承。量子力学是一门相当成熟的学科，前人已经做了很充分、很好的总结，当前已有很多好书存在，它们各有自己的风格和体系。针对本书的阅读对象，《高量》一书采取了较高的起点，把量子力学理论写成一个较严格的公理化体系。首先给出5个基本原理作为整个理论的出发点，理论的其他内容都作为这5个基本原理的逻辑推论来导出。第一件事就从基本原理证明位置算符和动量算符的本证值谱都是连续的。然后建立各种表象并一一展开各种内容的讨论。书中不去分析基本原理从何而来和为什么正确，基本原理的正确性完全由它们的推论的正确性来判断。在体系的安排上充分考虑一步步引导研究生学习，逐步加深他们的认识，锻炼他们的理解能力和计算能力。

喀兴林看过的书很多，在传承的问题上他不仅注意经典著作和传播较广的名家著作，也浏览不太被人注意的书。例如，讲到简并态微扰方法，几乎所有的书都是一样的讲法，都举氢原子第一激发态的斯塔克效应，4个能级在电场中的分裂作为例子。他从一本很少人知道的德文书上看到一个非常好的讲法，并且附有两个非常精彩的应用实例。他就采用了这个讲法，统一讨论了氢原子所有能级的分裂。

传承和创新是同时存在的，在传承的过程中就有创新。下面是一个突出的例子。

在讨论二次量子化时，中外所有的书都是玻色子系统和费米子系统分开讲的。玻色子讲一遍，费米子再讲一遍，两遍有很多共同的平行的地方。他在一本统计物理的文集中看到一篇文章，这篇文章提出一个统一处理玻色子和费米子的二次量子化的讲法。这个方法非常好，只需讲一遍，玻色子和费米子的问题一次都解决了，而且强调了二者的平行性。然而这个文章存在一个大缺点，就是没有考虑到费米子系统的态矢量的正负号，态矢量无论被什么算符作用，结果全是正的。这是不行的，无法在实际中使用。喀兴林对此作了全面的、较大的改动和补充，解决了这一缺点，把这个方法用到《高量》的第七章，使得这一章成为本书的一大亮点。

在《高量》中，随时随地都能看到喀兴林自己的东西，包括处理方法、计算方法、讲解方法和作者的体会。比较大一点的创新如在算符的计算中引入了数学归纳法，首次用代数方法证明了 Glauber 公式、引入了方向算符处理轨道角动量、用升降算符法处理角动量问题和氢原子径向方程等。

在相对论量子力学和量子场论中，γ 矩阵有各种各样的表示形式，喀兴林在《高量》中给出一种方法，把 γ 矩阵的各种表示形式全部统一起来成为一个完整的体系，并给出了它们之间的变换关系。

此外，《高量》还对国内外一些教材上流传的不确切的概念和国外几本知名教材上的一些错误给出了纠正和批评。突出的一个概念是概率流密度。所有的书都是从薛定谔方程出发导出连续性方程，然后把其中的 j 称为概率流密度。这种方法很不好，所导出来的 j 不是概率流密度，而是在 Ψ 态中的平均概率流密度。这平均两字是很重要的，不加平均两字会导致氢原子的轨道磁矩在三个方向上都有确切值的错误。很多国外的教材都一直存在这个问题，由于布洛欣采夫的书还具体计算了氢原子的轨道磁矩（其实他算的应该是平均磁矩），这一问题更加突出。国内教材由于此书的影响也普遍存在这个问题。《高量》在海森伯绘景中给出了算符形式的连续性方程和概率流密度算符，把事情讲清楚了，彻底解决了这个问题。

在二次量子化的讨论中，一些名著如布洛欣采夫、朗道和栗弗席兹以及席夫等书在函数形式的讨论中都曾把产生算符和消灭算符稿反了，其中前两书还一度把本来是对的说法改成错的。

《高量》对此一一指出，并给出了简明确切的论证。此外《高量》还指出了席夫书上时间平移算符的错误。狄拉克书上关于电子的颤动的错误有不少国外知名教材还在引用，《高量》没有涉及这一问题，喀兴林另外写文给予了指正。

总之，喀兴林的《高等量子力学》一书是当今水平较高的一本研究生教材。此书问世 10 年来的社会反映也充分说明了这一点。此书 2002 年获国家教育部全国普通高等学校优秀教材一等奖，2005 年被选为北京高等学校精品教材。

（孙继臣）

简　历

1929 年 6 月 2 日　生于吉林省吉林市

1947—1951 年　毕业于北京师范大学物理系

1951—1994 年　分别任北京师范大学物理系助教（1951—1954）、讲师（1955—1961）、副教授（1962—1978）、教授（1979—1994）

1987—1998 年　当选为中国物理学会第四至第六届全国理事会理事

1981—2009 年　任中国物理学会《大学物理》杂志副主编

1994 年　退休

主 要 论 著

1　喀兴林．高等量子力学．北京：高等教育出版社，1999（第一版）；2001（第二版）．

2　徐婉棠，喀兴林．群论及其在固体物理中的应用．北京：高等教育出版社，1999．

3　喀兴林．用方向算符研究角动量．北京师范大学学报（自然科学版），1986，12（2）：87．

4　喀兴林，王敏．氢原子径向函数的阶梯算符．大学物理，1989，8

（12）：1.

5　喀兴林．自旋算符的表象变换和相因子．大学物理，1988，7（4）：21.

6　喀兴林．速度算符和电子的颤动．大学物理，2006，25（5）：10.

7　喀兴林．谈谈量子力学中的状态叠加原理．大学物理，2006，25（6）：1.

参 考 文 献

［1］喀兴林．高等量子力学．北京：高等教育出版社，1999（第一版）；2001（第二版）.

［2］W Wenzel. Lehrbuch der theoretischen physik Bd II. Berlin：Springer Verlag，1949.

［3］J de Boer. Construction operator formalism in many particle systems. In：de Boer and Uhlenbeck，Studies in Statistical Mechanics，vol 3，Reading：Addison－Wesley Publishing Company，1965.

［4］喀兴林．速度算符和电子的颤动．大学物理，2006，25（5）：10.

［5］狄拉克．量子力学原理．北京：科学出版社，1966.

［6］朗道，栗弗席兹．量子力学（非相对论理论）．北京：高等教育出版社，2008.

李 钧

(1930—1994)

李钧，电离层物理与电波传播专家，中国科学院院士。最早在我国开展电离层小不均匀结构和漂移的实验与研究；从理论上导出相关函数椭球参量与协方差矩阵之间的联系，统一了相似衰落法和全相关分析法的物理基础；在电离层声重波扰动方面最先建立了观测台阵，在声重波扰动的地区特性方面取得了突出进展；全面系统地发展了电波传播广义射线理论，提出了利用高频多普勒效应反演电离层运动剖面的原理；理论成果在电离层扰动的无线电诊断中获得应用。

李钧，1930 年出生在湖南邵阳县下花桥镇李霞村，家庭世代务农，赤贫。父亲李乐泉除在家务农外，农闲时打短工挑担长途运输，将外地的食盐、药材、日用品运回村，将村里生产的农产品如豆子、桐油等运到外地出卖。先是当挑夫，积累了一些资本后自己作些小本长途买卖，由于父亲的辛勤劳动和母亲的节俭，家里经济情况逐渐好转，到 1945 年时在一小山坡（团鱼岭)上有一栋小屋,同时有了自家的大约 5 亩地,脱离了赤贫,但一天只能维持早、中两餐,而且中餐一般以红薯充饥。李钧有一个哥哥为了躲抓壮丁,他时辍时续地念完了初中,后一边帮父亲种田,一边教小学。4 个姐姐都没进过学校,在家劳动。李钧自幼身体比较单薄瘦小,于 1938 年进入李霞村的族立储英小学读书,一直到 1944 年高小毕业。在上小学期间,早上、下午都要放牛到山上吃草,早上放牛回家很迟,所以上学时常常迟到,星期日还要上山打柴禾,即使这样,李钧的学习成绩仍很好,特别是数学,高小时就能演算初中的四则难题。没有人教,独自一人一边放牛,一边在安静的山林里沉思着、幻想着。他不喜欢和别的孩子们吵闹,人们都说他是个听话的孩子。1944 年 5 月至 1945 年 9 月由于日本侵略军入侵,没法上学,李钧就和父亲一起劳动,学会了种田的一般知识,从挖溏开始,亲身经历了农民一年的各种劳动,这样的经历使他懂得了父母的辛劳,懂得了谷米的获得是不易的。1945 年 9 月,抗日战争胜利了,父亲见到当时小学教员的收入比一个农村壮劳力整年辛苦劳动的收入要高,就想尽一切办法让李钧上学读书。李钧考进了学费较少的邵阳县立中学,深感学习的机会很难得,所以学习很用功,由于成绩较好,每学期都免交学杂费,伙食费都是父亲亲自将粮食挑到学校去。这期间由于歉收,几次都面临失学的危险,都由父母坚持下来。1948 年 7 月,由于成绩好免考升入本校高中,幸亏 1949 年家乡解放才得以完成高中学业。在中学的寒、暑假期间,李钧都要回家参加劳动,帮助父亲种田,挖土,挑粪,他不喜欢那些摆架子的学生,他必须分担父母和哥哥姐姐们的辛劳。

1951 年李钧考入武汉大学物理系学习,在大学期间曾参加校刊《新武大》的编辑工作,李钧写报告、论文等都能很快完成,与这期间的学习锻炼有关。

1954 年 10 月李钧进入大学四年级学习,武大学生科通知李钧等 4 位同学学习电离层的有关知识。1955 年大学毕业时,学校决定这 4 位同学留武大进行研究生学习。梁百先教授是李钧的指导老师。当时除了专业课学习电离层的观测、数据处理等基本知识，主要参考书是 Mitra 编写的 *The upper atmosphere*。1956 年苏联专家古谢夫来武大，他除了担任校长顾问外，还给无线电专业的老师和研究生讲授"电离层电波传播"课程，同时参加指导电离层吸收、电离层偏振和电离层风方面的科研工作。李钧被分配参加电离层风方面的科研工作。李钧学习认真刻苦，答疑时提问最多。古谢夫给他提出的论文题目是"电离层风记录的分析方法"，本拟一年完成论文，结果不到半年毕业论文已基本完成，受到很高评价。

1958 年李钧研究生毕业，被分配到中国科学院地球物理所武汉观象台（后更名为中国科学院武汉高空大气物理研究所，接着先后调整为中国科学院测地所第二研究室，中国科学院武汉物理所第三研究室）工作。

来科学院后主要是建立电离层风观测站，参加了 1964 年国际太阳宁静年期间电离层风的观测，李钧主要进行"电离层不均匀结构的参量对电离层扰动状态的依赖关系"、"相关分析法在研究电离层不均匀结构中的应用"等方面的工作。

1972 年 5 月至 1974 年在武昌豹子海地磁台任台长，同时进行"地下感应地磁场的变化与地震前兆"方面的探索。发表论文"导电率随时间变化的导电球的电磁响应问题"。

1974 年李钧回到武汉物理所，主要工作是确定研究室的方向、任务，此间参加了 3262、长河四号的论证工作。这期间留下了"低电离层结构及其对电波传播的影响"的调研报告和低电离层站的建站报告。

1977 年李钧开始对电离层声重波扰动的研究，从开题、设组进行"观测方案"调研，由于种种原因，迟迟不能上马。直到 1982 年得到中国科学院院重点课题的经费支持才得以顺利进行，建成了电离层声重波观测三个站组成的台阵。之后在理论上取得大的进展，同时培养出一批年轻人形成一个老中青结合的研究集体，并取得可喜的科研成果。

李钧 1985 年加入中国共产党，曾担任研究室主任、所学位委员会委员、所学术委员会副主任。1991 年被选为中国科学院学部委员（院士）。曾担任中国空间科学学会常务理事、中国地球物理学会理事、中国电波传播学会委员、中国南极考察委员会委员、国家自然科学基金委地学部评审组成员、《地球物理学报》副主编、《电波科学学报》副主编、《空间科学学报》编委，曾获得国家有突出贡献中青年专家称号，优秀博士生导师、中国科学院参加载人航天工程优秀工作者称号。曾获得中国科学院武汉分院优秀共产党员称号、湖北省劳动模范、中国科学院先进科技工作者称号，并获得全国总工会五一劳动奖章。

在基础理论研究方面的主要成果

随机场台阵记录分析方法的改进

对地球物理、大气物理、海洋物理等的观测记录，过去一般采用相关分析法或相似衰落法进行数据处理。在计算机不普及的 20 世纪 60 年代，采用相关分析法不仅计算复杂，精度不高，各参量的物理意义也不十分清楚；相似衰落法则没能从物理与数学上找到依据，被认为实用精度差，计算结果不大可靠。

在我国电离层短波传播研究中，李钧最早采用随机过程理论和统计方法，从电波参数的统计特性反演电离层不均匀结构与漂移参量，苏联专家古谢夫第二次来武大讲课时吸收了李钧的部分工作成果，将其讲稿作了修改。20 世纪 60 年代中期李钧又进一步发展了随机场的台阵研究方法，在理论上导出了相关函数椭球参量与协方差矩阵之间的联系，统一了相似衰落法和相关法的物理基础，将传统的相似衰落计算方法改进成一种计算简便、物理图像直观、精度更高、且能求出全部物理量的新方法，提高了测量时间的分辨率，且简单易算。这项研究成果对湍流及其他随机场记录分析具有普遍应用意义。这也解决了1958年莫斯科IGY（国际地球物理年）学术会议上对相似衰落法褒贬不一、争论不休的理论难题。这项工作获中国科学院1985年重大成果奖二等奖。

提出利用高频多普勒效应反演电离层剖面的原理和方法

20世纪80年代，对于电离层剖面的探测，国际上可使用的手段很少，主要靠造价和维持费用十分昂贵的VHF相干散射雷达。这种雷达数量很少，北欧6国才共建1台，美国也只有2台在不定期运转，这种情况远远不能满足科学发展的需要。李钧考虑到我国经济条件，在数据分析上多下功夫，在其"电离层声重波引起的高频多普勒频移"一文中，在国际上首先提出了利用高频多普勒效应反演电离层剖面的原理，后又指导研究生万卫星进一步完善和推广了这种反演方法，使普通的常规测高仪在大尺度电离层扰动剖面的反演中能获得可与昂贵庞大的非相干散射雷达媲美的探测结果，引起了国际学术界的重视。为此1987年美国Lowell大学曾主动邀请李钧出国讲学，专门介绍这种新方法。还被WAGS（国际大气重力波研究）工作会议推荐在全球推广使用。这项工作获中国科学院自然科学奖二等奖。万卫星的学位论文被评为优秀博士论文，并获1990年中国科学院院长奖学金特别奖。

全面系统地发展广义射线理论

上述电离层运动剖面反演的理论基础的建立，从电波传播学来看，隐含着对传统射线传播理论的重大突破。据此，李钧全面系统地发展了广义射线理论，完满地解决了收发点相对运动时的相对论修正问题和学术界视为难题的复射线理论和实数化问题，并把这种广义射线理论推广到电磁波以外的其他波动（如声重波）过程。在他的理论系统中，单色平面波在色散介质中传播时处于非稳定平衡状态，实际上不可能保持单色性。电波相位中

的 ωt 成分和 $k^-.r^-$ 成分是相互制约的（满足相对论中 Lorentz 变换不变性的要求）。这里的群速与调制信号无关，是泛函变分中 Euler 方程中的参量，并完全摒弃了相速的传统定义。这一概念上的更新，使广义射线理论的物理图像直观，便于计算。已有的传统射线理论中的公式，都可以化为它的特殊情况，而在一些复杂的高精度工程应用上，可解决传统射线理论尚未解决的难题。这是他学术上带突破性的重要成就。由于李钧突然过早地去世，这项工作未能继续下去。

率先在我国开展大气声重力波研究

李钧率先在我国开展大气声重力波研究，他从 1976 年开始便积极开展了这方面的实验与理论研究，但由于经费、人员等种种原因，直到 1982 年得到了中国科学院重点课题的经费支持才完成了多普勒台阵的建立，取得了宝贵的观测数据，使声重波理论研究取得大的发展。他首先在内部报告我国核试验激发了远源电离层声重波扰动。发现了从 1985 年 9 月至 1992 年 12 月共发生的 115 次急始型磁暴期间，武昌多普勒台阵观测到了电离层的暂态振荡现象（SIO）。这种 SIO 现象发生在地磁暴引起的电离暴之前几小时，是电离层暴的一种先兆，因此深入研究 SIO 及磁暴之间的关系对空间环境监测和预报有重要意义。在分析了声重波观测台阵的观测记录后，发现我国中部电离层中的扰动源有很大一部分位于青藏高原，是高原气象中的高原季风与平流层纬向风残流形成强剪切激发的大气声重波上传到电离层的结果。李钧领导的研究组还从电离层频高图的运动剖面反演中，发现声重波扰动剖面中的谱峰移动和分裂现象，追踪了声重波的非线性时空演变，这一现象引起了国际学术界的重视。在理论上指导多位博士生广泛开展大气声重波的传播和演变的研究，较好地解释了一些新的观测现象。

发现短波传播非大圆路径的侧向地面散射现象

李钧指导博士生宁百齐研制的短波传播信道特性自动分析

仪，发现了短波传播非大圆路径的侧向地面散射现象，解释了短波异常时号的形成原因，这一成果已收入 CCIR（国际无线电咨询委员会）1990 年研究报告中。

重视地球物理中的数据积累和新实验观测手段的建立

李钧生前工作的中国科学院武汉物理所第三研究室的前身是中国科学院地球物理所武汉观象台，由赵九章院士等提出在武汉建立，1956 年筹建，1957 年建成，并参加 1957. 7. 1 至 1958. 7. 1 国际地球物理年的部分观测项目。当时观测项目有电离层、宇宙射线、臭氧、地磁、地震等，后由于调整与合并，武汉物理所三室只剩下电离层垂直探测的工作。经过李钧与有关人员的共同努力，使武汉电离层观象台既适应了国情的可能与需要，又紧跟上国际学术技术的发展趋势。

20 世纪 50 年代李钧参加了当时技术先进的电离层漂移实验室的建立，在我国最早（1958 年）开展电离层不均匀结构和短波传播统计特性的实验研究。

20 世纪 70 年代初期，由于配合 3262 工程的需要，在我国最早（1973 年）筹建低电离层长波观测实验室。

20 世纪 70 年代后期，他负责并亲自参加同步卫星信标法拉第偏振观测实验室的建立。1979 年李钧开始组建声重波研究组，组的成员是转业兵和刚分来的 3 名工农兵学员及 1 位实验师。于是他在室内借用 1 名工程师、1 名实验师带上 1 名工农兵学员到中国科学院空间物理所去学习，借用空间物理所的技术、实验条件及器材，复制了一台偏振仪。在计划经济年代，在事先没有列入计划、缺乏经费的情况下，在中国科学院空间物理所支持下（负责帮助选观测点，负责帮助搬运观测仪器等），用这台刚复制好的偏振仪参加了 1980 年 2 月 16 日的日全蚀观测，而且取得了可靠的观测结果，利用这些观测结果所写的科研论文在 1983

年2月印度召开的国际卫星信标学术会议上进行了宣读。这台偏振仪从1980年4月在武汉开始观测，得到武汉地区大气电子总含量（TEC）的观测数据，直到1990年12月所观测的同步卫星堕落为止，共取得了11年一个太阳黑子周期的宝贵记录。

20世纪80年代初，李钧负责并参与电离层声重波观测台阵的建设。他亲自制订仪器方案，这个方案既不同于美国人的方案也不同于日本人的方案，而是根据我国国情，使用计算技术，依靠自制设备，技术先进、方案合理、投资少，当时美籍华裔电离层专家参观后说这是他在国内见到的最先进的自制电离层设备。这项工作获得中国科学院科技进步奖三等奖。李钧还亲自参加台站选址工作，最后决定在湖北的武昌、天门、安陆建立3个声重波观测站，共同组成1个观测台阵。

20世纪80年代后期，李钧参与利用引进的GPS观测仪测量大气电子总含量，并投入不少精力于先进的数字式测高仪的引进和消化改进上。

在李钧的业务领导下，在武汉电离层观象台同志们共同努力下，武汉电离层观象台已成为我国监测能力强的近地空间环境的地面监测系统。已有数十位来自各国的著名电离层专家来访，他们希望交换资料和合作研究。

武汉电离层观象台已多次参加国际性的联合观测，如WAGS（大气重力波全球协调观测与研究）、MAP（中层大气计划）、WITS（全球电离层热层研究计划）等；在中国科学院"五七"重大项目（第22太阳活动周峰年联测与日地系统整体行为研究）的十几次联合观测中，也充分显示了武汉电离层观象台在监测外空环境中的能力，多次受到中国科学院数理化局表扬。

年轻学者的良师益友

春风化雨解心语，学海骊珠执著求。李钧就是这样的老师，让他的学生敬佩之余也由衷感动，实可谓"良师益友"。获得他的指导的学生们认为："在接触的众多老师中，李钧老师可谓是我们心目中的'良师益友'的典范，每当想到李钧老师，首先回忆到的是他那永恒的微笑，给人温暖，予人关怀。治学，他博学而严谨；处事，他勤勉而细致；待人，他真挚而耐心。由衷而言，我们能成为李钧老师的学生，着实是我们的幸运与荣耀"！

注重人才，言传身教

李钧认为，科学事业发展首先要解决的是对科研后备人才的培养问题。为了让他的研究生尽快成长，早日挑起科研工作的大梁，李钧对他们的要求十分严格。在他们学习基础课的阶段，为了让他们早日进入课题研究，根据每个学生不同的特点，亲自为他们提供不同类型的科研资料，并给予耐心细致的指导。研究生初期要看懂专著、文献资料有一定的难度，李老师总是鼓励他们，并帮助他们克服困难。在李老师的"重压"之下，经他培养过的学生科研业务水平进步很快，都能顺利地完成研究生期间的学习任务和研究工作。

李钧非常注重培养研究生严谨治学的科学态度，常常告诫研究生"科学研究是一件极其严肃的事，来不得丝毫马虎，更来不得半点虚假"。对研究生的每一篇论文，他都要花费大量时间进行审查、修改和补充，有时为论文中一个有疑问的数据，他亲自核查原始实验资料，反复计算，不到准确无误绝不罢休。有时，为论文中的一段评述、一条结论，他都要查阅大量的文献资料，并反复推敲，直到满意为止。学生们经常十分惊讶地发现，一篇文章经李钧修改后，必定会脱胎换骨，面目一新。

在李钧培养研究生期间，他先后指导的硕士和博士研究生近20人。这些学生走向工作岗位后，先后都已成为科研战线中的学科带头人，并取得多项重大科研成果，有的担任了重要领导职务。我所第一位获得中国科学院院长研究生特别奖学金、第一、第二位获得杰出青年科学基金的，就是他培养的研究生。

李钧重视对自己弟子的爱国主义教育，但他从来不说空泛的大道理，而是说实实在在的大实话。他常常对三室的年轻人说："你要出国我也不留你。但是要知道，在国内不一定比国外差。尤其是你们干的空间物理这一行，很多关键地方外国人不会让你干，不要看他们收入高一点，如果为了钱那还不如下海去经商，何必要搞科学？"

对于年轻人出国深造和访问，李钧并不反对和阻拦，相反，他还热心推荐和支持。封闭是难以发展的，科学是需要交流的，有作为的科学家绝不会关起门来自吹自擂。但李钧推荐出国人员时把关很严，他有两条标准：一是有水平；二是认真做工作。在学生们的眼里，李老师的爱是一种严厉的爱，如热水瓶一样外冷内热。

李钧为爱才、惜才，还跟外国人争夺青年一代，千方百计地为年轻人创造良好的研究条件和学术环境。在他领导的研究室，他总是把宽敞明亮的办公室、实验室让给年轻人，让年轻的科技人员使用最好的科研设备和仪器。年轻人经常在一起感慨：李老师为我们创造了这么好的条件，如果我们不努力工作，干不出成绩，我们不仅对不起老师的苦心栽培，也对不起自己的良心。

他常教育年轻人"不管做任何事情，都要以国家利益为重来做好我们的研究工作，要把自己的知识和研究成果毫无保留地献给祖国"。如他撰写的一篇高质量学术论文，投稿后不久就收到录用通知，这篇论文所阐述的新理论是他研究领域中的一个重大突破，发表后可望引起巨大轰动。就在此时，他发现论文中的新理论可用于我国国防尖端技术，于是他毫不犹豫地将文稿从编辑部撤回，放弃出名机会，转入默默无闻的国防攻关课题研究。他的这种以国家利益为重、勇于牺牲自我利益的做法，胜过言语教育，也起到了潜移默化地引导年轻的科技工作者献身于祖国科学事业的作用。

由他培养的研究生，部分人员已成为空间物理学这个领域中的学科带头人和一些重要成果的发现者，如万卫星、易帆在我国电离层物理和中层大气物理研究中均作出了重要贡献，是我国年轻一代空间物理学家的代表，分别获得1995年和1996年度国家杰出青年基金资助，宁百齐博士的研究成果曾获国家发明奖。

在生命的最后日子里

1994年春，有几个空间物理方面的大课题需要动员全国科研力量合作研究，一是"九五"攀登计划中的日地系统扰动过程及其对人类的影响，二是国家重大科学工程——东半球空间环境地基综合监测子午链工程（简称子午工程）。李钧作为总协调人，需要与国内同行们讨论，统一意见，由他最后行文上报。在武汉物理所内"双星定位传播修正"及"GPS中频转发动态定位原理试验"等一批课题需要最后论证，以便争取批准实施，同时李钧的理论研究工作进入了攻坚阶段。由于工作的压力，他毫不顾及自己已年过花甲之年的身体，一直处于武汉至北京的旅途奔波之中（3月1日去北京，15日回武汉，3月28日又去北京进行申请921-2项目的最后答辩），最后于4月4日晚在返回武汉的37次列车上因心脏病突发不幸去世。

（李利斌　赵江南）

简　历

1930年3月3日　出生于湖南邵阳

1951—1955年　在武汉大学物理系学习

1955—1958年　在武汉大学攻读研究生

1958—1962年　在中国科学院武汉高空大气物理研究所工作，任课题组长

1962—1970 年　在中国科学院测地所工作，任课题组长

1972—1974 年　任武昌地磁台台长

1974 年　先后任中国科学院武汉物理所助理研究员、副研究员、研究员；
历任研究室副主任、主任、所学术委员会主任

1991 年　当选为中国科学院学部委员（院士）

1994 年 4 月 4 日　逝世

主 要 论 著

1　李钧. 应用统计分析研究电波绕射传播. 武汉大学自然科学学报, 1959
（2）: 22.

2　古谢夫（苏），黄锡文，李钧. 用相关法确定电离层不均匀性参量的若
干问题. 武汉大学自然科学学报, 1959（6）: 23.

3　古谢夫（苏），李钧. 电离层不均匀结构的参量对电离层扰动状态的依
赖关系. 武汉大学自然科学学报, 1959（6）: 16.

4　В Д Гусев, Ли Цзюнь（李钧）. ЗАВИСИМОСТЬ ПАРАМЕТРОВ
НЕОДНОРОДНОСТЕЙ ИОНОСФЕРЫ ОТ ЕЕ ВОЗМУЩЕННОСТИ. Scientia
Sinica, 1961, Ⅹ（2）: 225.

5　В Д Гусев, Ли Цзюнь. ЗАВИСИМОСТЬ ИЗМЕРЯЕМЫХ ПАРАМЕТРОВ
НЕОДНОРОДНОСТЕЙ ИОНОСФЕРЫ ОТ ЕЕ ВОЗМУЩЕННОСТИ
ВЕСТПНИК МОСКОВСКОГО УНИВЕРСИТЕТА, 1962, Ⅹ（2）: 46.

6　李钧. 相关分析法在研究电离层不均匀结构中的应用. 地球物理学报,
1962, 11（2）: 105.

7　Jun Li. The application of correlation analysis methods to the study of iono-
spheric regularities. Scientia Sinica, 1964, ⅩⅢ（1）: 105.

8　李钧. 从电离层垂直反射的二次回波的统计特性. 地球物理学报,
1965, 14（2）: 85.

9　李钧. 导电率随时间变化的导电球的电磁响应问题. 地球物理学报,
1979, 22（3）: 243.

10　李钧. 低电离层结构及其对电波传播的影响. 空间物理论文集. 北京:
科学出版社, 1980. 274

11　李钧. 关于台阵记录分析中相似衰落法的可用性. 地球物理学报,
　　1982, 25 (2): 108.

12　李钧. 电离层声重波引起的高频多普勒频移. 地球物理学报, 1983,
　　26 (1): 1.

13　万卫星, 李钧. 耗散和扰动电离层中的无线电波包的传播. 电波科学
　　学报, 1986, 1: 20.

14　万卫星, 李钧. 由高频无线电波反射回波参数反演电离层运动和结果
　　的高度剖面. 空间科学学报, 1987, 7 (2): 85.

15　李利斌, 吴振华, 宁百齐, 等. 高频多普勒台阵中的若干技术问题.
　　地球物理学报, 1987, 30 (6): 560.

16　宁百齐, 李钧. BPM 时号传播时延的连续观测与研究. 地球物理学报,
　　1988, 31: 375.

17　Jun Li, Weixing Wan, Libin Li, et al. Network observation of travelling I-
　　onospheric disturbances during the annular eclipse of september, 1987, 23;
　　Proc. Internayional Beacon Satellite Symposium, Beijing, 1988, 166.

18　万卫星, 李钧. 电离层声重波扰动的高频无线电诊断. 地球物理学报,
　　1989, 32 (6): 609.

19　李钧, 李利斌, 吴振华, 等. 我国电离层扰动与青藏高原气象的关系.
　　中国地球物理学会年刊, 1990, 326.

20　李钧, 李利斌, 吴振华, 等. Ionospheric disturbances related to the mete-
　　orology of Qinghai – Xizang platecu, 云南天文台台刊, 1990, 增刊 (总
　　第39): 1.

21　Jun Li. Influence of the meteorology of Qinghai – Xizang plateau on the iono-
　　spheric disturbances over central China. Advances in Solar – Terrestrial Sci-
　　ence of China, 165; Edited by Wenrui Hu, Bairong Zhang, Daren
　　Lu. Science Press, Beijing, New York, 1992.

22　Xinyu Huang, Jun Li. Regional features of the ionosphere over China, Ad-
　　vances in Solar – Terrestrial Science of China, 173; Edited by Wenrui Hu,
　　Bairong Zhang, Daren Lu. Science Press, Beijing, New York, 1992.

23　Weixing Wan, Jun Li. Spectral behaviour of TIDs detected from rapid se-
　　quence ionograms. J. Atmos. Terr. Phys. , 1993, 55: 47.

24　万卫星, 李钧. 用数字测高仪漂移测量研究电离层声重波扰动. 地球

物理学报，1993，36，（5）：561.

25　宁百齐，吴振华，李钧. 电离层信道的时变特性对短波授时的影响. 电波科学学报，1994，9（2）：78.

26　梁百先，李钧，马淑英. 我国的电离层研究. 地球物理学报，1994，37（增刊1）：51.

27　宁百齐，李利斌，李钧. 武汉地区中尺度电离层声重波扰动的变化特性. 地球物理学报，1995，38（4）：439.

28　李利斌，吴振华，王炳康，等. 与地磁急始相伴的电离层暂态振荡. 地球物理学报，1995，38（6）：710.

29　宁百齐，李钧. 电离层不规则结构的多普勒谱特性. 空间科学学报，1996，16（1）：36.

30　李钧，李利斌，吴振华. 地磁大气空间研究及应用. 北京：地震出版社，1996，421.

31　Li－bin Li，Zhen－hua Wu，Bin－kang Wang，Jun Li. Sudden ionospheric oscillations accompanied by the sudden commencement of a geomagnetic storm. Chinese Journal of Geophysics，1995，38（4）：487.

参 考 文 献

［1］中国科学院武汉物理所办公室. 生命之光. 中国科学院院士李钧同志生平事迹. 武汉物理所内部纪念资料，1994.

［2］中国地球物理学会60年. 辉煌的历程. 北京：地震出版社，2007：154.

蒲富恪

(1930—2001)

蒲富恪，理论物理学家，中国科学院院士。在固体物理理论，尤其是磁性理论研究，包括早期对反铁磁双时格林函数理论的研究，运用推迟格林函数理论对铁磁共振线宽的研究，基于积分方程理论对小型化天线和关于圆柱状铁磁体中自旋波模的研究，用非线性分支理论对磁化分布的研究，对量子完全可积系统及多分量非线性薛定谔模型的 Bethe－Ansatz 方程、自旋相干态路径积分的严格表述以及分子团簇自旋微分算符表示的研究等方面作出了重要贡献。

蒲富恪，1930 年 7 月 18 日出生于四川省成都市，1944～1947 年就读并毕业于成都县立高中。在中学时他就特别爱好数学和物理学，中学毕业在重庆大学数理系学习一年后（1947～1948），以优异的成绩考入清华大学物理系就读，1952 年毕业。蒲富恪毕业那年，国家为了加强科学研究，从北京大学、清华大学、南京大学和浙江大学等高校中选送了 10 名物理系应届毕业生到中国科学院应用物理所工作（1959年后更名为中国科学院物理研究所）。蒲富恪以及后来和他长期合作的孟宪振、章综等就是其中的3位。在这批同时入所的人中，蒲富恪的数学和物理学基础算是最出众的。

进入物理研究所后，蒲富恪在前辈施汝为和潘孝硕等指导下工作。根据当时"理论联系实际"和"任务带学科"的方针，他们给蒲富恪做的课题是关于吕臬古（铝镍钴）永磁材料的实验研究。由于蒲富恪早在学生期间就对数学和理论物理有突出的才能和爱好，除了实验工作之外，他更把精力都放在磁性理论的进修上。施汝为和潘孝硕是两位和蔼、善良而且有远见的师长，当他们发现蒲富恪很热衷钻研理论物理时，两位前辈没有批评和责怪，而是宽容，支持和引导蒲求取更大的发展。蒲富恪的钻研精神和"向科学进军"的热情也得到肯定，并在1956年4月经孟宪振等人介绍加入了中国共产党。1956年9月，施汝为在征求蒲富恪本人的意见后，将他派往苏联留学专攻理论物理，圆了蒲富恪搞理论物理研究之梦。

在苏联留学期间，蒲富恪在博格留波夫院士的组里，在著名理论物理学家S. V. Tyablikov指导下从事磁性量子理论研究。由于蒲富恪在物理和数学上的深厚功底，他很快在反铁磁双时格林函数理论研究中作出了突出贡献，并于1960年10月获得了苏联科学院数学研究所副博士学位。在苏联留学的这4年时间里，蒲富恪全身心地求学问、搞研究，学成回国再到物理研究所时，立即受命在磁学室里组建理论研究组并任组长。

从1960年磁学室理论组初创时期起，理论组里开始有郑庆祺，此后两三年里陆续加入的有沈觉涟、赖武彦和严启伟等人，共同从事自旋位形和稀土金属中磁互相作用的理论研究。从这段初创时期起，蒲富恪就以极大的热情工作在科学研究的第一线，并辅导其他同事学习。1960年蒲富恪结婚成家后，仍是全身心地投入到科研和工作中，几乎每天都从早上8时一直工作到深夜十一二点。不分周末年节和假期，同事们总可以看到他躬身端坐，一丝不苟地演算和推导公式。据他爱人回忆，从她与蒲富恪结婚到蒲富恪逝世的 40 来年里，全家几乎从来没有一起看过一场电影或演出，更没有外出旅游等。只记得在 1988 年底，因儿子要出国学习，今后已难全家一起外出，蒲富恪才在那年春节安排了上午半天，全家去了一趟紫竹院、八一湖和天安门，算是全家唯一的也是最后的一次团聚游览活动。蒲富恪一生崇尚和奉行的座右铭是"业精于勤而荒于嬉，行成于思而毁于随"。同事们都说，直到 70 高龄逝世，蒲富恪学习的劲头仍不输于初出大学的年轻同事。他潜心治学，练就了严格的数学推导和计算能力，使他在物理问题的严格数学分析方面给同行们以深刻的印象。

蒲富恪做学问不但敬业踏实，而且勤于探索和开创。在 20世纪 60 年代初，蒲富恪和做实验的同事孟宪振合作，完成了用推迟格林函数理论对铁磁共振线宽的研究。孟宪振在清华大学物理系时比蒲富恪低一班，是提前一年毕业和蒲富恪同时到物理所工作的。孟宪振的物理基础也很扎实，且思想敏锐才华出众。他本人做实验，但深知理论的重要，积极支持蒲富恪向磁学理论研究方面发展。从苏联留学回国后不久，蒲富恪和孟宪振就一起完成了铁磁共振的推迟格林函数理论研究，推动了磁学室在高频微波铁氧体这一重要领域的研究。

在 1966～1976 年"文化大革命"的逆境里，蒲富恪仍保持高尚的情怀，保持着对科学知识的追求和对科学研究的热爱。即使在"五七"干校的果园里开拖拉机时，他还用线性规划的方法去求解最短路径。1969 年底，当时的备战形势要求解决缩小天线尺寸的问题，蒲富恪和郝柏林等立即动员起来从事坦克天线小型化的理论计算研究。蒲富恪在积分方程理论上的造诣，使他和同事一起获得了突出的成果，并因此在 1978 年获"全国科学大会奖"。

"文化大革命"的最后几年里（1972～1976 年），蒲富恪和郝柏林等把握了重新恢复基础研究的机会，团结了一些物理所里的老同事，在磁学室重建了被解散多年的理论组，并发展组成了理论与计算机组，蒲富恪任组长。在这四五年里，这个组在蒲富恪的领导下，尽力排除仍然时高时低的批林批孔、反右倾等政治动荡的影响，造成了一个人际和谐钻研科学的局部环境。蒲富恪、郝柏林和于渌等在组里讲授对称、相变与重整化群，物理研究中的数值计算等，并带动全组共同学习钻研。指导赖武彦和王鼎盛等完成的圆柱状铁磁体中的偶极－交换自旋波研究也是这段时期的成果。他带领这些人在动乱尚未结束的这四五年里做了不少工作，为动乱年代结束后全物理所乃至新建的中国科学院理论物理所里迅速恢复和发展理论物理与计算物理研究起了重要的作用。

10 年"文化大革命"的结束和 1978 年全国科学大会的召开，标志着一个科学春天的到来。蒲富恪也重新焕发了青春，他说从苏联回来快 20 年，但真正搞科研的时间实在太少，先是参加了两期"四清运动"，以后又是 10 年"文化大革命"，现在只有加倍努力才能把损失的时间补回来。为了提高效率，他迫切需要一个特别安静少有打扰的工作场所。为此，蒲富恪不怕狭窄简陋，把自己安置在一个仅有约 3 平方米的楼梯角落里，夜以继日地工作了好几年。不知情的人觉得他的行为几近怪异，但更多的知情人都对他那种不畏难不怕苦，全身心地献身科研事业的精神十分佩服和敬重。

蒲富恪于 1978 年 3 月晋升为研究员，1981 年 11 月被批准为首批博士生导师。在此后的 20 多年里，蒲富恪的研究涉猎了广泛的领域，培养了大批优秀的学生，以他在凝聚态理论物理领域的高深造诣，孜孜以求，带领同事和学生取得了一系列重要成果，为凝聚态物理理论的发展和我国科技事业的发展作出了重要贡献。20 世纪 80 年代初期，蒲富恪首创用非线性微分方程分支理论研究磁化分布的连续－不连续变化，和学生李伯臧一起取得了突出的成绩。其结果为国际同行所推崇，在 1985 年国际磁学界大会上作特邀报告，并获1986年中国科学院科技进步奖一等奖和1987年国家自然科学奖三等奖。后期，蒲富恪的研究方向主要集中在量子完全可积系统及有关的凝聚态物理理论的研究，主要的合作者除了他在物理所招收的学生王玉鹏等外，还有复旦大学的陶瑞宝，中国科技大学的赵宝恒，山西大学的梁九卿等教授。代表作为多分量非线性Schrodinger模型的Bethe Ansatz方程、自旋相干态路径积分的严格表述，和分子团簇自旋微分算符表示的严格证明等。在这些方面都作出了突出的成绩。

蒲富恪在1984~1989年当选国际理论物理中心（ICTP）协联成员，1979年以后应邀担任著名磁学杂志 *J. Magnetism and Magnetic Materials* 的国际顾问，1988~1994年代表中国物理学会出任国际纯粹和应用物理联合会（IUPAP）磁学分会委员。蒲富恪在1991年当选为中国科学院院士，并长期担任中国科学院物理研究所学术委员会委员，和磁学实验室学术委员会主任。此外他还在中国科学院理论物理研究所任学术委员会委员，清华大学等高等学校任客座教授等职。

除了身体力行潜心科研外，蒲富恪也十分关心全所乃至全国的凝聚态物理研究队伍的建设，并有精到的见解。他曾说，凝聚态物理理论既是与实验紧密结合的学科，它又有一定的独立性，中国科学院物理研究所作为一个国立研究机构，理论与实验队伍的比例达到1:4最为恰当，没有理论与实验的协调发展，就不可能有优秀的研究成就。蒲富恪生前就积极地考虑增强和重组物理所的理论研究队伍，经他和他的同事和学生们努力，在他故去后不久物理所就重新组建了理论研究室，并很快得到长足的发展，目前已成为国内凝聚态理论研究的一支重要力量。

蒲富恪十分关心青年人才的培养，不管是他自己的学生，还是组里室里的同事，乃至在其他机会里相逢认识的组外乃至所外的人，只要有科学上的共同追求和兴趣，即以认真严谨、诚恳谦虚和平易近人的态度共同研讨合作。1962年王鼎盛新到物理所时本来是在潘孝硕指导下作磁性薄膜的实验研究，并不在蒲的组里。王与蒲偶然相识后，蒲富恪即以自己的体会教导王要同时加强理论的修养，并具体指导王作了磁性薄膜自旋波激发的理论研究。严启伟1963年到蒲的理论组工作，蒲富恪根据小组的长远目标和严的基础，安排辅导严启伟用群对称去研究磁结构，蒲的安排和远见卓识，使严深感终生受益。蒲富恪常常乐道20世纪60年代前期物理所理论物理人才群起成长的美好时光，以认真严谨的学风教初入理论物理研究的年轻人，并鼓励所里引进的青年理论物理骨干们。

蒲富恪很赞赏苏联的朗道研究所坚持定期学术讨论数十年、人才辈出的繁荣景象，并身体力行用这种作法组织学生和研究人员的学术研讨。1992年蒲富恪兼任清华大学客座教授，安排邀请各单位专家到清华作报告，并亲自为固体物理和物质结构研究班开设群论讲座，辅导年轻人研读文献和集体讨论，对于年轻的教师和研究生的培养起了重要作用。蒲富恪还在广州师范大学、山西大学等单位兼任高级学术职务，指导工作，以渊博的学识和高尚的德操为它们培养了一大批栋梁之才。

蒲富恪于2001年5月2日因病医治无效在北京逝世。逝世前，70高龄的蒲富恪仍几乎每天都与学生讨论切磋，直到2001年4月初他发病住进医院的前一天，参加了整整一下午的小组学术讨论后，晚上蒲富恪还和新招的学生谈到深夜。蒲富恪素以科学上的认真、严谨和富于开拓而闻名。他不看重论文的多少，唯以深究学问达至成就为己任。蒲富恪不但自己作出了突出的成就，也很能欣赏他人的贡献，因而在科学面前一直保持着谦虚的作风和平等的态度。在历年共事的众多学生和同事心目中，他是成就突出和德高望重的前辈、严格要求和细心执教的师长，又是平等可亲的朋友。

（王鼎盛）

简　历

1930 年 7 月 18 日　生于四川省成都市

1947—1948 年　在重庆大学数理系学习

1948—1952 年　在清华大学物理系学习，获学士学位

1952—1956 年　任中国科学院应用物理所研究实习员，从事永磁材料实验
研究

1956—1960 年　赴苏联科学院数学所（莫斯科）留学，获副博士学位

1960—1965 年　任中国科学院物理研究所助理研究员

1960—1972 年　组建磁学室理论组并任组长

1965—1978 年　任中国科学院物理研究所副研究员

1978—2001 年　任中国科学院物理研究所研究员

1979—2001 年　任国际杂志 J. Magnetism and Magnetic Materials 顾问

1984—1989 年　任国际理论物理中心（ICTP）协联成员（意大利）

1988—1994 年　任国际纯粹和应用物理学会（IUPAP）磁学分会委员

1989 年　任中国物理学会磁学分会主任委员

1990 年　分别任中国科学院物理研究所和理论物理研究所学术委员会委员

1991 年　当选为中国科学院数学物理学部院士

2001 年 5 月 2 日　在北京逝世

主 要 论 著

1　F C Pu. An approximate method for the calculation of the ground state of an
isotropic antiferromagnetic crystal. Soviet Physics Doklady, 1960, 5：128.

2　F C Pu. An approximate method for the calculation of the magnetization of an
isotropic antiferromagnetic material. Soviet Physics Doklady, 1960, 5：321.

3　孟宪振，蒲富恪. 热力学的推迟格临函数对铁磁共振峰宽理论的应用.
物理学报，1961, 17：214.

4　蒲富恪，郑庆祺. 关于磁性物质的自旋位形的某些问题. 物理学报，
1962, 18：135.

5 蒲富恪，郑庆祺. 稀土金属中的 s－f 相互作用. 物理学报，1963，19：503.

6 蒲富恪，严启伟. 磁原胞与化学原胞不一致的磁性晶体的磁结构. 物理学报，1964，20：825.

7 王鼎盛，蒲富恪. 有限铁磁——反铁磁线链中的自旋波谱及其激发. 物理学报，1964，20：1067.

8 赖武彦，王鼎盛，蒲富恪. 圆柱状铁磁体中的偶极－交换自旋波. 物理学报，1977，26：285.

9 冯克安，蔡俊道，蒲富恪. 天线理论中的第二类积分方程. 物理学报，1978，27：187.

10 陶瑞宝，蒲富恪. 具有四次幂交换作用的 Heisenberg 铁磁体的低温自旋波理论. 物理学报，1980，29：635.

11 陶瑞宝，蒲富恪. 高次幂交换作用的低维磁性系统相变不存在的证明. 物理学报，1980，29：658.

12 李伯臧，蒲富恪. Brown 方程的分歧解与初始成畴问题. 物理学报，1981，30：1637.

13 蒲富恪，李伯臧. 反磁化形核行为的微磁学研究. 中国科学 A，1982，2：151.

14 李铁城，张昭庆，蒲富恪. 具 L－近邻键的一维渗流模型临界指数的精确解. 物理学报，1983，32：1273.

15 Fu－cho Pu, Bao－heng Zhao. Quantum Gelfand－Levitan equations for nonlinear Schrödinger model of spin $^{-1/2}$ particles. Phys. Rev. D, 1984, 30：2253.

16 Fu－cho Pu, Bao－heng Zhao. Quantum inverse scattering transform for the nonlinear Schrödinger model of spin $^{-1/2}$ particles with attractive coupling. Nucl. Phys. B, 1986, 275：77.

17 Fu－cho Pu, Bao－heng Zhao. Exact solution of a polaron model in one dimension. Phys. Lett. A, 1986, 118：77.

18 G D Pang, F C Pu, B H Zhao. Exact solution for quantum davey－stewartson－I system. Physical Review Letters, 1990, 65：3227.

19 F C Pu, S Q Shen. Relation between pseudospin－rotation invariance and a supersolid. Physical Review B, 1994, 50：16086.

20 Y P Wang, J Voit, F C Pu. Exact boundary critical exponents and tunneling

effects in integrable models for quantum wires. Physical Review B, 1996, 54: 8491.

21 X D Zhang, B Z Li, G Sun, et al. Spin – polarized tunneling and magneto-resistance in ferromagnet/insulatoy (semiconductor) single and double tuunel junctions subjected to an electric field. Physical Review B, 1997, 56: 5484.

22 Y P Wang, J H Dai, F C Pu, et al. Exact results for a Kondo problem in a one – dimensional t – J model. Physical Review Letters, 1997, 79: 1901.

23 X B Wang, F C Pu. An effective – Hamiltonian approach to the study of the interference effect in macroscopic magnetic coherence. J. Physics – Condensed Matter, 1997, 9: 693.

24 Z N Hu, F C Pu, Y P Wang. Integrabilities of the t – J model with impurities. J. Physics A – Mathematical and General, 1998, 31: 5241.

25 J Q Liang, Y B Zhang, F C Pu, et al. Enhancement of quantum tunneling for excited states in ferromagnetic particles. Phys. Rev. B, 1998, 57: 529.

26 聂一行, 石云龙, 张云波, 等. 外磁场中单畴反铁磁颗粒的宏观量子效应. 物理学报, 1999, 49: 1580.

27 Y B Zhang, J Q Liang, F C Pu, et al. Quantum – classical phase transition of escape rates in biaxial spin particles. Phys. Rev. B, 1999, 60: 12886.

28 W M Liu, W S Zhang, F C Pu, et al. Nonlinear magnetization dynamics of the classical ferromagnet with two single – ion anisotropies in an external magnetic field. Physical Review B, 1999, 60: 12893.

29 S P Kou, J Q Liang, F C Pu, et al. Macroscopic quantum coherence in mesoscopic ferromagnetic systems. Physical Review B, 1999, 59: 11792.

30 N H Tong, F C Pu. Fine structure of phase separation in double – exchange systems. Physical Review B, 2000, 62: 9425.

31 Y H Jin, Y H Nie, F C Pu, et al. Tunnel splitting in biaxial spin particles as a function of applied magnetic field. Physical Review B, 2000, 62: 3316.

32 J Q Liang, H J W Muller – Kirsten, F C Pu, et al. Quantum phase interference for quantum tunneling in spin systems. Phys. Rer. B, 2000, 61: 8856.

周本濂

(1931—2000)

周本濂，材料物理学家，中国科学院院士。早年从事内耗研究。负责中国科学院金属研究所高温热物理性能测试基地的建设和发展工作，主持研制了大量国家急需的测试装备。承担碳/碳材料热应力损毁机理研究，为我国新一代弹头防热材料的研制作出了重要贡献。从事材料仿生学的研究，并取得突出成果。

周本濂，祖籍安徽合肥，1931 年 10 月 20 日出生于江苏扬州。中学时代就读于浙江大学附中，1949 年先后报考交通大学土木工程系和清华大学物理系，均被录取，他决定在清华大学物理系就读。1952 年，他服从国家分配奔赴当时的重工业基地沈阳，投入到中国科学院金属研究所的建设中。1953 年到 1958年，他在著名科学家葛庭燧的指导下，参与"金属中的内耗和力学性质的研究"，该项目获国家自然科学奖三等奖。

1958 年，中国科学院金属研究所在发展航空航天高温材料的同时，组建了高温热物性测试及高温热源研究室，周本濂担任研究室副主任、主任。1961年，国家科委决定成立全国高温测试基地，周本濂担任基地专业组成员，开始了他为国防军工事业默默无闻创新奉献20多年的科研历程。在此期间，周本濂先后主持研制了大量国家急需的热物性测试设备，多项研究成果获国家及部委奖励。20世纪80年代末到90年代初，周本濂又主持了低维材料热物性测试方法的研究工作，建立了具有自主知识产权的薄膜热物性测量装置及方法。1981年7月至1982年8月在美国康涅狄克大学物理系和材料科学研究所进修。

80年代初，受航天部门的委托，周本濂主持承担了碳/碳复合材料热应力损毁机理研究任务，该任务获得中国科学院科技进步奖一等奖和三等奖各一项。1986年，周本濂提出了固体热膨胀动态过程的概念，打破了人们长期对固体热膨胀过程的理解，并引起了热物理学界的广泛关注。90年代初，周本濂在材料研究中引入了仿生设计的概念，并先后提出了"最差界面设计"、过程仿生等创新性的研究理念。现在仿生材料研究已成为材料研究的重要领域。

周本濂曾担任沈阳市青联委员，沈阳市第七至第九届政协委员；中国科学院科学技术委员会委员，中国科学院国际材料物理中心副主任；国家发明奖评审委员会冶金专业组委员，国家自然科学基金委员会非金属材料学科评审组副组长，国家科委s-"863"软课题研究组专家，中国复合材料学会常务理事；中国计量测试学会热物理性能专业委员会副主任；辽宁复合材料学会名誉理事长。1997年周本濂当选为中国科学院技术科学部学部委员（现称为院士）。

周本濂在40余年的科学生涯中，对我国材料科学、国民经济和国防建设作出了重要贡献。他被国防科工委授予"献身国防科技事业"荣誉证章，荣获首届桥口隆吉奖，还被评为辽宁省优秀专家和沈阳市劳动模范。

在高温热物理性能测试基地的建立与发展中的贡献

准确的热物理性能数据是材料制备、热过程控制、热结构设计、使役环境等计算的基础。为了研究高温合金等材料的热性能，1958 年，年仅 27 岁的周本濂受命组建金属所高温热物性测试及高温热源研究室。1961 年，为了配合国防军工研制及生产的需要，国家科委决定成立包括一批研究所和高校在内的高温测试基地，由李薰教授任领导小组组长，严东生教授和姚桐斌教授任副组长，周本濂作为组员，具体负责了金属所多项热物性设备的研制工作。

当时国家正处于国外的严密封锁下，又时逢三年自然灾害，各种资料、设备严重匮乏，条件十分艰苦。周本濂带领科技人员，依靠自己的力量，克服种种困难，建成了一批测试装置，而且其中不少是具有自主创新的研究成果。如 1963 年基本建成的纵向热流绝对法金属热导率测试装置，与国外传统的一端设置热源方法不同，热源设置在上下两个试样的中心而热汇设置在两端，充分利用了中心发热体的功率，免去了一端设置热源必须进行温度控制的麻烦。设备研制成功后为包括航空材料在内的多种材料提供了热导率数据。金属弹性模量是各种材料特别是军工材料重要的物理性能指标，军工材料均要求采用动态法测量弹性模量数据。周本濂首先提出了端点悬挂声频共振法测量杨氏模量和剪切模量的方法，克服了节点附近悬挂不易激发振动的困难，获得了金属材料 1000℃准确的模量数据。该方法于 1965 年通过委托单位专家的验收鉴定。此外，周本濂亲自动手建立的几套高温热物性测试装置，如石墨高温热导率和石墨高温弹性模量测试装置，在当时（1965 年左右）也均处于国内领先地位。

20 世纪 70 年代初，我国第一颗返地卫星研制任务要求提供材料大量的热物性数据。如卫星裙部热控材料钼合金板材厚度仅几个毫米，其热导、比热、模量、热膨胀、热辐射等性能均是必不可少的设计参数，而 60 年代建立的测试方法已不能满足板材热物性的需求。周本濂又带领大家建立了一系列新的测试设备，包括国内首批激光脉冲热导仪，该项目在 1978 年获全国科学大会奖；自动记录高温辐射仪，这是我国第一台三参数（温度、电流、电压）实现自动记录的半球向全发射率测试装置。这些设备对我国航天事业的发展做出了重要的贡献。

20 世纪 80 年代末至 90 年代初，周本濂又开展了二维材料热物理性能的研究工作，由于薄膜材料传热速度极快，其法向热导率测量极其困难，当时国际上的大多数测试方法都只是测量薄膜的径向热导率。周本濂带领科技人员大胆创新，将通常用于块体试样测量的激光脉冲法进行改进，研制出了超短激光脉冲法薄膜热导率测量装置，并成功测量了导热性能极高的金刚石薄膜的热导率。周本濂又提出了一种全新的薄膜热膨胀系数测量方法，即采用 CCD 光学成像技术，通过测量像边缘的位移来测量薄膜材料的热膨胀。测试过程中试样不接触各种传感元件，从而保证薄膜的自由膨胀。该装置研制成功后，弥补了国内薄膜热膨胀测量技术的空白，并获得了国家发明专利。这两套装置在此后的研究工作中，先后为多种航天用薄膜材料的研制提供了大量热物理性能数据，为我国航天热控材料及热控系统的设计与研制作出了重要贡献。

热膨胀动态过程概念的提出

关于热膨胀的研究已有数百年的历史，但人们一直以来都认为热膨胀和温升是同步的，各种理论模型也都没有考虑热膨胀随时间的演化过程。周本濂在 1986 年召开的第一届亚洲热物性会议上首次提出了热膨胀动态过程的概念，即固体的热膨胀过程与温升过程不同步，热膨胀落后于温升，存在一个弛豫过程。并从晶格动力学理论出发，推导出了一维点阵非简谐振动的解析解，求出瞬时加热后固体热膨胀过程的弛豫时间，得到了弛豫时间与固体长度成正比的结论。

由于该理论打破了人们长期对固体热膨胀过程的理解，很快引起了热物理学界的广泛关注和争论。而验证这一理论是否正确，最好的方法就是直接的实验观察。但由于固体热膨胀动态过程的弛豫时间非常短，国内外均没有测量固体瞬时膨胀的技术和方法，而且当时国内缺乏高速数据采集和分析等设备，实验观察十分困难。周本濂查阅了大量的文献，带领学生刻苦攻关，先后解决了超短脉冲加热、微量热膨胀测量、高速数据分析等一系列技术难点，先后建立了间接观测和直接观测两种动态热膨胀的实验测量方法，终于从实验上直接观测到了固体热膨胀随时间的变化过程，证明了固体中的热膨胀过程滞后于温升过程这一新的物理理论的正确性。在此基础上，周本濂又对金属、陶瓷、高分子、高 T_c 超导体、激光棒等多种材料的热膨胀动态过程开展了系统的研究工作，并得到了一系列的研究成果，如在高 T_c 超导体的热膨胀动态过程研究中发现了 T_c 转变温度附近的动态热膨胀幅度－温度跃变等，在国内外学术刊物及会议上发表了十余篇学术论文。

碳/碳防热材料热应力损毁机理的研究和应用

20 世纪 70 年代末期，我国第一代远程弹头防热材料碳－石英复合材料成功达到了防热要求，取得了出色的成就，但是命中目标的精度达不到预想的要求。航天部门获悉国际上已经选用先进的三向编织的碳－碳复合材料作为弹头防热材料，80 年代初，我国也制备出这类材料，但是三向编织的碳－碳复合材料在再入大气层时是否会因极高的温度产生热应力而损毁却是个未知数。航天部门当时提出的这一课题由于难度极大，没有研究单位敢于承担。在这种情况下，金属所周本濂和刘文川等在著名科学家师昌绪先生带领下，勇敢地承担了下来，这就是 202 工程碳－碳复合材料热应力损毁机理课题的由来。

周本濂带领该课题组研究人员从材料微观结构、力学性质、物理性质入手全面开展研究工作，取得了开拓性成果。特别在对风动试验模拟件产生的裂纹进行研究时，与沈阳军区总医院合作，创造性地采用了当时 X 射线 CT 这一新技术，对该模拟件进行了探测，获得了清晰的图像。解剖结果表明裂纹位置与图像吻合，综合分析说明该裂纹是材料制备过程中产生的，并非风动试验中产生的。到 1986 年该课题共获得中国科学院科技进步一等奖和三等奖各一项。

在该课题开展的材料双向拉伸工作受到重视的同时，1980 年代末期，航天部门又委托金属所与航天部门某所合作进行碳/碳材料的强度特性和强度准则的研究。在周本濂带领下，该课题组在普通万能试验机上用自行设计的机械装置完成了材料的室温（双向应力 1:1 和 1:2）和高温（1000℃，双向应力 1:1）双向强度特性（包括双向拉拉、双向拉压、双向压压）和强度准则的研究，该成果于 1994 年获得中国科学院科技进步奖二等奖一项。

复合材料仿生探索研究的先行者

1991 年，周本濂在复合材料的研究中引入了仿生设计的概念。针对当时复合材料设计中界面设计、纤维的脆性、拔出等一系列困难，周本濂提出，生物界的所有材料都属于复合材料，其在数以百万年的进化过程中对环境具有极强的适应能力，因此完全可以借鉴生物材料的结构和性能特点来设计复合材料。在此基础上，周本濂等先后制备出多种仿生复合材料，并使仿生复合材料成为材料领域的一个新的研究热点。

1993 年，周本濂提出了复合材料界面仿生设计的新理念，再次引起人们的关注。由于复合材料界面的强结合可以实现应力的理想传递而提高材料强度，但使其韧性降低；弱结合可阻止裂纹扩展而改善韧性，但不利于应力传递，此前人们一直在试图寻求一种最佳的界面结合状态以同时满足强度和韧性的要求，但最佳界面结合是不稳定的，在载荷作用下将偏离最佳点而变坏。而周本濂提出的仿生界面设计则利用仿骨的哑铃型增强体或仿树根的分形树型增强体，通过基体和增大了的端头之间的压缩传递应力而对界面结合不提出特殊的要求。此情况下的应力传递对界面状态不敏感，即使界面设计很差也能满足要求而得到优良的性能。这一观点提出了解决复合材料设计中界面结合强度与韧性间矛盾的新途径，为复合材料设计提出了一个全新的研究思路。基于这一思想，周本濂带领学生先后制备出仿树根状炭纤维、仿草根型网状炭纤维、仿骨哑铃型 SiC 晶须和分形树状氧化锌晶须等多种仿生增强体，并研制出一系列的仿生复合材料。

1995 年在香山科学会议第 45 次学术讨论会上，周本濂又提出了过程仿生的概念，他指出：动植物通过摄取营养而生存，在运动中消耗、补充和发育，都体现了耗散结构的自组织过程。疲劳与休息、损伤与愈合都表现出开放体系自我调节的种种特征。试想一个人假如不吃不喝，也不休息，还要不断劳动，恐怕很难生存一个星期。但是当其遵从定时进食、及时休息的生活规律时，寿命就可以数千倍地延长。工程材料虽然无生命可言，但如将其变为开放体系，当其中的微观缺陷还没有聚集到产生裂纹时就输入能量，给以及时处理，也许可能获得人们预想不到的结果。经过调研，周本濂认为脉冲电流处理是一种向金属材料中输入能量的好方法，他积极组织力量，研究通过脉冲电流处理使材料内部损伤修复及疲劳寿命延长的方法，发现采用疲劳 – 休息 – 通电（补充能量） – 再疲劳这种仿生处理方法，材料的疲劳寿命与一次性疲劳相比提高了 1 个数量级以上。周本濂等进一步发现通过仿生恢复处理后，材料中的裂纹及驻留滑移带等均发生一定程度的愈合，从而大幅度提高了材料的使役性能。这些工作改变了人们对金属材料工件使用一次性用坏为止的传统观点。

周本濂还非常重视研究成果的工业应用。由于早期的金属基复合材料主要用于国防军工项目，很少关注成本问题。周本濂提出应制备低成本金属基复合材料，并用于民用生产。他带领研究生，经过反复调研和实验，研制成了改性竹增强铝复合板和维尼纶增强铝复合板两种复合材料板材，并在大型客车地板上得到应用。

严谨治学，无私奉献

周本濂具备科学家的许多优良品格，他勤奋好学，办公桌上总是放着厚厚的文献资料，他还特别愿意与别人讨论问题，分享自己的想法，研究所里的很多年轻人都曾得益于他的指导和帮助。他治学严谨，经常亲自到实验室指导学生，处理各种实验技术问题。在实验取得结果时，他问的第一个问题往往是实验结果能否重复。学生请他审阅的论文，他都逐字逐句地予以修改，连错别字和标点符号也不漏掉。

周本濂待人和蔼、真诚，他身为院士，经常有许多同志邀请他评审论文、写推荐信。他虽然工作非常繁忙，但只要有时间，基本上是有求必应，即使没有时间，也帮助他们推荐其他老师。同时他也非常谦虚，他主持过多项研究工作，其中许多成果获奖，或在国内外学术期刊发表，他总是把自己的排名放在后面。1985年"高温热物性测试基地的建立与发展"获国家科技进步二等奖，他没有忘记李薰、严东生和姚桐斌3位院士的功绩，自己仅排在第四名。他说："大家不忘记我出过主意，我就很满意了。"

周本濂担任很多重要职务，如中国科学院材料科学技术委员会委员、国家自然科学基金委学科评审组副组长、国家发明奖冶金组评审委员等，会议频繁，杂志审稿，基金评审，学位论文评审，讲学，教学等经常不断。他为了祖国科研事业的繁荣，为了培养中青年人才，牺牲了很多休息时间准备材料满足各方面的要求。1998年以后周本濂身体一直很虚弱，在家里常常疲惫得难以入眠。1999年他应邀去越南的一个国际学术会议作特邀报告前夕，在中关村医院作出国签证的例行体检中，医生告知他心脏有病，要他彻底检查治疗，但他回国后仍然坚持工作。

2000年春节期间他因心脏病突发住院治疗，稍有缓解就要求出院，并去北京参加基金委的评审会议，在国际材料物理中心活动中作了长达2小时的学术报告。2000年5月18日他再次病倒住院，在住院期间还评审了5份基金申请书，同事去探视时，他总是不谈病情，只谈工作进展。周本濂就是这样一位把智慧和精力全部奉献给祖国的科学家，他以杰出的科学成就、高尚的品格赢得了人们对他的无限尊敬和热爱。

（何冠虎　郭敬东）

简　历

1931年10月20日　生于江苏省扬州市
1949—1952年　就读于清华大学物理系
1949—2000年　历任中国科学院金属研究所研究实习员、助理研究员、副研究员、研究员
1981—1982年　在美国康涅狄克大学物理系和材料科学研究所进修
1997年　当选为中国科学院院士

主 要 论 著

1　周本濂，朴正用，廖德明，等．真空中测定热导率的纵向热流绝对法．//1963年测试基地年会报告集，1963.

2　周本濂，黄亦明，邹云林，等．金属动态弹性模量的测定．//1963年测试基地年会报告集，1963.

3　G H He, X Z Zhang, Z Wei, S Q Dong, et al. Suggestions regarding thermal diffusivity measurements on pyrolytic graphite and pyrolytic boron – nitride by the laser – pulse method. Intern. J. Thermophys, 1986, 7 (4): 789.

4　X Z Zhang, G H He, Z Wei, et al. Measurement of thermal diffusivity by the flash method for a 2 – layer composite sample in the case of triangular pulse. Intern. J. Thermophys, 1986, 7 (4): 803.

5　Y T Zhu, B L Zhou, G H He, et al. A statistical theory of composite materials strength. J. Composite Mater. , 1989, 23 (3): 280.

6　H M Cheng, B L Zhou, Z G Zheng, et al. Chemical silver plating on carbon – fibers. Plating and Surface Finishing, 1990, 77 (5): 130.

7　D W Tang, B L Zhou, H Cao, et al. Dynamic thermal expansion under transient laser – pulse heating, Appl. Phys. Lett. , 1991, 59 (24): 3113.

8　周本濂. 高性能低价格复合材料的研究与开发. 东北科技, 1991, 1: 28.

9　周本濂. 新型复合材料研究的一些进展. 材料科学进展, 1991, 5 (6): 524.

10　S Y Fu, B L Zhou, X Chen, et al. Some further considerations of the theory of fiber debonding and pull – out from an elastic matrix 1. Constant interfacial frictional shear – stress, Composite, 1993, 24 (1): 5.

11　W M Liu, B L Zhou. Solitons in an order – parameter – preserving antiferromagnet. J. Phys. , Condens. Matter, 1993, 5 (12): L149.

12　中国科学院金属研究所, 航空航天部一院十四所. 研制报告: 某某端头帽三向碳/碳复合材料强度特性和强度准则. 1993 年 3 月.

13　B L Zhou. The biomimetic study of composite – materials. JOM, 1994, 46 (2): 57.

14　S H Li, S Y Fu, B L Zhou. Reformed bamboo and reformed bamboo aluminum composite 1. Manufacturing technique, structure and static properties. J. Mater. Sci. , 1994, 29 (22): 5990.

15　周本濂, 冯汉保. 复合材料的仿生探索. 自然科学进展: 国家重点实验室通讯, 1994, 4 (6): 713.

16　周本濂. 瞬态激光作用下的弛豫过程. 物理, 1994, 23 (2): 93.

17　B L Zhou. Biomimetic design of worst bonding interface for ceramic – matrix composite. Composites Engineering, 1995, 5 (10 – 11): 1261.

18 Y Q Wang, B L Zhou, Z M Wang. Oxidation protection of carbon – fibers by coatings. Carbon, 1995, 33 (4): 427.

19 周本濂. 复合材料的仿生研究. 物理, 1995, 24 (10): 577.

20 B L Zhou. Some progress in the biomimetic study of composite materials. J. Mat. Chem. Phys. , 1996, 45: 114.

21 R S Qin, S X Su, J D Guo, et al. A healing model for metallic materials – theoretical study. Biomimetics, 1996, 4: 121.

22 沈以赴, 周本濂, 何冠虎, 等. 材料疲劳恢复新途径的探索 I - 低碳钢疲劳寿命的延. 材料研究学报, 1996, 10 (2): 165.

23 B L Zhou, G H He, Y J Gao, et al. The microscopic nonequilibrium process in solids under transient heating. Inter. J. Thermophys, 1997, 18 (2): 481.

24 周本濂. 材料制备中的非平衡过程. 材料研究学报, 1997, 11 (6): 576.

25 J D Guo, W L Zhao, R S Qin, et al. The Experimental study of dynamic thermal expansion of Bi – based high T_c superconductors. Physica C, 1997, 282 – 287: 1449.

26 B L Zhou. Improvement of mechanical properties of materials by biomimetic treatment. Fracture and Strength of Solids, Part 1&2, 1998, 145 (9): 765.

27 K Zhang, Y Q Wang, B L Zhou. Biomimetic study on helical fiber composite. J. Mater. Sci. Tech. , 1998, 14: 29.

28 H Wang, Y Y Zhang, G H He, et al. A contactless CCD dilatometer for foil materials. Inter. J. Thermophys. , 1999, 20 (2): 743.

29 J Zhang, Y Q Wang, B Yang, et al. Effects of Si content on the microstructure and tensile strength of an in situ Al/Mg_2Si composite. J. Mater. Res. , 1999, 14 (1): 68.

30 B L Zhou. Bio – inspired study of structural materials. Mater. Sci. Eng. C, 2000, 11: 13.

31 Y Z Zhou, R S Qin, S H Xiao, et al. Reversing effect pf electropulsing on damage of 1045 steel. J. Mater. Res. , 2000, 15 (5): 1056.

32 B L Zhou. Some non – equilibrium thermophysical problems to be studied in materials processing. Mater. Sci. Eng. A, 2000, 292 (2): 133.

33 Y Z Zhou, Y Zeng, G H He, et al. The healing of quenched crack in 1045 steel under electropulsing, Mater. Res. , 2001, 16 (1): 17.

方守贤

(1932—)

　　方守贤，加速器物理学家，中国科学院院士。从事加速器理论研究及设计工作。发现等时性回旋加速器中的不等时性现象。发展了一种适合于小中型环形加速器的消色散方法，先后用于西欧联合核子研究中心强流反质子积累环及北京正负电子对撞机（BEPC）储存环设计，取得成功。曾任 BEPC 工程经理，为该工程的主要主持人之一，全面领导 BEPC 的设计、研制、建设及运行。建成后，整机性能在国际同能区的机器中占领先地位。对加速器物理与技术的发展做出了国际公认的成绩。

　　方守贤，祖籍安徽，1932 年 10 月 28 日出生于上海市。他的父亲是一个小商人，与人合开了一个油漆店。由于日本侵略军侵华，时局动荡，生意萧条，家境变得十分拮据。母亲只能去纱厂做女工，以贴补家用，虽能免受饥寒之苦，但也经常以红薯杂粮代饭，饱受沦陷之苦。

1938 年秋，他进入静安小学读书。日本侵略军进入租界后，推行奴化教育，日文教员凶狠蛮横，动辄打骂体罚学生，强迫学日语，又不时传来日本侵略军的种种暴行，激起了他的爱国主义思想。在小学期间，方守贤唯数学略有点天分，其他各科成绩平平。

抗日战争胜利后，方守贤先进格致中学读初中，后到育才中学念高中，这两所学校都是原英租界的公办学校，师资优良，治学严谨，使他在中学阶段受到良好教育。尤其在高中所学三角、代数、解析几何等课程使他着了迷，每当解出难题，内心便充满欣喜。有一位张通谟老师讲课非常精彩，推理逻辑严密清楚，使他深受教益，留下了终身印象。在学习数学过程中培养了他的严密的逻辑思维能力。高中毕业时方守贤品学兼优，各科成绩总平均列班级前茅，并担任班级总干事（级长）。

在当时社会上盛行的"学好数理化，走遍天下都不怕"的影响下，1951 年秋方守贤以高分考入了上海交通大学物理系。

在大学一年级时，上海交通大学数学、物理两系总共只有 20 多个学生，是合并上课的。他在喜爱数学的同时，又发现与抽象概念的数学相比，物理学更是一门有血有肉，看得见、摸得着，内容丰富多彩并与人类实际生活紧密联系的学科。人们透过观察到的物理现象，依靠数学进行描绘、分析和严密推理，再回到实践中加以验证，使理论得到进一步的升华。这正是方守贤所追求的探索自然的完美途径，从此，他和物理学结下了"不解之缘"。

在 1952 年全国教改、院系调整中，他调到了华东地区唯一的理科大学——复旦大学物理系，物理系一个班 60 多人，师资力量大大加强了，著名教授荟萃，如卢鹤绂、谢希德、周同庆、周世勋等。老师们不但学识超群，且讲课时物理图像清晰，逻辑推理严谨，诸多重点、难点经这些名师的指点茅塞顿开，融会贯通，加深了他对物理的理解及兴趣。院系调整初期，教学大纲及教材均不完善，连讲义也没有，除了课堂笔记，还需靠课外自学，去啃少数翻译成中文的俄文或英文原版参考书，加深对课程内容的理解。几年大学刻苦认真的学习生活增强了他的自学能力并取得了优秀成绩，年年名列班级前茅。

大学时期也是政治运动不断和不平静的 4 年，他经历了"三反、五反"、"思想改造运动"和"肃反"的正面教育，同时，他也阅读了不少像《钢铁是怎样炼成的》等苏联优秀的文学作品，所有这些都对方守贤人生观的确立起到了决定性的作用。他认识到一个人活在世上不能光是索取，应该首先讲奉献；懂得了学习的最终目的是报效祖国，"为祖国，作贡献"的思想基础成为他后来从事科研活动的原动力。

初到中国科学院

1955 年 10 月，方守贤以优异的成绩大学毕业，来到了中国科学院近代物理所。当时，国家正在制订十二年科技发展规划，给科技工作者提供了施展才华的大舞台，并殷切期盼他们能为创建祖国璀璨的科学殿堂作出贡献。

方守贤很幸运地被安置在王淦昌门下，从事高能加速器的设计及研究工作：在徐建铭的直接指导下，学习电子同步加速器理论设计。这对他来说，真是如愿以偿，是一门既有理论又有实际的研究工作，也是他一直追求的目标。他热爱自己的专业，立志要通过自己的辛勤劳动为祖国建造加速器。近代物理研究所本来只有几十个人，一下子新增了他们这批新到的 100 多人，王淦昌、梅镇岳、朱洪元等老专家对这批新增的"精英"特别重视，待若"天之骄子"，都来给他们补授原子能相关的课程。方守贤深感自己已有的知识非常贫乏，于是和大家一样如饥似渴地学习，他记得那时整个物理大楼每天晚上 12 点以前是不会熄灯的。

留苏时期

为了发展中国的原子能事业，国家于1957年春经过精心挑选，通过外文突击培训，在王淦昌带领下，公派方守贤等十多人去苏联的列别捷夫物理研究所实习和工作。方守贤被分配学习加速器相关知识并负责初步的理论设计工作，虽在出国前已经学习了大量有关高能同步加速器的论文，还做了详细的推导及笔记等充分准备，但是进入列别捷夫物理研究所后才发现自己在国内打下的数学、物理基础还远不能适应工作的要求。同时，他的导师考洛门斯基也发现，尽管方守贤在研究所里学过的加速器专业知识应该使他已经具备初步设计能力。但事实上他还不会从事设计。究其原因是方守贤所学到的知识还是不够系统的，没有懂得它们的内在联系，不能融会贯通，只是一些书本知识，不会实际运用。导师的意见对方守贤好像是当头一棒，他意识到自己还没有入门，需要从头开始。这对他的深刻教育是：书本上的知识如不与实际结合，是难以学深学透的，只有在具体课题中应用上了，才能真正理解和掌握。

方守贤的导师是很严厉的，要求方守贤读通他的一篇浓缩的博士论文，把文章里不懂的结论经过自己的思考逐个独立推导出来，还请了一位副导师列别捷夫帮助方守贤补习数学和物理上一些缺少的基础知识。通过这段时间的训练，方守贤不但数理基础更扎实了，更重要的是提高了他的独立思考、解决困难问题的研究能力。

那时候没有计算机。一个国际会议结束以后，关于加速器的文件要等好几个月才能印出来。而方守贤的导师在会后很快就能在自己建立的理论体系内，用自己熟悉的方法，把国际上的新成就新结果做出来。可见功底之深，可谓已达到炉火纯青的地步。经过刻苦努力，方守贤也逐渐学会了用自己熟悉的方法，在自己的"体系"内推导出加速器中相关研究的结论。由于掌握了这种行之有效的科学方法，使方守贤善于把死的书本知识变为活的实际知识，博采众长，融会贯通，如虎添翼，取得了事半功倍的实效。

方守贤还目睹了他导师如何不迷信权威、勇敢地推翻了当时莫斯科大学著名教授索科洛夫为代表的主流派关于"电子同步加速器中由于辐射的量子起伏引起较大的电子运动不稳定是不可克服"的结论。这在当时苏联加速器学界引起了一场风波，后来得到美国著名的加速器专家列文斯顿的研究结果支持，才算结束了这场争论。导师的楷模，使方守贤明白了不能满足已有结论，不断创新才是科学的灵魂。对学术权威要尊重，但绝不能盲目崇拜，真理是终究会出来讲话的。

通过留苏期间的实习和工作，在方守贤心中萌生起一个牢固的信念："一定要为祖国建成一个世界一流的加速器"。

加速器"七下八上"的反复

我国高能加速器的建设曾经历了"七下八上"反复曲折的历程，方守贤却有机会亲身参与了它的全过程，成为中国加速器建设和发展的历史见证人。

令他特别高兴的是到苏联后，王淦昌是莫斯科方面业务上的直接联系人，这使得他有机会能直接聆听王老的教导，向王老学习。最初王淦昌交给方守贤的任务是在苏联专家指导下设计一台能量为 2.2GeV 的电子同步加速器，周长约 200 米。在当时，是一个较先进又较符合国情的方案。但在 1958 年大跃进形势下，该方案却遭到国内一些人的批判，说这个方案既保守又落后。

接着，在"超英赶美"的思路下，国内有人提出要设计一个更"先进"的 15GeV 的质子加速器。而苏联当时已有的最大加速器能量也只有 7GeV，对这种不切实际的要求，苏联专家也感到惊讶与为难，后来虽然勉强同意帮助设计一个以现有的7GeV加速器为基础的修补方案，但设计能量最多也只能达到12GeV。可想而知，这是一个什么样的凑合方案了。1959年，钱三强果断地否定了这个方案。

挫折使人们清醒，脱离国力的方案是不可能实现的。当时杜布纳的联合核子所研制成了世界上第一台中能强流等时性回旋加速器。在王淦昌领导下的物理组，提出建造一台适合我国国力的能量为450 MeV的中能强流加速器，开展介子物理研究。为此，1959年，一个以力一副所长为首的加速器设计组被派到联合核子所，在该所的专家帮助下进行初步设计，方守贤负责工程的理论设计。那时，他经过3年的系统训练，有一定的设计经验，刚到杜布纳不久，就指出苏联的等时回旋加速器设计中有3处考虑不周，连着发表了3篇内部报告，使当时该加速器组的组长迪米特列夫斯基刮目相看，主动提出把方守贤由联合所的"年轻的科学工作者"提升为"有经验的科学工作者"，初步的科学成就鼓舞了方守贤在科学道路上奋发前进的信心及勇气。

1960年底，中苏关系恶化，设计组在完成初步设计后草草收场回国。方守贤被分配到原子能所201室继续从事等时性回旋加速器的理论研究，这给他提供了从事创新性工作的良好机会，也是他前半生中工作最紧张、最出成果的一段时间。就在这短短的两三年中，方守贤领导的理论小组先后在《中国科学》等杂志上发表了7篇论文。其中最重要的一个工作，是方守贤与魏开煜合作发表的"等时性回旋加速器中的不等时现象"。是方守贤首次发现并指出，由于自由振荡振幅不可能为零，"等时"是相对的，"不等时"才是绝对的。正由于对这一现象的正确认识，方守贤发现联合核子所提出的将它原有的680MeV稳相加速器升级成等时性回旋加速器的方案设计存在错误。当时中苏关系已开始恶化，苏联在政治上想拉印度来加入联合所以排挤中国，而在经济上又想用升级方案来要求中国增加投资，给处于3年困难时期的中国施压。对此，我国要找理由来反对。1962 年联合所的全权代表会上，方守贤的这一工作成为我国拒绝增资的一个强有力的理由。一年后，1963 年的高能加速器国际会议文集上，迪米特列夫斯基教授发表的一篇文章中不得不承认方守贤的结果的正确性。

正当在方守贤的领导下我国的加速器理论工作走向国际前沿时，王淦昌提出的 450 MeV 等时性回旋加速器方案却因三年自然灾害困难时期中央提出的"调整、巩固、充实、提高"八字方针而被调整掉了，所有设计成为一堆废纸。那篇"等时性回旋加速器中的不等时现象"的论文，一直到 1982 年才获得国家自然科学奖四等奖。

1965 年，中苏关系彻底破裂，1966 年"文化大革命"开始，方守贤等一批留苏人员很多都被当作"修正主义苗子"，也谈不上做什么研究工作了。幸而，1968 年，为加强基础研究，科学院决定在中关村一部成立高能物理研究所（筹），方守贤奉命被调去工作。当时提出要建造一台 3.2 GeV（后又改为 6 GeV）的质子同步加速器，方守贤参加了物理设计和选点的调研。但好景不长，很快上述方案又变成了一纸空文。

"文化大革命"强烈冲击了我国基础科学的发展，科技工作者们在困惑之余，想到了是否应该响应国家面向实际，面向应用的号召，探索发展高能物理之路。1969 年 8 月由何祚庥等人提出了一个"一举两得"的方案（即 698 工程），建议用加速器来生产核燃料，既可服务国防需要，又可为将来发展高能物理储备技术及人才。方守贤主张采用比较成熟的质子直线加速器，简称为"强流、超导、质子、直线"八字方案；与此同时，原子能所二部的科技人员提出了更为"先进"的方案，即国际尚在探讨中的轨道分离型加速器及烟圈加速器来生产核燃料。为此，二机部党组决定将一部的人员调到二部，在二部军管会的领导下对上述 3 种方案开展论证及设计。但是，在当时极左思潮严重干扰下，不同方案之争演变成了一场激烈的"阶级斗争"，幸亏二机部李觉部长洞察了内情后坚决抵制了二部军管会的打压作法，以各回原单位参加运动的名义把方守贤这一批人又调回了一部，使他们逃过了一劫。"698 工程"论证就此结束了，"高能"再度陷入低潮。

1972 年 8 月，中国科学院张文裕、朱光亚等 18 位科学家联合致信周恩来总理提出"关于建设中国高能加速器实验基地的报告"，周总理于 9 月 11 日做了"这件事不能再延迟了"的重要批示，极大地鼓舞了人们的积极性。1973 年 2 月，高能物理所正式成立，1975 年 3 月提出了建造一台 40GeV 的质子同步加速器的方案（即 753 工程），国家计委计划拨款四亿元人民币。但由于"四人帮"的破坏，这第六个计划又夭折了。

1977 年 11 月，"四人帮"虽已倒台，但是，尚未拨乱反正。当时提出了一个更为激进的方案，即准备花 10 年的时间，到 1987 年建成一台能量为 400GeV 的质子同步加速器，规模可以与西欧中心相比拟（其第一步为 50GeV 的质子同步加速器），即"八七工程"。在设计时，在采用何种注入器的方案上又展开过一场争论，经过充分论证，采纳了方守贤主张采用的增强器的建议。以后两年中，在工程选址勘探和预研基地的建设方面有了实质性的进展。实际上，这一方案仍未能摆脱当时极左思潮和急于求成思想的影响，大大超过了国家实际的经济能力，以至到 1980 年年底，在基本建设紧缩、国民经济调整的方针下，这个雄心勃勃的计划又被迫下马了。

我国加速器建造经历了"七上七下"的事实使大家反思，深刻认识到这是长期极左思潮对科学事业发展的干扰。必须痛改思路，才能找到正确方向。

方守贤参加了全部 7 次加速器方案的论证及理论设计，从 20 世纪 50 年代后期到 80 年代初期，从 20 多岁到近 50 岁，经历了 20 多年反复曲折。蹉跎岁月，有心报国，却难以建树，我国加速器事业仍然在起点徘徊。但这并不是坏事，虽然浪费了不少精力，但这 7 台加速器中有直线的，有回旋的，有质子的，有电子的，很少有人有这种锻炼机会，使方守贤在磨难、实践中积累、扩展、丰富了加速器的知识，以待以后蓄势待发。

领导建造北京正负电子对撞机

改革开放迎来了科学的春天。1981 年，在李政道教授和美国潘诺夫斯基等专家的帮助下，提出建一台既适合我国国情又能使我国高能物理实验研究进入世界前沿的 2.2 GeV 正负电子对撞机方案，即北京正负电子对撞机 BEPC，"高能"总算回到了正确路线。总结这几十年的"八上七下"，有一点宝贵的教训，就是方案一定要符合国情。同年 12 月 22 日，方案得到邓小平同志批准。正在西欧核子研究中心工作并取得很好成绩的方守贤，接到张文裕所长动员他回国的信件后，毅然决定立即回国参加祖国的对撞机建造，并深情地说："建造对撞机是我国几代科学家梦寐以求的项目，也是我一生的心愿，这是千载难逢的机会。"

当时的管理体制是工程经理制。1983 年回国后，方守贤就被任命为对撞机工程的副经理，分工负责加速器储存环设计并协助经理谢家麟工作。1986 年 5 月又被赋予经理（兼高能所所长）的重任，全面负责领导 BEPC 工程。

人贵有自知之明，他很清楚自己的长处是长期从事加速器物理研究及设计工作，有较好的数理基础和清晰的物理概念，而且善于抓住主要矛盾。但更清楚自己的不足之处是从未领导过大型工程，相应的知识面狭窄。是否能挑起这副重担子呢？他知道要建成这项宏大的系统工程，既要发挥每一个科技人员的积极性和创造性，又要在整体上做好组织和协调工作。方守贤在工程建设过程中经常提醒自己要谦虚谨慎，认真听取各种见解，不轻易否定反面意见，一旦发现自己有错，要勇于承认并及时修正。从而发挥了群体的积极性，减少了决策的失误。

为了加强工程管理，方守贤制订了相应的规章制度，自己以身作则，严格执行。如为保证工程进程，需要控制出国，在整个工程期间，他做到很少出国访问。他平时为人低调，淡泊名利，宁静致远，从不考虑工程建成后会有什么好处，一心扑在工程上兢兢业业，唯恐出现疏漏。生活上也高标准，严要求。他公私分明，从来不用公车办私事。

当时科技人员的工资很低，每月仅 100 多元，工程资金管理严格，专款专用，不能用来发奖金。方守贤只能靠自己带头拼搏来鼓励大家。他与同志们一起夜以继日地工作，不敢丝毫怠慢。他经常住在办公室，一旦工地发生情况，赶到现场也方便。艰苦的生活，繁重的工作，使他 1.8 米的个子，体重仅 56 千克。后来李鹏同志特批了 6 万元奖金慰问他们，平均每人每月 15 元，刚好够买两只老母鸡，大家都很知足了。方守贤和大家想的是国家还很穷，工程那么大，必需发扬艰苦奋斗的精神，勤俭创业，多作贡献。

出国问题一度曾对队伍的稳定是个严峻考验。正当 BEPC 开工之时，西德高能加速器 HERA 工程也开始建造，因缺少人手，希望高能所派 20 多名各类技术骨干去帮助建设，报酬较高。为了不影响到队伍的情绪，确保 BEPC 的建设，方守贤强力建议一个也不派！大家都十分理解，谁也不为眼前的利益而放弃为自己祖国作贡献的机会。

为了严把质量关，方守贤要求相关设计人员驻厂，发扬"三老四严"作风，从加工到组装等各个环节严格监督，把问题发现在现场，解决在现场。方守贤还要求有些关键部件及分系统在进入隧道之前，必须尽可能在实践中先进行长达一个月的整机连续试运行，以考验其主要指标及稳定运行。大家不顾劳累，白天黑夜地陪着机器转。就是这样，才大大缩短了后来 BEPC 的调束时间。

为了抢进度，有的同志带病工作，高能所的同志轮流依次冒着超 X 射线剂量的危险进入直线加速器的隧道里，迅速找到了"打火"的地方。如果靠一般仪器，半个月也找不出来。

顽强拼搏的动人故事层出不穷，方守贤深受教育，进一步激励了他的干劲，提高了他的精神境界。

事后，方守贤还不无遗憾地讲到：尽管反复强调要求努力做到"三老四严"，一丝不苟，但还是出了一次纰漏。在上千根电源的导线中居然有一根正负极接反了，致使束流无法注入到储存环中去。方守贤如热锅上的蚂蚁，既紧张又烦恼，吃不好，睡不着，发动大家花了一个多月才解决。他说："自己还算幸运，好在搞的是加速器，可以在地面上慢慢找，错了还可以改回来；如是搞导弹，放到天上就完了。"

1988 年 10 月 16 日凌晨，BEPC 首次对撞成功，方守贤如释重负。10 月 24 日，邓小平同志再次来到高能所，参加北京正负电子对撞机庆功典礼，听取了汇报后，发表了对制定我国科技发展战略具有指导意义的重要讲话。

对撞机建成后，很快达到了指标，它的亮度超过美国同类加速器 4 倍。1990 年，北京正负电子对撞机工程获得国家科技进步奖特等奖。

在加速器储存环设计中的创新

谈到做学问，方守贤总结自己一生中几个较为满意的研究工作的主要经验是：根据实际需要，结合具体情况进行创新。

早在 1964～1965 年间，方守贤接受了一项硬任务。因苏联终止援助，从苏联运到原子能所的一台电磁分离器只有分散的磁铁部件，居然没有附上任何设计的说明及图纸，眼看它将成为一堆废铜烂铁。这迫使原子能所必须依靠自己的队伍，弄清其所以然。为此成立了以方守贤为首的突击小组，在一无经验，二无资料的条件下，不但从根本上弄懂了其设计原理，并提出了对原磁铁垫进行改进的方案。后来建成的电磁分离器，其分离的浓度从原设计的 99.9% 提高到 99.99%。这是方守贤在早期第一份值得自豪的理论结合实际的工作。

关于加速器的发展，方守贤认为基于我国国情及经济实力，不可能建造像发达国家那样的大型加速器，一般都是小型的加速器。大型加速器的设计原则、思路及方法都不一定适合小型加速器的设计，必须开创新思路进行设计及研究。这种新思路，在以后实际工作中，确实获得了许多成果。

1982 年 6 月，钱三强推荐方守贤去西欧核子研究中心（CERN）反质子组，参加新型强流反质子环聚焦结构方面的设计工作，该任务难度极高，不但要求该环能积累特大动量散度及特大发射度的反质子流，而且为节约基建投资，希望此环能镶嵌在原有的弱流反质子环与大厅围墙的狭小空间内，使环的形状及聚焦结构布局的选择受到极大的限制。为确保任务的完成，CERN 除方守贤外还另派了两位有经验的名将，三人独立求解，更使方守贤感到很大压力，他经过研究认为反质子环的周长只有200 多米，属于小环，针对小环的特点，在设计中采用了两项创新措施：首先是跳出通常大型储存环采用的保持严格周期的聚焦思路，引入准周期结的思路，从而增加了可选择的参数，使设计变得更灵活；随后又发展了一套适合于中小型环形加速器消色散的特别方法，而且在寻找多维空间极值时不光靠计算机程序而结合物理概念来判断下一步的走向。经过半年多的日夜奋斗，方守贤利用这样的非常规的方法，终于找到了一个能全部满足上述边界条件的解为 CERN 采用，并使他们刮目相看。这使方守贤感到十分自豪，觉得为中国人争了口气。一年后，环运行的性能优于设计。1989 年 6 月 9 日，CERN 还特地专门对方守贤的贡献表示感谢。

方守贤在担任经理的同时，从来没有忘记他是一个科学研究人员。每当工程忙碌之余，利用空隙，都在冷静地思考，在研制我国第一个对撞机时，除了学习模仿国外先进经验外，如何在吃透人家设计思想的基础上加以改进创造，采用更新、更好的办法来解决实践中的困难问题，以赶超世界水平。几十年的科学生涯，那种蓄意追求创新、追求新思想的品德，潜移默化地贯彻在他的行动中，使他在设计中大胆地进行了两大创新。其一，鉴于BEPC 是小环，可沿着他以前在 CERN 工作时的思路顺藤摸瓜，跟踪追击。他提出了用准周期的聚焦结构"基体"代替大型对撞机中消色散区与弧区严格分开的传统的布局，对美国专家莱特曼帮助设计的聚焦结构加以改进，在环的周长不变的前提下，引入了 4 个长直线节，为同步辐射应用创造了条件，还改进了六极子布局，使设计的动力学孔径大为扩大，改善了机器的整体性能。其二，他不迷信计算机程序，从物理学上开拓思路。BEPC在调束初期机器的亮度难以达到预期设计指标，主要原因是在原设计中用来校正横向运动耦合的斜四极子是参照大型对撞机的设计思想，被置放在对撞点附近的长直线节中。方守贤发现对于像BEPC 这样的小环，这种安置方法是无法减小横向耦合的。按照他的估算，应把斜四极子移到远离对撞点的注入点上。方守贤作为工程经理，果断地作出这一决定，从而使 BEPC 的亮度很快就达到并超过原设计指标，并在世界上同能区的对撞机中取得领先地位。

在这一过程中还有一个小插曲。那是在方守贤作出决定时，加速器物理组的同事发现用世界上公认最先进的西欧核子中心提供的计算大型对撞机聚焦结构的设计程序 MAD6 求得的结果与方守贤的推导结果相差甚远，孰可信孰不可信？由于方守贤在推导中抓住了主要矛盾，用简明的数学推导就判断出 MAD6 程序在耦合运动的分程序块里有错误。后来他询问了西欧核子中心的有关科学家，回答果然是：MAD6 有错，并主动把他们修正过的新版本 MAD7 寄了过来。由此可见物理概念的重要性！计算机是强有力的工具，但它的运算信息载体——程序仍是由人来编写的，稍有疏忽就会导致错误。如果没有清晰的物理图像，一味盲目地相信计算结果，有时是很危险的。

抓紧机遇　选好方向

BEPC 自 1988 年建成后，面临继续发展的抉择。首先，方守贤明显感到，随着时间推移，同步辐射用户迅速扩大，BEPC "一机两用"的方针越来越难以更好地执行。对选好下一步的学科发展方向，方守贤认为自己责无旁贷。他先在 1990 年 11 月《粒子加速器十年发展》的报告中提出在高能所建造专用同步辐射光源的建议，后在 1992 年 4 月数理学部的学术报告《BEPC 的现状及未来》中进一步阐明高能所的远景存在两种机遇，即建造一台高亮度的 τ－C 工厂及一台 1.5GeV 的高性能同步辐射光源。1993 年丁大钊、方守贤及冼鼎昌 3 位院士再一次向有关领导及数理学部提交了"关于在高能物理所建设第三代同步辐射光源的建议"，全面地论述了它的必要性，仍然未能得到领导的支持。后来上海的科学家闻讯后联合向上海市政府提出"在上海建造一台第三代同步辐射光源的建议"，得到上海科技界的热烈反响及上海市政府的强有力支持，这就产生了今天的第三代上海光源。方守贤担任了该工程的科技委主任。2010 年 1 月中旬，胡锦涛同志考察了这一工程，充分肯定了工程对今后我国科技进步发展的重要作用。这对方守贤也是莫大的欣慰。

BEPC 稳定、高效地运行了 15 年。如何适应世界高能物理的发展，继续保持在科学上的竞争力，方守贤在 1993 年 7 月 τ－C 工厂第三次工作会议上，在关于《BEPC 的下一步》报告中指出：视国家投资的强度，有大、中、小三种可能性。他根据当时国情，主张采用"中"方案，即在 BEPC 原有隧道内加以改造，使其亮度提高 10 倍左右，即达到 $10^{32}/cm^2$ sec，可大大节省投资

（约 5 亿 ~ 8 亿元），虽在物理上不如 τ – C 工厂有更强的竞争力，但同样在一段时期内也可保持世界领先地位。显然，这是一个相当难的抉择，经过长期的热烈争议，最后中国科学院领导决定选用方守贤的方案。2000 年 7 月 27 日国家科教领导小组第七次会议原则同意对 BEPC 进行重大改造，即升级为 BEPC II。

但是，正在此时，美国康奈尔大学决定在环中长直线节内采取安置大量摇摆器的办法对其对撞机 CESRc 进行改造。根据他们公布的研究结果，可使其亮度增加到 $3 \times 10^{32}/cm^2$ sec，即比 BEPC II 还大 3 倍。BEPC II 遇到了强有力的竞争，幸而受到当时日本高能所的 B 介子工厂交叉角对撞成功的启示，使我们有可能在现有隧道内采用双环方案。2001 年 4 月，高能所领导确定改为双环方案，以提高亮度到 $10^{33}/cm^2$ sec。当然在如此狭小的隧道空间内安装双环，其难度之大可想而知。但方守贤与物理组的人员一起努力，最后终于找到了能够安放在隧道内的性能良好的双环方案，走出了自己独创的道路。历经 5 年完成了 BEPC II 的重大改造工程。2005 ~ 2009 年，方守贤担任了北京正负电子对撞机重大改造工程的顾问。

强流质子直线加速器的两大应用

方守贤非常重视基础研究与应用相结合，更重视加速器的应用。1963 年诺贝尔奖金获得者鲁比亚提出能量放大器的新概念，一石激起千重浪，使方守贤又回忆起过去 "698 工程" 论证的情景。再次从强流质子加速应用的角度出发，他在 1996 年 3 月与丁大钊等 6 位院士一起向学部提出了 "及早开展充分利用铀资源的洁净核能系统的研究" 建议，并先后召开多次有关加速器驱动的次临界系统（ADS）的研讨会，以推进我国的 ADS 研究。经过原子能研究院及高能物理所相关专家的努力，1999 年 "加速器驱动的洁净核能系统的物理和技术基础研究" 在我国

"973"计划中立项，方守贤任该项目的专家组成员。为推动这一项目，他在高能所开展了对射频四极子加速器进行设计及研制工作，在他的坚持下，研制打破了国际上的传统做法，即跳过了"必需"的铝冷模的研究阶段，直接进入无氧铜样机的制造，既节省了经费，又加快了进度。2001～2004年，方守贤首先提出并协助赵升初建成了超导实验室，开创了研制强流质子加速器的主要部件——超导腔研究的局面。此实验室现为高能所开展各类超导腔研究打下了极为重要的基础。2006年我国自主研制的第一台强流 RFQ 加速器建成，其主要指标达到国际先进水平。ADS 的研发在 2007 年再次在我国"973"计划中立项，考虑到我国核电事业快速发展，高放废料的处理将是我国核能是否可持续发展的关键问题之一，因此项目的重点也从能源转向核废料嬗变，项目名称为"加速器驱动核废料嬗变关键技术的研究"，方守贤为该项目的顾问。根据我国的核电发展计划，快堆将是第四代核电中优先考虑的堆型，由于快堆也能嬗变核废料，因此两者谁优谁劣必须给予回答。2008 年，方守贤受数理学部委托，组织 21 位相关的两院院士及专家召开了 4 次院士咨询会，对我国 ADS 发展前景进行分析评估，指出从"我国核能可持续发展战略中的地位来看，快堆侧重于核燃料的增殖。ADS 侧重于核废料的嬗变是比较合理的选择。ADS 在嬗变核废料方面优于快堆"。这一结论为科学院领导采纳。

脉冲散裂中子源是当今一些前沿学科及交叉学科发展的重要工具，也是强流质子加速器的另一重大应用。2000 年 8 月丁大钊、方守贤、赵志祥及陈和生等人联合向科技部上报了《多用途中子科学装置——脉冲强中子源》项目建议书。丁与方还在 2001 年 3 月召开了以"21 世纪中子科学的发展"为主题的香山会议，对我国中子科学发展的意义及应用采取的对策进行了广泛的研讨。几乎与此同时，在 2000 年 9 月 16 日，科学院院长批示"要求组织对我国建设散裂中子源的必要性及可行性进行研究"。

数理学部成立了有 12 位院士参加、由方守贤牵头的咨询组，开展散裂中子源研究的咨询工作。并在 2001 年 5 月、8 月方守贤召开了两次咨询会，并于同年 11 月完成咨询报告，报告中同意物理所提出的在中国科学院第二期知识创新工程中建设一台中等规模的散裂中子源（CSNS），束功率为 100kW，投资为约 5.5 亿元。2006 年 9 月，方守贤还组织了一次主题为"同步辐射与中子散射交叉的前沿科学问题"的香山会议，以促进同步辐射应用与中子散射研究之间的结合。他还参与 CSNS 早期的物理设计工作，在推动工程的设计研究及立项中起了重要作用，现任该项目科技委主任。

如何将高能加速器的尖端技术直接转化到为国民经济服务，是方守贤长期梦寐以求的。近十多年来，质子加速器已发展成为国际上最先进的放射治疗装备，是对付癌症的有效手段，但是质子治疗装备是科技含量极高、投资较大的科学工程，一般企业无力研制，如国家不大力投入，自主进行研制，则中国市场将为国外的设备垄断。质子治疗装备在技术上与 CSNS 相似，又是大型科研工程，刚好可以发挥高能所的特长。因此自 2007 年起，方守贤积极推动并领导质子治疗加速器的研究，已完成概念设计，现已在上海立项。相信不要太久，国产质子治疗装备将在上海建成，为人民健康造福。

关心青年教育，重视培养接班人

20 世纪 60 年代初方守贤在原子能 201 室理论组担任组长期间，为了加强组员的基本功训练，与魏开煜、孙松岚等人一起把他导师考洛门斯基著的一本环形加速器理论经典著作从俄文翻译成了中文，可惜因缺乏经费，这份手稿没有出版，但一直被沿用到 1973 年。高能物理所成立后，还作为新来参加工作的工作人员学习加速器理论的教科书，对提高组内同志们的加速器物理水平起过较大作用。

方守贤为中国科学院高能所的博士生导师，并兼任清华大学工物系博士生导师，在工作中为国家培养了许多人才，其中博士生 10 多名。多数已成为国家大科学工程的主要骨干及领导。

（沈　健）

简　历

1932 年 10 月 28 日　出生于上海市

1951—1955 年　先后在交通大学、复旦大学物理系学习

1955—1957 年　在中国科学院近代物理研究所（1956 年改名为原子能研究所）工作

1957—1960 年　先后在苏联列别捷夫研究所及联合核子研究所实习、工作

1960—1968 年　先后在中国科学院原子能研究所二部、一部工作，任助理研究员

1973—1982 年　任中国科学院高能物理研究所研究员

1982—1983 年　任西欧核子研究中心客座教授

1983—1986 年　任中国科学院高能物理研究所研究员、北京正负电子对撞机（BEPC）副经理

1986—1988 年　任高能物理研究所副所长、BEPC 经理

1988—1992 年　任高能物理研究所所长、BEPC 经理，兼中国粒子加速器学会理事长

1992 年至今　任高能物理研究所 BEPC 国家实验室主任

1993—2003 年　任全国第八届、第九届政协委员

1994—1995 年　任日本高能物理研究所客座教授

1996—1998 年　当选为中国科学院数学物理学部主任

2004—2008 年　当选为第五届中国科学院学部主席团成员

1990 年至今　先后曾任"国际未来加速器委员会"委员，韩国浦项同步辐射光源及日本理化所 Spring－8 同步辐射光源国际科学咨询委员会成员。任兰州重离子加速器冷却储存环工程、上海同

步辐射光源、合肥同步辐射工程项目科技委主任。任北大重
离子国家重点实验室学术委员会主任成员等

主 要 论 著

1 方守贤. 螺旋线型回旋加速器调变磁场曲线的选择. 物理学报, 1962, 16 (6): 311; Scientia Sinica, 1962, XI (5).

2 方守贤, 魏开煜. 等时性回旋加速器中的不等时现象. 物理学报, 1962, 18 (12): 671; Scientia Sinica, 1965, 14 (12).

3 方守贤, 魏开煜, 张文婷. 等时性回旋加速器中的偶合共振（$Q_r - Q_z = 1$）及分数非线性共振（$Q_r = 1/3$）. 核能, 1965, 8; Scientia Sinica, 1966, 15 (3): 319.

4 Shouxian Fang. The Beijing 50 GeV Proton synchrotron（BPS）. The 11th International Conference on High Energy Accelerators, 1981, 79.

5 Shouxian Fang, Limin Chen, Nan Huang. Effects of non – resonance harmonics on slow extraction from synchrotrons. Commun. In Theor. Phys., 1983, 2.

6 Shouxian Fang, E L N Wilson, Zhiyuan Guo. The AC lattice for the design report. CERN, PS/AC – 15, 1983.

7 Shouxian Fang, Limin Chen, Senyu Chen, et al. Lattice improving of the BEPC storage ring. High Energy Physics and Nuclear Physics, 1986, 10 (2): 208.

8 Shouxian Fang. Construction and commissioning of the BEPC, The 25th International Conference on High Energy Physics, 1990, 71.

9 Shouxian Fang, Nan Huang, Chuang Zhang. Compensation of solenoid effects at BEPC. The 4th China – Japan Symposium on Accelerators of Nuclear Science and Their Applications. 1990.

10 Shouxian Fang, K Oide, K Yokoya, et al. Microwave instabilities in electron rings with negative Momentum compaction factor. Particle Accelerators, 1995, 51 (1).

11 Shi – nian Fu, Shouxian Fang, Xia – ling Guan. A high – current RFQ accelerator for the ADS system in China. Jour. of the Korean Physics Society,

2006, 48 (4): 806.

12   Shouxian Fang, Shinian Fu, et al. Physics parameters and design study for the Beijing spallation neutron source. Jour. of the Korean Physics Society, 2006, 48 (4): 697.

13   S X Fang, X L Guan, J Y Tang, et al. APTF – a dedicated proton therapy facility. Chinese Physics C, 2010, 34 (3): 383.

范海福

（1933— ）

范海福，晶体学家，中国科学院院士，第三世界科学院院士。国际上最早提出并成功地将小分子晶体结构分析中的"直接法"应用于蛋白质晶体结构分析的学者之一。与李方华合作在电子显微学研究中引进 X 射线晶体学方法，创建出高分辨电子显微学中的一种新图像处理技术。将直接法的应用从三维空间拓展到四维以上的空间，使测定晶体的非公度调制结构或组合结构无需依赖于一个假想的模型。

范海福 1933 年生于广东省广州市。父亲原是一位中学教师，后来经商。虽然范海福 9 岁时父亲就去世，但是父亲给他留下的影响是很深的。小学时，范海福有一次参加学校的重要活动，留影时因站位靠边、靠后，拍出来的照片几乎找不到他的踪影。父亲看后在照片边框上题注："不必居前列，守真不为名；埋头其苦干，昂首迈前程。"父亲对待他人，不论地位高低都一视同仁，并以诚相待，这给范海福留下特别深刻的印象。母亲是一位中、小学教师。她十几岁的时候，因反抗包办婚姻，在一位小学老师的帮助下只身从农村跑到广州。之后，通过半工半读完成了中学学业并考进了大学。母亲使范海福养成了"认理不信邪"的习惯。

范海福中学时期就读于广州中山大学附属中学。这所学校有很好的教师、五花八门的学生和比较宽松的环境。老师中对范海福影响较深的有教语文并兼班主任的谭宪昭、教物理的黄杏文和教化学的袁凤文。他们讲课深入浅出、条理清晰，常举一些生动而寓意深刻的例子。他们对学生关怀爱护、诚恳亲切。范海福和谭老师接触更多些。对老师，范海福有时既狂妄又调皮，谭老师总是耐心地引导。范海福对谭老师有过几次无礼的顶撞，终因谭老师的宽容和善意而感到内疚，并打心里对谭老师更加敬重。中学时期，范海福起初只对语文、美术和音乐有兴趣。一位志趣相投的同学是他的好友，那位同学教会范海福吹口琴。不久，他发现范海福的口琴水平超过了自己，于是放下口琴学起了小提琴。范海福又向他求教小提琴。他还是毫无保留地给予帮助。结果，发生在学口琴过程中的事情又重演了。那位同学又放下了小提琴，但丝毫没有影响与范海福的友谊。几十年来，范海福不断地审视自己与同事、同行之间的关系，检查自己在学术上是否能够做到同样的毫无保留。初中二年级时，母亲给范海福买了一本顾钧正编著的《少年化学实验手册》，范海福觉得化学实验好玩，于是在家里搞起一个"实验室"。由于条件所限，不可能完全按照"手册"去做实验，必须找一些代用品和变通办法。这就要求比较彻底地弄清实验的原理并多看几本参考书。为此，范海福跑遍了当时广州市所有他能进得去的图书馆，从此养成了看课外书和独立思考的习惯。进入高中阶段后，范海福又多了几位喜欢理科的要好同学。他们在课余时间经常一起做无线电和化学实验，探讨课堂内外各种感兴趣的问题。有时也会发生激烈但无伤友谊的争论。争论使他对问题有更深刻的理解，锻炼了思维方法，培养了表述能力。

范海福1952~1956年就读于北京大学化学系。他有幸聆听当时国内一流的专家学者讲课。这是范海福打下学业基础、形成思维方法、入门科学研究的关键时期。唐有祺是范海福的晶体学启蒙老师。范海福大学毕业多年后仍得到唐先生许多帮助。大学期间，还有几位老师对范海福以后的科研生涯有重要的影响。傅鹰归国前已是国际知名的胶体化学家。他讲课精辟透彻、风趣幽默。他特别强调学以致用。开学第一课，他就公开期末考试的一道必答题："举一个你亲身经历的例子来说明一条胶体化学的原理"，附带要求："这个例子不能是我在课堂上讲过的，也不能是其他考生举过的。否则你最多只能得3分（5分是满分）"！几句话就让一班学生随时随地注意周围发生的各种自然现象，并试着用刚刚学到的胶体化学原理去加以阐释。这在教学法中堪称一绝。徐光宪为人平易谦和，他在讲课之余还向同学们介绍自己的科研经验，告诫他们，科学研究的路途中会有一些地方"花草很好看"，但是不要因此迷失方向，偏离更重要的目标。周光召是当时给化学系讲课的最年轻老师，也是最受欢迎的老师之一。他讲理论物理的"化学系精简版"。没有现成的教材，来不及写讲义，上课也没有写好的提纲，就手拿一支粉笔，边讲边写。一年下来，用心的同学只要记下关键的话语，抄下黑板上的公式，就成一部好讲义。周先生不仅讲授物理内容，更注重训练思维方法，要求学生对于类似的概念不仅要看到它们的雷同，更要弄清它们的差异。大学三年级时，范海福在大连石油研究所陈绍礼的指导下作科研实习。陈老师是刚从美国归来的青年学者，待人友善诚恳。他的书桌旁有一个许多小抽屉的柜子，里面全是文献卡片。范海福跟陈老师学会了上图书馆查文献，通过对文献资料的分析对比得出自己的推论，然后用实验去检验。

大学毕业至今，范海福一直在中国科学院物理研究所（1958年10月以前称为应用物理研究所）工作。

"发明一种新方法，可能比测定十个新结构更重要"

"发明一种新方法，可能比测定十个新结构更重要"这是范海福在物理所的导师吴乾章与他第一次见面时说的话。这里说的"方法"，是指晶体结构分析方法。晶体结构分析方法主要有两大类，即以 X 射线衍射为代表的衍射分析方法和以电子显微术为代表的显微成像方法。电子显微镜的成像过程也可以看作两个相继的电子衍射过程。因此可以说，衍射分析是晶体结构分析的核心。如果入射波在晶体中只被衍射一次，晶体结构同它的衍射效应之间就有互为傅里叶（Fourier）变换的关系。这里说的衍射效应，是指从晶体向不同方向发出的衍射波的振幅和初相位。衍射实验可以记录下衍射波的振幅，但是一直还没有普遍适用的方法来记录由晶体发出的衍射波的相位。因此，要想从衍射效应的傅里叶变换解出晶体结构，就必须先设法找回"丢失"了的相位。这就是晶体学中的相位问题，它一直是研究晶体结构分析方法的关键问题。

1956 年范海福在吴乾章的指导下开展了"光学模拟"的研究。其要点是用光学衍射模拟 X 射线衍射，以了解物体与衍射图之间的精细关系并从中寻找解决相位问题的途径。这项研究在1957 年中止。1959 年吴乾章按当时中国科学院杜润生秘书长的指示，重新建立了一个从事单晶体结构分析的研究组。吴先生还请苏联专家 И. В. Яворский（约·维·亚沃尔斯基）来指导 X 射线分析工作，请中国科学院数学所王寿仁来讲概率论基础。他们两人对这个组的成长都起了很重要的作用。范海福从这个研究组建立伊始就对当时还处于发展初期的"直接法"产生兴趣。这种方法是要在一定的约束条件下从一组衍射振幅"直接"推定相应的衍射相位。1965 年范海福发表了他最早的两篇直接法论文。第一篇论文提出将直接法与重原子法相结合的思路，后来由此衍生出用直接法处理由赝对称性引发的"相位模糊"（phase ambiguity）问题；第二篇论文提出将直接法与同晶型置换法或异常衍射法相结合的思路，这是直接法进入结构生物学领域的一个发端。这两篇论文得到本所吴乾章、吉林大学余瑞璜、中国科学院副院长吴有训的鼓励和支持。可惜这方面的研究很快就进入了持续十多年的"冬眠"时期。尽管如此，已经发表的论文还是留下了一点历史的印记。国际著名的晶体学直接法专家 C. Giacovazzo 在其 1980 年出版的专著 *Direct Methods in Crystallography* 中以近 3 页的篇幅详细地引述了他的这几篇论文。

走出传统领域

"文化大革命"期间，国际上的直接法研究得到飞速发展，并逐渐在小分子晶体结构分析领域取得主导地位。它成十倍地提高了解析小分子单晶体结构的能力和效率，有力地推动了结构化学的发展并促成了基于小分子的药物设计的创立。为此，直接法的两位先驱 J. Karle 和 H. Hauptman 于 1985 年获得诺贝尔化学奖，在庆贺之余，不少人在问：诺贝尔奖之后的直接法研究还能做些什么？1987 年第十四届国际晶体学大会期间为庆祝 Karle 和 Hauptman 获得诺贝尔奖，举办了一个学术报告会。主席是直接法先驱之一，英国皇家学会会员 M. M. Woolfson。报告人连 Hauptman 和 Karle 在内共有 5 人，范海福是其中之一。他以 "Outside the traditional field" 为题作报告提出，诺贝尔奖之后的直接法应该走出传统领域去开拓新的应用。他指出了 4 个发展方向：（1）从单晶分析到粉晶分析；（2）从 X 射线晶体学到电子显微学；（3）从周期性晶体到非公度晶体；（4）从小分子晶体到生物大分子晶体。其实，那时范海福和同事们已经在"（2）"、"（3）"、"（4）"3 个方面展开了工作，并已取得了初步的成果。9 年后，1996 年第 17 届国际晶体学大会的一个分会主席 S. Fortier 在她的总结报告中采用了上述提法。其报告的开头写道："这个小型报告会 Direct Methods of Phase Determination 的着重点正如范海福所概括的，是直接法的应用向传统领域之外转移：从小分子到大分子；从单晶到粉晶；从周期结构到非公度结构；从 X-射线数据到电子衍射数据。"

自 20 世纪 80 年代中、后期至今，我国在上述 4 个领域中的 3 个领域一直具有重要的国际影响。

从 X 射线晶体学到电子显微学

高分辨电子显微学是研究固体材料微观结构的重要手段。许多材料由于晶粒太小或缺陷严重而不适于 X 射线分析，却宜用电子显微镜观察。然而，高分辨电子显微像往往因电子光学系统的像差而严重畸变；其分辨率又远低于相应的电子衍射图，在多数情况下不足以辨认单个的原子。因此，高分辨电子显微像需要经过特殊处理才能反映出物体内部的结构细节。国外常用的处理方法，实验量大、计算繁复，而且事先对被观察试样的结构要有个大致的了解，这就局限了高分辨电子显微学的应用。另一方面，X 射线晶体学中的直接法实质上是一种特殊的图像处理方法。在高分辨电子显微学中引入直接法，将可创立新的图像处理技术。从 20 世纪 70 年代起，范海福与李方华合作，建立了用于高分辨电子显微学图像处理的新方法。这一方法将衍射分析与显微成像结合起来。与原有的方法相比，所需的实验工作量较少，计算过程也较简捷，尤其是无需对被测试样的结构预先有所了解。具体的处理过程分为两步：第一步是图像解卷，即利用衍射分析中的算法消去由像差引起的图像畸变；第二步是提高分辨率，先由校正过的电子显微像经傅里叶变换求出低分辨率衍射点的相位，然后结合电子衍射图的信息，通过直接法相位外推获得接近衍射分辨极限的结构像。这一方法曾成功地用于处理一张

Bi－2212 高 Tc 超导体的高分辨电子显微像。经过处理后的图像，除校正了畸变外还将图像的分辨率从 2Å 提高到 1Å，Cu－O 层上的氧原子也清晰可见。

从周期性晶体到非周期性晶体

通常，晶体结构分析都假定晶体具有严格的三维周期性。但是实际的晶体都有缺陷，基于衍射效应的晶体结构分析只给出大量晶胞的平均结果。在实际的晶体中，原子往往会发生取代、缺位或偏离平均位置等缺陷。如果这种缺陷的分布本身具有周期性，就形成所谓调制晶体。缺陷分布的周期若为晶体周期的整数倍，即形成公度调制结构或称超结构。缺陷分布的周期若非晶体周期的整数倍，则形成非公度调制结构。非公度调制是晶体缺陷长程有序分布的一种形式，它对晶体的性质有重要影响。目前国际上用于测定非公度调制结构的流行方法均在某种意义上属于尝试法。其要点是先假定一个调制模型，算出其衍射效应，然后同实验结果比较，并据此对模型进行调整和修正。这种方法费时、费事，易出差错。因此，有必要建立一种更直接、更有效的方法以代替尝试法。非公度调制结构就其整体而言，在三维空间不具备严格的周期性。但是，它可以表示为一个 n－维（$n>3$）周期结构的三维"截面"。因此，先对那个 n－维周期结构求解，然后用一个三维的"超平面"去"切割"所得的 n－维结构，就可以导出三维空间中的非公度调制结构。为了在 n－维空间中求解晶体结构，首先需要将现有的晶体结构分析方法从三维空间推广到多维空间。范海福等人在 1987 年首先将直接法推广到多维空间，建立了直接法测定非公度调制结构的理论。这一方法曾用于研究高 Tc 超导材料 Bi－2223 晶体的非公度调制结构。有关结果由赵忠贤在 1991 年的诺贝尔庆典报告会上向国际超导界展示。

范海福和同事们还将用于电子显微学图像处理以及用于从头

测定非公度调制晶体结构的直接法综合到一个程序包 VEC（*Visual computing in Electron Crystallography*）中。该程序包自 2000 年在网上发行以来，已有来自 60 多个国家和地区的一千多人下载。

从小分子晶体到生物大分子晶体

蛋白质的晶体结构分析是结构生物学的重要实验基础。晶体结构分析的理论和实践水平，直接关系到结构生物学的发展。结构未知的蛋白质可分为两类：其中一类虽然本身的结构未知，但是有结构已知的同源类似物可供参照；另一类则是"完全未知"的，也就是没有结构已知的同源类似物。前者在近年来解出的蛋白质结构中约占 70%，后者所占比例较小然而更难解决。测定前者的主要方法是"分子置换"（MR）法，测定后者的主要方法是"多对同晶型置换"（MIR）法和"多波长异常衍射"（MAD）法。MIR 和 MAD 有一个共同的缺点，就是对试样制备有特殊的要求，而且实验量和计算量都较大，遇到晶体试样不易制备或者晶体易受辐照损伤的情况就不便使用。因此，用单对同晶型置换（SIR）法或单波长异常衍射（SAD）法来代替就是合乎逻辑的出路。但是，从 SIR 或者 SAD 的实验数据不能唯一地确定衍射相位。在多数情况下每一个衍射点的相位都有两个可能的解（双解）。要利用 SIR 或 SAD 数据，必须设法解决这一问题。1965 年范海福提出用直接法破析 SIR 或 SAD 的相位双解问题。1982 年 H. Hauptman 发表了一篇整合直接法和 SAD 数据的论文（Acta Cryst.，1982，A38：632－641）。其目标与范海福在论文中提出的相同，但方法各异。Hauptman 还以"Direct methods and anomalous dispersion"（直接法与异常散射）作为他 1985 年诺贝尔奖获奖演说的题目，表明他在"诺贝尔奖之后"将以此为研究重点。从 1983 年起，世界上著名的直接法研究小组纷纷投入这方面的研究。由此掀起的"国际竞争"一直延续了大约

20 年。在中国，范海福和同事们在原先的基础上作了重大的改进和发展，于 1984 ~ 1985 年间发表了 5 篇论文。这些文章得到国际同行包括竞争对手的肯定评价。1988 年应中国科学院邀请，美国科学院派出了一个"生物技术"代表团到中国考察。当时中国科学院没有安排他们访问物理研究所。但是他们在其考察报告 *Biotechnology in China* （美国科学院出版社，1989）一书中，仍然认真地评述了范海福和同事们在 20 世纪 80 年代中期的工作（见原书 32 – 33 页）：

研究精选

在文献调查中显示，中国的某些研究已经达到国际水平。下节介绍那些在基础和应用生物技术方面前景最好的项目……

X 射线晶体学

……

在北京物理研究所，范海福及其同事们已经使用概率相位推演方法测定越来越大的生物分子的晶体结构。他们是最早发展并使用随机起始、从头相位推演技术的一员。这一方法的优点在于无需对重原子衍生物在不同波长下作重复的测量。最近范（海福）小组用 2Å 分辨率的 X – 射线单波长异常散射数据重新测定了 avian pancreatic peptide 的结构，以此展示其方法的精确性。这一方法终将能够直接测定一系列肽和蛋白质的结构。这对蛋白质工程将有广泛和重要的潜在意义……

范海福和同事们的后续研究，印证了美国考察团的预言。1990 年，他们用直接法推定一套 2.0Å 分辨率的 SAD 数据的相位，获得可以跟踪解释的电子密度图。1995 年，他们进一步提出用直接法和"电子密度修饰法"协同处理蛋白质的 SAD 数据，并用 3.0Å 分辨率的 SAD 数据证实这样的方法可以解出蛋白质

streptavidin 的晶体结构。这个结构原本是用 3 倍于 SAD 的 MAD 数据解出的。1998 年，英国的同行用范海福和同事们所发展的方法和程序从 2.1Å 分辨率的 SAD 数据解出一例原属未知的蛋白质晶体结构（Acta Cryst., 1998, D54: 629 - 635）。2000 年，基于范海福等人的方法编写的程序 OASIS 被国际上使用最广泛的蛋白质晶体结构分析程序库 CCP4 正式采用，成为其中用于推演 SAD 或 SIR 衍射相位唯一的直接法程序。进入 21 世纪以来，范海福和同事们针对蛋白质晶体学的直接法研究又有新的进展。2004 年，他们提出 SAD 或 SIR 衍射相位的"双空间迭代"方法，将原有方法的功效提高了好几倍，同时使直接法在蛋白质晶体结构分析中从相位推演的环节进一步渗透到自动建模的环节。2007 年，他们又提出无需 SAD 或 SIR 信息的"结构碎片双空间迭代扩展"方法。这一方法使直接法得以同蛋白质晶体结构测定中使用最多的分子置换（MR）法相结合并显著地提高了它的功效。同时，也使直接法扩大了在"自动建模"这一重要环节中的影响。2004 ~ 2009 年，范海福和同事们完成了 OASIS 程序的 3 个更新版本。OASIS 程序已经被国内外（包括中、英、法、美、日、德）的结构生物学家使用，解出多例用其他方法难以解决的蛋白质晶体结构。OASIS 的 2006 版本已被 CCP4 的最新版本（2008）采用以代替原有 OASIS 2000 版本。此外，欧洲分子生物学组织 EMBO 所建立的、向世界各科研单位提供网络在线服务的蛋白质晶体结构分析自动化流水线 Auto - Rickshaw 从 2006 年起采用 OASIS 作为执行相位信息和结构模型循环迭代的关键程序。

躬耕不息

已过古稀之年的范海福仍然坚持在科研第一线。他和同事们一起讨论、研究工作的具体细节，评估学科发展趋势，提出新的目标并为此和同事们一起协同工作。长期与范海福一起工作的同事们的感受是：他在科研团队中既是"帅"又是"将"和"兵"。他不仅把握研究方向、选定课题，还会亲自动手。像主要由其他同事完成的 SAPI 和 OASIS 程序，他都亲自参与了一部分代码的编写。他熟知团队中每个人的能力和特点，善于调动每个人的积极性。范海福认为在科研团队中应该有和谐的氛围，而"和谐"应该以相互了解、相互尊重为基础。他会时常自问，是否每一位同事的劳动都得到了应有的尊重？范海福对年轻人的要求是严格的。他布置的任务定会跟踪检查；另一方面，他会无保留地向年轻人介绍自己的经验和教训，详细地解释每一个选题的思路，注意在学术上给年轻人提供自由发展的空间。

人云不亦云

两个无机化学实验

在大学时期，范海福很得意的两个无机化学实验可能也是他所做的最让老师生气的两个实验。一个是要证实碳酸钙能溶于二氧化碳的水溶液。按当时从苏联搬来的一本实验教程，要将碳酸钙粉末放入盛蒸馏水的烧杯中，然后通入二氧化碳直至溶液成碱性。许多同学做了几十分钟也没有结果。范海福装了半试管澄清的石灰水溶液，然后通入二氧化碳。一两秒钟后就出现白色沉淀，这就是碳酸钙。继续通入二氧化碳，白色沉淀消失，这就说明了碳酸钙能溶于二氧化碳的水溶液。整个实验只用了大约 1 分钟。另一个实验是要证实碳酸钙加热后可以变成能溶于水的氧化钙，使水溶液呈碱性。"教程"要求把碳酸钙放入坩埚再用煤气灯烧半小时。范海福用一把镊子夹了一小块碳酸钙直接放在火焰的外沿，只烧了几秒钟实验就完成了。两个实验连准备带收拾一共不到 10 分钟（整个实验课是一个半小时），然后他得意地溜出了实验室"自由活动"去了。事后老师批评他不重视苏联

"老大哥"的经验和不遵守课堂纪律。范海福只接受了第二项批评。

苏联专家

1959 年，苏联专家 И. В. Яворский（约·维·亚沃尔斯基）到物理所指导范海福等人开展 X 射线分析工作。范海福从 Яворский 那里学到不少理论和实践的知识。Яворский 对范海福也很满意，经常和范海福单独讨论学术问题（有翻译在场）。有时候，他们之间有学术上的争论。双方都觉得这很正常而且很有好处。但是个别领导却"提醒"范海福：要尊重苏联专家！范海福的回答是："我非常尊敬苏联专家，但这不等于不能表达不同的学术见解"。Яворский 回国后不久的 1960 年，范海福因所谓"对苏联专家的态度"被批判，并被提升到"反苏"的高度。面对当时的环境，范海福并没有写出哪怕是一个字的"检讨"。事后范海福听说，Яворский 回国以后给他来过一封很长的信。他确信，那一定是写满友谊和鼓励的信。只可惜合法的收信人还没看过，那信就已不知所终。20 多年后，范海福给 Яворский 写了一封"回信"。很遗憾，那"回信"也未能找到收信人！

科研评价

"改革开放"后，我国的科技事业迅速发展。为了在评价和管理中有个"量化"的指标，"SCI 论文数"和"论文被引用数"就应运而生。范海福觉得这本来无可厚非，但是用得简单化了、绝对化了就会出问题。一旦科研的方向和布局受到这东西的"调控"，问题就更大了。范海福所在课题组有一年在年终总结时大概是因为发表论文太少，在全研究所 44 个研究组中排行第 34，被评为"B 类组"，有人为此担忧。范海福则表示："管它 A 类组还是 B 类组，该干什么还是干什么。"他还说："英国皇家学会的网页用一个版面的篇幅介绍我们组的工作以及与皇家学会会员 M. M. Woolfson 合作的情况。这个版面一直保持了好几年，这应该比物理所的 A 类组、B 类组更能说明问题吧。"在一次全所会上，范海福表示："科研管理需要有评价；科研人员对于别人给予的评价则不必太在意。同一事物的评价，会因人或标准而有所不同。好比孙悟空，在人间是齐天大圣，到了玉皇大帝那里就成了弼马温；反之，天上册封的大元帅下到凡间却是个猪八戒。""SCI 论文数"和"论文被引用数"在范海福看来，只有在大量统计时才会有参考价值。即便如此，在不同学科之间或者不同类型的研究之间作横向比较还是没有意义的。2006 年范海福作为陈嘉庚数理科学奖的候选人，他所提供最重要的一篇"代表性论文"竟是"非 SCI 论文"。材料中也没有论文的"被引用数"。负责组织评审工作的人员要求范海福提供上述数据。范海福解释："我从来没去查过，因此手里没有这些数据。另外，这些数据就其重要性而言，恐怕不值得用作必须的评审依据。可否用别的'数据'代替？比如，在'Google'上用'methods SAD phasing'（单波长异常衍射的相位推演方法）作为关键词去搜索，可以找到几万个条目。排在最前面的十个条目当中，大约有一半指向我们发表的学术论文。这种情况从 2005 年一直持续到现在（2005 以前没有搜索过）。这样的'数据'不是更有说服力吗？"范海福后来获得了 2006 年的陈嘉庚数理科学奖。看来有关工作人员和多数评委都宽容了范海福的"与众不同"。

（古元新　郑朝德）

简　历

1933 年　出生于广东省广州市

1951 年　广州中山大学附中，高中毕业

1956 年　北京大学，化学系毕业

1956—1985 年　历任中国科学院物理研究所研究实习员、助理研究员、副

研究员

1982—1993 年　任中国科学技术大学分析测试中心兼职教授

1983—1995 年　任中山大学化学系、物理系兼职教授

1986 年　任中国科学院物理研究所研究员

1987 年　任中国晶体学国家委员会委员

1987—1993 年　当选为第十四、十五届国际晶体学会晶体学计算委员会
委员

1991 年　当选为中国科学院院士（数理学部）

2000 年　当选为第三世界科学院（现名"发展中国家科学院"）院士

2005—2008 年　任北京大学生命科学院兼职教授

主 要 论 著

1　范海福. 符号关系式在测定含重原子晶体结构中的应用 I . 一个符号修
正过程. 物理学报, 1965, 21: 1105.

2　范海福. 符号关系式在测定含重原子晶体结构中的应用 II . 分量关系式
及其应用. 物理学报, 1965, 21: 1114.

3　范海福, 郑启泰. 直接法处理帕特逊法中的相位双解问题. 物理学报,
1978, 27: 169.

4　范海福, 何荦, 千金子, 等. 用直接法测定晶体的超结构. 物理学报,
1978, 27: 554.

5　Hai – fu Fan, Fu – sen Han, Jin – zi Qian, et al. Combining direct methods
with isomorphous replacement or anomalous scattering data I . Acta Cryst. ,
1984, A40: 489.

6　Hai – fu Fan, Fu – sen Han, Jin – zi Qian. Combining direct methods with
isomorphous replacement or anomalous scattering data II . The treatment of
errors. Acta Cryst. , 1984, A40: 495.

7　Hai – fu Fan, Yuan – xin Gu. Combining direct methods with isomorphous
replacement or anomalous scattering data III . The incorporation of partial
structure information. Acta Cryst. , 1985, A41: 280.

8　Jia – xing Yao, Hai – fu Fan. Combining direct methods with isomorphous replacement or anomalous scattering data Ⅳ. Test in SIR case with the replaceing atoms in centrosymmetric arrangement. Acta Cryst. , 1985, A41: 284.

9   Jin – zi Qian, Hai – fu Fan, Yuan – xin Gu. Combining direct methods with isomorphous replacement or anomalous scattering data Ⅴ. Comparison of different phasing methods on OAS case. Acta Cryst. , 1985, A41: 476.

10   Hai – fu Fan, Fang – hua Li. Direct methods as a tool of image processing in high resolution electron microscopy. In Direct Methods, Macromolecular Crystallography & Crystallographic Statistics. Ed. by Schenk H, Wilson A J C, Pathasarathy S. Singapore: World Scientific. 1987. 400.

11   Quan Hao, Yi – wei Liu, Hai – fu Fan. Direct methods in superspace Ⅰ. Preliminary theory and test on the determination of incommensurate modulated structures. Acta Cryst. , 1987, A43: 820.

12   Hai – fu Fan, Quan Hao, Yuan – xin Gu, et al. Combining direct methods with isomorphous replacement or anomalous scattering data Ⅶ. Ab – initio phasing of the OAS data from a small protein. Acta Cryst. 1990, A46: 935.

13   Y D Mo, T Z Cheng, H F Fan, et al. Incommensurate modulation of the Bi – 2223 superconducting phase observed by direct – method electron diffraction analysis. Lecture by Z Xhao at Nobel Jubilee Symposium, Gothenburg, Sweden, December, 1991; Published in Low Dimensional Properties of Solids, Proceedings of the Nobel Jubilee Symposium. Ed. by Jonson Mats & Claeson Tord. Physica Scripta, The Royal Swedish Academy of Sciences. Singapore: World Scientific, 1992. 18.

14   Z Q Fu, D X Huang, H F Fan, et al. Incommensurate modulation in minute crystals revealed by combining high resolution electron microscopy and electron diffraction. Ultramicroscopy, 1994, 54: 229.

15   Bing – dong Sha, Shen – ping Liu, Hai – fu Fan, et al. Direct phasing of one – wavelength anomalous scattering data of the protiun core streptavidin. Acta Cryst. 1995, D51: 342.

16   Q Hao, Y X Gu, H F Fan, et al. OASIS – a computer program for breaking the phase ambiguity in one – wavelength anomalous scattering or single isomorphous substitution (replacement) data. J. Appl. Cryst. , 2000,

33: 980.

17 Z H Wan, Y D Liu, H F Fan, et al. Visual computing in electron crystallography. *Z. Krist.* , 2003, 218: 308.

18 J W Wang, J R Chen, H F Fan, et al. Direct – method SAD phasing with partial – structure iteration—towards automation. Acta Cryst. , 2004, D60: 1991.

19 Hai – fu Fan. DIMS on the VEC platform. Comp. Comm. Newsletter, 2005, (5): 16.

20 Hai – fu Fan. DIMS/VEC applications. Comp. Comm. Newsletter, 2005, (5): 24.

21 Y He, D Q Yao, H F Fan, et al. OASIS and molecular – replacement model completion. Acta Cryst. , 2007, D63: 793.

杨应昌

(1934—)

杨应昌，凝聚态物理学家，中国科学院院士。研究物质的磁性，特别是结合我国资源特点，重点研究稀土－过渡族金属间化合物的结构与磁性。研制成功稀土－铁金属间化合物的新相，并在其中发现了氮（碳）的间隙原子效应。从理论上阐明了在稀土－铁合金中间隙原子效应的物理机制；并从技术上研发成功高性能稀土－铁－氮新型永磁材料。

　　杨应昌，1934 年 5 月 17 日生于北京，他开始记事的时候，北京正处于日军侵略的沦陷时期。父亲是一个店员，长年只身在外，母亲带着孩子生活，童年艰辛的岁月给他留下了深深的记忆。在贫寒生活中，父母竭尽全力勉励子女求学。父亲和母亲虽未上过现代的正规学校，但是他们都喜欢读书，勤于自学，以其言传身教，启迪子女的心智，培育子女对学习的爱好和追求。1947 年他进入北京市立第五中学学习，基于追求光明和真理的朦胧意识，在姐姐的带领下，参加了由北京大学于承武同志负责联系的读书组，读到了高尔基等的国外名著、传阅了赵树理等人的解放区印刷的书籍，也读了艾思奇的《大众哲学》等。在讨论会上，大家聚精会神剖析形而上学和辩证法；在北大篝火晚会上，高唱冼星海的《黄河》、朗诵艾青的《火把》。在他面前展示出一个全新的世界，少年的他热血沸腾，从那一时刻起，他立志要把自己的人生道路与国家的前途和人民的命运紧密结合在一起。

1949年杨应昌上初中二年级的时候，迎来了北京解放。毛主席在新中国成立前夕说"随着经济建设高潮的到来，不可避免地将要出现一个文化建设的高潮"，描绘出新中国波澜壮阔的发展前景。建设新中国，需要各行各业的专门人才。怎样响应时代的召唤，如何树立远大理想，这是当时他思考的兴奋点。在这种思想鼓舞下，特别是1950年初中毕业上了河北高中以后，他就更趋向于把自己的志趣向理科发展。因此，1953年考进北京大学物理系。进入大学后，在学习上遇到了真正的挑战。这时高校进行了院系调整，北大集中了我国物理界的名师，是高起点、高质量的教学。同时，1953年我国开始实施第一个五年计划，北大物理系物理专业招收了120名新生。有的同学才思敏捷，对一个复杂的问题，常常可以用灵巧的方法或不同的角度来计算或论证；有的同学功底深厚，在中学的时候就已演算了狄拉克所著的量子力学的全部习题。在这样的集体中，他看到山外有山，天外有天，扫除了对自己的盲目自负。在师长的指导和同窗的互相启发下，促使他面对物理学这一特定的对象，不断体会怎样去掌握分析问题和解决问题的方法。在学习中思索怎样学习，这一经历，一生受用。

回忆往事，他深有感触地说少年时期的经历和追求，扩展了他的思维空间，在人生观和世界观的形成上有深层次的影响，正如陆游所说的"功夫在诗外"，对他一生的做人和治学都有重要作用。

1958 年杨应昌从物理系磁学专门化毕业留校在磁学教研室任教。磁学专门化是叶企孙先生在 1956 年负责建立的。学生在五年级的时候，进入专门化学习。专门化课程涉及磁学的理论基础，也反映了磁学研究的进展。但是怎样开展科学研究，却是当时的一个大问题。在他毕业前后，正赶上"大跃进"时期。学生都参加了科研工作，研制了具有磁铅石结构的永磁铁氧体、尖晶石结构的软磁铁氧体和石榴石结构的微波铁氧体，在此基础上物理系建立了铁氧体工厂。对他个人来说，在把书本知识变成实际应用成果的过程中增长了才干。但是就其工作内容来说，这是试制，还不是研究；从方法上说，采用群众运动的方式，也不符合科学研究的规律。同时，综合性大学的研究方向应该着重基础研究，所以建立的有关工厂以后也被调整撤销了。可是究竟该怎样进行科学研究，尤其是基础研究，这是他做教师以后不断求索的问题。

　　1972 年底，法国外长访问中国，和我国签订了科学文化交流协定。其中一项内容就是我国派遣 10 名科技工作者到法国进修。他作为其中的一员，于 1973～1975 年在法国国家科学研究中心格勒诺布尔磁学实验室工作。当时，磁学是法国物理学科中的一个强项，居里、外斯、郎之万都是现代磁学的奠基者，而格勒诺布尔磁学实验室的负责人路易·奈尔也刚刚获得了 1970 年诺贝尔物理奖。杨应昌深感责任重大，为了能够完成任务，他对自己的情况作了一分为二的分析。第一，自己的弱点是没有经历过正规系统的科学研究训练，必须抓住这一机遇，从头做起，敏于行，勤于思，全身心地投入科学研究实践。第二，优势是作为教师对磁学学科的发展已有了概括的认识，同时在实际工作中对于如何进行科学研究也积累了经验教训。因此，在怎样选择研究课题和如何开展研究工作方面，要有自己的判断。他希望选择一个具有前瞻性、能够带动开拓一个新领域的研究方向。为此，他访谈了各个研究组，阅读了他们代表性的论文，最后参加了稀土合金研究组。首先该组的研究方向符合他的想法，同时该组成员思想活跃，物理思想清晰，传承了奈尔的治学作风。他至今认为这一选择是非常关键的，由此把他引进了所期盼的科学研究的轨道。格勒诺布尔是法国固体物理的研究中心，除了磁学实验室外，还有相变实验室、低温实验室、强磁场中心、中子反应堆和欧洲劳埃－郎之万研究所等。当时他在琢磨磁学的基础研究该怎样做起，他准备着重研究物质的宏观磁性和微观结构之间的联系以及磁性和其他物性之间的相关效应。因此，在研究内容和方法上，他不囿于磁学实验室，尽量开展和其他实验室的交流合作，如在相变实验室进行了穆斯堡尔效应研究，在劳埃－郎之万研究所进行了中子衍射研究，在强磁场中心使用和考察了各种不同类型强磁场的设备及其技术措施。此外，他还短期访问了位于巴黎近郊的法国另一个国家磁学实验室，重点了解了磁性合金电子结构的理论计算和参加制备了石榴石铁氧体的单晶。所有这一切，他都是为了掌握进行磁学基础研究的基本手段。

在法国的科研经历，从实际工作到思维理念把他带进磁学研究的前沿。他感念奈尔先生和课题组的同事从客观上提供了各种有利条件。但是，外因通过内因起作用，从主观上说，他是肩负着国家和人民的重托，带着在工作中积累的问题和求知的渴望来到格勒诺布尔的，因此在高水平的学术环境中才能引起共振。

1975 年他回到国内，当时"文化大革命"还没有结束，但是他立即根据现实可能的条件开始了研究工作。他研究了 $SmCo_5$ 合金的矫顽力机制，与原子能研究院、建筑材料研究院等单位合作利用中子衍射和高温 X 射线衍射技术，研究了 $SmCo_5$ 的晶体结构、磁结构及其交换作用特征，发现了 $SmCo_5$ 热膨胀反常效应。不过他认为这些工作只是独立开展研究的试作，与此同时，他在考虑长期的研究方向。根据我国资源特点和学科发展的内在依据，确定了研究方向是"稀土－过渡族金属间化合物的结构与磁性"，而重点是研究稀土－铁金属间化合物。在周期表中，稀土族和过渡族是仅有的两类可以提供磁性原子的元素系列。它们的磁性电子分别来自不同的 4f 和 3d 内壳层，从而各具特色。从基础研究来说，研究稀土－过渡族金属间化合物可以涉及整个磁学的基本内容；从技术应用来看，如果把这两类元素组合起来，有可能制备出兼具二者特点的磁性材料，可以说稀土－过渡族金属间化合物是一个可供研究开发的宝藏。过渡族中的铁磁性金属主要是铁、钴、镍，但是从我国矿藏资源来看，富稀土而贫钴，同时从电子结构来看，铁的磁性优于钴和镍，因此他确定重点是探索稀土－铁合金的新相，这对于当时永磁材料研究的主流来说是一个挑战。因为在 20 世纪 70 年代国际上正处在开发第一、第二代稀土永磁材料的时候，磁学界研究的热点是稀土－钴合金（$SmCo_5$ 和 Sm_2Co_{17}）。并且从传统的永磁材料来看，钴钢、铝镍钴、铂钴等也都离不开钴。杨应昌要探寻非钴的磁性材料，这就要另辟蹊径，面对一片未开垦的处女地，从原始的起点考虑如何把铁金属的 3d 电子和稀土金属的 4f 电子最佳地组合在一个新的晶体框架中，这是一个全新的研究方向。在 70 年代末，他研制成功具有 $ThMn_{12}$ 型晶体结构的新相 R（$Fe_{1-x}Mn_x$）$_{12}$，并且通过中子衍射研究阐明了它的结构有序性及其成相条件。后来该相发展成为稀土合金中的一个重要系列，同时自 80 年代中期稀土－铁金属间化合物成为国际开发永磁材料的主流，国内外同行公认他是开拓这一研究方向的先驱。

　　杨应昌密切关注磁学和磁性材料发展的动态。1983 年日本和美国发明了钕铁硼（$Nd_2Fe_{14}B$）新材料，被誉为永磁材料之王。但是他不是简单跟踪，而是把钕铁硼作为一个典型，分析其强磁性的成因。为此，以代换效应作为手段，利用中子衍射和穆斯堡尔效应等方法研究其不同晶位的磁性。在此基础上，研制出多元钕铁硼型磁体 Nd_2（Fe，Co，Al）$_{14}$B 以及 2:14:1 型碳化物 $Nd_2Fe_{14}C$ 和 2:17:1 型碳化物 $R_2Fe_{17}C$ 等新相。前者提高了磁体的使用温度，至今在工业界得到广泛应用。而后者 $R_2Fe_{17}C$ 新相显

著提高了二元合金 R_2Fe_{17} 的居里温度,引起国际同行的兴趣,对它的后续研究开辟了稀土间隙型碳化物和氮化物的一个新方向。

在长年工作积累的基础上,1990 年他和他的学生发现了在稀土－铁合金中氮的间隙原子效应。发现把非磁性的氮原子加入到 R(Fe,M)$_{12}$ 型磁性合金中,可以大幅度地提高合金的磁性。基于氮化效应,他们发明了 Nd(Fe,M)$_{12}$N$_x$ 和 Pr(Fe,M)$_{12}$N$_x$ 等新型稀土永磁材料,立即在国际上掀起了研究热潮。

为什么非磁性的氮原子可以大幅度提高合金的磁性?这就提出了一个全新的理论问题。为了理解这一现象,1990 年他们与原子能研究院合作,在国际上首次利用中子衍射测定了各种氮化物的晶体结构(包括 1:12 型钕铁氮、2:17 型钐铁氮和 2:14:1 型钕铁硼氮),发现氮原子都是占据合金中特定的间隙晶位,揭示出氮化效应起源于间隙原子效应。又通过理论计算表明间隙氮原子可以灵敏调节稀土离子 4f 电子的晶场作用和铁 3d 电子的能带结构,从理论上阐明了间隙原子效应的物理根源。

稀土氮化物的发现,在国内外掀起研究热潮。但是采用现有的工艺难以制造出高性能的氮化物磁粉,在实用化的进程中遇到困难。面对这一挑战,杨应昌研究组决定对氮化物开展技术磁化的研究。他们从基础研究出发研究了钕铁氮的磁畴结构及其反磁化过程。根据氮化物的反磁化机制成功地开发出制造高性能氮化物磁粉的新工艺,为氮化物磁粉的产业化提供了核心技术,建成了年生产能力百吨级的中试生产线。此成果通过了北京市科委和国家发改委的验收和鉴定,被评为 2004 年我国稀土领域十大科技新闻之首和"十五""863"功能材料项目中的重要研究成果。但是,建立一个技术创新的产业不可能一蹴而就,而是一项复杂的系统工程,涉及技术的和非技术的诸多因素。现在,他和年届花甲的同事们仍然奋战在科研第一线,不遗余力地为产业化创造条件和提供技术支持。我国稀土永磁材料产业的发展长期受到国外专利的制约,这激励他们在技术创新的道路上,在重重困难面前，一直坚持、再坚持，争取把具有我国自主知识产权的研究成果转化为现实生产力。

以上是杨应昌主要的研究方向。除此之外，他们也研究过高温超导的电性、磁性和晶体结构及其之间的联系；研究过非铁、非钴、非镍和非稀土的磁性材料 MnAlC 的晶体结构、磁有序及其自发磁化的成因。现在他根据磁学学科的发展趋势，又和青年教师一起，继续不断地探索金属和非金属的磁性新相以及开展磁性与其他物理性质的相关效应研究，包括磁阻、磁卡、磁致伸缩、超导以及超导与磁有序共存的研究。

探索稀土－铁金属间化合物的新相，研究其宏观磁性与微观结构的联系，以期开发代钴的新型稀土永磁材料

20 世纪 70 年代，国内外正专注于研究稀土－钴永磁合金时，他倡议开展稀土－铁金属间化合物的研究，以期开发非钴的以稀土－铁为基的永磁材料。在 1979 年召开的首届全国磁学理论讨论会上杨应昌提出了《稀土－铁金属间化合物》的报告，他指出二元稀土－铁合金不能满足这一要求，要另辟蹊径，开拓三元稀土铁金属间化合物的研究。

在此时期，他研制成功具有 $ThMn_{12}$ 型晶体结构的富铁的新相 R $(Fe_{1-x}Mn_x)_{12}$，简称 1:12 相，并利用中子衍射研究阐明了该结构的特点。由于该相具有四方的晶体结构，呈易轴磁晶各向异性，且其成分富铁，可具有高饱和磁化强度和高居里温度，因此，它具备了开发永磁材料的内禀磁性。

在 20 世纪 80 年代中期，研究三元稀土－铁合金成为磁学界的主流。而关于 1:12 相的研究，自 1987 年后在国际上也形成一个研究高潮，并发展成为稀土磁性材料的一个重要系列，其化学通式是 R $(Fe_{1-x}M_x)_{12}$，其中 M = Cr V, Ti, Mn, Mo, Al, W, Si, …，等，而 $0.0 < x < 0.4$。国际同行公认杨应昌开创了这一研

究方向。

Nd$_2$Fe$_{14}$B 代换效应研究

在 Nd$_2$Fe$_{14}$B 型磁体的晶体结构中，铁原子有 6 种不同的晶位，杨应昌研究组以代换效应为手段，利用中子衍射、穆斯堡尔效应和高、低温 X 射线衍射等方法研究了不同晶位铁原子的磁性。1985 年在国际上最早研制成功多元 Nd$_2$（Fe，Al，Co）$_{14}$B 型磁体，可以同时提高磁体的矫顽力和居里温度。钕铁硼磁体温度稳定性欠佳，这一研究成果有重要的实际意义，至今仍然是工业界提高钕铁硼磁体使用温度的有效方法。

对钕元素的代换，以其他稀土金属代钕，研究了在 R$_2$Fe$_{14}$B 系中的磁晶各向异性，最早观察和报道了在钕铁硼中自旋再取向的现象，并在（Nd$_{1-x}$Sm$_x$）$_2$Fe$_{14}$B 和（Pr$_{1-x}$Sm$_x$）$_2$Fe$_{14}$B 中得到了在室温下易磁化方向从 c 轴转向基面的完整相图。

对硼的代换，研制出 Nd$_2$Fe$_{14}$C 和 Nd$_2$Fe$_{17}$C 的新相，其中更有意义的是 Nd$_2$Fe$_{17}$C 新相。R$_2$Fe$_{17}$C 仍然保持了二元合金 R$_2$Fe$_{17}$ 的菱方或六方晶体结构，但是居里温度比二元合金 R$_2$Fe$_{17}$ 提高了 200℃。这引起国内外同行的兴趣，对它更深入广泛的后续研究，导致发现了一系列碳和氮的 R$_2$Fe$_{17}$ 型结构的间隙型化合物。

氮的间隙原子效应和新型磁性材料研究

1. 发现了在稀土 – 铁合金中氮的间隙原子效应

发现通过气 – 固相反应可以把氮原子加入 R（Fe，M）$_{12}$ 系合金的结构中，从而形成氮化物 R（Fe，M）$_{12}$N$_x$。发现氮加入以后，居里温度提高了 200℃，铁的原子磁矩增加 10%～20%（因第三元 M 而异），从而使饱和磁化强度显著增强，同时氮化物的磁晶各向异性的性质发生了根本变化。在吸氮前，在 R（Fe，

M)$_{12}$中，只有钐才具有易磁化轴，而其他稀土离子都是易磁化面。但吸氮以后，钐的易磁化方向从 c 轴变到基面，而原来易磁化方向在基面的钕、镨、铽、镝等稀土离子变到了 c 轴。特别是当 R 是钕和镨等轻稀土金属时，氮化物 Nd（Fe，M）$_{12}$N$_x$ 和 Pr（Fe，M）$_{12}$，N$_x$ 不仅具有很强的易轴磁晶各向异性场，而且有很高的饱和磁化强度，其内禀磁性完全可和被誉为永磁之王的钕铁硼 Nd$_2$Fe$_{14}$B 相媲美，并且与 Nd$_2$Fe$_{14}$B 相比，更有居里温度高、原材料成本低和抗腐蚀能力强等优点，成为有开发价值的新型稀土永磁材料。

2. 从理论上阐明了间隙原子效应的物理根源

与原子能研究院合作，在国际上最早测定和报道了一系列稀土氮化物的晶体结构，包括 R（Fe，M）$_{12}$N$_x$、R$_2$Fe$_{17}$N$_x$ 和 R$_2$Fe$_{14}$BN$_x$ 等，确定了氮原子所占据的晶位。发现氮原子加入以后，仍然保持原有的晶体结构，氮原子都是占据晶体特定的间隙晶位。确定氮化物的晶体结构和相关的晶体学参数是非常重要的，它打开了理解氮化效应之门，指出氮化效应来自间隙原子效应，并为计算稀土离子的晶场作用和铁原子的电子结构提供了所需的晶体学数据。

杨应昌他们计算了氮原子加入前后稀土离子 4f 电子的晶场作用。表明占据间隙晶位的氮原子，作为稀土离子的最近邻，由于其电负性和稀土离子的巨大差异，使稀土离子的晶场系数无论在强度上还是符号上都发生了变化，从而导致稀土离子的磁晶各向异性在氮化前后产生了根本变化。上述结果都在 1991 年初发表，这是对于氮化物磁晶各向异性最早的理论解释，立即成为同行的共识。

为了解释氮化以后 Fe 的原子磁矩增加和 F－Fe 交换作用增强的事实，曾有不同的研究组计算氮化物的能带结构。但是都没有明确间隙原子是通过怎样的机制发生作用的。针对这一悬而未决的问题，他们计算了 YMo$_2$Fe$_{10}$ 和 YMo$_2$Fe$_{10}$X 的电子结构，把间隙原子扩展到 X，X = H，B，C，N，F，和 E（E 是不带电荷而半径与 N 相同的空球），计算了各个晶位原子的电子结构。发现磁体积效应使所有晶位的铁原子磁矩普遍增加；而化学键效应对不同晶位的铁原子作用不同，取决于铁原子、稀土原子和间隙原子的相对距离及其近邻的情况。但是就整体而言，在 $ThMn_{12}$ 型结构中，化学键效应使铁原子的平均磁矩进一步得到增强。为了验证所得的结论，并设计了相关的实验，研究了 $R(Fe,V)_{12}N_x$ 在不同氮含量下的穆斯堡尔效应，观察到由于化学键效应使超精细场增强，即直接验证了化学键效应使铁原子磁矩增加的计算结果。

3. 研究了氮化物的磁畴结构及其反磁化机制，为开发制造高性能氮化物永磁材料提供了核心技术

自从杨应昌研究组的工作发表后，国际磁学界掀起了研究钕铁氮的热潮，并期望立即得到工业应用。但是众多的工作表明，利用现有的技术难以做出高水平的永磁性能。如拥有钕铁硼磁粉专利权的美国通用电器公司利用快淬技术和拥有钕铁硼烧结磁体专利权的日本住友公司采用 HDDR 技术制造钕铁氮磁粉都没有得到满意的结果。人们不禁产生了疑问：氮化物能否做成有使用价值的磁粉？杨应昌认为材料具有适宜的内禀磁性，只是为开发高性能的永磁材料提供了可能，但是要把这种可能变成现实还要进行专门的研究。判别永磁性能优劣的参量是矫顽力、剩余磁感应强度和最大磁能积，它们是结构灵敏量，取决于微结构。从技术上说，它们紧密依赖于制备工艺；从理论上说，取决于材料的磁畴结构及其反磁化过程。对于一种原创性的新材料，应该根据它的特点，即它的反磁化机制来开发适宜的制备工艺。为了解决这个问题，他们从根本上做起，在国际上第一次成功地观测了氮化物的磁畴结构，并测定了畴壁厚度、单畴尺寸和交换作用常数等磁畴参数。这不仅直接关系到研究氮化物的反磁化机制，而且为研究氮化物的纳米耦合材料提供了依据。同时，他们探索了多种制备磁粉的工艺技术，研究了它们相应的反磁化过程。在此基础上，成功地开发出大规模制造高性能氮化物磁粉的新工艺，为氮化物磁粉的产业化提供了核心技术。为了这一研究，他们持续投入了已近 10 年的时间。

杨应昌研究物质的磁性。他从基础研究出发，结合我国资源特点，在探索新材料、揭示新效应、开发新应用方面取得一系列的研究成果。论文得到广泛引用，并取得多项国内外发明专利。获得 1991 年和 2003 年国家自然科学奖二等奖，1991 年和 1993 年国家教委科技进步奖一等奖以及首届王丹萍科学奖、2000 年国家优秀博士论文指导教师奖和 2004 年何梁何利科学技术进步奖。

（傅守灿）

简　历

1934 年 5 月 17 日　生于北京市
1953—1958 年　在北京大学物理系学习
1958 年至今　在北京大学物理系工作
1973—1975 年　担任法国国家科学研究中心格勒诺布尔磁学实验室访问学者
1980—1981 年　任美国密苏里－罗拉大学材料研究中心访问副教授
1985—1986 年　任美国密苏里－罗拉大学材料研究中心访问教授
1980—1985 年　任北京大学副教授
1985 年至今　任北京大学教授
1997 年　当选为中国科学院院士

主 要 论 著

1　杨应昌. RCo_5 的矫顽力. 物理学报, 1976, 25: 273.

2   Y C Yang, W W Ho, J L Yang, et al. Etude de la diffraction de neutron de composés Y ($Co_{1-x}Cu_x$)$_5$. Journal de Physique, 1979, 40: c5 – 177.

3   Y C Yang, B Kebe, W J James, et al. Structural and magnetic properties of Y ($Fe_{1-x}Mn_x$)$_{12}$. Journal of Applied Physics, 1981, 52: 2007.

4   Y C Yang, W W Ho, H Y Chen, et al. Intrinsic magnetic properties of $R_{15}Fe_{78}B_7$ compounds. Journal of Applied Physics, 1985, 57: 4115.

5   Y C Yang, W W Ho, H Y Chen, et al. Magnetic and crystallographic properties of Nd_{15} ($Fe_{1-x}M_x$)$_{78}$ B_7. Journal of Applied Physics, 1985, 57: 4118.

6   Y C Yang, H Y Chen, X D Li, et al. Magnetic properties of substituted R_2 (Fe, Al, Co)$_{14}B_7$. IEEE Trans. Magn. , 1986, 22: 757.

7   Y C Yang, L S Kong, B P Cheng, et al. Intrinsic magnetic properties of $SmTiFe_{11}$. Journal of Aapplied Physics, 1988, 63: 2007.

8   Y C Yang, X D Zhang, Q Pan, et al. Magnetocrystalline anisotropy of $RTiFe_{11}N_x$ compounds. Applied Physics Letters, 1991, 58 (18): 2042.

9   Y C Yang, X D Zhang, J L Yang, et al. Magnetic and crystallographic properties of novel Fe – rich rare earth nitrides of the type $RTiFe_{11}N_x$ (Invited). Journal of Applied Physics, 1991, 70 (10): 6001.

10 Yingchang Yang, Xiaodong Zhangh, Jiliang Yang, et al. Neutron diffraction study of ternary nitrides of the type $R_2Fe_{17}N_x$. Journal of Applied Physics, 1991, 70 (10): 6018.

11 L S Kong, M H Zhang, Y C Yang. Magnetic properties of Sm_2 ($Fe_{1-x}Co_x$)$_{17}$ C and Y_2 ($Fe_{1-x}Co_x$)$_{17}$ C. Journal of Applied Physics, 1991, 70 (10): 6165.

12 Y C Yang, X D Pei, H L Li, et al. Theoritical explanation of magnetocrystalline anisotropy behavior in $RTiFe_{11}N_x$ compounds. Journal of Applied Physics, 1991, 70 (10): 6574.

13 Y C Yang, Q Pan, X D Zhang, et al. Formation and characteristics of hard magnetic materials of Pr (Fe, Mo)$_{12}N_x$. Applied Physics Letters, 1992, 61 (22): 2723.

14 Y C Yang, Q Pan, X D Zhang, et al. Magnetic properties of $R_2Fe_{17}CN_x$. Journal of Applied Physics, 1992, 72 (7): 2989.

15 J B Yang, W H Mao, Y C Yang, et al. AB initio calculation of interstitial –atom effect in $YFe_{10}Mo_2X$ ($X = H$, B, C, N, O, F) . Physical Review B, 1977, 56 (24): 15647.

16 J B Yang, W H Mao, Y C Yang, et al. Magnetic properties and domain structure of $NdFe_{10.5}Mo_{1.5}$ and $NdFe_{10.5}Mo_{1.5}N_x$. Applied Physics Letters, 1997, 71 (22): 3290.

17 W H Mao, J B Yang, Y C Yang, et al. Synthesis and characterizations of hard magnetic propertied: $PrFe_{10.5}V_{1.5}N_x$. Applied Physics Letters, 1997, 71 (22): 3044.

18 X D Zhang, B P Cheng, Y C Yang, et al. High coercivity in mechanically milled $ThMn_{12}$ – type Nd – Fe – Mo nitrides. Applied Physics Letters, 2000, 77 (23): 4022.

19 J B Yang, Y C Yang, et al. Structural and Magnetic properties of R $(Fe_xMn_{1-x})_{12}$. Physical Review B, 2002, 65 (6): 064444.

20 J B Yang, Y C Yang. Magnetic properties and interstitial atom effects in the R $(Fe, M)_{12}$ compounds. In: Advanced Magnetic Materials, Vol. 4, Eds. Y Liu, D J Sellmyer, D Shindo, Springer and Tsinghua University Press, 2006.

参 考 文 献

[1] 吴定生. 五中民联史稿. 北京五中建校八十周年纪念册（下册），当代东城史研究，2008（1）：36.

[2] 周妮. 斯是陋室 唯其德馨. 人民日报（海外版），1999 年 6 月 29 日.

[3] 周辉，张铭，马信，等. 科学探索与国家需求结合 潜心耕耘出丰硕成果. 中国基础科学，2005，4：20.

陈春先

(1934—2004)

陈春先，理论物理和等离子体物理学家。早期致力于统计物理的理论研究，后转入实验工作。先后从事有机半导体和大能量固体激光的研究。领导建成我国第一个托卡马克装置CT-6，发起并参与筹建合肥等离子体物理和受控核聚变基地。创建北京中关村第一个民营科研机构，开创了我国科研成果转化的先河。

陈春先，1934年8月6日出生于南京，原籍四川简阳。父亲陈之长为我国早期畜牧学专家，20世纪20年代由清华学堂派往美国留学，归国后先后于中央大学、四川大学、四川农学院任畜牧系主任、教授，并曾被选为第三届全国人民代表大会代表。他早年曾参加五四运动，其文化修养、政治倾向和治学态度对陈春先有很大影响。

陈春先1937年抗战开始后随家入川，1940年入成都实验小学，1945年入成都的金陵大学附中，1947年初，随其父到南京入中央大学附中，1948年底回到成都，入四川大学附中。在高中期间，对无线电技术发生兴趣，经常在地摊（当时称为"荒市"）上寻觅廉价零件，自己动手安装线路。

新中国成立后，学校里成立由他负责的无线电小组，曾得到学校的奖励。也就是在此时，他萌发了当一名科学家的理想。业余无线电爱好者的经历使他日后成为一名非常熟悉实验的理论物理学家。

1951年，陈春先考入四川大学物理系。此时，他是班里学习成绩最好的学生。他也和当时许多青年学生一样追求进步，曾报名参加军干校。此后他被选拔留苏，于1952年10月到北京俄语专科学校学习俄文。

1953年，陈春先赴苏联斯维尔德洛夫斯克矿业学院学习，1956年改变专业，转入乌拉尔大学，1957年转入莫斯科大学物理系，师从著名物理学家博格留波夫，从事超导理论、多体问题和统计物理的研究。同年11月，在莫斯科大学大礼堂聆听了毛泽东主席的著名讲演。他用一年时间通过自学补习了物理学的一些基础课程，因此很快进入统计物理的前沿领域并作出了成绩，在苏联的物理学杂志上发表了几篇文章，1959年以优异成绩毕业。他的导师曾有意要他留下当研究生，但他接到国内的意见后就毫不犹豫地回了国。

陈春先原被分配至国防科研系统，后被中国科学院物理研究所争取到该所，在新成立的理论室做研究工作。后又兼职从事有机半导体和大功率激光器的研制。1965年开始，负责技术物理中心等离子体部分的筹建，进入受控聚变和等离子体物理领域。

1971年，陈春先开始筹建我国第一个托卡马克装置CT-6，1972年工程正式启动，并于1974年建成。与此同时，开始在合肥筹建受控聚变研究基地，1978年任新成立的中国科学院等离子体物理研究所副所长。

1978年以后，陈春先先后3次访问美国，回国后开始探索科研成果转化为生产力的新途径，创建了中关村第一个民营科研机构，开启了民营科研事业的先河。

陈春先曾被国家科委评为"中国优秀民办科技实业家"，获得全国科技创业奖特别奖。

开展理论物理研究工作

陈春先和周世勋在苏联合作研究的关于费米气体介电常数的工作后来被等离子体物理学家巴列斯库在他的名著《带电粒子的统计力学》中引用。

回国以后，基于在苏联时期打下的基础，陈春先很快带领新来所的几个年轻人进入前沿领域，打开了局面。这一小组的霍裕平、陈式刚以及后来的郝柏林、于渌，在回忆这段合作时期的时候，都将其视为事业的黄金时代。在此时期，他们为我国在固体理论和统计物理方面的研究打下了基础，在《物理学报》上发表了多篇学术论文。他们自己也成为这个领域的骨干。

探索有机半导体和大功率激光技术

在这一时期，陈春先还投入另一方面的工作。1959年底，《人民日报》刊载苏联研制成功有机半导体的消息，中国科学院当即组织了该项目的"大会战"，并从物理所和化学所抽调人员在物理所成立了负责该项目的第十研究室，由陈春先担任该室的支部书记，开始他未从事过的实验研究。在探索了一年多以后，始终未得到任何实质性的进展。最后由陈春先和郝柏林在《科学通报》上发表了一篇《有机体系的特殊电磁性质》算做总结。

有机半导体项目失败后，陈春先继续探索十室的出路。他们从高分子转向小分子，特别是染料，再转向新出现的染料激光器，最后定位在大功率和大能量的固体激光器。在这一项目的研究中，陈春先试行了一种由研究人员和工厂工人结合成攻关小组的组织形式。大功率激光的方向后来未能坚持下去，但他们和所里其他一些课题组的工作给激光研究的发展奠定了基础。在激光研究中，陈春先开始关注激光产生等离子体和在聚变方面的应用。

由于这两项由陈春先负责的实验研究课题未能取得重大进展，在后来的"文化大革命"中使他受到了冲击。陈春先本人当然要为此负责，但更重要的教训是，在基础研究领域中，采用从行政上组织会战这种形式实不可取。

等离子体物理和聚变研究

1965 年，陈春先进入聚变研究领域。这一年在制订我国科学技术计划时，院里决定建立一个综合性的实验物理中心，作为第三个五年计划的一部分。这个中心要配以先进的重型设备，具备极端实验条件。在 6 项项目中，陈春先作为所学术秘书室成员负责领导等离子体部分。在建立技术物理中心的报告中提出要实现受控热核反应。在这之前，科学院和二机部进行多次协商，确定了双方的分工。

在这个中心筹建之时，1966 年 5 月 24 日到 6 月 3 日，在哈尔滨召开了全国第三届电工会议，也就是受控热核反应和等离子体物理学术会议。在这次会议中，有二机部主攻磁笼、中国科学院搞快过程的分工意见，因此这个时候，建造一台箍缩装置就成为物理所迫切的任务。

"文化大革命"他虽然受到了不公正待遇，但他仍然密切注视国际科学的进展，也关心国家的安全。鉴于当时严峻的国际形势，陈春先经过思考和调研，提出了在我国西北边境建造"电子幕"的设想。可惜的是，到目前为止，我们未能发现他的任何有关文字资料，只能靠这一题目判断其内容和功能。这可能是一个在高空建立带电粒子云的方案，目的可能是对雷达的干扰或早期预警。这一想法实际和国际科学发展同步。就在陈春先提出这一方案的前后，苏联科学家古列维奇提出了人造电离层的方案，目的是反射电磁波以开辟新的通讯通道。在这之后的1970年，美国人开始了称为电离层变态的大规模外场实验并持续至今。它在基础等离子体物理和国防应用上意义重大。

然而陈春先的这一设想或称方案却在"文化大革命"的环境中夭折了。在当时混乱的情景下，他竭力寻找有关领导反映他的设想。领导未能找到，却在具有极左思想的人中引起反感，认为他老毛病又犯了，"还在走上层路线"，并对他专门开了一次批判会批判他这种无视群众的行为。于是这一设想无疾而终。愚昧、无知葬送了这个方案的进一步讨论。当然，在当时条件下，国家是否有能力实施这样的方案也是个问题。

但是，这样的打击并未使陈春先沮丧。他坚守他的岗位，密切注视国际学术界的现状，关心有关学科的每一步进展，虽然没人委派他这样做。他之所以能够如此，是因为在他的心中怀有长远而稳定的人生目标，不为一时的荣辱所干扰，不为一事的得失所左右。

1969年，陈春先作为第一批下放人员奔赴湖北潜江中国科学院五七干校。

建造 CT-6 托卡马克装置

1970年，陈春先结束下放回所。回所后不久，他开始注意到国际上托卡马克方面的进展。

1968年，苏联公布托卡马克装置 T-3 上的实验结果，后经英国卡拉姆实验室科学家携诊断仪器前去证实。其达到的等离子体参数及其稳定性使国际聚变界震惊，从此开辟了聚变研究的托卡马克时代。

在当时国内的混乱局面下，可能只有陈春先敏锐地了解了这一进展的意义，认识到这是我国在聚变领域赶超国际前沿的良好时机。他及时向有关领导和周围同事宣传这些进展和他的想法。大家逐渐同意了他的意见，认为这是一个很好的机会，我们也有必要的条件，托卡马克应该立即上马。

当时所里的科研秩序已有所恢复。在陈春先的游说和推动下，在一些中层干部的支持下，1971 年成立了由中国科学院物理研究所、电工研究所，北京大学，清华大学组成的联合调研组。但当时他在政治上还不被信任。驻所军代表不同意他当组长。当年组团去二机部系统的"五八五"所的"破冰之旅"（当时该所属保密单位），也将他排斥在外，虽然这一调研组的主要工作都是由他做的。

原任合肥分院院长的邱励俭是从力学所调去的。1970 年他在北京认识陈春先时，陈春先正在给北京大学和中国科学院几个所的人介绍托卡马克。他对陈春先总的印象是："努力，每天做什么很清楚；用功，物理思想明确，能抓核心问题；能鼓动，有公关能力，善于利用各种人际关系。"一般的科技知识分子很难兼备这样几种素质，而这样的素质在创业阶段是必需的。

当时他联系了几个合作单位，包括电工研究所严陆光领导的一个小组，决定在北京建造一台小型托卡马克作为未来大型装置的工程模拟。这一装置就是 CT‑6 托卡马克。1972 年 4 月份，负责这一装置建造的物理所 104 组正式成立，由陈春先担任组长。被称为 CT‑6 的工程项目也随之正式启动。

在当时的条件下，建造这样一台装置是十分困难的。所有设计所根据的知识完全来自文献。当时中外关系已有所松动，但尚没有对口的外国人与之交流。至于到外国实验室去实地考察，是根本没想过的事。

首先是真空室的加工。内真空室是两个不锈钢波纹管段。是用购买的多个波纹管焊在一起的，要求有很高的真空气密性。波纹管壁厚 0.2mm。当时在中国，这样厚度材料的氩弧焊处在研究阶段，没有现成的产品和技术，成了整个工程进展的瓶颈。于是，陈春先决定自己设计、加工等离子体焊枪和电源，在实验室里由技术人员或工人自己练习焊接技术，他本人也曾动手参与。最后终于攻克了这一技术难关。

其次是真空系统。文献上说要超高清洁真空，但是当时国内没有这样的真空泵。于是设计为两级分子筛吸附泵＋钛升华泵系统。这几种泵完全自制。至于法兰，则采用金丝密封的台阶式刀口方案。

在电源系统方案中，一个很大的问题是能耐高电压的大电流开关。国内没有这样的产品。幸而当时正值铁路上以可控硅（晶闸管）代换引燃管作为电气机车动力的开关，大批引燃管退役。于是乘这机会到株洲无偿引进了一批引燃管作为放电的开关。

重达5吨的铁芯变压器的加工也未采取外包的形式。像硅钢片的裁剪、去毛刺，都是实验室人员到二七机车厂进行施工的。至于组装，是在北京变压器厂技术人员的协助下在该厂完成的。

1972年下半年开始加工，到1974年初全部完成，并成功安装。1974年春节前试放电未能成功。直到当年7月1日才正式放电，宣告装置建成。经过较长时期的清洗放电，于1975年8月得到了平衡稳定、脉冲长达36ms的放电。从电流电压数值估计，等离子体的电子温度有100eV多。环向磁场最高达到1.3Tesla。获1978年全国科学大会奖。

装置的工程问题于1974年在成都召开的受控核聚变研究工作座谈会上报告。工程问题和初步物理研究结果于1980年发表于《物理学报》，后被全文翻译登载在美国出版的《中国物理》上。1978年陈春先等首次访美。他在访问普林斯顿等离子体实验室时，和Furth，Rosenbluth等美国同行进行了交流，并展示了自己实验室的结果。

CT-6B 装置和实验研究的进展

作为工程模拟装置，CT-6 已获得成功。但是作为物理研究装置，还存在很多问题。单层真空室虽然口径大了，但是由于波纹管上不好开法兰，测量窗口仍然缺乏。而且没有注入中性粒子束的切向窗口。于是开始设计完全用硬段焊接的新真空室。此外考虑进行电流和位置的反馈控制，要求延长放电时间，须改造环向磁场放电回路。此时适逢专门用于聚变研究的新楼落成，俗称受控楼。于是决定结合搬迁将装置进行较大的改造。

1978 年装置正式开始运转。因为电源和真空室均作了较大改动，运转后的装置称为 CT-6B。这一装置的主要特点是有长达 100ms 的等离子体电流平顶，为物理实验提供了可靠的平台。这在小型装置中是少见的。

这一段的主要研究成果之一是用软 X 射线的吸收比较法测得等离子体中心的电子温度为 200eV 左右，与电导温度接近。先后用微波干涉仪和远红外干涉仪测量了等离子体的线平均电子密度。此外，由于使用了脉冲充气技术，使等离子体平均密度达到 2×10^{13} cm^{-3}。在这样的密度下，成功用自制的红宝石脉冲激光散射仪测量了电子温度，也和软 X 射线测量结果符合。在这一时期，还在装置上进行了环向磁场的慢压缩实验、热脉冲传播测量电子热导、等离子体电流和平衡位置反馈的稳定区域的实验和数值研究。

1984 年物理研究所进行了体制改革，取消了研究室编制，涉及 CT-6B 实验的人员分属于 3 个独立的课题组。这种体制给聚变研究这样的研究带来了组织上的困难。后来，所领导试图用联合研究基金的方式克服这一困难。

也在这一年，合肥的等离子体物理研究所成功研制了 HT-6M 装置，乐山的西南物理研究院也建成了 HL-1 装置。这两个托卡马克装置的规模和等离子体参数均高于 CT-6B。在这样的情况下,CT-6B 上的实验研究应调整研究方向,争取取得更高水平的研究成果。

从 20 世纪 80 年代初期开始,陈春先确定了开展电子回旋波加热的研究方向。实际上在此以前,就和科学院电子学研究所进行了密切的合作,曾在 CT-6 上合作进行了电子回旋共振预电离的实验和电子回旋辐射(ECE)测量。这一时期,该所在回旋管研制上取得了很大进展,在 20~40GHz 频率单管脉冲输出可达 150~200kW。物理研究所则负责研制该管的高压脉冲电源,两所合作进行加热系统的调试。

80 年代后期开始,正式在 CT-6B 上进行电子回旋共振加热的实验研究,并观察到了明显的加热效果。这也是国内首次在托卡马克装置上得到加热效果的辅助加热实验。这一结果发表于 1989 年的国际聚变会议。

在这一实验成功的基础上,将研究方向调整为电子回旋波的电流启动。研究成果目的是希望实现将来聚变堆的非感应电流启动。90 年代以后,在这个研究方向上以及在交流运行和输运过程研究上,均取得了一定的研究成果。物理研究达到了国际上同规模装置的水平,对提高我国磁约束聚变的实验水平作出了贡献。当时陈春先早已离开了物理所,但是他和其他早期领导者所倡导和建立的积极进取的精神、严谨的学风以及团结合作的氛围一直被继承下来,发挥了重要作用。

合肥聚变研究基地的建设

在筹划建造 CT-6 装置的同时,陈春先就开始规划中国科学院聚变研究的发展蓝图,而且把目标放在赶超国际水平上,具体目标是建造一台大型(按当时标准)托卡马克装置。他多次到合肥调研,计划将安徽光机所已运行的 8 号电感(储能 10^8 焦耳）作为储能装置，并利用该所场地作为实验室筹建 8 号装置。虽然后来因技术上的问题未采用电感储能方案，但鉴于合肥"科学岛"上的加工条件和其他有利条件，仍将建造大型装置和聚变研究基地的选址定在合肥。

在这一时期，陈春先及时向中国科学院领导作了汇报。当时院秘书长郁文主持日常工作，将情况反映至国务院。1972 年 10 月 4 日，周恩来总理作出关于受控热核反应研究应当"两条腿走路，百家争鸣"的批示，当时理解为二机部和科学院两家搞，从而形成了以后若干年内我国磁约束聚变的布局。

1973 年 1 月 28 日物理所和安徽光机所共同向中国科学院提出建立"合肥受控热核反应研究实验站"的报告。1973 年 4 月 6 日中国科学院以（73）科发业 033 号文批复了两所的报告，同意在安徽合肥建立受控热核反应研究实验站。文中明确规定，受控热核反应实验研究站（简称受控）编制为 110 人，经费由科学院筹措，业务上由物理所和安光所共同负责。于是，先后成立了筹建小组和领导小组。陈春先担任领导职务。1978 年中国科学院等离子体物理研究所正式成立，陈春先担任副所长，负责业务工作的领导。

除了负责电源的安徽光机所一室人员外，这一研究所的绝大部分人员由外省市调入。当时"文化大革命"期间大学毕业生多分配到很偏僻的地方从事与专业无关的工作，还有不少院里的研究人员亟待解决两地关系问题。以此为契机，在"文化大革命"后期百废待兴的局面下，在合肥聚集了一大批名牌大学毕业的大学生和研究生以及一批年轻的科研骨干，呈现出一种生机勃勃的景象。陈春先带领他们筚路蓝缕，开辟草昧，历尽艰辛，从无到有，建设这一未来的国家聚变研究基地。

从受控站成立到建所初期，主要业务工作是筹建大型实验装置 8 号工程。1974 年 7 月在北京召开方案讨论会，12 月份确定初步设计方案。1975 年 5 月由郁文主持审查了工程主机方案，同年 10 月在钱三强主持下通过了 8 号工程初步方案。其主要参数为大半径 1.5m，等离子体半径 0.7m，环向磁场强度 3Tesla。总预算经费 4000 万元，1980 年前建成。这一装置大约相当于国外的第二代托卡马克，和 1975 年建成的 PLT（美国）和 T-10（苏联）参数相当，也接近后来国内的 T-7 和 HL-2A。

1976 年 11 月，国家计委正式批复了建造 8 号装置的计划任务书，同意建此装置。此后进入工程设计和施工阶段。一些主要加工项目均已落实。当然，像所有大的装置建造一样，也遭遇到了种种困难。

1978 年，国民经济进入调整阶段，一些大的基建项目停建。所内外对 8 号装置的现况和前途也产生不同的看法。1979 年等离子体物理研究所就 8 号工程的调整情况及存在问题向中国科学院党组作了请示。1980 年，中央发文决定 8 号装置下马。

8 号装置的停建给等离子体物理研究所带来了很大的冲击和思想混乱。当时所里委派陈春先和邱励俭提出今后发展的替代方案。他们的方案是保留 8 号装置的电源及加工工厂，开展小型多途径研究。在以后几年里，他们将原来的 HT-6 装置改造为 HT-6B，开展了磁流体现象研究，并建造了一台更大一些的 HT-6M 装置，从而较顺利地实现了"软着陆"。对于 8 号装置下马一事的看法至今意见不一。在其他条件（诊断、物理研究）跟不上的情况下，过快发展大型装置未必妥当。而 8 号装置的遗产，特别是人员培养、加工能力、实验场地、大容量电源，都为今后的科研事业起飞准备了条件。

可能与此事有关，陈春先于 1982 年离开了等离子体研究所。在北京的物理研究所，他自 1980 年被任命为一室主任。但在北京他也遇到了"滑铁卢"。当时物理所正在建造一台带形箍缩装置 GBH（高比压环），也在 1983 年因为经济形势不好而下马。更深刻的内在原因是技术路线的选择不好，这种类型装置已不属于主流，而且发现了一些致命的弱点。

在此期间，陈春先仍致力于等离子体物理和技术的发展。他联合北京一些单位成立了北京等离子体学会，进行学术交流活动。但他的主要注意力已发生了转移。

民营科技事业的开创者

早在 1978 年和 1980 年两次访问美国期间，陈春先了解到加州硅谷地区 IT 业的发展情况，并为这一科技和产业结合的模式所触动。他回国后开始介绍硅谷的成功经验，希望能改变国内科研和生产的脱节现象。他身体力行，下海创业，1986 年，他离开了物理所，脱离了聚变研究，完全投身于民办科技产业。尽管他的公司后来的运作并不成功，但是他已在一个新的领域作出了开创性的贡献。

陈春先密切注视当代世界技术发展的新潮流。他对于每一新出现的技术方向均产生极大兴趣，如"信息高速公路"、手机、新能源，都有一些自己的想法和行动计划。他曾关注一种新的压力锅的设计并帮助其投产。在他去世的一个星期前，他还兴奋地与有关人员讨论用等离子体法将煤转化为煤气的问题。他也高度关注科技成果产业化的问题，并提出一些战略性建议。1980 年他提出将海淀建为"新技术扩散区"的建议，1983 年进一步提出建设"中关村科技特区"的构想。这些设想和建议后来部分成为现实。

（王　龙）

简　历

1934 年 8 月 6 日　出生于南京

1951—1952 年　在四川大学物理系学习

1952—1953 年　在北京俄语专科学校学习

1953—1956 年　赴苏联斯维尔德洛夫斯克矿业学院学习

1956—1957 年　转入乌拉尔大学学习

1957—1959 年　转入莫斯科大学物理系学习

1959 年　回国，分配至中国科学院物理研究所理论室工作

1959—1963 年　参与有机半导体研究工作

1963—1966 年　领导大功率激光器研制工作

1966—1969 年　负责组建技术物理中心的等离子体部分

1969—1970 年　下放中国科学院位于湖北潜江的五七干校

1970—1974 年　回物理所工作，1972 年任新建的 104 组组长，建造 CT – 6
托卡马克装置，1974 年建成

1973—1978 年　参与筹建位于合肥的受控热核反应研究实验站

1978 年　晋升为研究员，任中国科学院等离子体物理研究所副所长

1980 年　任中国科学院物理研究所一室主任，创建中关村第一个民办科技
机构"北京等离子体学会先进技术发展服务部"

1983 年　成立"北京市华夏新技术开发研究所"，任所长

2004 年 8 月 9 日　因病在北京逝世

主 要 论 著

1　Чэнь Чунь – сянь, Чжоу Ши – син. Энергетицеский спектр электронного
газа при высокой плотности, ЖЭТФ, 1958, 34: 1566.

2　Чэнь Чунь – сянь. Об одном новом методе в статистической теории
возмущеная, ЖЭТФ, 1958, 35: 1518.

3　Чэнь Чунь – сянь. Метод учета корреляции в системе многих частиц,
ДАН СССР, 1959, 125: 1238.

4　刘大乾，冷忠昂，陈春先，等. 电子系统的统计理论. 物理学报，
1959，15: 664.

5　陈春先，陈式刚，霍裕平. 多体问题中的关联效应. 物理学报，1960，
16: 462.

6　陈春先，陈式刚，霍裕平. 超导理论中的某些问题. 物理学报，1961，

17：32.

7　陈春先，陈式刚．统计物理中的模拟方法．物理学报，1961，17：77.

8　陈春先．统计物理中的一个新表象（Ⅰ）Γ^2 表象的数学结构．物理学报，1962，18：563.

9　中国科学院物理研究所104组，电工研究所403组．CT－6 托卡马克研究（Ⅰ）．物理学报，1980，29：577.

10　Group 104, Institute of Physics, Group 403, Institute of Electrical Engineering, Academia Sinica. CT－6 tokamak research（Ⅰ）. Chinese Physics, 1982, 1：828.

11　中国科学院物理研究所104组．CT－6 托卡马克研究（Ⅱ）．物理学报，1980，29：764.

12　Group 104, Institute of Physics, Academia Sinica. CT－6 tokamak research（Ⅱ）. Chinese Physics, 1982, 1：860.

参 考 文 献

［1］庆承瑞．一位值得纪念的普通物理学工作者——悼春先老友．物理，2009，38：814.

［2］郝柏林．怀念陈春先．物理，2009，38：817.

［3］R Balescu. Statistical mechanics of charged particles. Interscience Publishers, 1963.

［4］王龙．CT－6 和 CT－6B 的历史．物理，2008，37：526.

［5］陈春先．纪念 H. P. Furth 教授——纪念中美核聚变交流．物理，2002，31：466.

［6］王龙．陈春先和聚变研究．物理，2009，38：820.

［7］齐忠．陈春先创办中关村首家公司传．中关村商情网，2007.

［8］陈春先．追忆中关村．中关村，2008，59：66.

［9］恩格斯．自然辩证法//马克思恩格斯选集（四卷）．北京：人民出版社，1985. 262.

丁大钊

(1935—2004)

丁大钊，核物理学家，中国科学院院士。在发现反西格玛负超子（$\overline{\Sigma}^-$）的工作中提出并发展一种确定径迹气泡密度进而鉴别粒子的方法，解决了 $\overline{\Sigma}^-$ 事例鉴定和分析的关键问题；负责轻核反应装置核反应微观数据的研究及测量工作，为氢弹研制的某些重要数据测量进行了预研；开辟了快中子核反应 γ 谱学分支学科，并领导热中子辐射俘获与原子核巨共振研究；负责建设中国原子能科学研究院串列加速器核物理实验室的实验区、同步辐射应用并参与建议高性能同步辐射光源的建设、开展"加速器驱动放射性洁净核能系统"的研究工作。

丁大钊 1935 年 1 月 12 日出生于江苏苏州一个普通市民家庭，曾先后在苏州纱缎小学和有原中学（现苏州市第六中学）就读。1951 年考入同济大学，一年后转入复旦大学物理系。1955 年从复旦大学物理系毕业，来到中国科学院近代物理研究所（现中国原子能科学研究院的前身），从此，他与核科学技术研究结下了不解之缘。

1956年9月，他被派赴苏联实习。在杜布纳联合研究所的4年中，他有幸成为当时中方首席科学家王淦昌的学生，从事寻找基本粒子的工作。王淦昌是我国原子核研究和宇宙线研究的主要开创者之一。从王老师那里，丁大钊学到了从事科学研究的思维方法和工作方法，这为他以后在核物理研究中不断地跨领域探索打下了坚实的基础。凭借多想多问多试的钻研精神，丁大钊发展了气泡室中分辨粒子的方法，并与实验组成员一起经过艰辛和细致的工作，发现了荷电反超子。这一发现丰富了人们对微观世界的认识，使全世界科学界以新的目光注视中国。

1960年9月，在粒子物理研究中刚刚崭露头角的丁大钊坚决拒绝苏方实验室领导人要他留下继续工作、获取学位的邀请，和周光召等人一起回国从事核物理研究。他来到了二机部中国科学院原子能研究所（简称原子能所，即现在的中国原子能科学研究院），在钱三强和何泽慧的指导下负责轻核反应实验组，开展轻核反应装置微观数据的研究及测量工作。丁大钊带领实验组成员克服生活和设备条件等方面的重重困难，白手起家，抓紧创建设备条件；系统地调研、分析国际上有关轻核反应的数据资料，完成了有关核数据编评《轻核反应调研》；提出氢弹研制所需要的一些重要实验课题（例如 $d+\mathrm{Li}$，$n+\mathrm{Li}$，$d+\mathrm{T}$，$d+\mathrm{D}$①等）供主管领导参考；组织开展低能轻核反应截面测量和快中子散射与次级中子数测量。到1964年10月，初步创造了实验条件，建立了实验方法，并测得 $d+{}^6\mathrm{Li}$ 的部分结果，为后续工作做了技术、实验设备、实验方案和人员的准备。因有上述基础，1965年初，紧急下达的9555号（简称35#）重点突击国家任务工作得以顺利开展。虽然在35#任务的成果报告书上没有他的名

---

① D指氘，T指氚。

字，但是他在这一阶段的工作依然得到了肯定。

1974 年原子能所开始建设核数据测量体系，他负责开辟中子核反应 γ 谱学测量分支学科。核数据是核能开发的基础性工作，要推进核科学在能源及其他方面的应用，需要大量的核数据。当时国际上已经把核数据工作从一般意义的核物理研究中独立出来，成为一个包括核数据实验测量和编纂评价、理论研究、编评方法研究、核数据库建设以及把微观数据转化为直接用于工程设计所需的群常数制作和宏观检验等的特殊领域。丁大钊选定了当时原子能所中子物理学科中的一个空缺分支——中子核反应 γ 射线的测量与研究。作为学科带头人，他领导实验小组因陋就简，按照先采用简单办法后建立设备的思路开展研究工作，取得良好的效果。先后在高压倍加器、反应堆及串列加速器上建设了实验终端。利用高分辨率锗探测器首次在国内获得一批 14 MeV 快中子核反应产生的 γ 射线谱。这类实验，现仍在串列加速器提供的更广的中子能区内以更高的精度进行，它补充及修正了国际上有关结果的空白与分歧，为核能研究提供了基础数据。

1973 年开始，丁大钊积极拓宽原子能所的核物理基础研究，把核数据测量与基础研究结合起来。在核物理研究的技术改造项目中重点选定引进一台高性能的大型串列静电加速器，自行研制一台用作中子源的强流短脉冲电子直线加速器，分别满足核物理基础研究和中子物理、核数据工作的需要。他积极主张将原有的回旋加速器改造成一台可变能量回旋加速器，并能加速 α 粒子。丁大钊作为项目物理组组长，将自身健康置之度外，积极为串列实验室的建设奔走。从 1977 年到 1983 年，分别在原子能所的大型串列加速器的立项、选型、布局等工作中起到了重要作用。他根据串列实验室的主要研究方向，规划实验终端布局及主要实验设备的配置、确定数据获取系统的配备及建设、组织并协调工程及工艺的实施、论证及确定第一批研究课题。该实验室于 1986 年建成后，在中子核数据测量、核结构及核反应研究、核技术及核方法应用等诸方面都发挥了无可替代的作用，成为我国核科学基础研究和应用基础研究高效运行的主要基地。然而，在 1985 年串列加速器实验室建成在望之际，正在考虑实验室建成后的运行机制及筹备第一期在该实验室进行的研究课题时，丁大钊却因肾炎加重发展到肾功能衰竭而病倒了。

1985 年以后，在与严重的疾病作斗争的同时，丁大钊仍然坚持在科研第一线指导着两个研究组开展核结构及核反应基础研究。第一个研究组自 20 世纪 80 年代初就在核反应堆上开展热中子辐射俘获研究，获得一批 sd 壳层核的数据，从中分析该核区变化规律复杂的核反应机制，补充了这些核低激发态的能级纲图，分析了能级密度，从而把普适的能级参数外推到该核区。第二研究组研制了全屏蔽反符合全能型 γ 探测器，从 80 年代后期开始，在串列加速器上开展快中子辐射俘获的研究，通过快中子在轻核上辐射俘获激发电偶极巨共振，导出 $4n$ 核上矮共振的有关参数。90 年代，该组把研究目标转向高温转动核巨共振，通过重离子熔合反应中高能 γ 射线的测量，抽取出建立在高温转动核上的巨共振参数，从中分析高温转动核形变随转动角动量演化的规律，研究高温转动核巨共振激发与入射系统质量及电荷对称性的关联，并探索建立在超形变核态上的巨共振的可能性。

20 世纪 90 年代以后，丁大钊积极参与和推动一些有关核科学技术与核能开发的战略性科研平台的建设和前瞻性研究项目的开展。他是北京串列加速器升级工程的主要建议人之一。该工程将在原有串列加速器基础上建设一个可以产生和加速放射性核束，并可开展中能中子核物理研究的加速器组合，以满足在新世纪开展低能核物理前沿领域基础研究及更广泛的核科学应用基础研究的需求。他是我国先进的第三代同步辐射光源——上海光源建设的最早的建议人之一，该光源将为我国广泛学科领域研究提供国际水准的平台。自 1995 年以来，他主持开展新型裂变能利用——加速器驱动次临界系统（ADS）的原理研究。AGS 是一种解决裂变能应用中放射性废物处置及高效利用可裂变核资源的新型核能系统。1999 年，该项研究列入国家重点基础研究发展规划（"973"项目）。

由于丁大钊在基本粒子、轻核反应和促进核物理基础研究方面的贡献，1984 年被推荐为国家级有突出贡献的中青年科学家；1991 年当选为中国科学院数学物理学部委员（中国科学院院士）；2001 年获得"何梁何利基金科学与技术进步奖"。

在基本粒子研究中的贡献

1956~1960 年，丁大钊在王淦昌指导下从事基本粒子研究，负责建设 π 介子束流输运线、气泡室照片数据分析及中性奇异粒子鉴定方法等实验条件的准备工作。其间，丁大钊提出了不同于气泡室发明者 Glawwer 对气泡室工作原理的见解，认为套用云雾室原理以离子对作为成泡核芯的理论缺乏根据，有可能由 δ 电子形成局部的过热中心才是成泡中心。

丁大钊在研究气泡室成泡机理问题中发展的一项用相对法测量气泡密度的技术，在发现反西格玛负超子（$\tilde{\Sigma}^-$）的关键环节上起了作用，成为论证 $\tilde{\Sigma}^-$ 的重要依据。

通过对（$\tilde{\Sigma}^-$）事例实验照片中未知粒子衰变点运动学的分析，确定了它的质量和寿命，从而可以确定它或是 Σ^+ 超子或是 $\tilde{\Sigma}^-$ 超子。Σ^+ 超子衰变为中子 n 和 π^+ 介子（$\Sigma^+ \rightarrow n + \pi^+$），而 $\tilde{\Sigma}^-$ 超子衰变为反中子 $\tilde{n}$ 和 π^+ 介子（$\tilde{\Sigma}^- \rightarrow \tilde{n} + \pi^+$）。因此，若能确定中性产物粒子是反中子 $\tilde{n}$ 而不是中子 n，就能确定未知粒子是 $\tilde{\Sigma}^-$ 超子而不是 Σ^+ 超子。反中子 $\tilde{n}$ 与核作用是"湮灭"反应，反中子 $\tilde{n}$ 和一个核子的质量全部转化为产物粒子及这些粒子的动能，其中一个特征产物粒子是 π^+ 介子。而中子 n 与核作用是"散裂"反应，其中那个特征产物粒子是质子 p。因此，确定中性粒子同核作用的该特征产物粒子是 π^+ 介子而不是质子 p，就成为确定中性产物粒子是反中子 $\tilde{n}$ 而不是中子 n，从而成为确定未知粒子是 $\tilde{\Sigma}^-$ 超子而不是 Σ^+ 超子的关键判据。正是利用了丁大钊发展的相对测定气泡密度的技术，通过气泡密度和粒子动量两个参数，很好地区分开质子 p 和 π^+ 介子，以高于 99.9% 的置信度确定了该特征产物粒子是 π^+ 介子，从而确立了发现 $\tilde{\Sigma}^-$ 超子的实验事件。$\tilde{\Sigma}^-$ 超子的发现扩展了人们关于粒子—反粒子对称性的认识。该工作获得 1982 年国家自然科学奖一等奖。

在此期间，他负责的主要物理分析工作是高能 $\pi^- + p$ 作用下中性奇异粒子产生规律的研究，通过角分布、动量分布和平均横向动量的综合分析，发现这些反应都发生在 0.4×10^{-13} cm 以外的范围。这一结果与同组的 π 介子多重产生研究中所得结果一致。结合这两方面的结果，可以引伸出基本粒子内部可能还有一个我们尚未触及的核芯的推断。这一结论在当时是有价值的。

在轻核反应研究工作中的贡献

1960～1964 年，丁大钊在钱三强、何泽慧领导下，负责为探索氢弹核反应过程组建轻核反应实验组。在系统地调研、分析与轻核反应装置有关的核反应截面的基础上，完成了有关核数据编评《轻核反应调研》。该报告对后续轻核反应截面的理论和实验测量工作提供了参考，特别是其中提出了请主管领导安排的一批重要实验测量课题；根据《轻核反应调研》内容，他负责开展和组织低能轻核反应截面测量和快中子散射与次级中子数测量。为原子能所在 1965 年高速、优质地完成有关部门紧急下达的国家重点突击任务 9555－1、2 及后续的 9555－3、4 等作了技术、实验设备、实验方案和人员的准备工作。

1961～1963年，他负责在400keV高压倍加器上建立低能轻核反应的实验条件，并进行^{67}Li（d，n）反应研究。初步测量的^{67}Li（d，n）（E_d = 80～300keV）数据在9555 – 1任务下达前，已被有关方面用作参考，该项目后来成为9555 – 1任务中的一个组成部分。期间研究改进了慢化型中子探测器的能量响应；在国内首先建立用伴随粒子测定快中子注量率的技术。改进慢化型中子探测器能量响应的物理思想可用于其他同类型探测器的研制上。

1963～1964年，他负责在静电加速器上开展E_n = 10～400keV能区^{6}Li（n，t）截面测量。在该工作中根据核反应近阈截面的规律利用^{7}Li（p，n）反应阈能外推方法，使在进行中子核反应测量的同时，可以更准确地刻度静电加速器能量。制定了以载^{6}Li探测器测截面激发曲线和在250keV共振峰上进行绝对测定的实验方案。为达到鉴别美、苏两家数据分歧10%的目的，确定以两种方法测定^{6}Li载量，并用光中子源精确测定坪响应中子探测器在220keV能量处效率的方法，保证了截面精度≤3%的技术指标。在当时国际上还没有keV中子能区优良的脉冲中子源条件下，这种方案是比较严格的。测出了初步的激发曲线，验证了方案的合理性和可行性。该工作后来成为9555 – 2任务的主要组成部分。

1965年秋到1966年夏，他负责E_n > 14MeV的^{9}Be（n，p）反应截面测量工作。这是核爆现场测量14MeV中子注量的一种方法探索。他以尽量接近现场可能采用的方法作实验室模拟，不采用文献中通过^{9}Be（n，p）^{9}Li反应来测量^{9}Li→β + ^{9}Be*过程中β的方法，而采用测量^{9}Li→β + ^{9}Be*，^{9}Be*→n + α + α过程中n的方法。方案的基本点是建立束流毫秒脉冲调制、高效率阱式慢化型中子探测器、多道分析器多路定标技术。测出^{9}Be*的平均寿命与文献值一致。但"文化大革命"使他的科研工作中断，测量任务于 1967 年完成。数据质量至今仍是世界上最好的。

他在轻核反应研究的实验中,物理判断正确、选题恰当、确定技术路线与实验方案严密切实、实验方法上有所创新,是优秀的学科负责人。

在开辟中子核反应 γ 谱学分支学科中的贡献

1974 年原子能所开始建设核数据测量体系,丁大钊负责开辟中子核反应 γ 谱学测量分支学科。工作分测量非弹性作用 γ 射线及辐射俘获 γ 射线两方面。技术目标是建设符合当代标准的高分辨、高效率、低本底、毫微秒飞行时间谱仪。1977 年开展 $(n, x\gamma)$ 测量,利用运动学关联伴随粒子方法,用简便的实验装置,在高压倍加器上获得了与国外在静电加速器上得到的水平相当的数据。在建设 γ 射线飞行时间谱仪的工作中,在国内首次实现了 Ge(Li)探测器的在束应用和 Ge(Li)探测器的毫微秒定时,测到了一批高质量的数据。建立的大体积 NaI 高能 γ 射线谱仪除可满足中子核反应 γ 谱学研究的需求,还可用于原子核的高激发态基础研究。这些经验对其他单位开展类似工作提供了借鉴。上述工作曾先后获得国防科工委重大科技成果奖二、四等奖。

在开拓这一分支学科的工作中,他作出了成果,培养了人才,起了学术带头人的作用。

在核物理基础研究中的贡献

自 20 世纪 70 年代中期起,丁大钊积极参与和促进原子能所的核物理基础研究工作的开展,1977～1983 年期间在原子能所的大型串列加速器的立项、选型、布局等工作中起了骨干作用。此外,他开展了中子辐射俘获和原子核高激发态的巨共振 γ 衰变两领域的研究工作。

1980～1985 年，他任串列工程领导小组下设的物理组组长，除负责串列加速器物理实验室实验区建设的日常工作外，还负责实验区布局、束流线与靶站和其探测设备的配置、数据在线获取系统的配备等工作；根据学科发展动向和工作进度，适时地调整投资、人力和技术方案，组织 Q3D 谱仪的预安装及性能测试，筹措建立具有 20 世纪 80 年代中期中等规模的用于原子核高自旋态谱学多重过滤器与反康普顿符合谱仪，确定引进 CAMAC - MBD - VAX 11/780 的 VMS 系统的 XSYS 八参数数据在线获取处理系统；组织在串列加速器上第一期实验课题论证的前期工作，保证 1986 年加速器运行时能顺利开展接近国际水平的科研工作。"串列加速器核物理实验室的建设"项目获 1988 年部科技进步奖二等奖。

1980～1985 年，他推动和指导部分同志建立热中子辐射俘获 γ 谱学研究装置，指导开展在轻核热中子俘获的研究，对一些核的结构与反应机制提供了新的认识。这些结果受到国际同行的关注，并获 1990 年部科技进步奖三等奖。

他将（n，γ）反应的测量扩展到原子核低自旋高激发态巨共振模式的研究。1981～1983 年，在高压倍加器上作了 ^{12}C（n，γ）与 ^{12}C（p，γ）反应的测量，第一批结果分析表明有可能澄清 ^{13}C 与 13N 在激发能为 10 MeV 的矮共振处所谓电荷对称性破坏的问题。

他在 20 世纪 80 年代初提出探索"高自旋巨共振态"的新课题，并考虑结合原子能院的条件开展这一探索性的工作。利用已建成的设备，探索和开展了核温度与核转动两参数对巨共振影响的前沿实验研究工作。

他在建设具有国际水平的核物理实验室及开拓前沿物理研究领域的工作中，发挥了学术负责人的组织和指导作用。

在其他研究领域中的贡献

1985～1986年，丁大钊组织有关业务骨干开展对自由电子激光的可行性和方案的研讨工作。从本单位实际出发，提出和论证射频直线加速器的方案，该工作为原子能院承担自由电子激光研究作了基础性的准备。

1992年初，他鼎力支持在北京串列加速器实验室建立放射性次级束装置，开展放射性核束物理与核天体物理的研究。

1990年夏，他兼任北京正负电子对撞机国家实验室副主任，主管同步辐射工作。一方面组织把已初步建成的同步辐射装置向全国用户开放；另一方面结合推进"七五"项目的完成，筹划新的高亮度光源的建设工作，以适应新的应用领域。

1995年，他着力开展加速器驱动次临界洁净核能系统（ADS）的原理研究。ADS被世界科学界公认为是解决大量放射性废物、降低深埋储藏风险的最具潜力的工具。为了该项研究在国内尽快开展，他积极奔走，多方努力，于1999年使该研究列入国家重点基础研究规划（"973"项目），并由他担任该项目的首届首席科学家。在此期间，他的病越来越重，但还亲自抓相关课题的开展，与各方面的骨干和专家经过反复讨论和修改，确定了项目的各个课题的研究计划。为了既确保项目目标实现，又能通过项目实施促使年轻科技骨干迅速成长，在项目开展的前期，他在安排有经验的老专家任课题组长时，还安排青年学术骨干为副组长，着力培养年轻人才。他拖着病体在他参加的最后一次ADS项目年终检查会上作了40分钟的发言，总结了ADS项目前几年的进展，指出了今后工作的重点，留下了"严格、严密、严肃、严谨"八字方针。该项目研究成果于2007年获国防科工委科技进步奖一等奖。

这些领域跨度很大的工作，体现了丁大钊作为一个成熟的核物理学家开拓新的科研领域的能力及水平。

正是秉承着"以身许国、敢为人先、勇于开拓、严谨求实"的精神，丁大钊在多年的科研工作中根据国家要求，不断学习和摸索，在核科学研究领域取得诸多成就。20世纪60年代他从事轻核反应研究，为我国氢弹研制所需的重要核数据测量作出了贡献。70年代他负责开辟快中子核反应γ谱学分支学科，取得了一批高质量的数据，并为国内其他研究单位提供了经验。80年代他领导建成了串列加速器核物理实验室，实现了几代科学家的愿望，使我国能够跻身于核物理研究的国际前沿。90年代他致力于寻求解决放射性废物、降低深埋储藏风险的途径，领导开展了加速器驱动次临界系统的研究工作。

作为一名科学家，许多优良品质都从丁大钊身上体现出来。他秉性真诚、坦率，讲求逻辑上的合理和理解上的圆满；他平易近人，为人谦逊，既有科学家的风度，又有普通人的平和心态；他追求卓越，努力探索，却甘为无名，自得其所；他历经磨难，一生波折，却始终踌躇满志，斗志激昂。如果把丁大钊的人生比作一条河流，他冲开了重重阻挠，灌溉了良田沃土；如果把他的一生比作一条道路，他不怕蜿蜒曲折，留下了新的足迹；如果把他比作一颗星辰，他打破了夜晚的黑暗，照耀着属于他的一片天空。但是，在他的眼中，他就是他自己，一名平凡的科学工作者！

沧桑岁月，是一种阅历的积累，更是一次新的飞跃的基础。"人生有涯学无涯"，在核科学领域，丁大钊不知疲倦地努力探索了一生。

（赵志祥）

简　历

1935 年 1 月 12 日　出生于江苏省苏州市

1951—1952 年　在上海同济大学物理系学习

1952—1955 年　在上海复旦大学物理系学习并毕业

1955—1956 年　任中国科学院近代物理研究所三室研究实习员

1956—1960 年　任苏联联合原子核研究所高能实验室初级研究员

1960—1983 年　任二机部北京四〇一所助理研究员、副研究员，先后担任
　　　　　　　业务组长、室副主任、室主任

1983—2004 年　任中国原子能科学研究院研究员、科技委副主任

1990—2004 年　任中国科学院高能物理所北京正负电子对撞机国家实验室
　　　　　　　副主任

1991 年　当选为中国科学院数学物理学部委员

主要论著

1　Ган－чан Ван, Цу－цзен Ван, Векслер В И, et al. Изучение взаимодействии
　　π^+ мезонов с углеродом при энергиях 250－270 MeV с помощью пропановой
　　пузырьковой камеры. ЖЭТФ, 1958, 35: 899.

2　Da－zhao Ding. Production of Neutral strange particles in the interaction of
　　6.8 GeV/c π－meson with proton. Proceedings of 1959 International conf. on
　　High Energy physics, Kiev, 1959.

3　Da－zhao Ding. A 8.3 GeV/c π－meson beam. Proceedings of International
　　Conf. on High Energy Accelerator, Geneva, 1959.

4　Дачжао Динг. Рождение антипротонов при взаимодействии π－мезонов
　　с нуклонами. ЖЭТФ, 1960, 38: 1010.

5　Дачжао Динг. Исследование упругого рассеяния π－мезонов при
　　импульсом 6.8 GeV/c на протонах с помощью пропановой пузырьковой
　　камеры. ЖЭТФ, 1960, 38: 416.

6　Дачжао Динг. Рождение $\sum^-$－гиперона отрицательными π－мезонами с импульсом 8. 3 BeV/*c*. ЖЭТФ, 1960, 38: 1356.

7　Дачжао Динг. К вопросу о несохране闻 чётности в сильных взаимодействиях с участием странных частиц. ЖЭТФ, 1960, 38: 1854.

8　Ган – чан Ван, Цу – цзен Ван, Да – цао Дчн, et al. Рождение Λ^0 (Σ^0) – гиперонов и K^0 – мезонов в π^- – p взаимодействиях при импульсе π – мезонов 6. 8 ±0. 6 BeV/*c*. ЖЭТФ, 1961, 40: 464.

9　Дачжао Динг. Рождение Ξ^- – гипронов π^- мезонов с импульсом 7 и 8 BeV/*c*. ЖЭТФ, 1961, 40: 743.

10　Дачжао Динг. Неупругие взаимодействиях π^- мезонов с импульсом 6. 8 BeV/*c* с нуклонами. ЖЭТФ, 1961, 41: 1461.

11　丁大钊. 轻核反应调研. 原子能研究所内部报告, 1961.

12　洪润生, 蔡敦九, 丁大钊, 等. 长计数管效率的校准. 原子能科学技术, 1964, 10: 926.

13　石宗仁, 石侠民, 丁大钊, 等.14. 9 MeV 中子与 C, F, Mg, Al, Si, Fe 和 Cu 作用中 γ 射线的产生. 原子核物理, 1979, 1: 45.

14　黄正德, 曹忠, 丁大钊, 等. 一个飞行时间技术的快中子核反应 γ 射线测量装置. 原子核物理, 1980, 2: 229.

15　Da – zhao Ding. The radiative capture of 14. 2 MeV neutron by ^{56}Fe and ^{238}U and the pre – equilibrium Model of Fast Neutron Capture. Proc. of Forth Conf. on Neutron Capture Gamma Ray Spectroscopy, Grenoble, 1981. 512.

16　沈荣林, 石侠民, 丁大钊, 等. 一个测量快中子与核非弹性作用 γ 射线 Ge（Li）谱仪. 原子核物理, 1982, 4: 59.

17　张明, 石宗仁, 丁大钊, 等. ^{23}Na 热中子辐射俘获反应的研究. 原子核物理, 1987, 9: 307.

18　Da – zhao Ding. Study of the thermal neutron radiative capture ^{31}P（*n*, γ）reaction. Chinese J. Nucl. Phys. , 1989, 43 (2): 11.

19　丁大钊, 姜晓明. 对我国同步辐射发展的思考. 中国科学院院刊, 1995, 01: 37.

20　丁大钊, 方守贤, 何祚庥. 加速器驱动的核电站亟待开发与研究. 中国科学院院刊, 1997, 02: 116.

21　丁大钊. 原子核物理进展. 上海: 上海科学技术出版社, 1997.

22　丁大钊. 加速科学研究与技术开发、建设新世纪的核工业体系. 中国核工业，1999，06：12.

23 丁大钊．中子物理学——原理、方法与应用．北京：原子能出版社，2001.

24 丁大钊，傅世年．加速器驱动放射性洁净核能系统．现代物理知识，2001，01：20.

25 丁大钊．加速器驱动洁净核能系统的物理及技术基础研究．中国基础科学，2001，01：13.

张宗烨

（1935—　　）

张宗烨，理论核物理学家，中国科学院院士。在原子核的相干结构、超核的超对称态、强子结构和强子-强子相互作用的夸克模型以及多夸克态的研究等方面取得了一系列成果。预言了 ${}^{9}_{\Lambda}\text{Be}$ 和 ${}^{13}_{\Lambda}\text{C}$ 的第一激发态分别为超对称态，并被实验所证实；给出了单胶子交换正反夸克对产生的传递位；提出了用手征 SU（3）夸克模型来统一描述 u、d、s 系统，成功地解释了氚核结合能、核子-核子各个分波的散射相移以及超子-核子的截面；研究双重子和重子-介子系统，指出 $(\Omega\Omega)_{0^+}$ 是具有夸克聚集效应的双重子态并预言了其能量。

张宗烨，1935 年 1 月 29 日出生在北京。父亲是燕京大学哲学系的教授，母亲是家庭妇女。3 位兄长都比她年长许多，大哥张宗炳生前是北京大学生物系教授，二哥张宗燧是著名的理论物理学家。她是家中老小，又是独生女，从小身体弱，家里对她的期望值不高，学习上没有受到什么压力。她小学就读于辅仁大学附属小学，学习成绩中上；初中时贪玩，时常不按时完成作业，直到考高中时，受到刚从美国回来的二哥的影响，感到与哥哥们相比，自己的差距太大了，从此开始发奋读书。高中就读于贝满女中，在物理老师孙念台和数学老师张继毅的引导和鼓励下，她深深地喜爱上了这两门功课，不仅课内的学习成绩优秀，还做了大量的课外习题，并阅读了许多课外读物。

　　1952 年，张宗烨顺利考入北京大学物理系。当时刚刚完成了院系调整，要求知名教授都要到第一线去教基础课，张宗烨所在年级的普通物理由黄昆讲授，热力学和统计物理由王竹溪讲授，电动力学由胡宁讲授，这使她受益匪浅，打下了扎实的理论基础。大学时期的生活很生动，物理系的女同学少，因此大部分时间是在与男同学交流，开始时，她不太习惯，后来感到男生的想法很有启发性，与他们讨论更加活跃了她自己的物理思想。在相互讨论和学习中，她与同班同学余友文相爱了。1956 年，他们很幸运地一同被分配到了中国科学院原子能研究所（当时称为中国科学院近代物理研究所），任研究实习员，在于敏和邓稼先领导的原子核理论组工作。她的第一项研究工作就是在邓稼先的指导下完成的。于敏对物理问题的深刻认识给了她极大的启发。在他们的指导下，她逐步学会了如何做科学研究工作。

　　1958 年，全国各地都派人到中国科学院原子能研究所来进修。当时的口号是"大家办原子能"，突然间组里多出了近 20 个人，原来的组员都成了"老同志"，张宗烨也被"逼"当上了核结构小组的组长。这段经历使得她的科研和组织能力都大大提高了。1961 年，这个做纯基础研究的小组由北京房山区搬回海淀区中关村，继续进行核结构和核反应的理论研究。张宗烨这时开始在中国科学技术大学近代物理系兼课，讲授"原子核理论"。这是她第一次讲课，她认真备课，力求讲清楚物理图像，讲课效果相当好；在教学相长中，她本人也收获许多。20 世纪60 年代初，在于敏的指导下，他们提出了原子核的相干结构模型。该模型的数学表达式非常简单，物理图像却十分清晰，是原子核中"超导"运动形态的一个推广。这项成果在1966年度北京物理讨论会上获得好评。

1973年，以原子能研究所中关村分部为主体，成立了中国科学院高能物理研究所。1975年，中断了近10年的研究工作终于逐步得到了恢复。这时，张宗烨将其研究方向转为了中高能核理论。原因之一是时隔10年，国际上原子核理论的研究有了很大的进展，出现了新的生长点，中高能核物理是其中之一；原因之二是，她所在的组属于中国科学院高能物理研究所理论室的一个组。经过调研，张宗烨选择的课题是超核结构的研究。超核中包括3种粒子：中子、质子和超子，比一般的原子核多了一种超子，因此，超核有可能形成更高的空间对称性——超对称态，并且预计这些超对称态具有较低的能量。1975～1980年间，他们用群论方法给出了自旋味道空间 $SU_s(2) \otimes SU_f(3)$ 超级多重态分类的结构。预言了 $^9_\Lambda Be$ 和 $^{13}_\Lambda C$ 的第一激发态分别为超对称态 [5] 和 [54]，相应的能量为10.5MeV和11.5MeV。该预言在1981～1983年间被美国Brookhaven国家实验室（BNL）的实验所证实，理论预言比实验早了3～5年。超核中存在超对称结构，这一结论受到国际同行的密切关注。

1978年，中国迎来了科学的春天。为推动我国粒子物理和核物理的研究，钱三强先生于1980～1981年间分别组织了粒子物理和核物理国际讲习班，邀请国外的华裔科学家来讲课，为国内科研工作者走向国际前沿创造条件。钱先生选派张宗烨担任冬季核物理讲习班的学术秘书。她积极参与，在为与会者热心服务的同时，也开阔了眼界，增进了对国际研究现况的了解，认识到核物理与粒子物理的交叉是核物理的一个重要前沿，随后开始了核内夸克及核力的夸克模型的研究。她和余友文选择在夸克模型基础上研究重子–介子顶角函数的结构作为第一个研究课题。他们从单胶子交换出发，导出产生一对正反夸克对的传递位，采用这个位势及合理的单胶子交换耦合常数，计算了一系列核子－介子顶角耦合常数，得到与实验值相符合的结果。该成果受到了国际同行的重视。

1984 年，张宗烨得到了德国马普学会交换学者的机会，赴德国图宾根（Tuebingen）大学理论物理研究所访问。自此开始了与该所 Amand Faessler 教授长期密切的合作关系，之后又多次访问该所，双方开展了在核力的夸克模型方面的合作。

随后，张宗烨与余友文合作，将手征 SU（2）模型发展为包括 s 夸克的手征 SU（3）夸克模型，成功地解释了氘核结合能、核子—核子（NN）各个分波（S，P，D，F，G）的散射相移以及超子—核子的截面。在此基础上，又做了一系列的改进和推广，其中主要包括：①提出了推广的手征 SU（3）夸克模型，将矢量介子交换考虑了进来；②推广到包括反夸克的情况，研究了一系列重子－介子和介子－介子系统的结构及它们的相互作用；③推广到包含重夸克（c，b）的情况，考查了一些含重夸克系统的介子－介子分子态的结构。

与此同时，他们系统地分析了双重子态和多夸克态的结构及存在的可能性。通过分析两个基态重子之间的夸克交换效应，他们看到有一类情况的夸克交换效应很小，几乎可以忽略不计，例如 NN，NΛ 等；而另一类情况的夸克交换效应提供了很强的 Pauli 阻塞效应，两个重子之间有很强的排斥心；还有一类情况，夸克交换效应可以使得两个重子靠近，即产生聚集效应，这时有可能形成双重子态。在众多的两个重子体系中，他们发现只有 $(\Omega\Omega)_{0^+}$，不仅结合能大，而且有较长的寿命，约为 10^{-10} 秒，是个有趣的双重子态，可惜的是其生成几率很少。尽管如此，它仍然引起了实验物理学家的兴趣，被列入 RHIC－STAR 的研究规划，随后，他们又在手征夸克模型的基础上，研究了五夸克态、四夸克态以及一系列的强子－强子分子态，得到许多有兴趣的结果。

1999 年，张宗烨当选为中国科学院院士。2006 年，她与魏宝文、詹文龙、沈文庆、陈和生、陈森玉等 5 位院士联名建议，成立"中国科学院大科学装置理论物理中心"，得到中国科学院的支持。该中心于 2007 年正式成立，对我国大科学装置上做出优秀的物理成果起到了重要的推动作用。

原子核的相干对和相干涨落模型

20 世纪 60 年代，在于敏的指导下，他们共同提出了原子核的相干结构模型。该模型的物理图像十分清晰，认为核内的核子配成"相干对"时，这些状态的能量最低。这种"相干对"的角动量，不仅可以为 0（即超导对），还可以为 2，4，…，它们的数学表达式非常简单。在此基础上，他们又给出了 3 个粒子和 4 个粒子的相干结构模型。用简单的 δ 型相互作用，成功地解释了 ^{16}O 附近原子核 ^{18}O，^{19}F 和 ^{20}Ne 的低激发态结构。随后，他们进一步提出相干对的涨落模型，很好地描述了 ^{16}O 的低激发态性质。这些成果在当时处于国际领先水平。

超核的超对称结构

超子被束缚在原子核内形成超核。由于超核中包含中子、质子和超子 3 种粒子，因此可以形成更高的空间对称性。通常，由中子和质子构成的原子核中最高的空间对称性为［4］，具有这种对称性的态的能量最低。超核中多了超子，所以它可以有对称性为［5］或［6］的态。1975～1980 年间，他们将 Wigner 在自旋同位旋空间中 $SU_s(2) \otimes SU_t(2)$ 超级多重态分类方法做了推广，用群论方法给出了自旋味道空间 $SU_s(2) \otimes SU_f(3)$ 超级多重态分类的结构。采用包含 SU(2) 和 SU(3) 群的 casmiar 算子的相互作用普遍形式，研究了一系列轻超核 1p 壳激发态的性质。

指出$^9_\Lambda$Be 和$^{13}_\Lambda$C 的第一激发态分别为超对称态 [5] 和 [54]，预言它们的能量分别为 10.5MeV 和 11.5MeV，并讨论了它们的生成几率。该预言于 1981～1983 年间被美国 Brookhaven 国家实验室（BNL）的实验所证实，他们实验所得的$^{13}_\Lambda$C 的第一激发态的能量为 10.5MeV，经过分析，认为这个态的主要成分为超对称态 [54]，与张宗烨等人预言的能量仅差 1.0MeV。张宗烨等人的理论预言比实验早了 3～5 年。虽然当时刚刚改革开放，该项工作的论文单篇引用就超过了 40 次。超核中有超对称态的存在，在国际上被认为是超核结构研究中的一项重要进展。

强子结构与强子－强子相互作用

人们公认，强子由夸克和胶子构成，强相互作用的基本理论是量子色动力学，大家还知道，在核子层次上可以相当好地描述原子核的结构。因而，如何建立强子层次与夸克胶子层次之间的联系，探讨在什么情况下有夸克自由度的表现，从基本理论上统一认识强子物理的现象和原子核的结构是强作用理论的一个关键问题。张宗烨与其合作者在这些方面开展了一系列的研究。

正反夸克对产生的传递位

1983～1984 年，张宗烨等人首次从单胶子交换出发，推导了产生一对正反夸克对的传递位，分别给出了这个传递位势在动量表象和坐标表象中的表达式。采用这个位势及合理的单胶子交换耦合常数，研究了一系列强子－强子的顶角函数。计算结果对核子－介子（NNπ，NNη，NNρ，NNω）顶角耦合常数的实验值给出了满意的解释，他们并从理论上导出了这些顶角的形状因子。从这些顶角函数出发，他们进一步得到了 2 个重子间的介子交换势，这个势与强子层次的介子交换势的性质相一致。同时还计算了一些 1 个介子衰变到 2 个介子的衰变宽度，得到了与实验相符合的结果。该项工作作为从夸克层次上认识强子－强子的耦合结构提供了一个途径。这一成果受到国际同行的重视和广泛引用。

手征 SU（3）夸克模型

为统一描述 u、d、s 夸克系统的实验现象，张宗烨与合作者将手征 SU（2）模型发展为包括 s 夸克的手征 SU（3）夸克模型。在一套参数下，先计算重子基态的质量，然后用动力学方法系统地研究了氘核结合能、核子 - 核子（NN）各个分波（S，P，D，F，G）的散射相移，以及超子 - 核子（$\Lambda p \rightarrow \Lambda p$，$\Sigma^+ p \rightarrow \Sigma^+ p$，$\Sigma^- p \rightarrow \Sigma^- p$，$\Sigma^- p \rightarrow \Sigma^0 p$，$\Sigma^- p \rightarrow \Lambda n$）的截面，所得结果与大量的实验符合很好，表明该模型既具有 QCD 精神为基础，又能解释大量的实验，是具有相当生命力的。

以此为基础，他们又提出了推广的手征 SU（3）夸克模型。在该模型中，夸克之间的短程作用机制主要为矢量介子交换，而不是手征 SU（3）夸克模型中的单胶子交换。通过比较这两个模型的结果，可以考查夸克之间的短程作用机制是单胶子交换或矢量介子交换，还是两者都需要考虑。随之，他们又做了两个重要的推广：一是推广到包括反夸克的情况，研究了一系列重子 - 介子和介子 - 介子系统的结构及其相互作用；一是推广到包含重夸克（c，b）的情况，考查了一些含重夸克系统的介子 - 介子的分子态结构，得到不少有趣的结果。

双重子态和多夸克态的研究

由于手征 SU（3）夸克模型可以解释大量的实验，张宗烨等人试图采用同样的参数去预言一些可能的双重子态和多夸克态。首先，他们系统地分析了两个基态重子之间的夸克交换效应，从分析中看到：一类情况夸克交换效应很小，几乎可以忽略不计，例如 NN，NΛ 等，这时重子中的夸克效应可以忽略不计，从这里可以理解为何在核子层次上可以相当满意地描述原子核结构的原因；另一类情况夸克交换效应提供很强的 Pauli 阻塞效应，这时两个重子之间有很强的排斥心；还有一类情况，夸克交换效应可以使两个重子靠近，即产生聚集效应，这时有可能形成双重子态。在众多的两个重子体系中，他们发现只有 6 对（$(\Delta\Delta)_{ST=30}$，$(\Delta\Delta)_{ST=03}$，$(\Delta\Sigma^*)_{ST=3\frac{1}{2}}$，$(\Delta\Sigma^*)_{ST=0\frac{5}{2}}$，$(\Xi^*\Omega)_{ST=0\frac{1}{2}}$，$(\Omega\Omega)_{ST=00}$）情况具有明显的聚集效应，而且只有 $(\Omega\Omega)_{00}$ 具有较长的寿命，它不能发生强衰变，只有弱作用的衰变，寿命约为 10^{-10} 秒，其他五个态都可以发生强衰变，所以寿命短。在此分析的基础上，他们用手征 SU（3）夸克模型，并采用符合 NN 散射相移和氘核结合能的同样参数，求解共振群动力学方程，认真研究了一系列两个重子系统的能量，主要有 H 粒子，$(\Delta\Delta)_{30}$，$(\Delta\Delta)_{03}$，$(\Xi^*\Omega)_{0\frac{1}{2}}$，$(\Omega\Omega)_{00}$，以及 N$\Omega$ 等。结果发现，正如所分析的那样，$(\Omega\Omega)_{00}$ 的确具有几十 MeV 至 100MeV 的结合能，是一个深束缚态。这一结果引起了同行的广泛兴趣，已被列入 RHIC - STAR 的研究规划。虽然在相对论性重离子碰撞中产生 $(\Omega\Omega)_{00}$ 的事例数很少，但实验物理学家仍然计划在实验中寻找到这个有兴趣的双重子态。

2003 年，日本 Spring - 8 宣称在实验中观测到了所谓的"五夸克态"Θ 粒子，随后，又有不少实验室随声附和，成为当时最热点的课题之一。张宗烨与合作者采用群论方法写出了各种量子数的 5 个夸克组态的基，并用手征 SU（3）夸克模型计算了它们的能量，结果指出，在合理的参数范围内，理论结果比实验值高 200~400MeV。两年之后，大量高统计量的实验都宣布没有观测到这个粒子。他们的这一工作是最早给出 Θ 粒子能量的理论计算数值的工作之一，也是最早对所谓的"五夸克态"不支持的理论工作。

张宗烨热爱祖国。自 1956 年参加工作以来，她一直兢兢业业地开展原子核理论和强子物理理论的研究，对所从事的研究工作充满着浓厚的兴趣和热情。她的物理思想很活跃，看问题尖锐，分析问题深刻，做学术报告很生动。她为人谦和，但在原则问题上坚决坚持正确的立场。她的学风很严谨，对自己和学生都要求十分严格。她认识到培养人才对发展科学的重要性，努力做好培养研究生的工作。年过七旬的她，仍然坚持工作在科研和培养学生的第一线，力争为祖国的科学事业再多做一些贡献。

（叶　文）

简　历

1935 年 1 月 29 日　出生于北京

1949—1952 年　在贝满女中学习

1952—1956 年　在北京大学物理系学习

1956—1961 年　任中国科学院原子能研究所实习研究员

1961—1973 年　任中国科学院原子能研究所助理研究员

1973 年　历任中国科学院高能物理研究所，副研究员、研究员

1984—1992 年　先后 6 次访问德国 Tuebingen 大学理论物理研究所，访问教授

1999 年　当选为中国科学院院士

主 要 论 著

1　You – wen Yu, Zong – ye Zhang, Min Yu. A fermi system giving the equally – spaced spectrum. Acta Physica Sinica, 1963, 19：483；Scientia Sinica, 1964, ⅩⅢ：1919.

2　余友文，张宗烨，于敏. 关于^{19}F 和 ^{20}Ne 相干能级的结构. 物理学报，1965，21：542.

3　张宗烨，余友文，朱熙泉，等. 原子核在短程力下的相干效应. 科学通报，1965，10（1）：1.

4　张宗烨，余友文，朱熙泉. ^{16}O 的偶宇称态的结构（Ⅰ）. 物理学报，1965，21：897.

5　张宗烨，刘建业. 关于^{16}O 的基态涨落. 原子能，1966：236.

6　Zong – ye Zhang, You – wen Yu, et al. The Structure of the Nuclei Around ^{16}O（Ⅱ）The fluctuation effect. The Report on the International Symposium on Physics, Beijing, China, 1966.

7 张宗烨, 厉光烈. 超核激发态的对称性分类 (短信). 物理学报, 1976, 25: 172.

8 张宗烨, 厉光烈. 超核激发态的对称性分类. 物理学报, 1977, 26: 467.

9 Zong – ye Zhang, Guang – lie Li, Jian – ping Shen. SU $_{3}$ group classification for excited states of hypernuclei structure and production of supersymmetric states. Transactions of the New York Academy of Sciences, Series II, Volume 40, 1980, 247.

10 Zong – ye Zhang, Guang – lie Li, You – wen Yu. SU_3 group classification for the energy spectrum and production probabilities of $^{13}_{\Lambda}$C. Physics Letters B, 1982, 108: 261.

11 Zong – ye Zhang, You – wen Yu. A phenomenological transition potential $V_{q \to qq\bar{q}}$ derived from QCD theory. Commun. in Theor. Phys. , 1983, 2: 783.

12 余友文, 张宗烨. 由单胶子交换传递势 $V_{q \to qq\bar{q}}$ 计算核子–介子顶角相互作用. 高能物理与核物理, 1983, 7: 575.

13 You – wen, Zong – ye Zhang. Nucleon – meson vertex functions and isobar – meson vertex functions from the quark potential model. Nucl. Phys. A, 1984, 426: 557.

14 余友文, 张宗烨, 沈彭年, 等. 夸克–夸克等效相互作用与手征对称性. 高能物理与核物理, 1995, 19: 441.

15 You – wen Yu, Zong – ye Zhang, Peng – nian Shen, et al. A quark – quark potential from chiral symmetry. Phys. Rev. C, 1995, 52: 3393.

16 张宗烨, 余友文, 戴连荣. SU (3) 模型中夸克与手征场的相互作用. 高能物理与核物理, 1996, 20: 293.

17 Zong – ye Zhang, You – wen Yu, Peng – nian Shen, et al. Hyperon – nucleon interactions in a chiral SU (3) quark model. Nucl Phys. A, 1997, 625: 59. (The memorial volume of C. Dover).

18 余友文, 张宗烨, 袁秀青. 六夸克集团态的研究. 宁夏大学学报 (自然科学版), 1998, 19: 346.

19 You – wen Yu, Zong – ye Zhang, Xiu – qing Yuan. The energy of six quark cluster system. Commun. Theor. Phys. , 1999, 31: 1.

20 Xiu – qing Yuan, Zong – ye Zhang, You – wen Yu, et al. $\Delta\Delta$ dibaryon

structure in chiral SU (3) quark model. Phys. Rev. C, 1999, 60: 045203.

21 Zong – ye Zhang, You – wen Yu, Xiu – qing Yuan. A study of six quark cluster states in chiral SU (3) quark modle. Nucl. Phys. A, 2000, 670: 178c.

22 Peng – nian Shen, Zong – ye Zhang, You – wen Yu, et al. Structure of H – dihyperon. Chinese Phys. Lett. , 2000, 17: 7.

23 Z Y Zhang, Y W Yu, C R Ching, et al. Suggesting a di – omega dibaryon search in heavy ion collision experiments. Phys. Rev. C, 2000, 61: 065204.

24 Q B Li, P N Shen, Z Y Zhang, et al. Dibaryon systems in chiral SU (3) quark model. Nucl. Phys. A, 2001, 683: 487.

25 张宗烨, 余友文. 两重子体系夸克效应的分析. 高能物理与核物理, 2002, 26: 712.

26 Y W Yu, P Wang, Z Y Zhang, et al. Di – omega $(\Omega\Omega)_{J\pi=0+}$ production cross section calculation. Phys. Rev. C, 2002, 66: 015205.

27 Z Y Zhang, Y W Yu, P Wang, et al. An extended chiral SU (3) quark model. Commen. Theor. Phys. , 2003, 39: 569.

28 Lian – rong Dai, Zong – ye Zhang, You – wen Yu, et al. NN interactions in the extended chiral SU (3) quark model. Nucl. Phys. A, 2003, 727: 321.

29 F Huang, Z Y Zhang, Y W Yu. Resonating group method study of kaon – nucleon elastic scattering in the chiral SU (3) quark model. Phys. Rev. C, 2004, 70: 044004.

30   F Huang, Z Y Zhang. NK and ΔK states in the chiral SU (3) quark model. Phys. Rev. C, 2004, 70: 064004.

31 F Huang, Z Y Zhang, Y W Yu, et al. A study of pentaquark Θ state in the chiral SU (3) quark model. Phys. Lett. B, 2004, 586: 69.

32 F Huang, D Zhang, Z Y Zhang, et al. Coupled – channel study of ΛK and ΣK states in the chiral SU (3) quark model. Phys. Rev. C, 2005, 71: 064001.

33 D Zhang, F Huang, Z Y Zhang, et al. Further study on 5q configurations in the chrial SU (3) quark model. Nucl. Phys. A, 2005, 756: 215.

蒋民华

(1935—)

蒋民华，晶体材料学家，中国科学院院士。从事功能晶体的研究，在 DKDP 晶体亚稳相生长理论和方法方面取得了有影响的成果；在 KTP 晶体的助熔剂生长方面取得了突破，首先用助熔剂法批量生长非线性光学晶体；探索并生长出非线性光学晶体 LAP，形成了半有机非线性光学材料的新方向。

蒋民华，1935 年 8 月 16 日出生于浙江古城临海一个小职员的家里。小时候父亲就经常给蒋民华讲郑虔的故事：这位唐代台州文化教育的启蒙者和先行者被贬谪到台州后，广设蒙馆，传道、授业、解惑，成为台州人民心中为人师表的典范。耳濡目染，从小蒋民华就对教师充满了崇敬，早早地在心里种下了"做一名为人师表的教师"的种子。上中学时，蒋民华遇到两位终身难忘的老师，物理和化学老师。他们生动的讲课、优秀的品格，熏陶、激发了他对物理、化学的浓厚兴趣，不仅使他打下扎实的物理、化学基础，也培养了蒋民华优秀的品格，激发了他为国家作出贡献，为家乡人民争得荣誉的决心。

1952年，蒋民华提前中学毕业，以第一志愿考入了山东大学化学系，走进他向往已久的大学校门，开始了他的青春的追梦历程。

1956年蒋民华以全优的成绩提前毕业留校工作，1958年起一直从事功能晶体材料的研究。他曾主持并直接参加了数十种高新技术单晶的研究工作。20世纪50年代末研制的酒石酸钾钠（KNT）大晶体曾闻名国内，60年代初他领导研制的磷酸二氢铵（ADP）大单晶获国家计委、经委、科委授予的工业新产品二等奖。70年代，他和他的同事们通力合作研制的亚稳相生长磷酸二氘钾（DKDP）晶体获山东省科技成果奖一等奖。20世纪80年代以来，他主持的磷酸钛氧钾（KTP）晶体生长的研究和开发获国家科技进步奖二等奖和发明专利，并出口日、美等国，实现我国高技术产品出口"零的突破"。蒋民华还指导了探索新晶体材料的工作，较好地解决了有机非线性光学晶体探索中存在的共轭基团非线性效应和紫外透光特性互相制约而产生的困难，成功地找到了一种新的有机非线性光学材料—L精氨酸磷酸盐（LAP）。该晶体不仅具有较大的非线性极化率和短的吸收边，而且还具有高的抗光伤阈值和易从溶液中生长出大尺寸晶体的优点，LAP的发现引起了国际上的重视，1988年该项成果获得了国家发明奖一等奖。在LAP的基础上进一步开拓了将有机基团和无机基团结合起来的有机金属配合物非线性光学晶体材料研究领域；发现了许多性能不错的新晶体，形成了有特色的半有机非线性光学材料新方向，其成果获得了山东省科技进步奖一等奖（1999）。在晶体材料改性和功能复合方面，他指导研制成功激光自倍频硼酸铝钇钕（NYAB）晶体，在国际上首先实现了绿光输出，获得了1988年国家教委科技进步奖一等奖。此外"四方相钽铌酸钾晶体"（1995年）和"实现半导体激光倍频输出新晶体"（1996年）也均获得了国家教委科技进步奖一等奖。

在长期的研究过程中蒋民华审时度势，不断扩展新的研究方向，如80年代中期开始化合物半导体MOCVD生长薄膜超晶格材料研究（"863"课题）和90年代末开始的双光子聚合带隙材料研制等。在他的指导下，国家重大科技项目"半导体发光器件外延工艺及管芯技术"通过鉴定验收，形成了年产管芯5亿粒，外延材料4万片的生产能力，产品指标达到同类产品国内领先水平。这对打破我国高亮度发光二极管外延片及管芯依赖进口和发展有自己知识产权的高新技术产品具有重大意义。在此基础上，他又适时抓住机遇，切入宽禁带半导体单晶领域，实现跨越式发展。

在研制高技术所需要的各种人工晶体的同时，蒋民华也十分重视学科建设和人才的培养工作，他是凝聚态物理和材料学两个学科的博士生导师，80年代以来，他培养出来的硕士生、博士生现在遍布世界各地，许多已经成为国际功能晶体领域的佼佼者和新星。他结合国家科研任务指导研究生进行晶体生长和晶体材料基础研究，既出成果，也培养了人才。如LAP，NYAB，有机金属配合物新晶体以及薄膜晶体生长方面的成果都是以研究生为主力取得的，其中有许多人已作出突出贡献，成长为长江学者和新的学术带头人。

蒋民华曾任山东大学晶体材料研究所所长、晶体材料国家重点实验室主任、国家高技术研究发展计划（"863"计划）新材料领域第三届专家委员会首席科学家等职。现为中国硅酸盐学会晶体生长与材料分会理事长和中国仪器仪表学会功能材料分会理事长，全国人大代表。国际晶体生长组织（IOCG）理事和执委会委员，美国光学学会会士（Fellow）。作为我国公认的人工晶体学术带头人之一，他还为发展我国人工晶体事业并为中国人工晶体走向世界而努力工作。他担任晶体生长和晶体材料分会理事长，积极组织和参加国内外学术交流活动，经过多年努力使我国加入了国际晶体生长组织，并促成海峡两岸同行交流和合作。他连续应邀担任第七至第十三届国际晶体生长会议国际咨询委员会委员，曾连续被选为国际晶体生长组织的理事和执委会委员，当选为第三届亚洲晶体生长与技术会议主席，成功地争取到国际晶体生长会议（ICCG－16）的主办权。2008年被亚洲晶体生长协会授予亚洲晶体生长与晶体技术奖（CGCT Award），为提升中国人工晶体的国际地位作出了贡献。

在国内定要干出个样子来

在大学学习期间，蒋民华最有兴趣的两门课是无机化学和物理化学。金刚石、石墨元素相同而性能迥异的事实引发了他对晶体的兴趣，原来晶体的性能和结构的关系那么重要，从而激发了他对知识的渴求。4年的大学生活他惜时如金，求知若渴，一个个不眠之夜，一张张圆满考卷使他成为学校为数不多的全优生之一，因而倍受老师和同学的关爱。

然而风华正茂的他，却经受了人生的第一次挫折，在20世纪50年代，去苏联留学是每一位学子的梦想和光荣。1953年，蒋民华以优异的成绩考取了留苏预备生。可是好事多磨，就在蒋民华壮志满怀时，无情的涉台社会关系打碎了他的梦想。痛苦的他一个人跑到故宫御花园坐了一整天，"该怎么办，就这样算了？"这个问题一直盘旋在他的脑海，但他相信人要有志气，不能就这么被挫折打败。于是他暗暗下了决心，即使不能出国留学，也要在国内创出一番事业。

命运总会眷顾勤奋刻苦、自强不息的人，在毕业留校后不久，机遇来了。校系领导选派他到厦门大学跟著名的晶体学家卢嘉锡进修晶体学。卢先生渊博的学识和风趣生动的讲课将他带入奇妙的晶体世界。如果说公式和群论还比较抽象，则制作大量晶体的宏观和微观模型以及接触晶体测量和测定晶体结构的实验，使他对晶体的微观特征——周期性和宏观特征——对称性及各向异性等有了较本质的认识。到了学习晶体的物理性质时，则有了渐入佳境的感觉。记得卢先生讲了一个令他印象很深的例子，利用晶体的压电效应来校表，几秒钟即可完成，而毋须 24 小时才见分晓。原来晶体在科学技术上是那么有用。青春热血激起他无限的创造欲望——制造这类技术晶体，开辟属于自己的一片天地。

于是蒋民华心中萌发了制造这些技术晶体的强烈愿望，但那时他还从未与真实的晶体打过交道。说来也巧，1958 年热火朝天的勤工俭学活动提供了难得的实践活动，学成归来的蒋民华回到了山东大学后立即投入了压电晶体的生长工作。从此，开始了他与人工晶体的不解之缘。

"碎裂是单晶的软肋"

1958 年，蒋民华开始了他晶体生长的生涯，起步的晶体是水声、电声用的压电晶体酒石酸钾钠（KNT）。当时的人工晶体在国外是刚刚兴起，在国内还鲜为人知。人工晶体什么样？晶体如何生长？没有经验、没有设备、没有内行，一切从零开始。

蒋民华至今还清楚地记得培养第一块 KNT 单晶的情景：当时的条件极其简陋，用金鱼缸当恒温槽，以标本瓶做育晶器，原料则由张裕葡萄酒厂发酵酿酒时析出的酒石转化而成。把晶芽粘在玻璃棒上作籽晶。从调研、配方、生长到测试，这一干就是两天两夜。当时虽然时值深秋，然而实验室却如蒸笼般的闷热难熬，蒋民华和同伴们汗如雨下，日夜不停地围着恒温槽转。恒温槽里的籽晶在旋转，他的心也随着晶体的生长在跳动，蒋民华两天两夜没合眼，像照看婴儿一样，悉心呵护，唯恐有一点闪失。看着转动中晶体一点点长大，他心里有说不出的高兴。他心花怒放，忘了疲劳。当美丽而娇嫩的晶体在取出后因温差而在手中炸裂时，他的心也像碎了一样。此后，他对"结晶"的含义才有了切身的体会。也开始懂得了"细节决定成败","碎裂是单晶的软肋"的真理。经过数年的努力，蒋民华和他的同事们终于突破了培养大晶体的关键技术，成功地捧出了第一块重达10kg的KNT大单晶。

20世纪60年代，蒋民华又把主攻方向转向综合压电性能更为优良的磷酸二氢铵（ADP）晶体，终于找到最佳的生长条件，长出了高质量的ADP大单晶，满足了声呐试验的需要。

蘑菇要到森林中去采

20世纪80年代以前，我们所生长的都是国外已有的晶体，关键是如何努力长得更大、更好，而发展自己的新材料，攀登晶体材料的"处女峰"则是蒋民华追求的另一个目标。1979年他第一次有机会跨出国门，来到德国科隆大学结晶研究所进行短期访问和交流。老所长豪休教授对探索新晶体的理论和实践造诣颇深，他生长并测量过数百种新晶体，蒋民华在与他交谈中受到很多启发，他把探索新材料比作在大森林中采蘑菇，不要期望一下就能发现一个大蘑菇，要悠然自得地在林中漫步，这样常常会有意外的收获。新晶体搞多了，在选择对象时甚至到了在化学试剂手册中随机翻取的程度。在豪休教授研究过的众多新晶体中确实也有"大蘑菇"，碘酸锂晶体就是其中一个。豪休并不指望蒋民华在3个月内能干点什么事，要他自己安排到各个实验室转转。但蒋民华这个探索新材料的"有心人"，却充分利用那里的条件终日在实验室里工作，在不到3个月的时间内，从寻找新材料到合成和生长出晶体，搞出一种新的有机晶体——樟脑酸丙酮，测量了它的压电和电光性能并写出了论文。这样的结果和速度不能不令豪休教授刮目相看，从而为此后10年彼此之间的良好合作和人员交流打下基础。蒋民华的最大的收获是第一次到"森林"中采了一回"蘑菇"，虽然只采到了一个小小的蘑菇，但可贵之处在于他打破了探索新材料的神秘感，找到了探索新晶体材料的感觉，开始形成了探索新的有机非线性光学晶体材料的思路。回国以后，他立即指导研究生开始了自己的探索新晶体材料的工作，终于在手性天然氨基酸及其衍生物中发现了一种新的有机非线性光学材料——精氨酸磷酸盐（LAP）晶体。这一成果后来获得了国家发明奖一等奖。

LAP 的成功，开辟了到材料森林中采"蘑菇"的林中小径，自此后，以一届届研究生为主力，新材料探索工作得到迅速发展。从有机－无机盐到有机金属络合物，BTCC，TSCCC，ATCC，CMTC 等新晶体材料如雨后春笋般涌现出来，形成了有特色的半有机非线性光学材料的新领域。

背水一战和教授言商

蒋民华具有敏锐的科学洞察力和高屋建瓴的领导能力，而这种洞察力是建立在重视信息、虚心学习和善于综合分析基础上的。20 世纪 80 年代初，国际上出现了一种新的高效激光倍频晶体——磷酸氧钛钾（KTP），美国只有少数实验室在极保密的情况下，在高温高压条件下研制，对设备和工艺条件要求很苛刻。通过国内外调研和综合分析，蒋民华敏锐感觉到这是一种非常有前途的新材料。于是当机立断，立即组织精兵强将，结合我国实际另辟蹊径。他选定助熔剂法为主攻方向，从基础研究入手，系统地研究了 KTP 在磷酸盐助熔剂中生长的物理化学过程和不同的助熔剂和工艺条件对 KTP 晶体生长的影响，使助熔剂生长KTP 晶体的工艺首次实现了突破，稳定而批量地生长出高质量的KTP 晶体，1985 年全世界除美国之外的第一块晶体在山东大学晶体材料研究所诞生了，经日本权威机构全面测试，主要指标超过美国同类晶体，外商纷纷要求购买。1986 年秋季广州交易会上，由于外商压价，KTP 谈判陷入僵局。日方使出杀手锏，要拂袖回国。

此时蒋民华刚刚结束在美国的访问，带着一路的风尘，取道中国香港，坐船抵达广州，直奔广交会谈判桌。面对僵局，蒋民华拿出从美国带回的学术交流报告、美国同行的评价材料，详细地介绍了国外晶体技术发展动态和国际市场的价格水平，慷慨陈词："国外很多公司愿意出大价钱购买我们的晶体，以便提高他们产品的竞争力，这对贵方是很不利的。贵公司是我们老贸易伙伴之一。较早地表示了购买意向，我们愿意成全贵方的买卖……"一席话说得在行在理，外商心悦诚服。当场，以双方都能接受的价格顺利拍板成交。

这发生在20世纪80年代中期的故事一度产生了不小的震动。教授参与外贸，冲破了我国文化几千年来"君子重义、小人重利"的传统观念，也打破了我国"高技术只进不出的沉闷局面"，是商品经济发展的产物，也是新技术革命时代的必然趋势。《人民日报》1986年11月2日为此还以"教授言商"为题作了专门的报道和评论。

KTP晶体出口是当时这届广交会数额最大的高技术出口贸易项目，全国各大报纸纷纷争相报道，KTP名传四方。

发展高科技，实现产业化

蒋民华一贯主张，材料研究所一定要拿出货真价实的材料，研究材料，还要产学研相结合。在信息时代，半导体材料是功能材料的主体。由于历史的原因，中国功能晶体研究和半导体材料研究长期以来有一定的分离。蒋民华深深认识到，半导体和人工晶体之间不应该存在鸿沟。在一些人不理解甚至有人反对的情况下，他在国家重点实验室的研究方向上加上了"低维材料的制备及研究"这一与半导体前沿密切相关的方向并争取列入国家科研计划。在国家计委和山东省的支持下，他们还承担了国家产业化前期关键技术开发重大项目"半导体发光器件外延工艺和管芯技术",以此为契机,开展了一个全新模式的研发工作。

在山东省的支持下,山东大学和华光集团联合建立了山东华光光电子公司,山东大学以科研成果作为技术入股,开始了新的尝试和奋斗。在这个项目中,蒋民华担任了总的技术负责人。这是迄今为止,山东省信息产业规模最大、国家和省拨款最多的产学研结合项目。经过3年多的努力,厂房建起来了,设备到位了,工作开展了,项目终于完成了。"半导体发光器件外延工艺和管芯技术"课题于2002年4月正式通过验收。这一成果打破了半导体外延材料与管芯技术依靠进口的局面,对发展山东省拥有自主知识产权的高新技术、促进产业结构的调整具有重大意义。

华光光电是目前国内同行业唯一同时具有LED、LD外延材料制备、管芯生产、器件封装及应用产品一条龙生产技术的企业。在蒋民华的指导下,始终坚持产学研方向。经过持续不断的建设和发展,高亮度LED产品已从单一的红、黄向蓝、绿、白光和紫外拓展,LD已从小功率的650/635/808nm产品拓展到光通讯及20W以上的808nm大功率器件。现在公司的主要产品有超高亮度LED外延材料及管芯、LD外延材料、管芯及器件等,广泛应用于户内外显示、交通信号灯、通信、信息存贮、医疗、检测、指示及照明等领域。其中超高亮度LED外延片性能指标达到国内领先水平,LD管芯产量和市场占有率均居国内首位。

SiC 单晶攻坚,实现跨越式发展

21世纪初,在发展第二代半导体薄膜材料,初步实现LED产业化的基础上,蒋民华又看准时机,决定切入宽禁带半导体单晶新领域。

SiC、GaN 等宽禁带半导体被称为第三代半导体，是制作高温、高频、高迁移率、大功率半导体器件的关键材料，也是功率型固体照明的理想衬底。以 SiC 为基础的大功率半导体器件的发展瓶颈在于高质量的 SiC 单晶生长及其产业化。国内长期都没有过关。在美国被视为战略物资并对我国实施禁运的情况下，只有靠自己力量发展，而生长 SiC 过去没有工作基础，起步又晚，难度确实很大。

要后来居上，就得跨越式发展。为此，蒋民华采取了以下重大决策：①从产业化着眼，高起点地进行研发。为此他抓住"211"工程二期的大好机遇，力排众议，重点投入，从国外同时购进两台先进的生长设备，以加快研发速度；②生长和加工并举，SiC 是硬度仅次于金刚石的晶体，极难加工，因此千方百计，在生长和完善 SiC 晶体的同时，解决 SiC 切磨抛，从单片发展到成批加工；③直接和器件研发单位挂钩，把材料直接置于应用器件研发的链条中，使器件的性能需求变成优化晶体材料质量的动力，从生长到加工真正实现"开盒即用"的指标，从而极大地加速了 SiC 的质量的提高；④在充分熟悉生长工艺和消化吸收的基础上，仿制并改进进口设备，实现再创新，为 PVT 生长设备国产化和 SiC 单晶的产业化打下基础。

SiC 课题组出色地实施了蒋民华的决策和部署，他们经过 5 年的"日夜奋战"进行了累计 800 多炉的实验，不断解决生长和加工的科学问题和技术难关，从 2 吋到 3 吋，从 6H 到 4H，终于掌握了 n 型和半绝缘 SiC 体块单晶的生长和加工技术，为实现微波大功率器件从材料到器件整套工艺的国产化奠定了基础。对打破禁运、满足国家重大需求，跨出了极为重要的一步。在此基础上再接再厉又成功地研制出碳化硅单晶炉，并生长出质量不逊于进口设备生长的 SiC 单晶。碳化硅单晶产业化最后一个难关被成功攻破，实现了从单晶生长炉制造、单晶生长、衬底加工到应用的全部国产化试验。

SiC 的发展历程处处凝聚了蒋民华和他指导下的课题组成员的智慧和心血。是他实现人工晶体跨越式发展的成功尝试，也是他几十年来抓方向、建平台、用人才经验和策略的集中体现。

点燃激情，传递理想

蒋民华为山东大学的人工晶体事业、为中国的功能材料事业，操劳了半个多世纪。风风雨雨，历尽沧桑，作出了很大的贡献，也获得了很多的荣誉，除获得上面提及的 6 项奖励外，还于1996 年获何梁何利科学技术进步奖，1987 年获五一劳动奖章和全国优秀科技工作者称号，1989 年被评为全国先进工作者，2003 年获山东省首届科学技术最高奖，2007 年获求是杰出科技成就集体奖。尽管旁人看来他已是功成名就，但他仍在工作中不断地进取，不断历练自己。

2008 年是中国晶体生长 50 年，也是山东大学晶体生长 50 年，同时还是他在晶体生长的科研领域整整拼搏的 50 年。在这值得纪念的日子里，作为对他从事科研 50 年最好的褒奖，73 岁高龄的蒋民华院士有幸成为 2008 年奥运会火炬接力济南站的第45 棒火炬手，这也是山东火炬手中唯一的一名中国科学院院士。蒋民华对能够当选为火炬手的兴奋之情难以言表。他说："奥运精神是一种拼搏的精神，搞科研也需要这种拼搏的精神。"他说自己和晶体打了一辈子交道，他的晶体人生就是努力使自己在求真寻美（晶体生长）的过程中和晶体自然融合，弘扬晶体文化（晶体人格化，人格晶体化），不断凝练自己，尽力长好晶体，尽心带好学生，点燃激情，传递理想，使晶体事业薪火相传。

蒋民华喜爱登山，他喜欢从崎岖的地方登上峰峦，从中感受到奋斗的艰辛和成功的喜悦。正是这种精神，他为山东大学赢得了许多荣誉。今天，在努力攀登科学高峰的晶体团队中，他依然是一面旗帜。培养晶体培养人，满足国家重大需求是他矢志不移的目标。生命不息、奋斗不止，这就是一个老共产党员的精神，这就是一个老科学家毕生的追求！

美哉，人工晶体，智慧与心血的结晶。伟哉，育晶之人，奉献晶体凝练自己。壮哉，晶体人生，人晶融合始终如一。

（宛　莉）

简　历

1935 年 8 月 16 日　生于浙江临海

1952—1956 年　在山东大学化学系学习

1956—1957 年　任山东大学化学系助教

1957—1958 年　在厦门大学化学系进修

1958—1964 年　任山东大学化学系助教、讲师

1964—1978 年　任山东大学晶体生长研究室主任、副教授

1978—1993 年　任山东大学晶体材料研究所所长、教授

1983 年　任山东大学教授

1987—1998 年　任晶体材料国家重点实验室主任、博士生导师

1987—2008 年　任晶体材料国家重点实验室学术委员会主任

1989—1996 年　任山东大学副校长

1991 年　当选为中国科学院院士

1991—1996 年　任国家"863"计划新材料领域专家组组长、首席科学家

1995—2002 年　任 Journal of Materials Research 主编

2000—2004 年　山东大学材料科学与工程学院院长

2001—2004 年　任亚洲晶体生长协会主席

2009 年至今　任山东大学终身教授

此外还担任过中国硅酸盐学会晶体生长和材料分会理事长、中国仪表材料学会功能材料分会理事长、国际晶体生长组织理事和执委会委员，担任过《人工晶体学报》主编、《功能材料》编

委会主任和 Progress in Crystal Growth and characterization of Materials 编委。

主 要 论 著

1 蒋民华. 晶体物理. 济南: 山东科技出版社, 1980.

2 Minhua Jiang, Changshui Fang, Xiling Yu, et al. Polymorphism and metastable growth of DKDP. J. Crystal Growth, 1981, 53: 283.

3 Minhua Jiang, Weber Hans J. Optical, electrooptical and piezoelectric constants of d (+) – camphoric acid acetone. Zeitschrift fur Kristallographie, 1981, 154: 127.

4 许东, 蒋民华, 谭忠恪. 一种新有机非线性光学晶体—L – 精氨酸磷酸盐. 化学学报, 1983, 41: 570.

5 王保林, 蒋民华, 刘耀岗, 等. $NdAl_3$ $(BO_3)_4$ 晶体生长和性质. 硅酸盐学报, 1984, 12: 259.

6 刘耀岗, 徐斌, 蒋民华, 等. 高效激光倍频晶体 KTP 的生长及主要性能. 中国激光, 1986, 13: 438.

7 孙大亮, 蒋民华, 陈焕矗, 等. 冷坩埚技术研制新磁性 $Nd_2Fe_{14}B$ 单晶体. 科学通报, 1987, 32: 1071.

8 邢光彩, 邵宗书, 蒋民华, 等. 络合物型非线性光学晶体—二氯二硫脲合镉 (BTCC). 中国激光, 1987, 14: 302.

9 陶绪堂, 蒋民华, 许东, 等. 一种新的络合物型非线性光学晶体— 一水二氯硫代氨基脲合镉. 科学通报, 1988, 33: 651.

10 刘向阳, 蒋民华, 邵宗书. $KTiOPO_4$ 晶体理论习性. 物理学报, 1988, 37: 274.

11 刘向阳, 蒋民华. 助溶剂法生长 KTP 晶体的物理化学过程 (Ⅰ). 中国激光, 1988, 15: 482.

12 Baosheng Lu, Jun Wang, Minhua Jiang, et al. Laser self – doubling in neodymium yttrium borate. J. Appl. Phys. 1989, 66: 6052.

13 S. X. Dou, M. H. Jiang, Z. S. Shao, et al. Maker fringes in biaxial crystals and the nonlinear optical coefficients of thiosemicarbazide cadmium chloride

monohydrate. Appl. Phys. Lett. , 1989, 54: 1101.

14 Nan Zhang, Minhua Jiang, Duorong Yuan, et al. A new nonlinear optical material – organometallic complex triallyl – organometallic complex Triallyl-thiourea cadmium chloride. Chinese Phys. Lett. , 1989, 6: 280.

15 M. H. Jiang. Crystal growth in China. Optics & Photonics News, 1990, 1: 5.

16 Liqiang Liu, Baibiao Huang, Minhua Jiang, et al. Surface adsorption and carbon incoporation in ALE GaAs growth process. J. Crystel Growth, 1991, 115: 83.

17 Xutang Tao, Duorong Yuan, Minhua Jiang, et al. A potential diode laser second harmonic generation organic crystal – MHBA. Chinese Phys. Lett. , 1991, 8: 271.

18 Xiangang Xu, Baibiao Huang, Minhua Jiang, et al. MOCVD growth of GaAs/Al$_x$As superlattices and their something effects. Chinese Phys. Lett. , 1992, 9: 109.

19 Q. C. Guan, Z. H. Yang, M. H. Jiang, et al. The influence of domain state on thermal – mechanical properties of KTN Crystal. J. Crystal Growth, 1992, 125: 568.

20 Xutang Tao, Duorong Yuan, Minhua Jiang, et al. Novel organic molecular second hamonic crystal: 3 – methoxy – 4 – hydroxy – benzaldehyde. Appl. Phys. Lett. , 1992, 60: 1415.

21 蒋民华. 非线性光学晶体材料的研究进展. 物理学进展, 1993, 1: 14.

22 蒋民华. 我国人工晶体的发展与展望. 硅酸盐学报, 1993, 21: 548.

23 Xiangang Xu, Baibiao Huang, Minhua Jiang, et al. Smoothing effect of GaAs/Al$_x$ Ga1 – Xas superlattices grown by metalorgainc vapor phase epitaxy. Appl. Phys. Lett. , 1994, 64: 2949.

24 Xiaodong Mu, Zongshu Shao, Minhua Jiang, et al. Study on self – built optical path production in Ce – doped BaTiO$_3$ stimulated photorefractive scatte ring self – pumped phade conjugator. Appl. Phys. Lett. , 1995, 67: 1.

25 Zongshu Shao, Xiaodong Mu, Minhua Jiang, et al. Asymmetric transmission device using Fe – doped KTa$_x$ Nb$_{1-x}$ O$_3$ crystal. Optics Letters, 1995, 20: 536.

26 Xiaodong Mu, Xinguang Xu, Minhua Jiang, et al. Contradirectional two – wave mixing in Rh – doped $BaTiO_3$ crystal. Appl. Phys. Lett. , 1997, 71: 1011.

27 蒋民华. 功能材料概论. 北京: 冶金出版社, 1999.

28 蒋民华. 合成晶体.//徐如人, 等主编, 无机合成制备化学 (第20章). 北京: 高等教育出版社, 1999.

29 Minhua Jiang, Qi Fang. Organic and semiorganic nonlinear optical materials. Advanced Materials, 1999, 11: 1147.

30 Youjun Fu, Zhangshou Gao, Minhua Jiang, et al. The effects of anionic impurities on the growth habit and optical properties of KDP. J. Crystal Growth, 1999, 198/199: 682.

31 蒋民华. 神材妙用丛书. 北京: 科学出版社, 2000.

32 Xiaodong Mu, Xinguang Xu, Minhua Jiang, et al. Low – noise and high – gain image amplification by contradirectional two – wave mixing. Applied. Physics Letters, 2000, 77: 337.

33 Xiaomei Wang, Yufang Zhou, Minhua Jiang, et al. Two – photon pumped lasing stilbene – type chromophores containing various terminal donor groups: relationship between lasing efficiency and intramolecular charge transfer. J. Materials Chemistry, 2000, 10: 2698.

34 Dong Wang, Xiaomei Wang, Minhua Jiang, et al. Two – photon absorption – induced optical properties of a new lasing dye in two solvents. Appl. Phys. B, 2001, 73: 227.

35 Xiaopeng Hao, Deliang Cui, Minhua Jiang, et al. Low temperature benzene thermal synthesis and characterization of boron nitride nanocrystals. Materials Letters, 2001, 51: 509.

36 Xiaomei Wang, Dong Wang, Minhua Jiang, et al. Symmetrc and asymmetric charge transfer process of two – photon absorbing chromophores: bis – donor substitred stilbenes, and substituted styrylquinolinium and tryrylpyridinum derivatives. J. Mater. Chem. , 2001, 11: 1600.

37 Jia – xiang Yang, Xu – tang Tao, Minhua Jiang, et al. A facile synthesis and properties of multicarbazole molecules containing multiple vinylene bridges. J. Am. Chem. Soc. , 2005, 127: 3278.

38 H J Zhang, J H Liu, M H Jiang, et al. Spectroscopic properties and contin-
    uous − wave laser operation of a new disordered crystal: Yb − doped
    CNGG. Optics Express, 2007, 15: 9464.

39 Y Liu, X T Tao, M H Jiang, et al. Intermolecular hydrogen bonds induce
    highly emissive excimers: Enhancement of solid − state luminescence. Journal
    of Physical Chemistry C, 2007, 111: 6544.

40 W G Zhang, X T Tao, M H Jiang, et al. Bulk growth and characterization
    of a novel nonlinear optical crystal $BaTeMo_2O_9$. Crystal Growth & Design,
    2008, 8: 304.

41 H H Yu, H J Zhang, M H Jiang, et al. Growth and passively self − Q −
    switched laser output of new Nd^{3+}, Cr^{5+}: $GdVO_4$ crystal. Optics Express,
    2008, 16: 3320.

42 Y Liu, X T Tao, M H Jiang, et al. Aggregation − induced emissions of flu-
    orenonearylamine derivatives: A new kind of materials for nondoped red or-
    ganic light − emitting diodes. Journal of Physical Chemistry C, 2008,
    112: 3975.

43 Zeliang Gao, Xutang Tao, Minhua Jiang, et al. Elastic, dielectric, and
    piezoelectric properties of $BaTeMo_2O_9$ single crystal. Appl. Phys. Lett. ,
    2008, 93: 252906.

罗辽复

(1935—)

　　罗辽复，理论物理学家。早年研究粒子物理，后转向生命科学，提出了一条围绕生命信息的编码、存储、传递和表达的"密码—序列—结构—功能"研究路线，进行了系统工作。在运用理论物理学概念和方法解决分子生物学问题方面做了开创性研究，为发展我国理论物理学/生命科学交叉学科作出了重要贡献。

　　罗辽复，安徽歙县人，1935 年 9 月 19 日生于上海。1952 年参加全国高校统一招生考试，报考志愿为物理、数学和天文，但随即被北京俄语专修学校二部选拔为留苏预备班学员，翌年由高教部直接按第一志愿送北京大学物理系学习。

　　5 年的大学生活给他留下了深刻的印象，使他懂得如何独立思考，驾驭知识，如何接触当代科学的前沿。1958 年大学毕业后以第一志愿来到内蒙古，50 年来在条件较差的边疆地区坚持在教学科研第一线勤奋工作，默默奉献，即使在"文化大革命"中也未曾懈怠。在科学研究方面，1959 至 1981 年间，主要研究粒子物理；20 世纪 80 年代初期转向生命科学研究，在内蒙古大学建立了研究队伍，开展了理论生物学研究，是我国最早的理论物理学与生物学交叉学科研究中心。这个组曾被认为是"一个实力很强的组在罗辽复教授的领导下从事进化理论各方面的研究，他们肯定是此研究领域中国最强的一个组，从其国际声誉就可证明这一点"（1991 年加拿大 Trainor 教授访华报告）。他们编写的《理论生物物理学论文集》（1995）和 *Collected Works on Theoretical Biophysics*（1997）两部文集收集了该组 119 篇论文或摘要，较为系统地反映了该组在理论生物学领域早期的开创性工作，文集"内容之丰富，涉及自然科学领域如此之宽广"，在国外同行中引起了浓厚兴趣。1997 年罗辽复主持召开了理论生物物理学国际会议，他所领导小组的工作受到与会专家的高度评价。罗辽复撰写的《生命进化的物理观》（2000）从物理学与生物学相结合的角度，以专著形式在分子水平上详尽论述生命进化的机理，其中一半以上的篇幅是该组的研究成果。评论认为，"这是一部立足前沿，立论严谨，思想活跃，具有创新和特色的学术著作"。他还把用理论物理学的概念和方法研究分子生物学的"密码—序列—结构—功能"研究路线及所获得的成果，总结在（*Theoretic - physical Approach to Molecular Biology*）（2004）一书中。罗辽复写的科普著作《物理学家看生命》（1994）以自己由物理学转向生物学的切身体会生动地叙述了学科渗透对于发展生命科学的意义，以及物理学家如何去理解复杂的生物学问题，在国内赢得了大批读者。

在培养人才方面，罗辽复在内蒙古大学建立物理系，建立理论物理硕士点、生物物理硕士点、理论物理博士点，形成具有特色的理论生物物理方向等工作中，都起了突出的领头作用，为国家造就了大批人才。在教材建设方面，他撰写了两本富有特色密切结合科学前沿的研究生教材《量子场论》和《非平衡统计理论》。这两本书适应交叉学科的发展，便于物理多分支学科和理论生物学研究工作者参考。

罗辽复曾任中国生物物理学会理论生物物理专业委员会主任，内蒙古物理学会理事长，内蒙古科协副主席，是第七至第九届全国政协委员。

由于科学研究和教书育人方面的杰出工作，罗辽复曾十余次获得省部级的表彰和奖励，其中包括1978年全国科学大会上因基本粒子理论研究获先进工作者奖，1999年获宝钢教育奖优秀教师特等奖，2001年获全国模范教师称号，2006年被授予中央四部杰出专业技术人才荣誉称号，2007年因生命科学研究获何梁何利科学与技术进步奖等。

探索粒子物理，邮政通信数千封

从20世纪60年代到80年代初期，罗辽复和合作者在粒子物理学方面进行了一系列理论研究，涉及的问题和获得的结果主要包括研究了中微子质量非零的可能性并较早分析了中微子天体，研究了轻子物理和弱作用的对称性，依据夸克模型计算了奇异粒子的非轻子衰变，用夸克模型得到了强子的一系列质量关系，研究了 J/Ψ 粒子和其他新粒子的唯象学方面，引入磁单极子对证明高自旋介子的可能存在并预言了它的多光子衰变特性，提出了中子星的中微子回旋辐射，提出高密物质夸克集团相的概念并研究了中子星磁场起源，讨论了天体非均匀磁场中电子的运动和辐射，讨论了天体的引力透镜和超光速膨胀等。在这些课题上发表了数十篇论文，获得了国内外学者的赞誉和好评。以上所得结果中除最后两项外，都是他与北大老同学陆埮（南京大学）、杨国琛（河北工业大学）等异地通信合作，在"文化大革命"时期及前后完成的。他们从1962年开始对学术通信进行编号，据1981年7月的记录，从罗辽复发出的标号信件为1516封，从陆埮发出的标号信件为1290封，其中大部分信件都是复写 3 份，向两处发送的。这是一段初创的、艰辛的历史，在这个特殊组合的科学小分队中，他们获得了一些成果，也形成了对（理论）课题选择的共同看法。在 1973 年的通信中，他们将选题标准总结为：①理论前提（包括所依据的理论方法和实验数据）可靠；②课题具有基本意义；③估计会有本质上新的物理结果；④避免作与近期实验或观测联系不起来的纯理论研究；⑤适合于自己的条件和长处。尽管这些标准是总结基本粒子理论研究方面的经验，但也对其后选择进一步的研究方向和课题产生了重要的影响。

1978 年，由于在基本粒子理论研究方面的突出成果，罗辽复和陆埮均出席了全国科学大会，并获得了大会的奖励。作家柯岩采访了他们，写出了一篇题为"奇异的书简"的报告文学，首次发表于 1978 年 4 月出版的《人民文学》杂志上，后来也收集在书名为《科学的春天》和《奇异的书简》两本文集中。

提出以信息为核心的"密码—序列—结构—功能"定量生物学研究路线

从 20 世纪中叶以来，生命科学以极其迅速的速度向前发展，对生命现象本质的研究突破了传统的路线和方法，在分子和微观水平取得了大量的信息资料，生命现象中运行的物理规律逐步显现。在这种情况下，科学的发展必然要求产生新的研究思路，建立新的理论工具和方法，将生命科学的研究推向新的高度。特别是蛋白质序列和核酸序列库的建立，已有可能和需要从生物学中分化出反向的理论生物学或定量生物学来。正是在这种学术背景下，罗辽复早在 20 世纪 80 年代初即开始了这方面的探索。他把理论物理学的概念和方法成功地运用到生命科学中来，形成了密码—序列—结构—功能（动力学）的研究路线（1988），以独创的思路去探索理论生物物理学中的关键问题，在这一新兴交叉学科领域展开了系统的多方面的工作，取得了一系列创新的成果。

过去的自然科学基本上聚焦于物质和能量，这是自然界的两个基本范畴。不同于物质和能量，与其相平行的"信息"是自然界的第三个基本范畴。生命系统的特征就在于它包含的大量信息。罗辽复抓住了这个特点，他提出的"密码—序列—结构—功能"就是一条围绕生命信息的构建（编码）、存储、传递和表达，以信息学为核心的定量生物学研究路线。

他认为信息生物学应包含几条基本原理，其中第一原理就是基因组编码信息量在进化中扩增的规律。基因组的大小尺度和进化呈现出复杂的关系，但物种整体生物功能的进化是单方向的。他提出了编码信息量的概念并分析了实验资料，指出通过序列复制和增加编码方式等途径导致的编码信息量扩增是基因组进化的普遍规律。

研究遗传密码进化，阐明遗传密码所遵循的特有逻辑

编码是以信息学为核心的定量生物学研究路线的第一个关键。现在研究得最清楚的密码是转译中的普适氨基酸码（通称遗传密码）。罗辽复研究了遗传密码的进化，提出了反映进化适合度的突变危险性概念，证明密码的简并规则和氨基酸在密码表上的排布都具有突变危险性极小的性质，阐明了遗传密码所遵循的特有逻辑。1988~1989 年两篇论文在 *Origin of Life* 上发表后接到 150 余件来函索取抽印本。后来，他和学生还较严格地证明了普适的标准密码表是适应于氨基酸进化早期条件下突变危险性极小的最适编码，较完善地解决了遗传密码既具有稳定性又具有可进化性的双重特性问题。这个研究对未来生物工程的启示是：通过改变氨基酸和终止密码的简并度（如一些物种线粒体中出现的反常密码）和增加氨基酸（如新发现的第 21 - 22 号氨基酸硒代半胱氨酸和吡咯赖氨酸）可以扩展遗传密码。

除了氨基酸码外，从基因组学积累的资料来看，还可能有新的编码规则，如信使 RNA（mRNA）剪接码、翻译起始码、转录起始码、复制原点码、小干涉 RNA 和微 RNA 的大约 22 核苷的序列，以及对人类基因组表达起着特殊重要作用的组蛋白修饰码等。这些"新"密码遵循何种逻辑和进化规律，目前知之甚少。罗辽复关于氨基酸码的工作，提供了探索一般基因组编码规则的范例。

发现基于碱基关联的基因组序列识别码，用最大信息原理概括 DNA 序列的进化机制

注意到基因序列的巨大信息内容及其潜在的科学价值，罗辽复带领学生们从 1986 年开始就进行了核酸序列—遗传语言的理论研究，是国内外少数先行者之一。他们综合运用信息论、统计学、少核苷联体、谱表示、马尔可夫链、几何图示等诸方法研究核酸序列的碱基组分和关联，发现了遗传语言包含极强的统计噪声，及序列中碱基关联的普适短程为主性；提出用基于碱基关联的平均互信息来描述序列特征的方法，并获得这些识别码统计涨落的规律，证明涨落限反比于序列长 N；发现了编码序列中碱基关联等信息参数的进化相关性；导出了编码序列和非编码序列信息参数差异的规律和偏好模的特异性规律；发现了 DNA 序列中隐周期性的规律；计算了各物种各类序列 DNA 行走的分维；用非联配方法对核酸序列进行聚类分析，导出和生物学一致的进化树；提出了发现编码区表达增强网络位点的理论方法和改造编码区提高表达的途径。同时，他们还进一步提出了在突变、选择和片段复制作用下的序列进化方程；提出用最大信息原理来概括编码序列的进化机制，即序列进化是在一定碱基关联的选择约束下通过随机突变使信息量极大化而实现的，理论结果在 90% 以上的水平上与实验资料相符，这一机制体现了中性漂变和达尔文选择的完

满结合。以上研究结果相继发表于 1988～1998 年期间，比国际同行早且深入。论文初发表期间，互联网在科学界的应用还很不普遍，学术联系主要靠邮政通信，编码序列信息参数和进化相关性的论文发表后曾收到 170 余件来函索取抽印本。这些研究结果为在生物信息学中如何提取序列信息提供了重要依据。特别是新近国外研究工作已注意到了平均互信息作为基因组识别码的特殊重要性；从罗辽复组过去得到的结果看，当基因组中所考虑的序列长度大于 N_c（$N_c \sim 10^5$），平均互信息就超过了涨落限，故 N_c 是随机涨落和功能有序性的转变点，这种转变说明基因组中涨落驱动有序，是他提出的"生命发生于微观宏观之间"观点的一个例证。

基于 DNA 序列特征研究和进化研究，在生物信息学中发展了识别基因和相关功能区的多样性增量二次判定算法

在生物信息学方面，基于 DNA 序列特征研究和进化研究，罗辽复组提出识别基因和相关功能区的多样性增量二次判定（IDQD）算法，这个方法的要点是用多样性度规来提取序列信息，用二次判定来综合各类信息。依据最大信息原理，在蛋白质和核酸相互作用的能量约束和碱基关联等进化约束下，基因和相关功能区必出现一些序列模式，IDQD 算法是发现此类模式的合适工具。将此法和其他有关算法（如序列非均匀指数）用于编码区识别和基因剪切位点识别、DNA 转录启动区识别、蛋白质化学修饰的预测以及其他生物信息学分类问题，成功率均超过或相当于流行的最佳软件。另外，他们在真核启动子研究中提出了碱基模式的距离保守性概念，是对序列位点保守性的推广。

生物信息学包含几个关键词：数据、计算和知识扩展。罗辽复认为，作为生物学定量化理性化的一个阶段和组成部分，生物信息学研究应加强对科学规律的探索，给传统的实验生物学以更多的理性成分。这样做，有助于加深生物信息学的理论深度，提

高它的预测能力。

建立构象——电子系统的量子理论，
处理蛋白质折叠，计算了折叠速率

生物学规律极少普适性。但是在这极度复杂性背后，在每一描述水平上，总还存在着一些内在的单纯性。例如，当人们从分子电子水平研究生物学问题时，碰到的是一个极大自由度的系统，为了使研究工作进行下去，可以只考虑前沿电子和分子的扭角自由度。罗辽复基于构象运动和电子运动的相互作用是生物活性微观基础的认识，提出了构象－电子系统的量子理论，给出了伴有电子跃迁的构象变化计算公式。不同于量子生物化学，这个理论可讨论与构象变化有关的问题；它也不同于分子动力学，可研究系统的量子过程（如量子跃迁）。

他把所建立的构象动力学用来处理蛋白质折叠，把蛋白质折叠看成一系列量子跃迁的联合，首次较好解释了折叠基元过程时标为若干微秒到毫秒量级，并导出了折叠与温度转动惯量等各种物理量的依赖关系，预见了规则二级结构在蛋白质折叠过程中较早出现。以上工作发表于 1995 年，而国际上尽管对蛋白质折叠的研究已经进行了多年，但关注蛋白质折叠速率，则是近来几年的事，并且迄今还没有见到从量子理论出发的。

他和学生们用计算机模拟新生肽链的折叠，证明可在一个合理的较短时间内达到具有鲁棒性的极小值，为解释蛋白质折叠中的 Levinthal 悖论提供了一条思路。

提出蛋白质框架结构决定于其二级结构排列的理论，
对 mRNA 信息可能影响蛋白质结构进行了严格的统计检验

在蛋白质序列与构象的关系方面，罗辽复提出蛋白质二级结构预测的统计力学途径和信息论途径，指出二肽关联与四肽信号在确定二级结构中的重要作用。他和学生们提出蛋白质框架结构决定于其二级结构排列的理论，给出了预测蛋白质拓扑结构的方法，因而从理论上说明了千变万化的蛋白质结构背后只有1000种左右基本的折叠类型，解释了有限数量框架结构在复杂多变的蛋白质结构中具有的简单性普适性和进化保守性。

这个组还从mRNA结构和密码子的tRNA拷贝数两个角度对mRNA信息（密码子使用频数）可能影响蛋白质二级结构进行了严格的统计检验，所得结果是对氨基酸序列完全决定蛋白质结构的传统观点（Anfinsen原理）的挑战。他们还发现了mRNA折叠能量在基因组间表现出较大差异，而在基因组内却较为均匀，基因组内折叠能的偏差远小于基因组间折叠能的偏差。RNA折叠能量在基因组内的均匀化，说明基因组不仅存在DNA序列识别码，还存在RNA结构识别码；说明基因组从序列到结构到功能都存在物种特异性。

研究某些特殊基因和蛋白的结构功能关系

为了研究生物学体系的结构和功能的关系，罗辽复选择了某些具有特殊功能的蛋白质和基因，指导学生进行研究，包括研究了抗冻蛋白热滞现象机理，提出了聚合物吸附模型；研究了肌肉收缩和自发振动的分子机制，提出了关于马达蛋白的肌动蛋白激活肌球蛋白循环的新模型；通过烟草花叶病毒研究，建立了植物病毒增殖的超循环理论模型；提出了从序列局部结构出发定义和计算DNA柔性的方法，定量解释了某些与三核苷重复有关的人类遗传病的机理。这些工作再度说明，在极度复杂的生物系统中总还存在一些内在的单纯性。针对问题的性质和观测的精度采取一定的简化模型，这种物理学常用的抽象法在生物学研究中还是可以借鉴的。

研究细胞熵产生，提出治疗癌症的理疗新途径建议

癌症是一种基因信息病。为了将理论工作与癌症治疗这一实际问题结合起来，罗辽复组把热力学方法引入了癌症研究。他和学生对比计算了正常细胞和癌细胞的熵产生率，证明在没有外场不做特殊设计的条件下，癌细胞的熵产生率总是高于正常细胞。他把这一点解释为健康细胞不仅"以负熵为生"，并且"以熵产生最小而活"。进一步，他提出 Shannon 信息量是 Boltzmann 熵的投影因而熵流是信息流的负载者的观点，并用计算证明了适当的超声和电磁场引发的附加熵产生可以改变细胞间熵流的方向，从而建议用外加超声和电磁场来改变信息流的方向，达到阻断癌细胞有害信息传播的目的。这是一条治疗癌症的理疗新途径，有待进一步实验和临床检验。此项成果作为中国匈牙利科技合作项目，两篇论文在（*Diagnostic Pathology*）（2006）上发表。论文发表后收到良好反响，半年内网上查询下载逾 1800 次。

噬菌体是最简单的生命，噬菌体的溶原态/裂解态转变是典型的生物学开关，该组还研究了此类开关的普遍特性及和细胞熵产生的关系。

计算宇称不守恒弱作用诱发的生物分子手性，提出需要从一系列相互连接的小几率事件中去寻找通向生命之路

生物大分子（氨基酸和核糖核酸）具有结构的镜像不对称性，称为分子手性；这种分子手性被称为"生物化学的第一原理"。手性起源是一个联系于生命起源的基本问题。罗辽复和合作者研究了生物分子手性的起源，计算了 beta 衰变电子碰撞下大分子的手性产生率，证明这是宇称不守恒弱作用诱发生物分子手性的最主要来源，提出了 beta 电子诱发大分子手性，并通过

非线性化学动力学放大和聚合过程放大，使大分子具有单一手性的理论。通过该项研究罗辽复认为，生命是一个小几率事件，人们需要从一系列相互连接的小几率事件去寻找一条通向生命之路，而在这条探索之路上生物分子手性是一盏重要的指示灯。

（留　呼）

简　历

1935 年 9 月 19 日　生于上海

1952—1953 年　在北京俄专二部（留苏预备部）学习

1953—1958 年　在北京大学物理系（理论物理专门化）学习

1958—1961 年　任内蒙古大学物理系助教

1961—1978 年　任内蒙古大学物理系讲师

1978—1979 年　任内蒙古大学物理系副教授

1979 年　任内蒙古大学物理系教授

1982—2000 年　任中国物理学会理事，内蒙古物理学会理事长

1986—2000 年　任中国生物物理学会理事，理论生物物理专业委员会成员，主任

1986 年　任 International Society for the Study of the Origin of Life 成员

1987—2002 年　任第七至第九届全国政协委员

1990 年　任博士生导师（理论生物物理方向）

1991—2000 年　任内蒙古科协副主席

主 要 论 著（限于生物/物理交叉学科）

1　J Y Wang, L F Luo. The interaction between polarized electron and chiral molecule. Scientia Sinica, 1985, B28: 1265.

2　L F Luo. Conformation dynamics of macromolecules. Int J. Quant. Chem. , 1987, 32: 435.

3　L F Luo. The degeneracy rule of genetic code. Origins of Life, 1988,

18: 65.

4   L F Luo. The distribution of amino acids in the genetic code. Origins of Life, 1989, 19: 621.

5   L F Luo, L Tsai, Y M Zhou. Informational parameters of nucleic acids and molecular evolution. J. Theor. Biol. , 1988, 130: 351.

6   L F Luo, L Tsai. Fractal dimension of nucleic acid and its relation to evolutionary level. Chinese Physics Letters, 1988, 5: 421.

7   L F Luo, L Tsai, W J Lee. Model of evolution of molecular sequences. Phys. Rev. A, 1990, 41: 5441.

8   L F Luo, H Li. Statistical correlation of nucleotides in protein coding DNA sequences. Bull. Math. Biol. , 1991, 52: 345.

9   L F Luo, L E H Trainor. A stochastic evolutionary model of molecular sequences. J. Theor. Biol. , 1992, 157: 83.

10   Q Z Li, L F Luo. The kinetic theory of thermal hysteresis of a macromolecule solution. Chemical Physics Letters, 1993, 216: 453.

11   L F Luo, F Ji, H Li. Fuzzy classifying of nucleotide sequences and bacterial evolution. Bull. Math. Biol. , 1995, 57: 527.

12   L F Luo, G Y Bai. Maximum information principle and evolution of nucleotide sequences. J. Theor. Biol. , 1995, 174: 131.

13   L F Luo. Conformation – transitional rate in protein folding. Int. J. Quant. Chem. , 1995, 54: 243.

14   L F Luo. A model of molecular evolution based on the statistical analysis of nucleotide sequences. In: Physics Theory in Biology. Eds. C J Lumsden, W A Brandis, L E H Trainor. World Scientific, 1996.

15   H Li, L F Luo. The relation between codon usage, base correlation and gene expression level, in Escherichia coli and yeast. J. Theor. Biol. , 1996, 181: 111.

16   L F Luo, F Ji. The preferential mode analysis of DNA sequence. J. Theor. Biol, 1997, 188: 343.

17   W J Li, L F Luo. Periodicity of base correlation in nucleotide sequence. Phys. Rev. E, 1997, 56: 848.

18   L F Luo, W J Lee, L J Jia, F M Ji, L Tsai. Statistical correlation of nucleotides in a DNA sequence. Phys. Rev. E, 1998, 58: 861.

19 罗辽复. 生命进化的物理观. 上海: 上海科学技术出版社, 2000.

20 L F Luo, X Q Li. Recognition and architecture of the framework structure of protein. Proteins, 2000, 39: 9.

21 F M Ji, L F Luo. A hypercycle theory of proliferation of viruses and resistance to the viruses of transgenic plant. J. Theor. Biol. , 2000, 204: 453.

22 L Tsai, L F Luo. A statistical mechanical model for predicting B – DNA curvature and flexibility. J. Theor. Biol. , 2000, 207: 177.

23 L F Luo, X Q Li. Construction of genetic code from evolutionary stability. Biosystems, 2002, 65: 83.

24 L F Luo, X Q Li. Coding rules for amino acids in the genetic code – the genetic code is a minimal code of mutational deterioration. Origins of Life, 2002, 32: 23.

25 W S Guo, L F Luo, Q Z Li. A chemical kinetic theory on muscle contraction and spontaneous oscillation. Chemical Phys. Letters, 2002, 363: 471.

26 L R Zhang, L F Luo. Splice site prediction with quadratic discriminant analysis using diversity measure. Nucleic Acids Res. , 2003, 31: 6214.

27 L F Luo, H Li, L R Zhang. ORF organization and gene recognition in the yeast genome. Comp. Funct. Genome, 2003, 4: 318.

28 L F Luo. Theoretic – physical Approach to Molecular Biology. (Shanghai Science and Technology Publisher, 2004, Shanghai).

29 M W Jia, L F Luo, C Q Liu. Statistical correlation between protein secondary structure and messenger RNA stem – loop structure. Biopolymers, 2004, 73: 16.

30 L F Luo, M W Jia, X Q Li. Protein structure preference, tRNA copy number and mRNA stem/loop content. Biopolymers, 2004, 74: 432.

31 M W Jia, L F Luo. The relation between mRNA folding and protein structure. Biochem. Biophys. Res. Com. , 2006, 343: 177 – 182.

32 L F Luo, J Molnar, H Ding, et al. Physicochemical attack against solid tumors based on the reversal of direction of entropy flow: An attempt to introduce thermodynamics in anticancer therapy. Diagnostic Pathology, 2006, 1: 43.

33 L F Luo, J Molnar, H Ding, et al. Ultrasound absorption and entropy production in biological tissue: A novel approach to anticancer thera-

py. Diagnostic Pathology, 2006, 1: 35.

34   L F Luo, M W Jia. Messenger RNA information: Its implication in protein structure determination and others. In: Networks: From Biology to Theory. Edi: Feng, Jost & Qian: 291 –308. London: Springer, 2007.

35   L F Luo, M W Jia. Messenger RNA relating to protein structure. In: Leading Edge ssenger RNA Research Communications. Edi. M H Ostrovskiy, New York: Nova Science Publishers, 2007.

36   L F Luo, J Lu. Sequence pattern recognition in genome analysis. In: Computation in Modern Science and Engineering, Eds. T E Simos, G Maroulis, AIP 2007, 1278.

37   J Lu, L F Luo. Prediction for human transcription start site using diversity measure with quadratic discriminant. Bioinformation, 2008, 2 (7): 316.

38   J Lu, L F Luo, Y Zhang Y. Distance conservation of transcription regulatory motifs in human promoters. Computational Biology and Chemistry, 2008, 32: 433.

39   Y E Feng Y, L F Luo. Use of tetrapeptide signals for protein secondary structure prediction. Amino Acids, 2008, 35: 607.

40   H Y Jin, L F Luo, L R Zhang. Using estimative reaction free energy to predict splice sites and their flanking competitors. Gene, 2008, 424: 115.

41   L F Luo. Entropy production in a cell and reversal of entropy flow as an anticancer therapy. Frontiers of Physics in China, 2009, 4: 122; DOI: 10. 1007/s. 11467 –009 –0007 –9.

42   L F Luo. Law of genome evolution direction: Coding information quantity grows. Frontiers of Physics in China, 2009, 4: 241.

43   H Ding, L F Luo. Kinetic model of the lysogeny/lysis switch of phage λ. Chin. Phys. Lett. 2009, 26, 098701.

44   L F Luo. Protein Folding as a Quantum Transition Between Conformational States. arXiv: q – bio/0906. 2452 v1 [Quantitative Biology, 2009], http://arxiv. org/abs/0906. 2452.

45   L F Luo. A Unified Theory on Construction and Evolution of the Genetic Code. arXiv: q – bio/0908. 3067v1[Quantitative Biology, 2009], http: //arxiv. org/abs/0908. 3067.

王乃彦

（1935—　）

　　王乃彦，核物理学家，中国科学院院士。参加研制并建立我国第一台原子反应堆上的中子飞行时间谱仪，测得第一批中子核数据，对 Yb 和 Tb 同位素的中子共振结构的研究作出了贡献。参加和领导了核武器试验近区物理测试许多课题，为核武器设计、试验、改进提供了重要实验数据。在我国发展粒子束惯性约束聚变，以及强流电子束和物质相互作用研究方面取得突出成绩。在氟化氪激光研究中取得具有重要意义的科研成果，建成六束百焦耳级氟化氪激光装置。开展了超短超强激光加速电子和质子等激光核物理的研究。

　　王乃彦，1935 年 11 月 21 日出生于福建省福州市，1952 年毕业于福建省福州市第一中学，同年考入北京大学物理系。1955 年调入技术物理系，1956 年从北京大学技术物理系毕业后分配到北京原子能研究所中子物理实验室工作，在组长钱三强的领导下从事中子能谱学的研究，在原子能研究所实验重水反应堆的水平孔道上测量中子和物质相互作用的全截面，测量核的能级分布，能级分布的强固函数等问题。用中子飞行时间法测量中子和物质的相互作用反应截面是第二次国际和平利用原子能会议后开始公开的研究问题，国际上美国、苏联、英国的重要国家实验室都开展了这些研究，钱三强带领项志遴、吴治华在苏联热工物理实验室学习了这些技术，并决定要在原子能研究所的实验性重水反应堆上尽快建立起中子全截面实验测量装置，分工由项志遴和王乃彦负责256道的中子飞行时间测量谱仪的建造。虽然电子学线路的设计是按照当时苏联热工物理实验室的方案，但整个建造、调整全部是我国独立进行的，特别在项志遴调离原子能所之后，建造飞行时间能谱仪的担子就落在王乃彦的身上。他带领一位实验员完成了256道时间分析器的焊接和调整，最后用于测量中子的飞行时间，这就是我国第一台共振中子飞行时间能谱仪，随后测量了金、银等样品的全截面数据。

正当王乃彦专心于运用中子飞行时间谱仪测量一些标准样品的中子全截面数据时，1959年秋组织上决定派遣王乃彦去苏联杜布纳联合核子研究所中子物理实验室工作。完成了填表后，有一天室里通知王乃彦到钱三强所长的办公室去一趟，他走进钱先生的办公室，钱先生开门见山地说："小王，你的表格被联合所退回来了，他们要我们派一个有相当于苏联副博士以上水平的人，你大学刚毕业3年，不符合他们的要求，你是第一批要派到联合所中子物理实验室的人，那个实验室主任是苏联科学院院士，诺贝尔奖的得主弗朗克教授，对去的人要求很高也可以理解，但是我又把你填的表寄回去了，告诉他们我们选派的人就具有副博士的水平，你要赶快做好去苏联的准备，只要他们同意了就走。"钱先生的这段话一直鼓励和鞭策着他在五年半杜布纳联合所工作中为祖国争光，不辜负钱先生的希望。到联合所后第一件工作就是参加快中子脉冲反应堆开堆启动中的物理测量，王乃彦用自己研制的裂变电离室测量了快中子脉冲反应堆的功率和中子脉冲时间波形。联合所的快中子脉冲反应堆是按照当时该所的所长布洛欣彩夫教授的思想建造的一个高能量分辨率的中子能谱仪，中子脉冲时间宽度是能量分辨率中的一个重要指标，由于圆满地完成了任务，王乃彦受到联合所中子物理实验室的表扬和奖励，这是王乃彦在联合所完成的第一个工作。后来钱三强去联合所参加联合所成员国全权代表的会议时，王乃彦陪同钱先生参观快中子脉冲反应堆，接待钱先生的是中子实验室主任弗朗克院士，参观完毕，钱先生面带笑容地问弗朗克院士说："王乃彦在这里工作，您们满意吗？"弗朗克说："我们很满意，他工作得很好！最后等他回国的时候，您们就会真正知道他的本事了。"

随后王乃彦在快中子脉冲反应堆的一千米中子飞行站上从事中子全截面和能谱学的研究，研制了大面积的含硼液体闪烁探测器，在对 Tb 和 Yb 等稀土元素的同位素测量中发现了一些新的中子共振峰，在对 $Yb^{171}Yb^{174}Yb^{176}$ 的全截面和 $(n \cdot \gamma)$ 反应截面作全面分析的基础上，在世界中子能谱学研究的领域中第一个得到了 Yb^{171} 和 Yb^{178} 的强固函数，该项研究成果 1965 年在比利时安特卫普举行的用中子研究核结构的国际会议上作为该实验室的重要成果发表。

1965 年 7 月他从杜布纳联合核子研究所回国后，被分配到二机部核武器研究设计院第二研究所工作。早在杜布纳联合所工作的后期，王乃彦就期望着从联合所回国后能被分配到九院从事核武器的研制，用自己学到的原子核物理、中子物理的知识报效祖国的国防建设，特别羡慕王淦昌、周光召、吕敏他们从杜布纳回国后投身于祖国的国防建设，后来知道自己也要去九院工作了，高兴得不得了。当时王乃彦的爱人郑守钧正在山西搞社教，家中有一个不到两岁的小女儿，王乃彦把女儿放在自己一个朋友的家里请嫚姆照顾，自己就前往在他心目中神圣而又神秘的核武器青海基地报到，开始了他人生的一个新征途，从此度过了他14 年宝贵而有意义的时光。

基地地处青海高原，海拔 3000 多米，气压低、空气稀薄，行走快了容易气喘，馒头也蒸不熟，吃起来粘牙齿，狂风常常在草原上呼啸着，生活多有不便和困难之处，但是同志们的工作热情非常高涨。当时正处在第一颗原子弹试验成功后要进一步提高我国原子弹性能和突破氢弹技术的时期，王乃彦到达基地时正值基地在搞社教运动，他待在招待所里不能直接投入科研工作，心里十分焦急，他就向前往招待所看望他的王淦昌、朱光亚副院长表示要尽早投入科研工作。任务终于来了，王乃彦和他领导的小组开始夜以继日地准备着第二次空投的核武器试验的近区物理测试。由于工作区和生活区距离很远，很多人都是工作到深夜，然后睡在办公室，往往一两个星期才回寝室睡觉，这种情景和场面深深地教育和感动了王乃彦，而且他看到这不仅是他所在的组、室而是全基地的普遍现象，最终他明白了一个真理：把党中央的决策和号召自觉地变成千万人的行动目标和为之奋斗时就能克服工作中的困难并创造奇迹。

1980 年王乃彦被调往中国原子能科学研究院，在王淦昌的指导下开展粒子束惯性约束聚变和氟化氪激光惯性约束聚变的研究，并建立了相应的实验室。

他首先领导和参加了"1 MeV 低阻抗强流相对论性电子加速器的物理设计"，原子能研究院原来没有这方面的基础，从王淦昌调任二机部副部长兼原子能研究院院长后才开始在那里开展这项工作。当时有 18 位志愿者积极报名要参加粒子束惯性约束聚变的研究，王乃彦调来后成立了小组，并给他们讲课，介绍强流相对论性电子加速器的工作原理，然后大家一起在原子能院的东北角一个小平房中开始了物理设计。那个小平房原来是一个存放废旧器材的仓库，没有暖气，墙壁四面透风，在北京寒冷的冬天只能自己烧煤炉取暖，18 个人挤在一间简陋的仓库里开始工作，用不到 4 个月的时间完成了物理设计。按照王淦昌的要求，在物理设计完成后用 1 年时间建成这台加速器。在王老的领导和督促下，工作取得很大进展，在粒子束惯性约束聚变和氟化氪激光聚变方面取得许多成果并得到国际同行的好评。

受日本名古屋大学等离子体研究所的邀请，从1985～1986年王乃彦在名古屋大学等离子体所工作了10个月，这是该所邀请的第一个中国教授，协议是与名古屋大学校长签订的，合作者是宫原昭教授，他们一起发表了强流电子束和物质相互作用的文章，在日本朋友的帮助下研制了一台强流相对论性电子束加速器。

从日本回国后，王乃彦参加了国家"863"计划"410"专家组的工作，后来又参加了"863"计划"416"专家组的工作，按照专家组的要求做了百焦耳级六路氟化氪准分子激光器的物理设计，在单玉生和全室同志的共同努力下完满地建成了激光器。

在国家"863"计划强激光技术主题组的支持下，王乃彦主编了《新兴的强激光》一书，由原子能出版社在1992年出版。该书全面阐述了自由电子激光、X光激光、化学激光、准分子激光、强激光和物质相互作用以及高功率激光的大气传输原理、应用及国外发展情况。参加编写的有周云翔、杨震华、彭慧民、庄琦、杨成龙和王乃彦。

在国家"973"计划重要科学前沿领域中他参加了《超强超短激光科学中若干重要前沿问题》（2006～2009年）的研究和《极端强场超快科学重要前沿与应用开拓》（从2010年起），担任该课题中子课题的负责人，研究超强光场驱动的高性能高能粒子束的产生及其应用开拓。王乃彦带领研究生开展了超短激光加速质子的实验，运用固体径迹探测器CR-39和汤姆逊谱仪测量了质子的产额和能谱分布，在质子静电加速器和串列加速器上对探测器进行了能谱响应的刻度，在低能端校刻了质子能量和激光强度的定标率，在激光波长为800nm，激光强度为3×10^{16} W/cm^2的情况下，获得能量范围为100～250 keV的质子，研究了双层靶对质子产额和能谱分布的影响。运用氟化氪准分子作为激光的放大介质，获得 1ps，3TW 的 248nm 的激光，它具有很好的对比度，是一个很有潜力的超短超强的激光源。

王乃彦曾任中国原子能科学研究院核物理所所长，中国原子能科学研究院副院长、科技委主任，核工业总公司科技委副主任，核工业部研究生部主任；中国核学会理事长，中国物理学会副理事长；《物理学报》和 *Chinese Physics* 主编；世界核聚变理事会理事，太平洋地区核理事会理事长和理事会选举委员会主席。1997～2004 年期间任国家自然科学基金委员会副主任，分工联系数理学部的工作。

他曾获全国科学大会奖 4 项，国家科技进步奖三等奖 1 项，部级科技进步奖一等奖 1 项、二等奖 2 项，国防科工委科技进步奖一等奖 1 项、二等奖 2 项。是核工业部劳动模范，国家高科技研究发展计划"八五"先进工作者，2003 年何梁何利科技进步奖和 2004 年全球核理事会奖的获得者。

核武器试验中近区物理测试

第二次核试验成功之后，我国开始了突破氢弹的试验。作为课题组长，王乃彦在第一次氢弹试验中带领全组完成了 4 个重要测试项目，为氢弹试验的物理分析提供了重要的数据。这些项目是用来验证和判断氢弹试验是否成功及其性能的重要依据，即如果试验成功要可靠报出其性能，如果试验失败要帮助分析失败的原因。为了安排好试验，实验部领导派王乃彦和另一位负责放射化学的同志去北京将测试安排向朱光亚副院长作汇报，并在他的安排下向理论部的同志作了汇报和进行讨论。测试取得了很好的结果，验证了氢弹的工作原理，并有力地解析了氢弹的实际当量比原先估计值大许多的原因；试验测量的氘氚热核反应的温度和热核反应中子的通量，对于判断氢弹爆炸性能也具有重要意义。

第一次氢弹空投试验是在"文化大革命"刚刚开始的时候

进行的，试验获得了圆满成功。在欢庆氢弹空投试验胜利的时候，有的测试项目并没有取得测试结果，大家为此感到沮丧。王乃彦认真地按照空爆的特点，计算了中子在配重物质和炸药及弹壳上产生的非弹性散射 γ 和中子被捕获后产生的 γ 射线对测试的影响，解析了部分测试项目没有取得数据的原因，为后来空爆试验避免发生类似问题作出了贡献。

在地下平洞试验中，王乃彦领导的一个测试项目是将 γ 能谱仪的技术用于地下核试验。项目成功地排除了散射 γ 射线的本底，在地爆很强的电磁辐射干扰的条件下，测得了出弹壳的 γ 射线能谱，对于了解武器性能和掌握地下试验测试技术具有重要意义。

随着我国核武器研制的发展，对于近区物理测试的要求也愈来愈高，理论和设计要求从测试工号处测得的结果能推导到出弹壳处的中子、γ 射线的数据，而中子、γ 射线出了弹壳后要经过一段飞行距离，经过探测器记录，经过电缆线和示波器最后才记录下来，是一个卷积的过程，要求出弹壳的中子和 γ 数据就是要求解卷积。王乃彦建立了解卷积的程序，适应了武器研制中对测试数据的要求。然而对于有特殊要求的型号这种解卷积的解析表达式就会变得很复杂和十分困难，虽然也可以用计算机在知道了各个环节的 δ 函数的响应函数后进行求解，但对各种参数之间的关系很难有明晰的物理理解。王乃彦花了大量的时间去解决这个问题，后来还是在周光召（当时的理论部副主任）的帮助下终于圆满地解决了。王乃彦的研究成果提供了一个从实验环节的刻度、δ 函数响应函数的测量到数据复原的处理方法，满足了核武器研制对测试工作的需求。

1972 年根据周恩来总理对我国十一次核试验进行总结的指示，九院成立了以王淦昌为主任的十一次核试验总结办公室，王乃彦是该办公室成员，分工负责核物理和核化学测试部分的总结。

1978 年王乃彦作为九院实验部的代表和九院王淦昌、高潮，理论部周光召、于敏，设计部惠钟锡一起参加了全国科学大会，在科学大会上王乃彦所在实验室获得了 4 项全国科学大会奖，王乃彦是当时该室室主任。

推动我国高功率脉冲技术发展

参加了十一次核试验的总结工作，王乃彦更进一步地了解到我国核武器研制工作中所取得的巨大成就，但也深感到相对于美国、苏联来说我们的试验次数太少了，为了增加我们对核爆规律的认识，必须开展核爆模拟工作。

王乃彦在十一次核试验总结办公室工作期间与王淦昌的接触机会增加了许多，从院部招待所去王淦昌的住所只要几分钟的时间，他们经常在一起交谈各种有兴趣的问题，很快就发现彼此对我国发展高功率脉冲技术具有共识，因为强流电子束打靶时可以产生很强的 γ 射线和 X 射线，在通常电子加速器中产生的电子束流是毫安、几十毫安，而强流电子束加速器的电子束流可以达几十千安甚至兆安。

王乃彦写了一份报告给当时九院朱光亚副院长，建议在九院开展高功率脉冲技术的研究工作。

当时我国有两个单位在开展这方面的研究工作，一个是九院十所，一个是中国科学院电工所。王乃彦陪同王淦昌多次去九院十所和中国科学院电工所了解工作的进展，一起分析工作中的问题，当时参加电工所研究工作的还有 21 基地的 21 所科研人员，这两个单位的科研人员后来就成为我国发展高功率脉冲技术的中坚力量。王乃彦和金炳年协助王淦昌和十所的科研人员一起圆满完成了 1MeV 强流电子束加速器的研制后，王乃彦又帮助十所的科研人员完成了大型的 6MeV 强流电子加速器的设计，它是当时亚洲最大的强流电子束加速器，可以产生 6MeV，20kA 的强流电子束，和美国圣地亚国立实验室的 Hermes Ⅱ 的设备水平相当。由于国内没有研制过那么大型的设备，王乃彦和十所的科研人员一起，按美国 Hermes Ⅱ 的用途和一些最基本的数据推导出 Hermes Ⅱ 的各个设计指标，充分说明了我们已完全掌握这种功率脉冲技术型的强流电子束加速器的物理设计能力，随后就和十所的同志一起开始了我国第一台 6MeV，20kA 的强流电子束加速器的物理设计，并由王乃彦前往核工业部交给了核工业部副部长李觉。

随后不久王乃彦就从十一次核试验总结办公室回到了九院二所，6MeV 强流电子加速器的建造就没有参与了，但他还一直关心着它的进展，整整经过约 8 年的建造，这台加速器终于建成，那时王淦昌和王乃彦都已从九院调到原子能院了。这台加速器的成果鉴定会由王淦昌担任鉴定委员会主任，王乃彦是鉴定委员会委员兼测试组组长，测试组集中了九院、21 所、中国科学院和原子能院的专家，对加速器的性能指标做了认真的测量，并证明它全面达到设计要求。当时九院邓稼先院长对测试组的工作给予了很好的评价，他对于这项工作非常重视，还对王乃彦说："这台加速器太有用了，我们应该再做一台更大的加速器，老王你来帮我们一块搞。"

在我国开辟粒子束和氟化氪激光惯性约束聚变

中国原子能科学研究院的强流相对论性电子束加速器在 1981 年底前后建成，并达到了设计指标。该加速器是一台低电压（1MeV）水介质强流电子加速器，在国内是第一台，在国外同类加速器中也属先进水平，其主要特点在于：

（1）冲击电压发生器中的所有火花球隙开关都是采用阻容耦合的混合外触发方式，工作非常稳定，输出电压的变化在 3% 以内；

（2）在国内最先采用了水介质的 Blumlein 脉冲成型线和传输线，采用真空注水的办法，消除了气泡，提高了水的电阻率；

（3）在强流电子束二极管方面，在国内最先采用了屏蔽罩的方法，降低二极管三结合处电场，采用对二极管阳极靶低压放电预锻炼方法，显著地改善了二极管聚焦性能的重复性和稳定性；

（4）在国内首先研制成功能产生大面积（220cm^2）均匀电子束的二极管，后来又扩大到950cm^2，这些技术措施包括设计方法在国际上是先进的。该加速器的建成为粒子束惯性约束聚变和氟化氪激光惯性约束聚变研究提供了有力的工具。

强流相对论性电子束加速器是一种功率脉冲技术型的加速器，它的优点是电流大、束流产生的能量效率高、造价便宜，缺点是电流电压不容易做得稳定。美国 Los Alamos 实验室的氟化氪激光 Aroura 在和美国 Livermore 实验室的固体激光 Nova 的竞争中就是由于激光稳定性不够好而失利。而我们的强流电子束加速器的输出电压的涨落小于3%，氟化氪激光能量输出的涨落小于5%，是国际上最好的结果。当美国圣地亚国立实验室的粒子束聚变负责人 Van Devender 博士参观我们的电子束打靶时看到靶斑聚焦得很好很稳定感到很惊讶，并称赞说"你们靶斑的情况和我们一样好"。

1981年2月在原子能科学研究院成立了粒子束惯性约束聚变研究室，王乃彦担任该研究室主任，在王淦昌的指导和参加下开展了强流电子束在靶上能量沉积的物理机制的研究，开展的研究课题有用 X 射线二极管测量等离子体温度，用离子飞行法测量等离子体温度，用激光束在靶后表面上的反射情况测量束靶相互作用在厚靶中产出的冲击波的平均速度，用阴影照相法测靶前后表面等离子体膨胀速度。4个项目的测量结果都证明日本大阪大学激光工程研究所提出的电子束在靶上由于双流不稳定性造成能量沉积大于经典的能量沉积2个数量级的论断是错误的。能量沉积增强的倍数大约只有 3 ~ 5 倍，远远不到 100 倍，这项研究结果和美国圣地亚国立实验室的结果相符合，说明电子束聚变是没有发展前途的，因为强流电子束聚焦性能差、射程长。但大阪大学的科学家提出在强流下射程可以比经典时小两个数量级，一时引起国际聚变界的广泛重视，中美实验的结果指明了电子束聚变发展前景是很不乐观的。

苏联库尔恰托夫研究所粒子束聚变负责人斯米尔诺夫教授来参观实验室时称赞说："你们实验设备没有我们大，但你们取得的物理结果比我们好。"

王乃彦和王淦昌一起指导研究生开展了电子束流物理的研究，研究聚焦型强流相对论性电子束二极管中电子束箍缩过程，研究了阴阳极材料及阴阳极等离子体对电子束箍缩的影响，指出阴阳极表面所吸附的气体和阴阳极等离子体的形成是影响电子束箍缩的关键因素。美国海军实验室 Cooperstein 博士等用高速相机分幅地拍摄了电子束箍缩过程，我们由于受经费的限制，采用透镜成像、光导管、光电管和示波器组成的测试系统，圆满地研究了电子束的箍缩过程。我们用比较差的设备也得到很好的结果，甚至比美国海军实验室取得了更多的信息和数据。

王乃彦带领研究生开展了电子束在低压中性气体传输中空间电荷中和及电流磁场中和的物理机制研究，研究了在 3 ~ 10τ 气压下，在 H_2 和 N_2 气体中束流的传输特性，在适当选择气压的情况下，有效地将 50kA 的束流传输到 2m 的距离，达到长距离传输的要求。

1986 年第六届国际高功率粒子束会议在日本长岗召开，应大会邀请王乃彦作了"中国原子能科学研究院粒子束聚变研究进展"的报告，受到与会者的重视和好评。会议分会场主席，美国海军实验室的 Cooperstein 博士在会上做总结中专门提到中国原子能院的重大进展，并予以高度评价，长岗会议的会场要挂参与国的国旗，日本是东道主，把国旗挂在旁边，其他国家按提供文章的多少来排列，美国和中国的国旗分别挂在中间的左右位置上，因为中国提交了 6 篇论文。王乃彦在第二届国际粒子束聚变会议（1986 年在日本神户召开）上也作了特邀报告。

根据国际惯性约束聚变的发展，原子能科学研究院的研究方向由粒子束聚变转向氟化氪激光聚变，这是因为氟化氪准分子激光具有波长短、能量效率高，可按比例放大至高能量等优点，因此是一种很有竞争力的惯性约束聚变驱动器的候选器件，在国际能源、工业、医学生物和基础研究等方面具有广泛的用途。

王乃彦领导的研究室于 1984 年开始研究电子束泵浦的 KrF 激光聚变，1985 年得到输出能量为 13J 的 KrF 准分子激光和输出能量为 5J 的 XeCl 准分子激光。

1987 年受国家"863"计划"410"强激光技术主题专家组的支持，王乃彦领导的研究室开始了百焦耳级氟化氪准分子激光的研制，1989 年输出能量已稳定地达到 106J，功率为 $1.5 \times 10^9 \mathrm{W}$，能量效率达百分之三，在国内处于领先地位，达到国际上当时的先进水平，在能量上已经达到国际上几台大型的氟化氪准分子激光器的水平，成为我国氟化氪准分子激光技术及氟化氪激光惯性约束聚变研究的一个重要基地。在国际上也是从事氟化氪激光聚变的几个重要实验室之一。

为了获得高光束品质的 KrF 激光，采用主振荡器和功率放大器相结合的方法，王乃彦带领研究生和室里的同志做了下面几项重要的工作：

（1）完成了电子束双向泵浦氟化氪激光的物理设计，显著地改善了电子束在 KrF 气体介质中能量沉积的均匀分布，减小了电子束自磁场的箍缩效应，减小了电子束对阳极膜和激光气室输入窗口的主膜的破坏，提高了输出激光的能量效率。

（2）建立了放大的自发辐射理论计算模型，深入研究了放大的自发辐射和引出激光能量，本征效率及激光发散角的关系，并在实验上测出百焦耳级氟化氪激光装置上的自发辐射强度。

（3）指导研究生在国内最先开展短波长激光镀膜的工艺研究，制备出了多层有机介质的膜，在毫微秒脉冲情况下破坏阈值达 5J/cm^2，开展了用超声波方法研究膜的破坏阈值，并在美国应用物理期刊发表论文。该方法的优点在于它不仅能较精确地决定出膜的破坏阈值，而且能够在膜被损坏之前就预估出如果继续增大光的功率密度将导致膜的损坏，这样既测出了膜的破坏阈值又不至于损伤膜，这项工作对强激光装置运行中膜的保护具有重大意义。后来同样在美国应用物理杂志上发表的美国国家点火装置就是用这种超声波方法监测光学镀膜的破坏情况。从事这项工作的王乃彦的博士生获得了全国激光青年学术报告会一等奖。

（4）对百焦耳级氟化氪激光装置中的预放大器和主放大器中的各种激光参数做了测量。

（5）建立了具有 119 个反应通道和 24 种反应粒子的氟化氪激光反应动力学程序，对激光的形成、弛豫、吸收和上能态的焠灭进行了建模和计算。

上述的这些工作使他们对氟化氪激光的产生及获得稳定的、高光束质量的氟化氪激光有了较深刻的理解，为将来在我国建造高功率、大能量的氟化氪激光器打下了基础，现在 6 束角多路的氟化氪激光器已经稳定可靠用于短波长激光和物质相互作用及超短超快激光的放大上。

1990 年 3 月于英国伯明翰召开的国际电光学和激光学术研讨会和展览会邀请王乃彦作特邀报告，题目为"强流电子束百焦耳级氟化氪激光"，百焦耳级氟化氪激光的研究工作，1990 年 5 月在北京召开的国际准分子激光讲习研讨会和 1990 年 9 月在加拿大召开的第二届国际氟化氪激光研讨会也请王乃彦作了报告和介绍。

在国家高技术强激光主题专家组的指导和支持下，王乃彦负责组织了 1990 年北京国际准分子激光研讨讲习会，参加会议的有国内从事准分子激光的科研人员和英国、日本、加拿大从事氟化氪准分子激光有很高声誉的科学家，如加拿大氟化氪准分子激光负责人，前加拿大物理学会主席 A. A. Offenberger 教授、英国卢瑟福实验室氟化氪激光项目负责人 M. Shaw 博士、日本电气通讯大学激光科学研究院所氟化氪激光聚变负责人 Ueda 教授等，会议促进了国际学术交流，加速了我国准分子激光研究进入国际学术共同体的步伐。

促进太平洋地区核能和核技术应用的交流与合作

1999～2008 年王乃彦任中国核学会理事长期间为推动太平洋地区的核能和核技术应用的交流与合作作出了努力和贡献。1999～2001 年任太平洋地区核理事会副理事长，2001～2003 年任太平洋地区核理事会理事长，王乃彦在理事会中广交朋友，建立核能和核技术应用的科技工作者之间的联系，宣传中国核事业的发展和进步，并在理事会中进行一些制度改革，促进理事会工作效率的提高，使我国在理事会中成为积极活跃的一员。当时理事会积极参加了世界核理事会关于核能和核技术应用在控制气候变化和保护世界粮食、减少粮食虫害方面的重要作用的研究，并组成一些小组专门作了深入的研究。在理事会成员国的支持下，于 2003 年在我国深圳召开了太平洋地区的核能大会，国内外核能界的领导和著名公司的董事长都来参加了大会，在核工业集团公司的帮助和支持下，和中国核学会的工作人员一起成功地组织了这次大会，国内外参会人员有 600 多人，其中有 200 多人来自国外，会议促进了太平洋地区的核能和核技术的交流和合作。鉴于王乃彦在国际核能和核科学技术交流与合作中所作出的努力和贡献，世界核理事会于 2004 年 11 月 13 日授予王乃彦"世界核理事会 2004 年全球奖"。

（王晓京）

简　历

1935 年 11 月 21 日　生于福建省福州市

1952—1955 年　在北京大学物理系学习

1955—1956 年　在北京大学技术物理系学习

1956—1959 年　任二机部北京四〇一所研究实习员

1959—1965 年　在苏联杜布纳联合原子核研究所工作

1965 年　任二机部北京四〇一所助理研究员

1965—1974 年　任二机部核武器研究设计院助理研究员

1974—1979 年　任二机部核武器研究设计院二所 203 室主任、助理研究员

1979—1981 年　任二机部北京四〇一所副研究员

1981—1985 年　历任核工业部中国原子能科学研究院副研究员、研究员和激光与离子束研究室主任

1985—1986 年　任日本名古屋大学等离子体物理研究所研究员

1986—1988 年　任核工业部原子能科学研究院物理研究所所长、研究员

1988—1991 年　分别任中国原子能科学研究院科学技术委员会副主任、代主任、研究员及国家高技术强激光技术主题专家组成员

1991 年　分别任中国原子能科学研究院副院长、科学技术委员会主任、研究员、国家高技术强激光技术主题专家组成员

1991—1995 年　分别任中国原子能科学研究院科学技术委员会主任、研究员、国家"863"计划惯性聚变专家组成员

1995—1999 年　当选为核工业研究生部主任、核工业总公司科技委副主任、国家自然科学基金委员会副主任，中国核学会副理事长、中国物理学会常务理事，世界核聚变理事会理事

1999—2003 年　分别任核工业研究生部主任、国家自然科学基金委员会副主任，当选为中国核学会理事长、中国物理学会常务理事，任核工业集团公司科技委顾问，当选为太平洋地区核理事会副理事长、理事长以及理事会选举委员会主席

2003—2008 年　分别任核工业研究生部主任、国家高技术强激光领域专家组顾问，当选为中国核学会理事长、中国物理学会副理事

长，任国防科工委咨询委员会委员、总装备部科技委兼职
委员

2008 年至今　分别任中国原子能科学研究院副院长、核工业研究生部主
任、核工业集团公司科技委高级顾问、国防科工局科技委核
专业分委会副主任、总装备部科技委兼职委员

主 要 论 著

1　Naiyan Wang, U S Yasveskii, et al. Neutron resonance research of praseo-
dymium and terbium. Journal of Experimental and Theoretical Physics, 1964,
47: 43.

2　Naiyan Wang, N Eliski, et al. Investigation of neutron resonances of ytterbi-
um isotopes. Journal of Experimental and Theoretical Physics, USSR, 1966,
3: 48; International Conference on Nuclear Structure Research Using Neu-
trons. Antwerp, Belgium, July, 19 – 23, 1965. 572.

3　Naiyan Wang, Naigong Zong, Ganchang Wang, et al. 80GW relativistic e-
lectron beam accelerator. Proceedings of the Fifth International Conference on
High Power Particle beams, San Francisco, 1983. 60.

4　Naiyan Wang, Runsheng Hong, Naigong Zeng, et al. Particle beam fusion
research at IAE in Beijing. Laser and Particle Beam, 1987, 5: 89.

5　王乃彦，周云翔，杨震华，等. 新兴的强激光. 北京：原子能出版
社，1992.

6　Hualin Gao, Naiyan Wang. Possible damage mechanism of the dielectric coat-
ing for a KrF laser. Applied Optics, 1993, 132: 7084.

7　Naiyan Wang, Yusheng Shan, Ganchang Wang, et al. Development of high
power KrF laser for laser plasmas interaction. Proceedings of the Fourth Interna-
tional Workshop on KrF Laser Technology, Annapolis, Maryland, May 2 – 5,
1994, Section 1.

8　Naiyan Wang, Yusheng Shan, Ganchang Wang, et al. Development of high
power KrF laser for foundamental research of IFE driver and laser plasma in-
teraction. Proceedings of the Sixteenth International Conference on Fusion En-

ergy, Organized by the International Atomic Energy Agency and Held in Montreal 7 – 11, October, 1996, Vol. 3, IAEA – CN – 64/ BP – 3 1997, 123.

9　X T He, X M Deng, N Y Wang, et al. Status and progress in the Chinese ICF program. Fusion Engineering and Design, 1998.

10　Jiangfen Xiao, Naiyan Wang. The influence of the focus position of broadband and pump laser on SRS initiation process. High Power Laser And Particle Beam, 1998, 10: 505; Fusion Engineering and Design, 1999, 89: 45.

11　Naiyan Wang. The energy development and environmental protection in China. Fusion Engineering and Design, 2001, 54: 135.

12　王乃彦. 聚变能与未来. 北京: 清华大学出版社, 2001.

13　Naiyan Wang, Yunsheng Shan, et al. Activities of developing high – power KrF Laser for Studying laser plasma interaction physics at CIAE. Laser and Particle Beams, 2002, 20 (1): 119.

14　Yusheng Shan, Naiyan Wang, et al. A six – beam high – power KrF excimer laser system with energy of 100J/23ns. Laser and Particle Beams, 2002, 20 (1): 123.

15　Yongsheng Huang, Xiao – Fei Lan, Nai – yan Wang, et al. Hot – electron recirculation in ultraintense laser pulses interaction with thin foils. Phys. Plasmas, 2004, 14 (10): 103.

16　Yongsheng Huang, Yuanjie Bi, Naiyan Wang, et al. Self – similar neutral – plasma isothermal expansions into a vacuum. Appl. Phys. Lett. , 2008, 92: 031501.

17　Yongsheng Huang, Xiaojiao Duan, Naiyan Wang, et al. Angular distribution of isothermal expansions of non – quasi – neutral plasmas into a vacuum. Appl. Phys. Lett. , 2008, 92: 141502.

18　Y S Huang, X J Duan, N Y Wang, et al. Time – dependent neutral – plasma isothermal expansions into a vacuum. Laser and Particle Beams, 2008, 26: 671.

19　Yongsheng Huang, Yuanjie Bi, Naiyan Wang, et al. Time – dependent energetic proton acceleration and scaling laws in ultraintense laser – pulse interactions with thin foils. Physical Review E, 2009, 79: 036406.

20 Yongsheng Huang, Yijin Shi, Naiyan Wang, et al. Analytical expressions of the front shape of non – quasi – neutral plasma expansions with anisotropic electron pressures. Physical Review E, 2009, 80: 056403.

21 Xiaojiao Duan, Xiaofei Lan, Naiyan Wang, et al. Calibration of CR – 39 with monoenergetic protons. Nuclear Instruments and Methods in Physics Research Section A: Accelerators, Spectrometers, Detectors and Associated Equipment, 2009, 609 (2 – 3): 190.

22 Yongsheng Huang, Yuanjie Bi, Naiyan Wang, et al. Plasma expansions with a time – dependent electron temperature. Physics Letters A, 2010, 74: 1253.

23 Yongsheng Huang, Naiyan Wang, Yijin Shi, et al. Energetic laser – ion acceleration by strong charge – separation field. Plasma Science and Technology, 2010, 12 (3): 268.

杨福家

(1936—)

　　杨福家，物理学家，教育家，中国科学院院士。从实验上发现一些新的原子核能级，证实了理论预言的一种核内运动状态。导出核级联衰变一般公式，为放射性厂矿普遍采用。开创了我国离子束技术的实际应用。领导建成了基于加速器的原子、原子核物理实验室。长期从事高等教育与教育管理，为中外合作办学作出了重要贡献。

　　杨福家，1936 年 6 月 11 日出生于上海。籍贯浙江省镇海县（今宁波市镇海区）。

　　镇海地处宁波甬江出海口。一方面得西方风气之先，另一方面人多地少、自然资源十分贫瘠，因而镇海人外出经商之风特盛。杨家在祖父杨志甫一辈已到上海经商，从学徒做到上海著名的方萃和糖行经理。父亲杨善卿虽然有志于学，但不得不子承父业，也从学徒做到糖行经理。杨福家出生在这样的家庭环境里，一方面由于数代经商，积有较好的经济基础；另一方面，父亲希望在子女身上得偿夙愿，所以他把子女送到上海最好的学校接受教育。其时，上海经过清末民初到抗战前一段时期的顺利发展，俨然成为远东大都会，经济、文化繁荣发达。在这样的家庭和社会环境里，杨福家自幼就从兄姐及学校得到了良好的教育与先进科学文化的洗礼。杨家三兄弟后来都成为高级科技人才，尤其杨福家和他二哥杨福愉同年当选为中国科学院院士。

杨福家自幼机灵好动，淘气顽皮，读初中时曾被勒令退学。但幸运的是高中时又进了一个好学校——创建于1874年的上海格致中学。格致中学给了杨福家人生两件最宝贵的东西：一是人生观，从一个糊里糊涂的"小捣蛋"，成为有梦想、有追求的人；二是点燃了他头脑里知识的"火种"，使他对自然科学与英文开始产生浓厚的兴趣。

1954年9月，杨福家以优异的成绩考入复旦大学物理系，新中国给了他一个从学生后来做到校长的崭新机会，开始了他与复旦大学长达半个世纪的情结；从此也结下了他与物理学的终生之缘。

在复旦大学物理系，杨福家幸运地得到了一批对学生满怀热情的名师的悉心教诲，也切身体验到老复旦的传统——名师上基础课的终生教益。系主任、二级教授王福山为刚入学的新生讲授普通物理，一级教授周同庆为二年级学生讲授原子物理。一级教授卢鹤绂给学生讲授富有色彩的原子核理论，在最后一学期，杨福家还幸运地得到由卢鹤绂担任他毕业论文指导老师的机会。是卢鹤绂把他领入原子核物理领域，让他有幸领略绚烂的"物理之美"，并成为杨福家一生所从事的事业。

卢鹤绂常常忠告青年学子："一是要有所发现，有所发明，有所发展，最后的目标是开创新领域；二是要老实，不要虚伪，弄虚作假、故弄玄虚的人都站不住的。知而告人，告而以实，仁信也。"在杨福家准备毕业论文的时候，国际物理界发表了梅耶与金圣两位物理学家的原子核内"壳层模型"理论，在当时是最新科研成果。卢先生不希望他的学生轻轻松松地拿论文，而是要他这个未出茅庐的大学生去碰一碰那个世界最前沿的课题。他鼓励杨福家是不是可以从最新实验结果出发找一个数学表述式，然后用它来描述原子核内的运动，试试看是否可以得到同样的结果。经过半年努力，杨福家发现这篇论文是做不出正面结果的。但即便如此，在卢先生的启迪和严格要求下，通过准备论文，他比较深刻地理解了这一新理论的奥妙。1963 年，提出这一理论的两位作者获诺贝尔奖。1964 年，杨福家在哥本哈根遇到了其中一位——金圣，因为有当年的基础，使杨福家有能力与他就原子核的"壳层模型"理论作了比较深入的讨论。

"一个好的学校，它会给你一个好的氛围，让你不知不觉地接受到好的素质方面的教育；而好的老师能发现你的长处，能够引领你走上一条科学的道路。"这是杨福家的切身体会，而卢鹤绂先生当年的忠告，使杨福家懂得了做一个一流的科学家，眼睛应该时刻盯着科研的最前沿。"追求卓越"成了他的终生信条。

1958 年 7 月，杨福家从复旦物理系毕业，留校在该系做了一名助教。1960 年，复旦大学破例任命了一批非常年轻的副系主任，杨福家成了新成立的原子核科学系副系主任之一。论资历，那时杨福家大学毕业才两年；论年龄，年仅 24 岁；论资格，助教也只做了两年，直到 3 年后也才是个讲师。这一段经历，使杨福家刻骨铭心，所以在 33 年后，当杨福家成为复旦大学校长时，上任伊始他的第一个举措就是"为青年人创造更多的机会！"

1963 年 9 月至 1965 年 8 月，杨福家有幸被选派到丹麦哥本哈根大学理论物理研究所（1965 年改名为玻尔研究所）做访问学者。该所是 20 世纪最伟大的两位物理学大师之一尼耳斯·玻尔于 1921 年创建的。在此期间，杨福家一方面感受到了尼耳斯·玻尔"科学无国界，科学家却有自己的祖国"的爱国精神；另一方面也受到了被誉为"科学国际化之父"的玻尔倡导下形成的"平等、自由地讨论和相互紧密地合作的浓厚的学术气氛"的"哥本哈根精神"的熏陶。

杨福家在进修期间，和来自世界各国的50多位学者一起，刻苦勤奋地学习，夜以继日地发奋工作，连吃饭的时间也同各国学者讨论问题，仅用一年时间就做出了重要的研究成果。

1965年8月，杨福家从丹麦学成回国，祖国已是山雨欲来风满楼了；不久，"文化大革命"揭开了序幕。在"文化大革命"中杨福家虽然没有遭受很大的冲击，但在中国已经找不到一间安静的实验室了，他所钟情的原子核研究也不能不受影响。不过，杨福家仍然不能忘情于科学研究。在带领学生去一家化工厂"开门办学"时，从现实中发现课题，推导出"核级联衰变一般公式"，成为在那一个特殊时期难得的科技成果。

1978年，杨福家被任命为复旦大学原子核系主任，并升为副教授。1980年杨福家破格晋升为教授，1981年成为复旦大学首批博士生导师，其后又担任了研究生院院长。

1986年底，中国科学院周光召院长诚邀杨福家去上海原子核研究所任所长。从1987年到2001年，杨福家任职14年，组织领导该所科技人员取得了一批重要科研成果。基于对我国科学技术发展的长远考虑，杨福家积极促成"上海光源"项目，如今这个中国最大的科技装置即将建成。

1991年，杨福家当选中国科学院学部委员（院士）；同年，在谢希德校长诚邀和力荐下，担任复旦大学副校长，从此开始了杨福家科学研究之外的另一个重要领域——高等教育管理。1993年杨福家被国务院任命为新中国成立后复旦大学第五任校长。在担任学校领导前后8年时间里，杨福家励精图治，改革创新，振兴复旦：积极创造条件"给青年人以机会"，使古老的复旦出现了30几岁的教授、二级学院院长和国家重点实验室的主任、副主任；同时，启动"名教授上基础课"计划；在全国高校率先创建Think Tank（即智囊团、思想库）——复旦发展研究院。

杨福家自任复旦发展研究院院长，时为复旦最年轻的教授王沪宁是其得力干将，并在不久后被聘为复旦两位杰出教授之一。复旦发展研究院成立后不仅为上海的战略决策如开发浦东等提供智力支持，同时也为党和国家输送了杰出人才。

除了本职工作之外，杨福家还担任了许多社会职务。1992年当选上海市科学技术协会主席；1998年担任全国政协委员；2001年当选中国科学技术协会副主席。

杨福家敏锐地意识到，经济全球化必然带来教育的国际化，他非常善于抓住机会跨入国际舞台。1996年杨福家第一次参加国际大学校长协会的会议，由于他会前作了充分准备，初次"亮相"便充分展示了自己的才干，结果30多年来第一次作为中国唯一代表被选入执行理事会。1997年杨福家发起成立"中国大学校长联谊会"，并被选为创会会长。1998年率"中国大学校长代表团"首次访问英国。在国际交往中，杨福家一方面积极担当"二传手"，如最早把"知识经济"的概念引进国内；另一方面，作为中国人的代表，也让世界了解自己，认识自己。1999年在卸任复旦大学校长后，杨福家被香港大学与英国诺丁汉大学分别授予名誉科学博士，并被聘为香港大学校长特别顾问。次年年底，又被英国诺丁汉大学聘任为第六任校长，任期从2001年起3年，未及任满，又被续聘3年、再聘3年，成为第一个担任外国校长的中国人。

从2001年起，杨福家还应邀成为设在美国的"防核恐怖倡议"董事会成员，是18位国际成员中唯一一位中国代表。在这个国际组织中，杨福家以他的核物理专业知识，继续为世界和平与祖国的核事业作出贡献。

作为世界知名科学家兼教育家，杨福家近年来考虑得最多的，是国际视野下的中国高等教育和经济全球化时代的教育国际化。在中外合作办学和中国高等教育的反思与未来走向方面，都作出了自己的卓越贡献。

证实核内一种运动状态

早在 20 世纪 50 年代，哥本哈根玻尔研究所的两位科学家、后来获得诺贝尔奖的该所所长奥格·玻尔教授和莫特逊教授对一种核运动状态作出了预言：在中子数为 82 的一些原子核内有一些特殊的状态。但这仅仅是预言，多年来没有得到实验的证实。

1963 年 10 月，杨福家来到玻尔研究所，从事核反应能谱方面的研究。杨福家对两位教授的预言很感兴趣，莫特逊教授也建议把这作为研究课题，于是杨福家就与一位丹麦学者一头扎进实验室来寻找这种状态。

杨福家在复旦大学物理系学习时，从周同庆教授的讲课中得到启发：可以仿照寻找原子状态的两种方法，来寻找原子核的状态。但是，做了无数次实验，找来找去还是找不到，毛病出在哪里？玻尔研究所有句名言"科学植根于讨论"，并养成了一种很好的学术风气，到处可以找人讨论，而且一些理论大师和一些不同领域的专家都会主动来与参与讨论。一个化学家说，可能实验用的靶子有问题，应该做一个非常纯的靶子。这提醒了杨福家，他和合作伙伴花了很大的精力，做了别人没有做过的事情，做成了很纯的稀土元素金属靶。当时，这类高丰度的稀土元素很贵，一个毫克便要 200 美元，所以要非常小心。结果在经历了许多个夜以继日的工作后获得了成功。1964 年春的一天凌晨两点，终于看到了信号，这个已经提出了多年的预言，终于在杨福家手里得到了证实，当年夏天即在国际会议上作了报告。杨福家所证实的这种运动状态，至今仍被国际核物理学界所引用。

导出"核级联衰变一般公式"

杨福家认为，"从治学方法上来讲，首先要注意发现问题，即要时刻做一个有心人，然后才能谈得上科学创见。"

1975 年 3 月，杨福家带领一批学生去一家化工厂"开门办学"。杨福家发现该厂环境污染测试计算出来的结果竟然有不少是负值，这显然是不符合实际的。但是问题出在哪里呢？百思不得其解。杨福家找到有关部门，查核了计算公式，发现原来该厂所用的公式是盲目搬用苏联的，在我国根本不适用。再查查美国、英国等先进国家的环保测试公式，也几乎令人绝望，因为这些国家的计算公式都是有条件限制的，一个公式只能适用于一种条件。但是这个发现却使他兴奋不已，因为他知道发现新的问题正是新的科学创造的契机。从解决这一新的难题出发以及从控制污染、保护生态环境的大计着眼，杨福家决心搞出一个普遍适用的计算公式。经过杨福家数月的不懈努力，分析了 6 个微分方程，终于推导出了"核级联衰变一般公式"。这一公式可适用于所有厂矿的环保测试，而且囊括了前面提到的西方与苏联的所有相关公式，因为这些公式只是它的特例。因此这一成果迅速成为测试放射性厂矿放射性污染程度的一个基本的计算公式，而且推广至核能级寿命测量，给出了图心法测量核寿命的普适公式。

用离子束分析技术揭秘越王剑和秦箭簇

1965 年我国从湖北江陵楚墓中出土了一对古剑，经鉴定为我国历史上著名的越王勾践剑。但令世人不解的是，宝剑埋在地下近 2500 年之久，居然没有生锈，仍然非常光亮和锋利。究竟是中国古代的冶炼技术使然，还是防腐措施使然？如果是因为冶炼技术，那又是如何冶炼的？如果是由于防腐措施，那又是采取了哪些措施？一时间，难倒了考古学家、科技史家，谁也拿不出有力的证据，成为一个"斯芬克司"之谜。

办法当然是有的，用现代科学技术化验一下古剑的化学成分，谜底就揭开了。可是无论采取何种检测、化验手段，都必须从剑上取得样品，但这会给国宝造成无法弥补的损伤，这就难住了人们。

在 1978 年召开的全国科学大会上，杨福家介绍了国际上才出现的质子 X 荧光技术，并为在场的冶金史专家柯俊教授所看中。于是杨福家和他的团队在与柯俊教授合作下，用改进的质子 X 荧光技术毫无损伤地测出了古剑的化学成分。他们在复旦大学 3MeV 静电加速器得到的质子束对剑体的黄色、黑色花纹，护环和釉彩玻璃等处作了大气 PIXE 分析。射到样品表面的质子能量为 1.7MeV（由薄窗和透过空气引起的能量展宽为 40keV），束斑点小于 2mm，质子流强取为 5nA，并用 $50 \times 3mm^2$ 的 Si（Li）探头探测 X 射线。每一能谱的积累时间为 10min。最后用迭代法对剑体不同部位得到的能谱分别作元素丰度计算。结果发现，越王勾践剑与其他黄铜剑（相近年代的遗物）的重要差别是它的铅、铁含量要少得多，尽管中国的铜矿通常含有相当多的铅和铁。正是因为铁少，使得它不易生锈。第二个结果是，发现在剑体的黑色花纹和护环上都含有硫，表明中国在古代已懂得硫化表面处理技术，这是一项有效的防腐技术。另外，宝剑护环的釉彩玻璃谱显示它含有大量的钾和钙。这是我国找到的最老的 K – Ca 玻璃，在此之前，一般都认为中国古代只能制造 Pb – Ba 玻璃。

此后，杨福家的团队又用同样的技术，发现其后出土的与越王剑相距 300 年的秦始皇箭簇之所以铮亮如新，则是采用了铬化工艺的缘故。美国和德国曾为铬化处理防锈技术发明权的归属争论了几十年，德国声称铬化工艺是他们在 1937 年就取得的专利，而美国则认为铬化工艺是美国在 1950 年发明的。杨福家他们的质子 X 荧光分析技术以无可争辩的事实证明：早在 2200 多年前，我们的祖先已经掌握了包括铬化处理在内的多种防锈工艺技术了。这一研究不仅开创了我国离子束技术的实际应用，而且也引起了国际学术界的高度重视。杨福家在第四届国际离子束分析会议上报告了这一成果，后被选为国际离子束分析会议国际顾问委员。在 20 世纪 80 年代，杨福家在上海召开并主持了全国第一、第二次离子束分析会议。

一些领先于国内和国际的研究成果

杨福家长期辛勤耕耘于自己的研究领域，除了以上所述，还取得了另外一些领先于国内和国际的研究成果。如：领导实验组用 y 共振吸收法发现了国际上用此法找到的最窄的双重态（900eV）；在束箔相互作用方面，在国际上首次采用双箔（直箔加斜箔）研究斜箔引起的极化转移，并在国际上首次提出了用单晶金箔研究沟道效应对极化的影响，确认极化机制；在国际上首次把运动电场用于束箔机制。杨福家参与的实验组在国内首先开展激光束 – 离子束相互作用研究，并精确地测定了一些参数。

此外，杨福家还参与了国家的一些重大科研项目，并作出了自己独特的贡献。

在科学研究的同时，杨福家还撰写出版了一系列优秀学术著作。所著《原子物理学》获 1987 年国家级优秀教材奖。1996 年与美国凡顿比尔杰出教授哈密顿合作，在美国 McGraw – Hill Companies，Inc. 出版的英文著作 *Modern Atomic and Nuclear Physics*，是 50 年来该系列丛书的第 16 本，为国内在这个国际权威机构出版学术著作第一人。

争创一流的实验室和基础设施

在杨福家的科研生涯中，有两个转折点。

1987 年杨福家担任中国科学院上海原子核研究所（现名应用物理研究所）所长，这就意味着从个人搞科研转变到领导一个团队，把主要精力放在科研管理上。1991 年杨福家担任复旦大学副校长，其后担任校长，这意味着他要从一个教育工作者转变到一所名校的教育管理者。但是不管怎样转变，杨福家心中的一个梦想没有转变，一个强烈的信念没有转变：把炉子烧起来。

"把炉子烧起来"是杨福家一个富有诗意的比喻，意即争创一流的实验室和基础设施，同时营造一种追求卓越的科研氛围。

身为科学院第二大所——上海原子核研究所的一所之长，杨福家对自己的使命有清醒的认识。"所长"一词在英文里叫"Director"，意即"指方向的人"。如何把上千人的团队组织调动起来，把主攻方向指向当今的科学前沿，这是杨福家考虑的根本问题。他从原先研究所的 50 多个研究项目中，选取少量具有世界水平的国际目标冲刺。

实验核物理研究室主任石双惠提出了寻找新核素的课题，立即被杨福家列为重点科研项目。当时，在世界上已发现的 2000 多个核素中，没有一个是属于中国人的；而在新核素图上，仅芬兰一国就插上了 10 面国旗。科学院周光召院长曾经对杨福家说：你们应该争取把中华人民共和国的国旗插上去。经过漫长的攻坚，终于率先合成了新核素"铂 - 202"。1992 年 7 月 28 日，这一成果终于正式在国际权威杂志发表，这标志着五星红旗终于插上了核素图。

在杨福家任上海原子核研究所所长的 14 年中，为该所学科方向的调整、核技术产业的培育、研究所综合实力的提升发展，为上海光源项目的促成和启动，作出了卓越的贡献。

杨福家在丹麦玻尔研究所的串列静电加速器实验室工作过，是当时接触过这种加速器的少数中国学者之一，而他的第一个科研成果也是在这里完成的。多年来杨福家就梦想着有这样一个实验室。综观世界发达国家为什么杰出科技人才、顶尖科研成果频出，是因为他们有很多烧得很红的"炉子"，铁丢下去就能很快地烧红。我国"文化大革命"结束后，虽然"科学的春天"已经来临，但缺少足够的好"炉子"。因此，杨福家的强烈愿望，就是在自己的国土上建立起第一流的实验室。结果，"基于加速器的原子、原子核物理实验室"终于在复旦大学建立起来。经过他和同事们的共同努力，实验室在 1989 年被国内一流专家评定为国内领先、达到国际水平。十多年来的实践证明，实验室上去了，高质量的论文出来了，国内第一批实验核物理博士也从这里培养出来了，其中不少人成了 21 世纪挑大梁的中坚和领军人物。

催生"上海光源"

人类对世界的认知开始于自然光，而电光源、X 光和激光的发明，为人类探索自然带来三大革命性的进步。20 世纪中期，科学家发明了一种通过改变高速电子运动路径而产生的新型的光，即同步辐射。同步辐射立即带来了新的革命。同步辐射技术的发展极为迅速，我国虽然有了第一代水平的北京光源和第二代水平的合肥光源两台同步辐射装置，但已经远远满足不了科研的需要。因此，呼唤第三代同步辐射光源，成为杨福家和我国许多科学家的"光之梦"。

为了早日实现这个美妙的"光之梦"，杨福家分别向中国科学院两位院长，上海市 7 位市领导建议，力陈在上海建造一台具有世界一流水平的第三代同步辐射装置，这不仅对上海科教兴市有着巨大推动作用，更会对提高我国整体科技实力，实施可持续发展战略作出重要贡献。杨福家还建议，打破常规，让该项目由中央与地方共同投资。

1995 年 2 月，在上海市政协八届二次会议上，时任复旦大学校长的杨福家又和著名科学家谢希德、时任中国科学院上海分院院长的王志勤等 7 名政协委员联名向市政协递交了《关于在上海建造第三代同步辐射光源》的提案。谢希德、杨福家等在提案中指出：这一具有世界一流水平的第三代同步辐射装置建成后，上海将成为全国乃至世界的多学科前沿研究中心，并藉以发展一系列具有巨大辐射效应的高新技术产业群。这一提案立即得到高度重视，时任上海市长的徐匡迪很快明确表态上海将资助这一项目，并多次亲自关心提案的落实情况，还提议将"第三代同步辐射光源"改称为"上海光源"。其后，由中国科学院和上海市人民政府共同建议，国家正式批准了这一项目，并于2004年12月在上海张江举行开工典礼。这是中央与地方共同投资大科学工程的首例。

工程总投资达12亿元人民币的目前我国最大的科学项目——上海光源，按原定计划将于2008年10月开始"出光"，结果提前于2007年12月调试成功并"出光"。正式实验将于2009年4月前开始，并向海内外的科学家开放。

作为上海光源的"催生者"，杨福家在建设期间还担任了工程科技委的副主任。此外，让他感到欣慰的是，主持这一重大项目的正是他当年的学生。

引进并诠释"知识经济"

杨福家的另一个可贵之处在于，他不仅固守自己的专业，而且活跃在国际舞台上，全方位地接受来自世界的新信息。

从1994年2月起，杨福家几乎每年都收到美国参众两院的邀请，请他出席总统早餐会。杨福家觉得这是一个极好的外交舞台和信息平台，而且的确受益匪浅。在1997年2月的克林顿总统第45次早餐会上，杨福家第一次从一个总统的口中听到Knowledge Economy这个词，觉得耳目一新。

Knowledge Economy，杨福家将其译为"知识经济"。思维敏锐的杨福家像捕捉科学前沿的最新信息一样，瞬即意识到了这个英文单词的特殊意义：它表明，一个新的时代，即"直接依据知识和信息进行生产、交换和分配的经济"的时代开始了！

回国后，杨福家分别在《文汇报》和《人民日报》上发表了《关于"知识经济"》、《谈谈"知识经济"》等文章，以比尔·盖茨为例，阐述了知识经济的含义极其巨大威力。在《文汇报》刊登文章的第二天，时任上海市市长的徐匡迪即在全市局级干部会议上予以推荐，于是，该文引起各界的广泛关注，立即被几十家报刊转载。接着，杨福家迅即请复旦大学有关同志组织力量对知识经济进行研究，很快出版了《知识经济论》一书。当时"知识经济"还是一个鲜为人知的新名词，杨福家连续发表了几篇文章后，知识经济问题很快成为新的热点。《文汇报》撰文指出："杨福家院士率先在国内引进并阐释了知识经济的概念及其对我国经济、社会和教育带来的挑战，无疑已在中国科技史及教育史上留下浓重一笔。"

"知识经济"的概念很快引起国家高层领导的注意。1998年2月4日，江泽民总书记在中国科学院一份报告中批示："知识经济、创新意识对于我们21世纪的发展至关重要。"在同年6月1日的两院院士大会上，江泽民再次强调："人类已进入信息时代，世界科学技术的发展日新月异，知识经济已初见端倪。知识经济的基本特征，就是知识不断创新，高新技术迅速产业化。而要加快知识创新，加快高新技术产业化，关键在人才，必须有一批又一批的优秀青年人才脱颖而出。"

看到国家最高领导这样迅速接受并如此重视"知识经济"，看到高层领导的意志很快化作全国的行动，杨福家欣喜之至：有什么能比当这样一个"二传手"更快慰平生的呢？

登上国际教育大舞台

作为教育家的杨福家，在其从教生涯中也有一个最大转折。

已经卸任复旦大学校长之职的杨福家，被英国诺丁汉大学董事会选聘为校长（Chancellor），任期从2001年起3年。3年任期后，诺丁汉大学董事会又两次续聘杨福家担任校长，任期直到2009年底。

为什么请一位中国人去担任原来只有王室和有爵位的人才能担任的职务呢？诺丁汉大学在新闻发布会上用了这样一个标题：我们请了一位国际校长。理由是："因为他是一位杰出的院士，在他的领域享有国际声誉，并有在许多国家工作的经验。他曾是中国著名的复旦大学的校长……"

不过，杨福家自己对此的看法却是："诺丁汉大学把我树得很高，说我是杰出的院士，是著名物理学家，在本门领域有极深的造诣，但我真诚地而不是故作谦虚地讲，我绝对不是中国最优秀的校长，也不是最优秀的科学家，比我强的人多得是。但有一点，人家对我有一定的认识和理解，只不过如此而已。"

中国人担任英国名校校长，这在中英、中外交往史上都是第一次。这当然是一件值得自豪的事，但杨福家考虑得更多的是：怎样在国际教育大舞台上发挥自己的作用，从而更好地促进中英两国的文化、教育的交流和合作。

经济全球化必然带来教育的国际化。怎样把英国诺丁汉大学这样排名在世界百名之内的优质教育资源引到国内？这是杨福家2001年到英国上任伊始就在考虑的问题。正好，杨福家故乡宁波的浙江万里教育集团在2003年1月建议和英国合作在宁波办一所大学，这一要求和杨福家的想法一拍即合，并确定了"非营利，求平衡，追求卓越"的合作方针。经过中英双方几轮认真周密的谈判，在省市与中央政府大力支持下，终于达成了合作意向。2004年4月15日动工兴建校区，2004年9月17日宁波诺丁汉大学迎来第一批260名新生，2005年迁入新校区。2008年秋，1400余名新生入学，其中本科大学生1100余名，全部在一本线以上；还有研究生180余名，国际学生90余名。至今已毕业大学生与研究生共400余名，几乎全部就业或继续深造。

宁波诺丁汉大学是中国有史以来第一所中外合作的大学，身兼宁波诺丁汉大学校长的杨福家又为中外教育史上创造了一个"第一"！

反思与前瞻：国际视野下的中国高等教育

如果从 1987 年担任复旦大学研究生院院长算起，杨福家从事高等教育已经超过 20 年。其中长期参加一些重要的国际教育组织并担任要职、特别是长期担任复旦大学和英国诺丁汉大学两个中外名校校长的经历，使他不仅有着丰富的实践经验，而且能在宏阔的国际视野下，对中国的高等教育从历史和现实角度进行深层次的思考。

这些实践与思考的成果，既呈现在杨福家的 3 部教育专著《追求卓越》、《博学笃志》和《中国当代教育家文存·杨福家卷》中，也有一些专文"走"进了中南海，成为中国最高决策层的借鉴和参考。

伴随着改革开放 30 年的伟大进程，中国的高等教育发生了从精英教育到大众教育的巨大变革，但也出现了一些失误，杨福家为之痛心疾首。2004 年杨福家一篇《对中国高教发展的困惑》震惊朝野。文章针对扩招、并校、大造大学城之风、对争创一流大学的误区以及高等教育结构失衡等问题，进行了全面的质疑和反思。据理充分，情辞恳切。此文一出，教育界反响热烈，胡锦涛总书记与温家宝总理均作了批示。温家宝总理专门约请杨福家到中南海谈大学问题。2007 年，杨福家的《大学使命与文化内涵》一文再次引起中央关注。杨福家关于大学不仅是"大楼"、"大师"，还必须有"大爱"的思想，是对前人的教育思想的新发展。此后，杨福家不负重托，就"如何办好大学"这一重大命题进行全面深入的思考，高屋建瓴地作出了回答。杨福家从纠正高校失误、调整高等教育结构、全面理解"一流教育"、成为世界一流大学的必要而充分的条件入手，建议在体制和高考制度等 8 个方面对中国的高等教育进行全面的改革。

爱国的，脚踏实地的理想主义者

曾经是复旦大学最年轻的教授、上海十大高校精英之一现任中央书记处书记、中央政策研究室主任的王沪宁曾经这样评价他的复旦大学校长杨福家，"这是一位理想主义者"，因为在杨福家的身上"有一种吸引人的特质，这就是毫无迟疑的信念和决无虚妄的豪情"。

的确，人们透过杨福家那厚厚的眼镜片，不仅能看到他的严谨缜密的科学思维，更能看到他忧国忧民的情怀和闪烁着"对人生、对世界、对祖国、对自己、对未来"的理想主义光彩。

1997年杨福家以54届校友身份，个人出资在格致中学设立一个奖项，激励毕业班学生全面发展、勇攀高峰。不少人提议命名为"杨福家物理奖"，但都被杨福家谢绝了。经常在国外的杨福家认为，作为中国人，爱国是最起码的情感，所以他坚持把这个奖设为"爱国奖"，就是希望母校的学生铭记自己是祖国的儿女，激励自己担负起祖国赋予的责任，以优异的成绩报效祖国。

这其实正是杨福家本人的写照。

在丹麦留学时，杨福家在那里学到了物理学的新知识，学到了"哥本哈根"精神，感受到了玻尔倡导的"平等、自由地讨论和相互紧密地合作，浓厚的学术气氛"，同时也体验到了玻尔的爱国主义精神。玻尔经常引用安徒生的名言："丹麦是我出生的地方，是我的家乡，这里就是我心中世界开始的地方。"杨福家说，如果"丹麦"两字改成"中国"，那就可算是我的人生哲学了："中国，是我心中世界开始的地方，也是我实现人生追求的地方。"正是出于这样的爱国情怀，当年他在丹麦时，就有人以高薪请他去美国落户，但他没有动心。1981年在美国当访问学者，月薪是他在国内的100倍，但也没有留得住他。1987年8月，日本东京大学邀请杨福家去该校原子核研究所进行合作研究。东京大学一般教授的月薪是 50 万日元，但他们给杨福家的是 70 万日元，校长希望他工作一年，但他只答应半年。结果三个月不到，获悉任命他为中国科学院原子核所所长的文件已到，便立即回国。

金钱和待遇不是他的追求，因为他梦寐以求的是在自己的国土上建立起具有国际水准的实验室，使祖国在世界现代科学殿堂得到应得的席位。尽管他知道，"这似乎是一种梦想，然而，却是一个非常诱人的梦想。"他在发表演讲时，往往用"我有一个梦"开头。什么梦？强国之梦！为此，杨福家在英国诺丁汉大学和宁波诺丁汉大学分别设立了一个"梦想基金"，目的是帮助能进这两座大学就读的中国贫寒子弟实现大学梦，然后和他一起，和全世界每一个炎黄子孙一起，去共同实现一个伟大的梦想：

让我们五千年的文明古国，在这个世界上站直了，站稳了！

（王耀成）

简　历

1936 年 6 月 11 日　出生于上海

1954—1958 年　在复旦大学物理系学习

1958—1960 年　任复旦大学助教

1960—1966 年　任复旦大学原子核科学系副主任

1963 年　任复旦大学讲师

1963—1965 年　在丹麦哥本哈根大学进修

1965—1978 年　任复旦大学助教

1978—1983 年　任复旦大学副教授、教授、系主任

1981 年　任复旦大学博士生导师

1987—1991 年　任复旦大学研究生院院长

1987—2001 年　任中国科学院上海原子核研究所（现应用物理研究所）所长

1991 年　当选为中国科学院数理学部委员（院士）和第三世界科学院院士

1991—1993 年　任复旦大学副校长

1993—1999 年　任复旦大学校长、复旦大学发展研究院院长

2000—2009 年　任英国诺丁汉大学校长

2001 年　任国际《防核恐怖倡议》董事会成员

2001 年　当选为中国科学技术协会副主席

2004 年　任宁波诺丁汉大学校长

主 要 论 著

1　杨福家，卓益忠，曾谨言译．玻尔研究所的早年岁月（1921—1930）．
北京：科学出版社，1985.

2　杨福家．离子束分析．上海：复旦大学出版社，1985.

3　杨福家．原子物理学（第一版）．上海：上海科学技术出版社，1985；
（第二至第四版）．北京：高等教育出版社，1990、2000、2008.

4　杨福家．原子核物理（第一版）．上海：复旦大学出版社，1993；（第
二版）．2002.

5　杨福家．应用核物理．长沙：湖南教育出版社，1994.

6　杨福家．追求卓越．上海：复旦大学出版社，1995.

7　Fujia Yang, Joseph H. Hamilton. Modern Atomic and Nuclear Physics. New
York：The McGraw - Hill Co. , 1996.

8　杨福家．博学笃志——知识经济与高等教育．上海：上海教育出版
社，2001.

9　杨福家．中国当代教育家文库·杨福家卷．上海：华东师大出版
社，2006.

彭堃墀

(1936—)

彭堃墀，光物理学家，中国科学院院士。从事量子光学及单频激光器的研究。与合作者从实验上获得明亮EPR纠缠光束，并利用该光束先后实现了连续变量量子密集编码、三组份纠缠连续变量的可控密集编码、连续变量无条件量子纠缠交换、连续变量四组份团簇态及GHZ态等量子信息领域重要的基础实验。领导完成了"全固化单模单频绿光激光器"、"连续可调谐钛宝石激光器"等光量子器件研究，为我国量子光学及固体激光技术的发展作出了重要贡献。

彭堃墀，1936年8月25日出生于江苏镇江，原籍四川广元。抗日战争爆发后，举家由江苏高淳迁回四川，稍后定居成都。他先后就读于石室中学（现成都四中）、成都县中（现成都七中），高中毕业于省立成都二中。1956年考入四川大学物理系。在那巨变的年代及他特殊的家庭出身，使他天性中的沉静和理性得到锻炼和发挥。几十年来他没有比别人获得更多的机会，但他也没有失掉过任何一次机会。客观地讲他是随着社会发展而发展，国家变化而变化。从来没有一个人认为他聪明，但大家都公认他勤奋。

彭堃墀一直对人讲，他只有两个优点，一个"守时"，一个"慎为"。守时的习惯是他在高中时养成的，当时他住在成都华西后坝（南门外），要步行到北门五世同堂街省城二中上学。早上天未亮，华西医学院（现四川大学医学院）6点钟声一响，他就起床热饭制备午餐干粮，每天7点50分前准时到达学校。在两年走读中，寒、暑、晴、雨未有例外。习惯养成后，几十年来无论什么会议和活动他从未无故迟到。在他的成长过程中"慎为"一直贯穿于他工作的始终，他经常强调在认真工作的同时，必须全面考虑工作带来的结果，把失误预防在工作开始。

在川大，彭堃墀邂逅了他的妻子谢常德。他们同一个小班，一个活泼大方，聪慧纯情，一个木讷内向、思密慎为，性格迥异，但长期生活展示出了他们性格互补带来的丰富多彩生活。他们既是相濡以沫的生活伴侣，也是事业上不可分离的一个整体。

1961年大学毕业后，彭堃墀夫妇服从国家分配，到山西大学物理系工作。在随后动荡的岁月中，彭堃墀下过乡，也在校办工厂当过车工，工作性质和岗位虽然变化频繁，但他始终坚信作为一名教师，应该通过自己的专业知识来为国家服务，只要有任何学习技术的机会他都会牢牢抓住。3年的车工使他掌握了机械设计和加工技术的基础知识及技能，正是这些技能在他以后激光器件的研制和实验平台建设中起到了非常重要作用。

1978年3月，全国科学大会在北京隆重召开，那次会议被人们称为"科学的春天"。就在这一年，彭堃墀在美国《应用光学》期刊上看到一篇论文，发现在分析激光棒热畸变引起热效应的过程中概念和计算有误，于是彭堃墀夫妇以《在具有负透镜的激光棒中分布孔径效应》为题投稿给该期刊社，经过评审，原作者及期刊社认同他们的意见，以论文形式发表在1980年的

《应用光学》上。文章发表后，美国光学学会主席写信邀请他们参加美国光学学会，彭堃墀夫妇成为中国较早的美国光学学会会员。在 2005 年和 2008 年他们先后入选美国光学学会 Fellow。

1980 年仲夏，国际激光会议在中国召开，彭堃墀作为代表参加在北京地区举行的会议。通过这次高水平学术会议，彭堃墀深感自身落后，更加坚定出国学习先进科学技术的决心。

1981 年，彭堃墀被公派自费到法国留学，在巴黎他与儿时分别的弟弟重逢。不久，父亲从台湾专程来巴黎与阔别 30 多年的儿子相会。虽然亲人团聚，环境的巨大变化带来了许多不同层面的冲击，但是彭堃墀学习国外先进科学技术、学成后回到山西大学的出国初衷没有丝毫改变。

1982 年，彭堃墀在法国科学中心"四波混频"的研究告一段落后，来到美国德克萨斯大学 J. Kimble 教授领导的量子光学实验室进行实验研究工作。这时，他爱人谢常德也作为美方资助访问学者来到他身边，一起学习深造。当时，彭堃墀面临两个选择：一是进入正在出成果实验组，这样容易出文章；另一个是帮助 J. Kimble 教授建立一个新实验室，这样时间花费长，不易出成果。他经过认真思考决定选择从零开始建设一个新实验室，因为这样做可为将来回国建立自己的实验室积累经验，而他自己最缺乏的正是建立一个世界先进实验室的全面训练。在建设实验室期间，他独立承担研制一台瓦级输出单频环形 Nd：YAG 激光器，以用于非线性光学和量子光学的研究。从设计、绘图、装配、调节到工艺复杂的冷却系统安装，都是亲自动手完成，以前工厂劳动学到机加工技术派上了大用场。经过一年努力终于完成激光器研制，其主要指标达到当时国际最好水平。J. Kimble 用此激光器置入倍频晶体作为泵浦源与我国学者（当时是博士研究生）吴令安一起完成了重要的"光场压缩态产生"实验。

1984 年 4 月，彭堃墀夫妇参加了在美国加州召开的国际量子电子学和激光会议，彭堃墀在分组会上宣读《高输出稳频

YAG 激光器》论文，这是他第一次在国际会议上作口头报告，这也使国际同行对他有了初步的了解。

近 4 年国外学习结束了，这时的彭堃墀已经走到国际量子光学最前沿，而且学习积累了独立建立高水平实验室的宝贵经验。彭堃墀丝毫没有忘记祖国和人民的期盼，学成回国的念头与日俱增，积极预备回国后的工作。正值此时，山西省委及政府正式通知拨专款 20 万美元用于购置仪器，在山西大学建立量子光学实验室。1984 年底，彭堃墀夫妇辞去在美国的研究工作，在正值出国高潮的时候回到山西大学。

1985 年 4 月，彭堃墀在山西大学光电研究所组建了量子光学实验室，并担任所长。全所坚持"立足国内，面向世界，建设基础，培养人才"的办所方针，以"攀登、奉献"为实验室发展灵魂，快速发展。这时他通过组织对自己长期考验，成为一名光荣的共产党员，获得全国总工会颁发的第一批全国"五一劳动奖章"。

1987 年，彭堃墀领导研究组理论解释并实验实现了"无腔自散焦光学双稳"。1988 年研究组完成了国家自然科学基金项目"连续高功率稳频 YAG 激光器"，经专家组鉴定，主要技术指标均达到国际先进水平，该技术于次年被转化为产品，获得 1991 年国家教委科技进步三等奖和全国新产品、新技术展示会金奖。随后他主持完成了正交双模压缩真空态光场产生实验，设计和研制了新的 YAP/KTP 系统，在由 α - 切割 KTP 晶体构建的半整块光学参量振荡腔内，实现了 II 类非临界相位匹配光学参量下转换，用同一系统获得两类压缩态光场，全部技术指标达到当时国际最好水平；先后研制完成半导体激光器（LD）泵浦全固化单频 Nd：YAG，Nd：YVO4 及 Nd：YAP 激光器，总体水平属国际先进，并形成产品。其产品已销售到日本计量科学院、美国麻省理工学院等国内外 20 多个高等院校和科研院所，使用情况反映良好。

为了促进实验室更好更快的发展，彭堃墀于 1988 年 9 月再次赴美国加州理工学院进行科学研究。此期间，他作为主要研究人员参加了用双 KTP 晶体经 OPO 参量下转换证实量子相干性的研究，实现了连续变量的 Einstein – Podolsky – Rosen（EPR）纠缠，这一成果被国际学术界认为是量子光学最基础的实验之一。Kimble 在后来给彭堃墀的一封信中写道："你经过奋斗在我实验室完成了第一台 Nd：YAG 稳频激光器，它导致了第一个压缩态实验的完成。在从 Texas 大学搬到加州理工学院的艰难岁月中，您给予了巨大帮助。1992 年我们一起完成 EPR 实验，是我一生中最引为自豪的成就之一……"后来，他又带领科研小组赴法国国家科学中心进行合作研究，了解并掌握了欧美科技发达国家最前沿的研究课题，为光电研究所今后的发展起到重要作用。

1991 年，彭堃墀被任命为山西大学校长，兼任山西大学光电研究所所长。担任校长后，他和党政领导一起制定了"改革—发展—上水平"的发展战略，有力地促进了山西大学教学、科研、高技术开发的发展。1993 年他领导的光学学科成为山西大学第一个博士点。1994 年山西大学物理专业被评为国家理科基础科学研究和教学人才培养基地。1999 年物理系被批准为博士后科研流动站，同年山西大学被教育部正式批准为国家大学生文化素质教育基地。在他所在党委及校行政领导下，山西大学学科建设取得可喜进展，办学实力显著增强，教学、科研、管理呈现出蓬勃发展势态。

"打造一流科研团队，创建一流科研机构，完成一流科研成果"一直是彭堃墀报效祖国的目标。回国后，他把自己全部的时间和精力贡献给我国的科研教育事业，培养了一批优秀科技人才、建立了能进行世界科学前沿课题研究的科研机构并取得了多项创新科研成果。他领导的科研团队 2004 年被评为山西省优秀创新团队，2005 年被评为教育部创新团队，2008 年被评为国家自然科学基金委创新群体。作为学科带头人，他领导的山西大学光电研究所于 2000 年被评为"教育部量子光学重点实验室"，2002 年被批准为"量子光学与光量子器件国家重点实验室"，同年光学学科被评为国家重点学科。彭堃墀带领他的科研团队开展了量子光学、量子信息及固体激光技术等领域的实验与理论研究工作，在非经典光场的产生及应用，特别是在连续变量量子信息的研究中完成一系列有特色的原创性工作，同时进行了全固态激光器的研制及开发，又成功研制连续可调谐钛宝石激光器，为非经典光场产生及应用研究提供了良好的光源。科研成果荣获2002年度国家发明二等奖，2006年度国家自然科学二等奖。

回国工作以来，彭堃墀被授予"全国优秀教育工作者"称号，人事部授予他"中青年有突出贡献专家"称号，并获国务院首批政府特殊津贴。先后获山西省"科技功臣"称号，何梁何利基金科学技术进步奖，山西省科技杰出贡献奖。他曾任中国物理学会理事、中国物理学会量子光学专业委员会副主任、国家自然科学基金委信息科学部光学Ⅱ组评审专家及信息科学部第二届专家咨询委员会委员。现任山西大学光电研究所所长、量子光学与光量子器件国家重点实验室学术委员会副主任、山西省物理学会理事长、中国光学学会理事、《量子光学学报》主编、美国光学学会特殊资格会员（OSA Fellow）。2003年彭堃墀当选为中国科学院院士。

利用强度量子关联孪生光束实现量子测量

彭堃墀领导的研究组于1996年提出了应用强度差压缩光（即强度量子关联孪生光束）进行微弱吸收光谱学测量的理论方案，通过半经典理论分析证明，该方案的测量灵敏度不受真空起伏限制，最小可测吸收系数低于光波场的散粒噪声极限。接着使用由运转于阈值以上的非简并光学参量振荡器（NOPA）所产生的强度差压缩光，进行了实验验证，信噪比较散粒噪声极限提高2.5dB，证实了该理论预测。这一研究成果首先于1996年9月作为大会特邀报告在日本东京召开的第三届国际量子通信与测量会议宣读，受到了国外同行的好评。之后又于1997年在中国杭州召开的第十三届国际激光光谱学会议上作了更为详细的邀请报告。后来研究组又改进了实验系统，于 1998 年在《光学快报》上发表文章，用 α - 切割 KTP 晶体获得了强度量子关联度为 9.2dB 的频率非简并孪生光束，达到当时国际最好指标，并用以重复了微弱吸收测量，使测量信噪比较孪生光束总的标准量子极限（SQL）提高 7dB，较信号光束自身的 SQL 提高 4dB。

　　1998 年彭堃墀领导实验组提出了以光学分束器作为耦合器件，以两正交偏振模的强度差起伏为可观测物理量，利用强度量子关联孪生光束填补分束器真空通道，实现类 QND 测量的实验方案。并从理论上推导出系统的传输系数与归一化条件方差（表示态制备能力）的表达式。接着通过实验实现了光场强度调制信号的 QND 测量。论文发表在《物理评论快报》上，这是第一个用强度差作为可观测变量实现的量子测量。

明亮纠缠光束的实验产生和探测

　　纠缠是量子系统独具的特性，利用纠缠完成信息处理是量子信息的核心。因此，纠缠态的产生是实现量子通信的重要实验基础。

　　彭堃墀在用连续 NOPO 产生非经典光场方面的实验工作引起国际同行重视，1997 年欧洲学术刊物"Applied Physics B"出 CW OPOs 专刊时，特邀他撰写研究论文。在该文中，他报道了在同一装置上利用三模共振的方法，在低于阈值的情况下获得压缩度为 3.7dB 的双模压缩真空态光场，高于阈值获得了压缩度为 7dB 的强度差压缩光。

　　彭堃墀利用自己设计的激光器输出倍频激光（0.54μm）作为上述 NOPO 腔的抽运光，基频光（1.08μm）作为注入光，当非简并光学参量放大器（NPOA）运转于阈值以下的参量放大状态时，获得具有正交振幅正关联与正交位相负关联特性的纠缠态光场，而 NOPA 运转于参量反放大状态，输出场则具有振幅反关联与位相正关联特性。并于 2000 年在《物理评论 A》上发表的文章中获得关联度为 $(0.85)^2 = 0.72$ 的明亮纠缠光束，该工作为连续变量量子通信实验研究提供了一个重要优质的纠缠源。之后他带领研究组继续改进抽运激光源，提高纠缠光产生系统的稳定性，增加关联度，保证了后续量子通信实验的顺利进行。2002 年彭堃墀研究组发表在《物理评论快报》上的有关量子密集编码实验文章中报道了关联方差乘积为 0.63 的明亮纠缠光束，达到当时国际最高关联度。

在量子光学中，一般采用平衡零差探测方法，借助于本地振荡光测量光场正交振幅和位相分量的起伏方差及光场之间的量子关联。2000 年彭堃墀小组在《物理评论 A》上发表文章提出一种明亮 EPR 纠缠光束的贝尔态直接探测方法，即将两待测光束经 50% 分束器耦合后直接用光电探测器探测两输出场的光电流，再经两个射频分束器分束后，测量得到的光电流和与差则分别代表两输入光场的正交振幅分量之和与正交位相分量之差。因此，利用该系统，可以在不用本地振荡光的情况下直接同时测定入射明亮光束之间的正交振幅反关联与正交位相正关联。由于这种系统较零差探测简单，易于操作，所以有利于量子通信的应用。应用该探测装置他领导研究组相继完成了连续变量量子密集编码，受控密集编码和纠缠交换等重要实验。

连续变量量子密集编码

量子密集编码的目的是利用纠缠提高通信的信道容量。采用的方法是在通信之前先将纠缠态的 2 个子系统分配给通信双方，在信息发送者与接收者之间共享量子纠缠的情况下，信道容量可以突破经典极限。彭堃墀研究组在《物理评论 A》上发表的文章中，通过理论计算证明可以利用明亮纠缠光束和贝尔态直接探测方法实现光学信号的密集编码传送，并建议了一种比较易于实现的实验系统。这种方法的特点是先将明亮的 EPR 纠缠光束分配至发送站和接收站，发送者将两列待传送信号分别调制于他所拥有的纠缠光束的正交振幅和位相分量上，之后发送给接收者。接收者用他持有的另一半 EPR 纠缠光束，通过贝尔态直接探测同时解调出振幅和位相信号，由于信号光与解调光之间存在量子纠缠，振幅和位相信号两通道的背景噪声均低于散粒噪声极限，从而两组信号的测量信噪比均高于不利用量子纠缠的经典极限，即传输信道容量可超越经典光学通信的极限值。

在此理论方案的基础上，彭堃墀小组利用 NOPA 产生的具有正交振幅反关联和正交位相正光联特性的明亮 EPR 纠缠光束，从实验上实现了连续变量无条件量子密集编码，实测正交振幅与正交位相通道的量子噪声分别低于标准量子极限约 4dB 和 3.6dB，这是继由美国加州理工大学 Kimble 实验室实现连续变量无条件量子离物传态之后，完成的第二个连续变量量子通信的重要实验。结果发表在 2002 年《物理评论快报》上。彭堃墀在连续变量量子信息方面的研究成果引起了国际同行的重视。

三组份纠缠态光场产生及可控密集编码量子通信

多于两组份的纠缠被称为多组份纠缠，是发展量子通信网络和量子计算的基础。2002 年，彭堃墀小组在《物理评论 A》发表的文章中，以已有的 EPR 纠缠源为基础，采用了自行设计的贝尔态直接探测方法，首先从理论上证明，利用运转于参量反放大状态下的 NOPA 所产生的正交双模振幅压缩相干态，通过 2:1 与 1:1 两次相继的分束器变换可以产生明亮的三组份纠缠态光场，同时提出一种利用三组份纠缠实现连续变量可控量子密集编码的新方案。他们通过理论计算证明，如果将明亮三组份纠缠光束分别分配给信息发送者、接收者和控制者三方，则发送者和接收者之间量子通道的信息容量由控制者控制，在控制者量子信息的帮助下可增大通信双方的信息容量。

2003年，彭堃墀小组用上述方案最先获得了连续变量三组份纠缠态光场，并用以完成了连续变量可控密集编码量子通信。实验结果发表在2003年《物理评论快报》上。文章中还提出一种应用三组份纠缠执行可控密集编码的新方法。通过一个特殊的组合证明的三组份纠缠在受控密集编码中的应用，展示了连续变量多组份纠缠可以用于构建量子通信网络。

连续变量无条件纠缠交换

纠缠交换是通过量子态离物传送的方法，使空间分离的两个量子系统在不发生任何直接相互作用的情况下产生量子纠缠。它在长距离量子通信、量子信息网络以及量子计算机中都有重要的应用前景。

彭堃墀研究组以已有实验条件为基础，2002年提出用两对明亮EPR纠缠光束通过贝尔态直接探测方法实现连续变量纠缠交换的实验方案，并通过理论计算证明了它的可行性。接着，他们改进了激光抽运源，研制了双波长输出的五镜环形腔 Nd：YAP/KTP 倍频、稳频激光器，构建了两台结构完全对称的非简并光学参量放大器（NOPA），按照自己设计的实验方案，以同一激光源输出的倍频光和基频光作为两台 NOPA 的抽运场和注入信号场，应用频率和位相锁定技术，经由参量反放大过程，获得一对具有经典相干性，但量子起伏相互独立的连续变量纠缠态光场。再通过对两组明亮纠缠光束之半的贝尔态直接测量与纠缠塌缩，使两个初始不纠缠而从未发生直接相互作用的光场产生了量子纠缠，完成了纯非经典光场态的量子离物传送。实验中利用了电磁场正交振幅和位相分量之间的决定性纠缠，实验结果不需进行后序选择。2004年彭堃墀研究组完成了连续变量无条件纠缠交换实验，结果发表在《物理评论快报》上。

连续变量四组份 Cluster 和 GHZ 纠缠态的实验制备

2007 年，彭堃墀研究组设计了利用正交压缩态光场产生连续变量四组份纠缠态光场的实验系统，并从实验上获得了四组份 Cluster 和 GHZ 纠缠态，实验结果满足连续变量多组份纠缠的完全不可分判据。利用一对运转于参量反放大状态的非简并光学参量放大器，产生的 4 个正交分量压缩态光场（两束正交振幅压缩光，两束正交位相压缩光），经适当的线性光学变换与量子非破坏（QND）耦合，通过对耦合光相对位相的控制，既产生了四组份类 GHZ 纠缠态，也产生了四组份类 Cluster 纠缠态。实验上获得了连续变量类 GHZ 和类 Cluster 四组份纠缠态光场，并利用量子不可分判据证明了产生光场正交分量之间的量子不可分性，结果发表在《物理评论快报》上。

追求科学真理，坚持发展创新

人不可能是完人，但应该用最完美来要求自己，这就是彭堃墀的座右铭。

20 世纪 80 年代初，彭堃墀还在国外学习时，由于当时国外对国内情况不够了解，确有不少关心和建议提出让他选择，但他心系祖国，深记自己的承诺，努力工作，勤奋学习，用实际行动来展示了自己的追求和理想。

从美国归来时，彭堃墀自费购回近万美元（折合成人民币 1.8 万元）的实验室元件，回校后学校坚持将这 1.8 万元还给他，他就用这笔钱建立了光电所的"所长基金"，用于奖励所里作出优秀成果的年轻教师，及逢年过节时慰问退休老同志老教师。直到 20 世纪 90 年代末，所里经费较为充裕后才取消"所长基金"。

山西大学光电所选择量子光学作为研究方向，以实现难度高

"产生光场压缩态"的实验为突破口,引起一些同志的担心。人们对一个没有任何实验基础和人才队伍、经济较为落后的地区的一个地方院校,去进行如此难度的基础研究,难免有所怀疑或忧虑。但彭堃墀等人从形成学科特色及学科长远发展前景出发,利用国外也刚刚起步的有利环境,毅然启动学科建设并坚持下来,在国家和山西省的支持和同行专家的关心帮助下,经过25年发展,已成为量子光学和光量子器件国家重点实验室、光学国家重点学科、国家自然科学基金委创新群体,也成为我国量子光学、量子信息的重要研究基地之一。

1991年,出于改革和发展的需要,省委省政府任命彭堃墀担任山西大学校长。早在1989年,省里就希望他到学校参与行政工作,由于当时实验室建设工作正处于关键时期,他向省里请辞了任命。这次是第二次工作安排,他只能愉快接受了,他认为许多同志为他科研发展做了许多服务性工作,所以他自己也有义务为其他同志服务。工作担子重了,但他对科研工作并未放松,拼命从休息当中挤时间。在相当长一段时间中,重要实验都是安排在周末和晚上完成的。当时与他搭班子的相从智书记和其他校领导能替他分担的事绝不去打扰他,保证他的专业工作能基本正常进行。

彭堃墀经常受到社会团体邀请为青少年做科普报告,每次他都会从百忙之中挤出时间满足大家要求,并且根据听众知识层次的不同认真准备报告内容。他认为"为社会服务是科技工作者应尽的社会责任。青少年是祖国的未来、民族的希望,是社会主义现代化事业的建设者和接班人,激励他们爱学习、求进步,树立爱国、奉献的信念是我分内的工作。"

彭堃墀热爱祖国、热爱科学、谨小慎微、治学严谨,是一位有原则、有追求的科技工作者。正是他那并不难相处的性格,执著的工作精神以及对科学的强烈兴趣,使山西大学光电研究所融成一个和谐整体,在黄土高原的山西大学培养了一支优秀科研团队,建成了一个国家重点实验室。

"回首方知崇山峻，举目又见峰更高"——彭堃墀以此激励自己不断前进。目前，他仍工作在量子光学和激光技术研究第一线，带领他的科研团队为我国量子光学和激光技术的发展继续贡献力量。同时，他也将工作重点逐渐转向了支持梯队成员独立承担国家重要科研任务以及培养更年轻科研人员。

（高　星）

简　历

主 要 论 著

1　Changde Xie, Kunchi Peng. Distributed aperture effect in laser rods with negative lenses: a discussion, Appl. Opt. , 1980, 19: 136.

2   D Bloch, R K Raj, K C Peng, et al. Dispersive character and directional an-
     isotropy of Saturated susceptibilities in resonant backward four – wave
     mixing. Phys. Rev. Lett. , 1982, 49: 719.

3   Kunchi Peng, Lingan Wu, J Kimble. Frequency – stabilized Nd: YAG laser
     with high output power. Appl. Opt. , 1985, 24: 938.

4   Z Y Ou, S F Pereira, K C Peng, et al. Realization of the einstein –
     podolsky – rosen paradox for continuous variables. Phys. Rev. Lett. , 1992,
     68: 3663.

5   Jiangrui Gao, Fuyun Cui, Kunchi Peng, et al. Generation and application of
     twin beams from an optical parametric oscillator including an α – cut KTP
     crystal. Opt. Lett. , 1998, 23: 870.

6   Kunchi Peng, Qing Pan, Hai Wang, et al. Generation of two – mode quadra-
     ture – phase squeezing and intensity – difference squeezing from a cw – NOPO.
     Appl. Phys. B, 1998, 66: 755.

7   Hai Wang, Yun Zhang, Kunchi Peng, et al. Experimental realization of a
     quantum measurement for intensity difference fluctuation using a beam
     splitter. Phys. Rev. Lett. , 1999, 82: 1414.

8   Yun Zhang, Hai Wang, Kunchi Peng, et al. Experimental generation of
     bright two – mode quadrature squeezed light from a narrow – band nondegener-
     ate optical parametric amplifier. Phys. Rev. A, 2000, 62: 023813.

9   Jing Zhang, Kunchi Peng. Quantum teleportation and dense coding by means
     of bright amplitude – squeezed light and direct measurement of a Bell state.
     Phys. Rev. A, 2000, 62: 064302.

10   Jing Zhang, Hong Chang, Kunchi Peng, et al. Suppression of the intensity
     noise of a laser – diode – pumped single – frequency ring Nd: YVO4 – KTP
     green laser by optoelectronic feedback. Opt. Lett. , 2001, 26: 695.

11   Xiaoying Li, Qing Pan, Kunchi Peng, et al. Quantum dense coding exploi-
     ting a bright einstein – podolsky – rosen beam. Phys. Rev. Lett. , 2002,
     88: 047904.

12   Jing Zhang, Changde Xie, Kunchi Peng. Controlled dense coding for contin-
     uous variables using three – particle entangled states. Phys. Rev. A, 2002,

66: 032318.

13 Jing Zhang, Changde Xie, Kunchi Peng. Quantum entanglement and squeezing of the quadrature difference of bright light fields. Phys. Rev. A, 2002, 66: 042319.

14 Jietai Jing, Jing Zhang, Kunchi Peng, et al. Experimental demonstration of tripartite entanglement and controlled dense coding for continuous variables. Phys. Rev. Lett. , 2003, 90: 167903.

15 Jing Zhang, Kunchi Peng, S L Braunstein. Backaction – induced spin – squeezed states in a detuned quantum – nondemolition measurement. Phys. Rev. A, 2003, 68: 035802.

16 Jing Zhang, Kunchi Peng, S L Braunstein. Quantum – state transfer from light to macroscopic oscillators, Phys. Rev. A, 2003, 68: 013808.

17 Xiaojun Jia, Xiaolong Su, Kunchi Peng, et al. Experimental demonstration of unconditional entanglement swapping for continuous variables. Phys. Rev. Lett. , 2004, 93: 250503.

18 Jing Zhang, Changde Xie, Kunchi Peng. Continuous – variable quantum state transfer with partially disembodied transport. Phys. Rev. Lett. , 2005, 95: 170501.

19 Yu Luo, Ying Li, Kunchi Peng, et al. Simultaneous experimental generation of vacuum squeezing and bright amplitude squeezing from a frequency doubler. Opt. Lett. , 2005, 30: 1491.

20 Bo Wang, Shujing Li, Kunchi Peng, et al. Controlling the polarization rotation of an optical field via asymmetry in electromagnetically. Phys. Rev. A, 2006, 73: 051801 (R).

21 Jing Zhang, Changde Xie, Kunchi Peng. Continuous – variable quantum – information distributor: Reversible telecloning. Phys. Rev. A, 2006, 73: 042315.

22 Shujing Li, Bo Wang, Kunchi Peng, et al. Controlled polarization rotation of an optical field in multi – Zeeman – sublevel atoms. Phys. Rev. A, 2006, 74: 033821.

23 Xiaolong Su, Aihong Tan, Kunchi Peng, et al. Experimental demonstration of quantum entanglement between frequency – nondegenerate optical twin beams. Opt. Lett. , 2006, 31: 1133.

24 Xiaolong Su, Aihong Tan, Kunchi Peng, et al. Experimental preparation of quadripartite cluster and greenberger – horne – zeilinger entangled states for continuous variables. Phys. Rev. Lett. , 2007, 98: 070502.

25 Bo Wang, Yanxu Han, Kunchi Peng, et al. Preparation and determination of spin – polarized states in multi – zeeman – sublevel atoms. Phys. Rev. A, 2007, 75: 051801 (R).

26 Jing Zhang, Changde Xie, Kunchi Peng. Nonlocal nondegenerate optical parametric amplifier based on genuine multipartite enganglement. Phys. Rev. A, 2007, 76: 064301.

27 Jing Zhang, Changde Xie, Kunchi Peng. Continuous – variable telecloning with phase – conjugate inputs. Phys. Rev. A, 2008, 77: 022316.

28 Yongmin Li, Kuanshou Zhang, Kunchi Peng. Generation of qudits and entangled qudits. Phys. Rev. A, 2008, 77: 015802.

29 Aihong Tan, Yu Wang, Kunchi Peng, et al. Experimental generation of genuine four – partite entangled states with total three – party correlation for continuous variables. Phys. Rev. A, 2008, 78: 013828.

30 Yanxu Han, Jingtao Xiao, Kunchi Peng, et al. Interacting dark states with enhanced nonlinearity in an ideal four – level tripod atomic system. Phys. Rev. A, 2008, 77: 023824.

31 Jing Zhang, Changde Xie, Kunchi Peng, et al. Anyon staistics with continuous variables. Phys. Rev. A, 2008, 78: 052121.

32 Jing Zhang, Gerardo Adesso, Kunchi Peng, et al. Quantum teamwork for unconditional multiparty communication with Gaussian states, Phys. Rev. Lett. , 2009, 103: 070501.

33 Aihong Tan, Changde Xie, Kunchi Peng. Quantum logical gates with linear quadripartite cluster states of continuous variables. Phys. Rev. A, 2009, 79: 042338.

侯朝焕

(1936—)

　　侯朝焕，物理学家、声学家、信号与信息处理学家，中国科学院院士。主持研制了"水声信号起伏统计特性测量系统"，推动了水声信号场和噪声、混响场的研究；提出了"相移多波束基阵信号处理系统"，给出了该系统的全面分析、理论计算、参数选择和优化设计；完成了智能型水声信号处理系统，使系统能与水声信道匹配，达到最优工作状态和最佳处理效果；开展了并行阵列处理的研究，主持完成了 DSP－1 阵列信号处理机，完成了多个超高速 DSP 专用芯片的研制。

　　侯朝焕，1936 年 9 月 29 日出生于四川省自贡市一个条件优裕的家庭。父亲侯策名是当地有名的爱国盐商。在那个内忧外患的年代，其父亲常常教导子女要好好读书，学到真本事才能救中国，并以"幼吾幼以及人之幼"的情怀在当地大力支持教育事业，兴办学校，改造校舍。这些举措耳濡目染地影响了侯氏兄弟。在严父慈母的教育下，他虽然从小衣食无忧，但从来没有养成任何不良的习惯。从小学开始他就在学校崭露头角，学习成绩一直名列前茅，分别在自贡市蜀光中学和重庆清华中学接受了良好的初高中教育，为日后打下了扎实的基础。

从中学开始他就对物理产生了浓厚的兴趣，力学、声学所构成的神秘的物理世界让他着迷。为什么先看到闪电后听到雷声？月亮为什么会随人一起前进？为什么飞机可以在空中飞翔？……许多日常生活中的物理现象都让他非常好奇，他常常缠住老师要问个究竟。然而，老师的解答并不能时时都让他感到十分满意，于是就自己去查阅书籍寻找答案。从那时起，侯朝焕就慢慢养成了那种求真务实的钻研精神。青少年时期，他就立志要成为一名科学家，去解开大千世界的无穷奥秘。他的目标首先就是要考上北大物理系，那是当时中国最热门的专业，竞争非常激烈。为了实现自己的目标，他发奋学习，不断挑战自我。有心人，天不负。1954年，他以优异的成绩如愿考入北大物理系，踏进了实现他科学家之梦的殿堂。

1958年，根据我国第一个科技发展远景规划，中国科学院决定建立水声学研究队伍，尽快开展我国的水声学研究工作。经周恩来总理同意，从全国几所重点大学物理系抽调品学兼优的100名即将毕业的大学生，提前分配，参加水声研究工作，边学边干。当时人们把这一举措称为"拔青苗"。侯朝焕作为百名"青苗"中的一员来到中国科学院，参加由当时国际知名科学家汪德昭领导的水声学研究工作，从此开始了他的科学研究生涯。在汪德昭的精心指导与潜心培养，及其勇于创新和亲自动手实践精神的影响下，侯朝焕通过自己的勤奋努力，很快就成为科研骨干。在回忆起他的恩师汪德昭时，侯朝焕满怀深情地说："汪老给我们讲过'老鹰扑兔'的故事，老鹰在觅食时，总是先飞得高高的，在高空盘旋，用它敏锐的目光搜寻猎物。一旦发现了目标，就会迅猛地扑下去，紧紧抓住兔子不放。好的科学家就应像老鹰扑兔一样，才有可能作出好成绩。'老鹰扑兔'的故事以及汪老亲自赠送给我的'标新立异、一丝不苟、奋力拼搏、亲自动手'的座右铭，伴随我科研工作 40 余年，受益匪浅。"

不同于一辈子仅仅专注于某个专业的大多数科学家，侯朝焕的科研工作跨越了几个专业，从理论到工程，从信号处理到芯片设计和系统集成。每一次扩展研究领域都是基于国家的需要，并且在每个领域都留下了自己清晰的足迹。之所以能够不断在较短的时间内适应所转换的新专业领域，并很快取得丰硕的成果，侯朝焕常说这得益于当年在北大物理系学习时宽厚的知识面与牢固的专业基础。他的科研成果并没有束之高阁，大多都投入到了国防和经济建设之中，这是他感到最欣慰的事情。

侯朝焕 1958 年走出北京大学的校门，从一棵品学兼优的"青苗"，到国家高技术研究发展计划（"863"计划）信息获取与处理技术专家组副组长、国家"973"计划项目的首席科学家、国家自然科学基金委系统芯片重大研究计划专家组组长，至今已经在科研战线奋斗了 52 个春秋。他锐意进取，开拓创新，在水声学、水声信号处理、水声工程、并行阵列处理、超大规模集成电路及信号处理应用等领域成果卓著，为我国声学和信号处理科学技术的发展作出了突出的贡献。由于侯朝焕在科研工作中所取得的出色成就，1988 年人事部授予他"国家级中青年有突出贡献专家"称号，1989 年国务院授予他"全国先进工作者"称号，1990 年被评为中央国家机关"优秀共产党员"，2010 年获中国科学院京区"优秀共产党员"荣誉称号。

在外人看来，科研工作也许是枯燥寂寞的，但侯朝焕却能从中体会到无穷的乐趣。他说"不管做什么事情，只要你钻进去了，你就会发现其中乐趣无穷！"有时候为了解开一个"悬案"，他半夜从床上爬起来冥思苦想，反复演算。每解决一个问题，他就像孩子一样兴高采烈，心中感到无比的欣慰满足，感觉往昔的一切付出都是值得的。

侯朝焕的工作作风一贯是敢挑重担，勇闯前沿，他的治学格言是"选准方向，独树一帜，锲而不舍，定有成效"。在半个多世纪的科研生涯中，他呕心沥血，潜心钻研，不畏困难，在科研道路上顽强拼搏，终于硕果累累，取得骄人成绩，为我国的现代化建设作出了杰出贡献，先后完成12项国家重大项目，其中3项获国家发明奖，4项获部院科技进步奖（含中国科学院特等奖一项）。获准专利14项，在国内外刊物上发表论文200余篇。

侯朝焕于1995年当选为中国科学院院士，曾任中国科学院声学研究所副所长，中国科学院微电子战略指导委员会主任，中国声学学会理事长、名誉理事长，国家自然科学基金委员会信息科学部主任，中国科学院信息技术科学部第十三届常务委员会副主任等职，曾经受到胡锦涛等党和国家领导人的亲切接见。

扎根海洋研究，踏祖国万顷海浪

1959年，侯朝焕来到海南岛参加中苏联合南海水声考察，并承担了重要的课题研究。年轻的侯朝焕由于受到"独立之精神，自由之思想"这一北大精神的影响，养成了不盲从、不迷信学术权威的独立思考的习惯和实事求是的科学探索精神。曾经有一次，他对苏联专家的意见提出了质疑，并发表了自己与众不同的看法。所里有人对他说："年轻人，你太狂了，竟然不把苏联专家放在眼里！"事隔多年以后再回头看看那场争论，侯朝焕当初的意见还是对的。

1960年联合考察结束后，侯朝焕服从组织需要，扎根在位于海南三亚的当时科研条件极其艰苦的南海研究站，默默无闻、勤勤恳恳地为水声科研而奋战，这一待就是20年。

从1960年开始，侯朝焕对联合考察后苏联专家留下的方法和技术提出了改进意见，带领20多位年轻人，组织并参加了大量的海上水声物理实验和考察，克服重重困难，取得了宝贵的第一手科研资料。经过5年的奋战，完成了"声信号起伏统计特性测量和分析系统"，推动了水声信号场和噪声、混响场的研究。1965年，该项成果获得了国家科委聂荣臻主任签发的发明证书。

随后的数年间，侯朝焕的足迹遍布南海和祖国各大海域。他在水声目标特性、混响、噪声统计特性和时空相关特性等方面取得了重要的研究成果。之后，他又提出了"相移多波束基阵信号处理系统"，给出了该系统的全面分析、理论计算、参数选择和优化设计以及性能估计，该项目获得1978年全国科学大会奖。该研究成果后来成功应用于工程项目，获得了显著的社会和经济效益，并获得1987年国家发明奖三等奖。他还将水声物理和水声工程结合起来，在超远程水声探测系统、噪声被动测距系统等方面开展了多项创新性的基础和应用研究，如水声信号检测和定位理论、信号重构理论、傅里叶变换新算法、自适应声基阵处理、高分辨率频谱估计、合成孔径新算法等。提出了神经网络在水声中的应用，超声血管成像方面的应用等。他还完成了智能型水声信号处理系统，该系统实现了与水声信道的最佳匹配，达到最优工作状态和最佳处理效果，完成了多项技术创新，一些技术指标还超过了预先提出的要求，1996年获中国科学院特等奖。侯朝焕是我国声场匹配领域引入智能化处理方法的开拓者。

进入21世纪后，侯朝焕再次承担了一项新型智能型水声信号处理系统国家重大科研任务，担任项目总设计师。作为技术总负责人，他事必躬亲，大到系统方案设计，小到电路设计与算法实现，都倾注了他无数的心血。作为项目的总设计师，他对项目的每一点进展和系统的每一个细节都了如指掌。他带领科研人员通过一次次的技术攻关，解决了一个个国际性的技术难题，提出了多项创新技术，实现了跨越式发展。该项目需要进行大量的湖上与海上试验，侯朝焕不顾自己70多岁的年龄，与其他研究人员一起，长期坚守在试验现场。有好多次试验周期跨越春节假期，他一直坚守到春节前一两天才回家与家人团聚，节日还未结束，就马上再次奔赴试验现场。他还不顾试验船上工作条件的艰苦，无数次亲自登船出海指导试验工作。船上试验条件异常艰苦，很多年轻人都不能适应，常晕船、呕吐。而侯朝焕经过多年船上试验的磨炼，能够一直坚守在船上，精神抖擞，跟在陆地上一样地开展科研工作，这让很多年轻人都自叹不如。在侯院士亲自带领及其高尚人格魅力的感召下，课题组研究人员同心协力、团结一致，圆满地完成了一次次的湖上和海上试验，取得了大量的实验数据和研究成果，研制的产品在实用环境下得到了充分的检验。在侯朝焕的带领下，该项目目前已取得令人瞩目的成果，总体性能达到了国际先进水平，主要指标达到了国际领先水平，受到了同行专家和上级首长的好评。

高科技"一席之地"必争　任专家组副组长

1979 年，侯朝焕从南海研究站调回位于北京的中国科学院声学所，担任第二研究室主任。20 余年科研第一线的磨炼，使他积累了丰富的实践经验。"文化大革命"后科学春天的阳光普照中关村，激发了他更大的工作热情，使他进入了科研成果大丰收的黄金时期。

1987 年 7 月至 1992 年 11 月，侯朝焕受国家科委聘任，担任国家高技术研究发展计划（"863"计划）信息获取和处理技术专家组第一届、第二届专家组副组长，主管信息获取与处理技术领域的这一高技术的发展。他坚决贯彻中央关于"863"计划的决定，使中国在高技术领域占有一席之地，与其他同事共同制定了超高速实时信号处理及超高速集成电路设计专题目标蓝图和阶段目标及技术路线，提出了较先进的技术指标，组织全国科研力量开展攻关，实现了原定的预期目标。他还身体力行，完成了多个领域的信号处理理论和方法研究，具有多方面创新，包括傅里叶变换新算法、分布式阵列信号处理、超高速及超大规模集成电路优化设计、自适应声基阵处理、高分辨率频谱估计等。1987年初，侯朝焕提出了建立国内系统集成实验室的具体设想，在国内外信号处理和芯片集成领域产生了重要的影响。

侯朝焕最早提出开展阵列处理和系统集成的研究，并预见到信号处理系统必然会集成到单个芯片上去。他所提出的在单个芯片上实现阵列处理结构的方案，得到了汪德昭的充分肯定和大力支持。他率领科研人员攻关，负责研制的"DSP–1阵列信号处理机"（"863"计划项目）在1991年通过了中国科学院技术科学局主持的鉴定，该机由59个运算节点组成，采用了分层式异构型多微机并行处理系统和开放式模块结构，具有多指令流、多数据流的并行处理功能，定点运算速度达13.2亿次/秒，浮点运算速度达3.6亿次/秒。该阵列信号处理机已应用于声学工程项目，得到了明显的效果。

侯朝焕在国内率先开展了VLSI信号处理研究，并将信号处理算法集成到高速芯片上，1993年首次在单个芯片上实现了15个运算节点阵列结构的信号处理超级芯片，单芯片乘加运算速度达到9亿次/秒，达到当时的国际先进水平。

1994年，侯朝焕主持完成了国家"863"计划中"信号处理系统集成实验室建设"项目，并同时完成了具有自主知识产权的从算法、结构、电路直到版图自主设计的全定制FFT（快速傅里叶变换）、DBF（数字波束形成），以及RLS（递推最小二乘滤波）等3个超高速运算芯片的设计，并一次投片成功。由于每个芯片集成15个运算器以完成并行流水运算，达到了极高的运算速度，为先进的信号处理奠定了芯片基础。他提出的通过多核并行来提高芯片的运算速度并首次在单芯片上实现15个运算核居于国际前列。

由于出色的工作，2001年侯朝焕被授予"863"信息获取与处理先进个人称号。

"973"项目首席科学家，圆"中国芯"梦想

随着信息技术突飞猛进的发展，计算机已经融入我们的社会和家庭，成为我们学习、工作和生活密不可分的伴侣。但是在计算机的核心技术——微处理器芯片和操作系统上，我们没有自主知识产权的产品，长期依赖外国。面对这种情况，身为国家自然科学基金委信息科学部主任的侯朝焕，心里深为不安，他决心改变这一局面，让国产信息产品拥有一颗中国芯。为此，在成功完成3个超高速运算芯片设计的基础上，他组织领导了多名科研人员从事专用芯片通用化方面的研究，使其既能保持专用芯片的高速处理能力，又有一定的通用性，并在国际会议上发表了数十篇论文。在此基础上，提出了"面向功能可重组结构的DSP&CPU芯片及其软件的基础研究"项目，并于1999年10月在国家"973"计划中立项，他担任该项目的首席科学家。

该项目力争在体系结构研究上取得突破，将面向不同应用的DSP和CPU体系结构有机地结合在一起，通过软硬件协同优化，构成一个简捷、高效、可靠的体系，最终实现具有自主知识产权、立足国内成熟工艺、面向广阔市场又有其自身功能优势与价格优势的DSP&CPU芯片及其软件系统与典型应用系统。通过该项目的实施，推动了芯片技术、基础软件技术、计算机技术、微电子技术领域的研究工作，同时培养造就了一批上述研究领域的优秀人才。

侯朝焕率领一批年轻的科研人员，经过5年的刻苦攻关与开拓创新，完成了"973"项目预定的基础研究，成功研制出"华威"（Super V）处理器，并基于国内 $0.18\mu m$ CMOS 工艺成功流片。华威处理器芯片具有自主知识产权，它既有 DSP 功能，又兼有 CPU 功能，具有统一的兼顾 DSP 和 CPU 的指令集。该处理器实现了基于可重组理论的多发射 VLIW 和 SIMD 体系结构，首

次实现了基于并行处理技术和可重组理论的 16 个同构运算器，在不增加硬件复杂度的前提下，通过显式改变运算单元结构使得芯片具有多种运算功能。该技术不但降低了芯片的晶体管数，而且使得芯片的使用更加高效灵活。通过采用先进的软硬件协同设计理论，简化了硬件设计的复杂度，大大降低了芯片功耗。与处理器芯片配套，还完成了基于华威处理器的软件开发工具和系统操作平台，为华威处理器芯片的推广应用奠定了坚实的基础。

华威处理器的数据处理器能力处于当时国内前端，对 8 位、16 位和 32 位乘加操作，运算速度分别达到 9GOPS、5GOPS 和 3GOPS，与当时国外同类处理器的运算能力相当。

作为具有完全自主知识产权的华威处理器，可以应用于阵列信号处理、信息家电、声音图像以及雷达声呐等信号处理领域。

信息科技的前瞻者

侯朝焕对前沿信息科技的发展十分敏感，随着信息技术的快速发展，他早在 20 世纪 90 年代初预感到互联网必将在未来的科研和教育中发挥愈来愈重要的作用，甚至影响到整个社会和每个人的生活。他从 1998～2006 年担任了国家自然科学基金委信息科学部主任，曾向国家自然科学基金委提出创建"新一代高速信息示范网"的建议，将中国科学院以及北大、清华等几所大学纳入其中，这样可以在实现资源共享的同时，还可以实现与国外相关机构进行零距离的交流。但要建成这个网络，需要筹集 2600 万元的资金，这个资金数目过大，国家自然科学基金委没有先例。按照既成惯例，基金委最多只能批 500 万元，但在侯朝焕再三"游说"下，基金委主任张存浩被他的有关高速信息网的前景所吸引，决定为他破一回例。于是，张主任和他联合去说服基金委其他几位副主任，基金委最终拿出 2000 万元作为高速信息网的经费，而中国科学院、北大、清华等几个机构合力筹资

600 万元。就这样，在侯朝焕的奔走下，第一代国家高速信息示范网于 2000 年建成，并与美国等国际科研机构实现同步联网，成功举行了几次国际网络会议。

随着第一代高速信息网在国内影响的扩大，其他一些高等院校纷纷要求加入其中，网络面临着扩容的需要。在这种情况下，侯朝焕又发起组织 46 位院士联名向中央领导建议，建立我国大规模的新一代高速科学教育网。该建议很快得到中央领导的批示，最终经发改委、工程院、信息产业部和基金委等多个部门联合建立国家第二代高速示范网，并于 2004 年投入使用，使我国的互联网发展迈入了国际水平。

提出发展我国"SoC"研究计划的建议

侯朝焕锐意进取、开拓创新的精神受到同行们的普遍赞扬。科学上的成就和荣誉并没有使他就此止步，纵观国际信息技术的发展趋势，结合我国的具体情况，他又把敏锐的目光投向了前瞻研究领域——SoC（芯片系统）。

SoC 是 21 世纪集成电路的发展方向，是微电子技术按摩尔定律发展的必然结果，也是物理学等传统学科进入集成电路新兴领域发展的必然结果。随着集成电路制造工艺的不断发展，芯片的集成度越来越高，这使得将整个系统集成到单芯片上成为可能。信息技术的发展使得人们对高速计算、移动通信、多媒体和信息家电等应用提出了更高的要求，小型化、便携式、低功耗、多功能已成为这些领域的主要特点。SoC 可以将微处理器（CPU、MPU）、数字信号处理器（DSP）、存储器、逻辑电路、模拟或者射频电路模块甚至一些传感器都集成在一块芯片上，既可以满足系统复杂功能的实现，又使得设备的体积大大减小，性能显著提高，同时功耗也有明显降低，可靠性得到提高，而成本却由于用量的增加而大幅下降。

侯朝焕敏锐地洞察到 SoC 技术的诸多优势及其将对未来集成电路产业产生的影响，1999 年在国家自然科学基金委的支持下，与来自科研院校、产业界、基金委等单位的 60 余位专家学者共同探讨了我国 SoC 领域的发展方向。经过多次认真论证，他牵头完成了《半导体集成化芯片系统基础研究》重大研究计划建议书和计划实施规划书，并于 2002 年获得国家自然科学基金委批准立项。侯朝焕担任该重大研究计划的指导专家组组长。该重大研究计划围绕"SoC 集成方法学"、"SoC 的综合、测试与验证理论"、"用于 SoC 的集成微传感系统"、"面向 SoC 的小尺寸 MOS 器件"、"适于 SoC 的新材料与新器件"等 5 个核心科学问题开展研究，重点解决 SoC 面临的大规模、高复杂性、低功耗、可重构、互连线、可测试性、可制造性和小尺寸器件等基础科学问题。同时以集成微传感系统（物理量微传感系统和生物/化学传感系统）作为促进多学科交叉的纽带，以 SoC 集成作为平台、使数学物理、化学、生物、材料等基础学科和信息技术领域实现交叉融合，提出了不少创新思想，经过 8 年努力，在高水平论文、实用技术和示范工程等方面均取得一大批成果，缩短了我国在 SoC 领域与国外的差距。

培养储备人才，瞄准可持续发展

多年科研和工程实践，以及国家可持续发展战略的实施，使侯朝焕深刻认识到人才储备和培养的重要性。因此，他特别注意年轻研究人员的培养，充分调动他们的积极性，鼓励他们的开拓创新精神，让他们在实践中磨炼，既严格要求，又大胆放手，培养出一支敢打硬仗的年轻科研队伍。他一直鼓励自己的研究生要有独立思考的能力，要敢于发表不同的意见，在科学面前要敢于和善于"较真"。他认为一个人只有具备了这种独立思考和分析问题的能力，才能不断成长，在科研工作中有所作为。侯朝焕现在已经桃李满天下，他的以项目带学科、以项目育人才的战略思路，正在结出累累硕果。在侯朝焕的培养下，一批年轻的业务骨干脱颖而出，成为国家重大科研项目的中坚力量，有些人还在国外知名实验室参与到领域前沿课题的研究。他先后指导博士后7名，培养博士60余名和硕士20余名。由于他在人才培养方面的成就，1990年被中国科学院教育局授予"中国科学院优秀研究生导师"称号，2002年被中国科学院研究生院聘为终身教授，2008年获得了中国科学院"杰出贡献教师"荣誉称号。

（赵克勇）

简　历

1936年9月29日　出生于四川省自贡市
1954—1958年　在北京大学物理系学习
1958—1997年　任中国科学院声学所课题组长、实验室主任、副所长
1985年　任中国科学院声学所研究员
1987—1992年　任国家"863"计划信息获取与处理技术专家组副组长
1995年　当选为中国科学院院士
1998—2006年　任国家自然科学基金委信息科学部主任
1999—2004年　任"973"项目"面向功能可重组结构的DSP&CPU芯片及其软件的基础研究"首席科学家
2002—2006年　当选为中国声学学会理事长
2003年　任国际声学委员会执委会委员
2004—2008年　任中国科学院第三届学部咨询评议工作委员会副主任
2006—2008年　任中国科学院信息技术科学部第十三届常务委员会副主任
2006年　任中国声学学会名誉理事长
2006年　当选为中国科学技术协会全国委员会委员

主 要 论 著

1　侯朝焕．宽带相关噪声中窄带信号的高分辨率谱估计法．声学学报，

1981, 6: 337.

2   C H Hou, Z D Wu. High – resolution spectral – analysis of a narrow – band signal in the broad – band correlated noise. Chinese Physics, 1982, 2 (4): 1093.

3   C H Hou. A new method of adaptive array processing for signals of unknown characteristics. Chinese Journal of Acoustics, 1982, 1 (1): 35.

4   侯朝焕. 840 点素因数分解的 DFT 算法. 声学学报, 1985, 10 (5): 293.

5   侯朝焕. 由频谱的相位函数重建原始信号的新方法. 声学学报, 1986, 11 (4): 205.

6   C H Hou. An ASIC design for adaptive beam – forming. Proceedings of the 1991 International Conference on Circuits and Systems, June 1991, Shenzhen, China, 1991. 832.

7   C H Hou. The chip design of digital beam forming. Proceedings of the 1991 International Conference on Circuits and Systems, June 1991, Shenzhen, China, 1991, 1005.

8   C H Hou, et al. An underwater acoustic array signal processing system (UWASPS). Proceedings of 14th International Congress on Acoustics, 1992, 1 – 4: 253.

9   C H Hou. Signal processing and digital system integration. Proceedings of the 3rd national Conference on ASIC, 1993. 20.

10   C H Hou, J A Hui. A method to improve the lateral resolution of ultrasonic intravascular imaging. ICIP – 94 – Proceedings, 1994, 3: 299.

11   C H Hou, Y B Zhu. High – speed FFT Chip Test. Proceedings of the 1st. Int. Conference on ASIC, Beijing, 1994. 524.

12   C H Hou, S Y Yang. DSP – 1 array signal processor. Proceedings of the 3rd National Conference on Computer Application, 1995. 1863.

13   C H Hou, X C Ma. Texture classification based on FSRF – Co – occurrence matrixes. Proceedings of ICSP'98, Beijing, 1998, 2: 901.

14   C H Hou, X C Ma. Zerotree coding scheme in image compression. Proceedings of Fourth International Conference on Signal Processing, (ICSP'98) 1998, I – II: 845.

15　C H Hou. The policy of IT industry and its future in China. International Information Forum, KOPOF, Seoul, Nov. 24, 2000. 2000/11/24.

16　H Gao, W C Siu, C H Hou. Improved techniques for automatic image segmentation. IEEE Trans. Circuits Syst. Video Technol. , 2001, 11 (12): 1273.

17　J Jiang, M G Liu, C H Hou. Texture – based image indexing in the process of lossless data compression. IEE Proc. – Vis. Image Signal Process, 2003, 150 (3): 198.

18　S F Yan, C H Hou. Broadband DOA estimation using optimal array pattern synthesis technique. IEEE Antennas Wirel. Propag. Lett. , 2006, 5: 88.

19　Y T Wu, C H Hou, et al. Direction – of – arrival estimation in the presence of unknown non – uniform noise fields. IEEE J. Ocean. Eng. , 2006, 31 (2): 504.

20　S F Yan, C H Hou, et al. Convex optimization based time – domain broadband beamforming with sidelobe control. J. Acoust. Soc. Am. , 2007, 121 (1): 46.

21　Y T Wu, H C So, C H Hou, et al. Passive localization of near – field sources with a polarization sensitive array. IEEE Trans. Antennas Propagat. , 2007, 55 (8): 2402.

22　S F Yan, Y L Ma, C H Hou. Optimal array pattern synthesis for broadband arrays. J. Acoust. Soc. Am. , 2007, 122 (11): 2686.

23　J Yang, X C Ma, C H Hou, et al. Automatic robust linear receiver for multi – access space – time block coded MIMO systems. IEEE Signal Process. Lett. , 2009, 16 (8): 687.

24　J Yang, X C Ma, C H Hou, et al. Shrinkage – based capon and APES for spectral estimation. IEEE Signal Process. Lett. , 2009, 16 (10): 869.

25　J Yang, X C Ma, C H Hou, et al. Automatic generalized loading for robust adaptive beam – forming. IEEE Signal Process. Lett. , 2009, 16 (3): 219.

都有为

(1936—)

都有为，磁学与磁性材料学家，中国科学院院士。从事磁学与磁性材料的教学与研究工作，开展了磁性、磁输运性质与材料组成、微结构关系的研究。研究了锰钙钛矿化合物的磁熵变效应，小颗粒体系中的隧道型磁电阻效应，磁性纳米微粒的小尺寸效应与表面效应，以及颗粒膜的磁性、巨磁电阻效应、磁光效应、反常霍尔效应等。为我国磁性材料的教学与研究作出了积极的贡献。

都有为，1936 年 10 月 16 日出生于浙江省杭州市。1953 年中学毕业后考入南京大学物理系，1957 年毕业后留校工作至今。1986 年晋升为教授，1990 年被国务院审定为博士生导师，1992 年享受国务院特殊津贴，获 2000 年度江苏省科技进步奖一等奖，2004 年度国家自然科学奖二等奖等奖项，2005 年当选为中国科学院院士，此外，还曾获 2007 年度何梁－何利科学与技术进步奖。

步入南京大学是都有为人生重要的转折点。南京大学师资力量雄厚，学习氛围浓郁，这所百年学府严谨、求实的学风，宽容、自由的学术氛围培育了他。当时在物理系任教的有著名声学家魏荣爵，两弹一星的元勋程开甲，居里夫人的中国弟子施士元，教普通物理的是朴实的程浚，教高等数学的是数学系著名的莫绍揆。著名的天线专家鲍家善教电动力学，他讲课生动、风趣，深受学生的热爱。1956年鲍家善在物理系筹建磁学教研组，都有为有幸成为鲍先生的学生，后来鲍先生又指导他的大学毕业论文，成为他进入科学庙堂的引路人，古人云："滴水之恩，当涌泉相报"，斯人已乘黄鹤去，但鲍先生宽厚待人、奖掖后进的师德永远铭刻在他的心中。

20世纪50年代的南京，夏天是火炉，冬天是冰窖，屋檐下的冰凌甚至可长达尺许，都有为常与同级挚友、后在中国科学院声学所任研究员的钱祖文在校园幽静之处潜心学习，从而打下了良好的学习基础，无意中亦规避了1957年的"反右"等政治运动。他常回忆起被誉为江南才女的初中语文老师袁卓尔自学成才的人生经历，经常想起初中化学老师周开明先生常说的一句名言"吃得苦中苦，方为人中人"，艰苦的条件往往是磨炼毅力的一帖良药。作为紧张学习的调剂，他喜爱阅读古今中外的文艺书籍，其中《牛虻》、《钢铁是怎样炼成的》等书对他的人生影响最大，书中主人公乐观的生活态度和坚强的意志力为他树立了人生的榜样。

1957年，都有为大学毕业后留校在物理系任教。不久，他和那个年代所有的知识分子一样，被迫中断了教学、科研，到南京附近的江浦县陡岗乡劳动锻炼，与一位淳朴的农民同吃、同住、同劳动，日子过得倒挺舒畅的。8个月后，1958年全国"大跃进"运动开始了，他又回校参加大炼钢铁、赴灵山挖鸡窝煤矿，那时期，政治运动像波浪一样，一浪接一浪，20世纪60年代初困难时期过后，接着又是全国范围内的"四清"运动，紧接着又是"文化大革命"，参加阶级斗争，挖防空洞、建长江大桥时拉黄沙等，这一幕幕历史的情景从1957年一直延续到1978年。

1976年，随着改革开放、科学春天即将到来，都有为有了圆梦的机会。但是创业谈何容易，一切都得从零开始。那时他在北大楼的地下室有一间实验室，但里面除了一台简易的高温炉外空无一物，也没有经费买设备，面对这一穷二白的局面，都有为和另一位年轻教师经过合计，便当起了"破烂王"，专门到化学系的走廊上捡拾别人丢弃的瓶瓶罐罐，拿回实验室，用化学方法制备当时称为超细微粒的磁性颗粒样品，从尺度上考虑大致处于亚微米到纳米尺寸，他们都是自己制备样品、自己建立测量仪器，实验室冬冷夏热，黄梅天时节甚至还要穿雨靴进实验室工作。就是这样在白手起家的情况下，磁记录介质、永磁磁粉等各种样品陆续从"土"设备中出炉。那几年，他每年都有2篇论文在当时国内物理界最高水平的杂志《物理学报》上发表。他认为：等待只能坐失良机，"路是人走出来的"，在困难面前只有披荆斩棘、勇往直前，人生的道路才能越走越宽广。人生的道路往往是不平坦的，酸、甜、苦、辣方显出生活的丰富多彩，在他看来，逆境时不应消沉，顺利时不该骄傲，只有不断奋斗、拼搏才能实现人生的价值，人的一生应当为社会做一些有益的事，才无愧于来一趟滚滚的红尘。

为企业作贡献

1976 年，国民经济开始复苏，都有为积极参与江苏省磁性材料的生产，无偿地运用自己掌握的知识，解决了永磁材料干压取向成型等难题，提高了产品质量。最让他高兴的是，他的成果在继续开花结果。2010 年初，他偶遇一位磁性材料厂的技术人员，当问起他们产品采用什么技术性能才能做得这么高时，对方回答"就是采用您20多年前提出的技术"。这还得从1982 年说起，当年，一直生产扬声器和微电机所用的永磁铁氧体产品的浙江诸暨磁性材料厂，因为技术力量薄弱，质量上不去，产品大量积压、报废，企业濒临倒闭。一次，厂方偶然看到都有为撰写的《永磁铁氧体工艺进展》、《永磁铁氧体的基础研究》两篇文章，深受启发。于是，派人专程赶往南大拜访都有为，沈乃玄厂长恳请他担任厂方的技术顾问。从当年9月首次来到浙江诸暨厂以后，都有为在不影响校内教学、科研任务的前提下，先后7次前往该厂讲学，课后还辅导技术骨干，回答职工提出的问题。除讲课外，他还多次给该厂寄讲义、寄资料，一年多的时间里，他陆续给工厂写了数十封信，回答技术难题，提出注意事项，不厌其烦，细致耐心。在普遍提高职工技术素质的基础上，都有为帮助他们成立了攻关小组，推荐盛振翔工程师到该厂，由该厂技术副厂长谢志浩负责，把"提高钡铁氧体磁能积研究"作为突破口，把改造陈旧设备作为提高产品质量的关键，经过一年多时间的努力，1983年12月，该厂通过了磁能积研究课题的技术鉴定。自此，浙江诸暨磁性材料厂因为产品质量的提高而重新打开了销路，半年盈利27万元，并有7种产品出口。1984年《人民日报》、《光明日报》以及《新华日报》等以"拿来主义"加快经济发展为内涵进行了有关报道。

都有为一直关注科研成果的转化，希望为振兴中华贡献自己的力量，他与钟伟研制成的磁性液体，也在安徽金科磁性液体公司进行了生产。他认为高校、研究所是重要的知识创新的源泉，我国要成为创新型的国家，在高校、研究所与企业之间应当探索一种适合我国国情、有效的转化模式，建立科技孵化的平台，采用市场化运作的模式，政府、企业与金融机构进行风险投资，结合应用开展研发，解决产业化过程中的技术难点，将有市场前景的研究成果培育成长为能产业化的产品，这样才有利于科技成果好、快、多、省地转化为产品，有利于具有我国知识产权的研究成果走向社会，同时培养出一批创新型的人才。

异国展才干

都有为自称十分幸运，"在我的一生中，从小到大，不同阶段的老师就像一盏盏明灯照亮我的成长之路。""文化大革命"结束后，他的研究工作得到冯端院士的青睐与支持，冯端博学多才，学贯中外，待人宽厚，是他十分敬仰的长者，在冯先生的关怀与推荐下，1985 年 12 月底，都有为参加"中美凝聚态物理合作计划"（The APS China Program）来到美国霍普金斯大学工作。到美国没多久，巧逢高温超导材料研究热潮的兴起。当时，同为南大校友、现为美国布朗大学教授的霍大 CUSPEA 留学生肖钢，对如何制备高温超导氧化物的样品不甚了解，都有为便与肖钢一起研究，同时提出对高温超导化合物进行 3d 过渡族元素代换的研究方向，肖钢和他合作完成的这篇论文发表在 1987 年第 35 卷的 *Phys. Rev. B* 上，至今已被 380 余篇 SCI 论文引用。他敏感地意识到这是重要的研究领域，于是向他的联系教授 Walker J. C. 提出开展高温超导材料研究的建议，Walker 教授是从事穆斯堡尔效应的专家，他欣然地采纳了这一建议，同时安排两个中国学生，现在美国加州贝克莱大学物理系任教授的邱子强和现在美国 Seagate 公司工作的唐涣开始了这方面的研究，这样都有为就成为他们两人论文的实际指导老师与朋友，并向他们提出用磁性稀土离子 Gd 取代 Y 离子，以及采用微量的 ^{57}Fe 置换 Cu 作为探针元素、用穆斯堡尔谱学的方法研究高温超导体中的磁有序为研究方向。他们在合作研究中，发现了反铁磁有序与超导性共存的现象，这与 21 世纪初提出的相分离机制是相一致的，在美国期间合作发表论文 20 余篇，被 SCI 刊物引用 700 余次。

十年磨一剑

1988 年底，都有为从美国回到南京大学，但实验室依然一穷二白。他清醒地认识到不能依赖、不能等待，必须抓住机遇奋起直追。他放弃了在国外的高温超导材料的研究，重返磁学与磁性材料领域，开展磁性超细微粒材料的研究。先后进行了磁性液体的研制与应用开发，高密度磁记录材料、金属（合金）、氧化物超细微粒的研制与性能研究等，为后续深入进行纳米材料研究奠定了坚实的基础，积累了丰富的经验，20世纪90年代初国内兴起了纳米材料热，都有为研究的"超微磁性颗粒"也属于这一范畴。1992年，都有为凭借对磁性纳米材料的研究经验和成果的积累，加之冯端院士的支持，成功地争取到国家"八五"攀登项目"纳米材料科学"项目，上海硅酸盐所严东生与冯端任该项目首席科学家。都有为拿到了实验室自建立以来的第一笔100多万元的资助。正是从这时起，都有为带领课题组在国际上较早开始了纳米材料磁性的研究，近十几年来，他先后承担了多项国家、省级科研项目，购置了多种纳米材料的合成、性能检测设备，使课题组的科研工作条件有了质的飞跃，取得了一系列创新性的研究成果。

1995年，中国科学院固体所的张立德与都有为出任"九五"攀登预选计划"纳米材料科学"首席科学家；1999年，都有为又拿到"973"项目"纳米材料和纳米结构"的"08子课题"。随着科研条件一天天进入"小康"，都有为课题组也在不断地发展与前进，触角延伸到纳米磁学的各个领域，先后开展了C60、纳米螺旋碳管、纳米颗粒、纳米线、颗粒膜、纳米微晶等纳米材料磁性的研究，开展了类钙钛矿氧化物、纳米结构材料以及合金材料的巨磁电阻效应、磁热效应、磁弹效应、磁致伸缩效应、多铁性等研究工作，在国内较早地致力于颗粒膜的磁光效应与磁电阻效应、反常霍尔效应的研究，进而又开拓了半金属与稀磁半导体材料的研究，进入自旋电子学的领域，取得了一系列创新性成果。他认为：科学的灵魂在于创新，要掌握国内外有关的文献，使文献为科研服务，而自己不能变成文献的奴隶，跟着文献打转。例如：20世纪90年代，钙钛矿化合物庞磁电阻效应的发现，使国内外兴起了继高温超导氧化物后的新一轮研究热潮，"是否要介入"、"如何进入"这些课题就摆在了他的面前。在此前，他曾安排学生做过铁氧体磁熵变的研究，在调控居里温度与磁熵变方面存在一些矛盾，此时，他注意到钙钛矿化合物的居里温度可以通过离子代换很方便地进行调控，于是就安排郭载兵同学的博士论文选题由"永磁铁氧体"转为"钙钛矿化合物的磁熵变"，没有想到第一次试验就发现与金属钆相当的高磁熵变效应，从而为钙钛矿化合物的研究开拓了新的研究方向。磁熵变效应是磁制冷材料的最重要的特性，是新型高温磁制冷机实用化的关键之一。都有为认为，高温磁制冷机一旦能够得到广泛应用研究，将会产生一场工业革命，这就是我们这些基础研究工作者的研究动力。郭载兵的研究成果很快发表在 1997 年 78 卷 *Phys. Rev. Lett.* 上，引起国内外同行的广泛关注，至今已被磁学专著与 260 篇 SCI 论文所引用。郭载兵同学由此成为 2000 年度全国优秀博士论文的获得者，现他在新加坡数据存储研究所任研究员。都有为除了组织科研组系统地开展钙钛矿化合物的磁熵变外，他又将研究领域扩展到金属、合金以及半金属材料领域，希望通过不懈的努力，争取高温磁制冷机最终能走向实用化。

当时研究钙钛矿庞磁电阻效应的温度范围均处于居里温度附近，金属/绝缘体相变点，由于他们承担"纳米材料科学"的攀登项目，都有为的另一位博士生张宁重点研究了纳米晶粒尺寸对钙钛矿庞磁电阻效应的影响，发现除居里温度附近的本征庞磁电阻效应外，在低温会呈现由于晶粒间隧道效应产生的隧道磁电阻，这一创新发现发表在 1997 年 56 卷的 *Phys. Rev. B.* 上，至今已被 214 篇 SCI 论文所引用，张宁同学的论文被评为南京大学 2000 年度优秀博士论文，他现任南京师范大学物理系教授。

陈鹏是都有为 1998 级的博士生，在多晶锌铁氧体磁电阻效应研究中，意外地发现室温巨磁电阻效应，他将这一研究成果写成论文，投寄到 *Appl. Phys. Lett.* 刊物后却被退回，便疑惑地将审稿意见告诉导师都有为，都有为认为他提出的颗粒膜物理机制不妥，应当用存在反铁磁耦合层的隧穿物理模型来解释，经高分辨电子显微镜的观测与交换偏置场的测量证实该机制的正确性，论文经重新修改后，改投到级别更高的国际一流物理刊物 *Phys. Rev. Lett.* 后一举中的，目前成果已被 SCI 论文引用 43 次，后入选为 2003 年度全国优秀博士论文。此后，他又发表不少学术论文。陈鹏现任西南大学物理系教授。

2004 年，都有为作为第一完成人的研究成果《新型的氧化物磁制冷工质与隧道型磁电阻材料》获国家自然科学奖二等奖。他的体会是在研究工作中切忌简单的紧跟与重复，必须有创新的思维。机遇总是垂青于有准备的人，敏锐地抓住机遇，实实在在地开展研究工作，就有可能成功，通过系统地研究工作，开拓新的研究方向与领域是科学工作者追求的目标。

科研之路的严谨求实与都有为做人的谦和细腻相得益彰。重情义的他十分眷恋与在人生旅途中曾经有缘相识的每一位朋友、同学以及与学生建立起的友谊。2008 年，他与 40 余位初中老同学相聚在西子湖畔，忆往昔，同窗共友，情深义重，半个多世纪的风风雨雨，都无法泯灭少年时代的纯洁友情，这是不掺任何名与利杂质的友谊，如今他们虽都步入暮年，双鬓染霜，但重温当年情景时不胜慷慨：岁月磨炼了我们这批青年人，身处天涯海角，但都在不同岗位上为国家作出了贡献。他的挚友吴迪华就是其中之一，如今已成为有名的油画家。每逢节日，当他收到同学、朋友的电邮、手机以及电话的问候、祝福或小礼物时，他总是情不自禁地从心底感到由衷的喜悦，"人与人之间的感情交流是超越时间与空间的，比什么都值得珍贵"。

都有为颇有感触地讲："我的每一点成绩都包蕴着每一阶段不同老师的汗水与期望，也是整个科研团队辛勤努力的结果。荣誉只代表过去，我们更看重未来的创新。"

路漫漫其修远兮

目前，都有为的科研组已有 5 位教授、4 位副教授、40 余位研究生，形成了以年轻人为主、和谐而团结的研究团队。他热切地盼望着有更多的年轻学者、研究生加入他们的大家庭，共同开拓这片迷人的磁学领域。都有为十分重视对年轻一代的教育培养，呕心沥血培养科技人才。他先后共培养研究生80余名，16名博士后。研究生中博士研究生占一半，大到研究方向的选择，小到实验细节的设计和解释，他都一一过问。他十分注意对学生创新能力、独立科研工作能力的培养。在他的带动下，科研组学术气氛民主、活跃，所有人畅所欲言，充分表达自己的观点和见解甚至不同意见。他特别欣赏有独到见解和创新思想的年轻人，创造一切条件和机会鼓励他们在研究工作中敢于创新，勇于面对挫折和失败。整个科研组既是一个朝气蓬勃、人人奋发向上的学术团体，又是一个温暖和谐、人人互助互爱的大家庭，经汤姆森科技信息集团论文检索，截止到 2008 年 9 月 6 日，他与科研组的师生们共发表 SCI 学术论文 520 篇，被 3369 篇 SCI 论文引用，其中，韩志达博士发表在 *Appl. Phys. Lett.* 上的一篇论文，被评为 2007 年度中国百篇最具有影响国际学术论文。编著（含合编）10 本，获国家专利 18 项，荣获 2004 年度国家自然科学奖二等奖，省部级科技进步奖一等奖 1 项，二等奖 4 项（他均为第一完成人），当选 2000 年、2003 年度全国优秀博士生论文指导老师、1998 年江苏省优秀博士生导师。应邀担任 2003 年国际先进磁性材料会议、2005 年国际纳米磁性材料与自旋电子学会议、2005 年第 6 届国际磁性材料物理会议等国内外会议学术顾问，2007 年第一届国际先进磁性材料与应用会议（ISAMMA）常设的指导委员会委员等职。曾任上海交通大学、石油大学（华东）、西安交通大学、西南大学、福建师范大学和烟台大学兼职教授以及浙江大学求是讲座教授，台湾成功大学讲座教授等职。

他说："我相信爱迪生的那句话：天才是 99% 的勤奋加上 1% 的灵感。天才有，但那是极少数，大多数人还是普通人，智商差不多。最主要靠勤奋，勤奋是成功的基础，相反若自己荒废懒散，再好的天赋也会被浪费，发挥不出来。"他认为："学什么专业不是问题，关键是自己要'钻进去'，不要浮在表面。只要你'钻进去'，学一行爱一行，'行行出状元'。"都有为本人治学严谨、努力、执著，更鼓励年轻人学习知识"钻进去"，打好基础。

当问及都有为最成功的事例时，他说，他最得意的是学生。他从事磁学研究能够有所成就，得力于团队的有力支持，是团队多年努力的共同结果。"这个团队为我提供了一个基础，'一个人打不了天下'，我只是个'指导'。这不仅是个人荣誉，也是我们整个科研组的荣誉，是物理系、学校的荣誉，研究工作取得成绩，离不开系、校在人才与设备上的支持。""在研究工作中，要组建一个有力、和谐的团队很重要。这个团队要相处得像一个大家庭，相互关心爱护，团结一致，而不能钩心斗角，$1+1<2$。"建设一个"和谐团队"，营造一个良好的氛围，老师、同学间要懂得谦让、团结，不要为小事闹矛盾，"退一步海阔天空"，都有为认为这一点很重要。他已进入古稀之年，除出差外，还每天来上班，他解释说，一方面是自己喜欢这个工作，有干不完的事，现在科技发展太快，"逆水行舟，不进则退"，不学就落后，另一方面是想多发挥点力量，为年轻人的成长铺路。

人生道路不可能一帆风顺，怎么对待挫折？都有为说："困难并不可怕，问题是你怎么面对它。在困难面前不要低头，要在困境当中求生存，求发展。""生活本身就需要乐观。我觉得自己还是蛮乐观、随和的一个人。就像当时我们在那个实验室时，条件简陋，可以什么事都不干，混混了事；也可以发挥自己的主观能动性，创造条件，慢慢积累，逐步发展"，他说，"和你们这代人相比，我们这代人有着不同的人生经历，经过'文化大革命'，经过各种阶级斗争，吃了不少苦，也磨炼了意志。任何困难都会过去的，美好未来就在眼前，但要靠自己争取。"

"重要的是乐观、平和的心态，不要去过分争取名利，'这山看着那山高'；不要攀比，比是永远比不完的"，面对荣誉，都有为一直保持着一颗平淡的心。有荣誉，这是一种鼓励；没有荣誉，也会继续看书学习。都有为的一些同事、学生都说，都教授是一个很乐观、很随和的人，和任何人都相处得来。诚如他自己所言"生活本身就需要乐观"，"我是一个很普通的人"。

都有为说，学生时代是人生中很重要的时期，要德、智、体全面发展。做事先做人，作为社会上一员，要遵守相应的道德规范；把基础打好，把所学学科学好，兴趣尽可能广泛一些；身体也很重要，是以后工作、生活的基础。他希望每个人都能自强不息，把握好自己的人生，成为国家栋梁之材。"生为中国人，死为中国魂"，是他愿为中华民族的兴旺发达奉献菲薄之力的毕生追求。

（罗　静）

简　历

1936 年 10 月 16 日　生于浙江省杭州市
1953—1957 年　在南京大学物理系学习
1957—1986 年　历任留南京大学物理系助教、讲师、副教授
1986—1988 年　任美国霍普金斯大学天文－物理系客座教授
1986 年　任南京大学物理系教授
1990—1998 年　任南京大学物理系磁学教研室主任
1998 年　任南京大学纳米科学与技术中心主任
1998 年　任中国颗粒学会超微专业委员会副主任、学会理事
2001 年　任中国物理学会磁学专业委员会副主任
2001 年　当选为中国仪器仪表学会副理事长
2005 年　当选为中国科学院院士

主 要 论 著

1　Y W Du, J Wu, H X Lu, et al. Magnetic－properties of fine iron particles.

J. Appl. Phys. , 1987, 61: 3314.

2 Z Q Qiu, Y W Du, H Tang, et al. The coexitance of magnetic – ordering and superconductivity in YBa$_2$ (Cu$_{0.94}$Fe$_{0.06}$)$_3$O$_{9-\delta}$. Journal of Magnetic and Magnetic Materials, 1987, 69 (3): L221.

3 G Xiao, F H Sreitz, Y W Du, et al. Effect of transition – metal elemens on the superconductivity of Y – Ba – Cu – O. Phys. Rev. B, 1987, 35 (16): 8782.

4 H Tang, Z Q Qiu, Y W Du, et al. Magnetic – ordering in GdBa$_2$ (Cu$_{0.94}$Fe$_{0.06}$)$_3$O$_{9-\delta}$ below the superconducting transition temperature. Phys. Rev. B, 1987, 36 (7): 4018.

5 Y W Du, M X Xu, J Wu, et al. Magnetic – properties of ultrafine nickel particles. J. Appl. Phys. , 1991, 70: 5903.

6 都有为, 罗河烈. 磁记录材料. 北京: 电子工业出版社, 1992.

7 都有为. 铁氧体. 南京: 江苏省科学技术出版社, 1996.

8 Z B Guo, Y W Du, J S Zhu, et al. Large magnetic entropy change in perovskite – type manganese oxides. Phys. Rev. Lett. , 1997, 78: 1142.

9 Gang Gu, Weiping Ding, Youwei Du. C$_{60}$ induced photoluminescence of a silica molecular sieve. Appl. Phys. Lett. , 1997, 70: 2619.

10 Ning Zhang, Weiping Ding, Youwei Du, et al. Tunnel – type Giant Magneto – resistance in granular perovskite La$_{0.85}$Sr$_{0.15}$MnO$_3$. Phys. Rev. B, 1997, 56: 8138.

11 Z B Guo, H Huang, Y W Du, et al. Electrical properties of La$_{0.7-x}$Pr$_X$Sr$_{0.3}$MnO$_3$ perovskite. Appl. Phys. Lett, 1997, 70: 1897.

12 P Chen, D Y Xing, Y W Du, et al. Giant room – temperature magnetoresistance in polycrystalline Zn$_{0.41}$Fe$_{2.59}$O$_4$ with α – Fe$_2$O$_3$ grain boundaries. Phys. Rev. Lett. , 2001, 87: 107202 – 1.

张仁和

（1936—　）

　　张仁和，物理学家，中国科学院院士。我国具有重要国际影响的水声物理学领域的优秀学术带头人与开拓者。长期从事水声物理与应用基础研究并取得了多项成果，在水声理论与应用技术方面做出了系统性、创新性的杰出贡献。对浅海与深海水声物理规律做了系统研究，在中国沿海和西北太平洋进行海上实验上百次，取得大量实验数据和资料。在浅海声传播、脉冲波形多途结构、浅海声场空间相干性和浅海混响等方面的系列研究成果使我国的浅海声学研究处于国际先进地位。

　　张仁和，1936年11月5日（农历九月二十二）出生于重庆市璧山县北门外王家桥的一个农家小院。璧山县是一个山清水秀的小城，张仁和家的门前有一条小河，河上有一堤坝，出水口名为"文鼻嘴"。这条河既是饮用水源，也是人们洗衣、洗菜、游泳的地方，河滩上更是人们赶集、纳凉、休息的好去处，每天行人熙熙攘攘经过那里。儿时的张仁和体弱多病，但对下河戏水却是乐此不疲。放学路过小河，把书包、衣服扔在河边便和弟弟一起去游泳。从此，张仁和便和游泳结下了不解之缘，直到如今，虽已年过古稀，他依然定期游泳，这已成为他最喜爱的运动项目。县城近郊有个叫"壁泉"的温泉游泳池，每到暑假，兄弟俩就去那儿游泳。不到10岁的张仁和胆子很大，敢从跳台最高一级向下跳。从"壁泉"回家的路都是田间小道，夏末秋初，荷塘里荷叶的芳香扑面而至，沁人心脾，兄弟两人偶尔会采摘两张荷叶带回家让母亲煮荷叶稀饭，那股清香在张仁和的心里犹存至今。

张仁和在家乡接受了完整的小学教育，1948年从育成小学毕业后独自离家考入重庆市沙坪坝南开中学。从小学到高中，他一直酷爱数学，当时他的学习进程总会比其他同学快几个节拍。高中时，他已开始研读高等数学的微积分方程。当时，《数学通报》和《数学通讯》的每期都登出一些数学题，他和他的老师一起完成那些题目。在青少年的一段时期，他还迷上了古生物学。少年时的张仁和，充满了求知欲和好奇心。1954年，张仁和以优异的成绩考入北京大学物理系，后来攻读理论物理专业。经过从小的努力，培养了他刻苦钻研的习惯，更积淀下了扎实的数学和物理功底，这为日后的水声学研究打下了良好的基础。

1958年11月，张仁和接到通知到中国科学院电子所第七研究室报到，在汪德昭教授的指导下开始了水声学研究。水声学是研究声波在海洋中辐射、传播、散射、起伏规律及其应用的科学，采用物理学的方法，以海洋作为研究对象，因此又称为海洋声学。由于声波是目前唯一能够在海洋中远距离传播的能量形式，可以利用声波在海洋中传递信息、进行海洋遥测遥感等，在军用和民用上都有重要的应用价值，因此海洋声学是一门实验性与应用性很强的学科，而在20世纪50年代，海洋声学在我国却是空白学科。

青年的张仁和体魄健壮、才思敏捷、勤奋好学，当了解到海洋声学的重要性之后，便以其特有的韧劲投入到研究中，并在前辈的关心指导下不断显现出其科研才华。

坚守榆林二十载　开拓水声新天地

1959年，张仁和被调离北京，同几十位"拔青苗"（提前毕业的大学生）的年轻人来到中国科学院南海研究站，开始了我国最早的海洋声学研究。中国科学院南海研究站位于海南省榆林港。美丽的海南虽然天蓝水碧、椰香阵阵、芭蕉摇曳，但是当时正值三年困难时期，生活条件极为艰苦，短粮少菜，交通不便，供给难足，业余生活更是单调乏味。然而，张仁和却深深地热爱那里，这并非因那宜人的风景，而是因其得天独厚的水声实验条件：研究站的门前就是海，水声测量船就停泊在榆林港内，可以经常出海实验。他在榆林一待就近20年。

我国沿海大多数海域都属于浅海大陆架，浅海声场的理论和实验成了张仁和的研究切入点。1962年，他完成了30万字的《声波在海洋中传播的理论》讲义，在讲义中初步建立起浅海声场简正波理论的基本框架，给几十名年轻科技人员进行了一年的授课，并经常与大家一起讨论。大学毕业仅3年，他提出了浅海声场中由声速剖面及海底边界所制约的声场基本特征，获得了浅海声波传播的清晰物理图像，这些结果成为简正波理论的基本公式，在杂志上发表后为国内外一些著名学者所引用。直到1979年国外才发表了类似结果的文章。著名水声学专家Tindle在论文中指出"张第一个在群速中考虑了波束位移与时延"。

由于国防建设的需要，"文化大革命"期间张仁和也未停止研究工作。1974年，他在理论上推断："在一定距离范围内，浅海声场的空间相干性随距离增大而增强（传统的看法认为空间相干性随距离增大而减弱），远距离低频声场具有很强的空间相干性。"1974～1976年，他北上至青岛组织大规模的浅海声学实验，进行了浅海远程声传播与声场相干性实验研究，获得了最远距离达 130 千米、最大间距达 600 米的空间相干结果，证实了上述理论推断，并为采用大尺度接收阵实现水下远程探测提供了物理基础。1981 年他公开发表了声场空间相干性的理论与实验结果，引起国际同行高度重视，因为同时期西德人仅得到最远距离 50 千米、最大间距 80 米的实验结果。在此期间，他还发现了"负跃层浅海中信号波形的多途结构"，解释了其形成原因，给出了计算多途结构的简明公式。

在实验的过程中，为了在设备匮乏、经费不足的情况下得到更好的实验效果，张仁和与同事们紧密合作，解决了一个又一个实际问题。当时没有不同深度的强声源，无法进行远距离的声传播实验，张仁和多次到兵工厂考察学习，不断计算、实验，并首当其冲，不怕危险，亲自试验，最终研制出 25 ~ 1000 米定深爆炸的"水声信号弹"。这种信号弹不仅使用方便、安全，而且价格便宜，使声源成本降低了几十倍，成功解决了当时水声实验中急缺大功率宽带声源的问题，并沿用至今。

在水声基础研究领域不断探索　为技术创新作贡献

1978 年，新时代的春风渐吹渐暖。恰此之时，张仁和被调回北京中国科学院声学研究所，任第一研究室副主任、副研究员。1980 年 5 月，又调往位于上海的中国科学院东海研究站，任研究室主任，并于 1983 年任研究员。

1990 年 10 月，张仁和又告别在上海的妻女到北京走马上任，在中国科学院声学研究所声场声信息国家重点实验室担任室主任，并于 1991 年当选为中国科学院院士。到北京之初，他住在声学所一间极普通的房间里，既是宿舍，又是办公室，他解释说：自己把妻女留在了上海，如果要实验，可以拎包就走。

张仁和非常重视海上实验资料的积累与应用，从 1960 年开始，他组织和主持了我国渤海、黄海、东海、南海及西太平洋海上实验与海上科学考察百余次，海上足迹南至菲律宾海以南、北至日本海以北。在茫茫大海上，他如饥似渴地探索着水下声波的奥秘。每次出海的时候，他与同事们并肩作战，经常一天连续工作近20个小时，甚至通宵达旦不休息。在一次西沙群岛东部海域的实验中，由于实验船的床位有限，作为负责人的他让同志们睡在床上，而自己却睡在工作台上。如今，75岁高龄的他还亲自出海参加海试，有他在的时候，即使风浪再大，大家都会有脚踏实地的感觉。50多年的超负荷工作，使张仁和积劳成疾，常腰痛、尿血，早在1980年已检查出患上了肾结核，并被告知已有了5年以上的病史。多年来，每当领导和同事们要他多休息时，他总是说："对我来说，时间是最宝贵的，我需要的是时间，很多工作等着做。"张仁和有一个和美的家，但这个家一年有近三分之一的时间看不见男主人，他热爱大海，离不开大海。经常到处奔波，妻女虽然担心，但总是全力以赴地支持他。正因为有了无数次艰苦的海上实验，才能采集到大量具有科学意义和应用价值的数据资料，为进行海洋声学的基础及应用研究提供了充分的实验依据。为了表彰张仁和在海上实验中作出的重大贡献，中国科学院授予他首届"竺可桢野外科学工作奖"。

从1978年起，张仁和开始研究深海中的声场，被同事们誉为"水声学研究中走向深海大洋的带头人"。他提出了水下声道中三类反转点会聚区的概念和理论，克服了计算反转点声场发散的困难，在当时的条件下解决了反转点附近声场的计算与预报问题。1978年与1983年组织了两次大规模的深海水声实验，验证了水下声道中反转点会聚区的理论，理论与实验还证明"在不存在水下声道的情况下，海底反射声波也能够形成反转点会聚区"，他在国内学报上发表的有关论文被美国全文翻译成英文出版。对于这项独创的成就，水声界元老杨士莪教授说："这项研究打破了西方权威的偏见，创造性地解决了反转点声场强度的计算方法，具有重大的理论价值和重要的实践指导意义。"

20世纪80年代，张仁和开展了"海洋声场数值预报"与"浅海混响理论"研究。在缺乏高性能计算机的情况下，采取"完善声场理论、改进声场算法"的思路，提出了广义相积分近似方法，发展了一整套阐明海洋声场平均规律的理论，基于这一理论，用PC机就能对海洋平均声场进行实时数值预报，并将理论应用于实际，研制成的"声场数值预报仪"能在几秒钟内计算出具有实用精度的声场分布，具有重要的应用价值。他1984年发表的《浅海平均混响强度的简正波理论》是浅海混响方面的重要工作，1992年出版的北大西洋公约组织水下反潜中心的研究报告对该论文给予了很高的评价，将这一理论作为混响强度计算的基本方法。

1987年，张仁和在国际权威杂志上发表了计算临界简正波的群速与衰减问题的新公式。对于这一备受关心的重要理论问题，从1958年起，很多著名学者都认为"临界简正波的群速与衰减分别等于海底的声速与吸收"，而张仁和证明了临界简正波的群速与衰减一般小于或远小于海底声速与吸收，从而修正了前人的结论。审稿人认为"张仁和的论文解决了一个长期以来争论的问题"。

20世纪90年代，我国与俄罗斯科学院合作开展了大洋声学研究，张仁和作为中方首席科学家率团在1990~1995年进行了三次太平洋远程声传播实验，传播距离超过1500千米。他所发展的大洋远程声场计算方法速度快、精度高，美国同行看到他发表的论文后，认为"张是用200台PC机并行计算得到的"，而实际上仅是用一台PC机完成的。

在浅海声学方面，张仁和领导的科研集体与美国科学家合作，他作为中方首席科学家率团于1996~2001年进行了两次中美联合浅海声学实验，取得丰硕的实验结果。1997年、2008年召开的浅海声学国际会议，他担任会议主席，他和他的同事们在会上发表了许多最新研究成果，进一步提高了我国浅海声学研究的国际地位。

近十年来，张仁和重视基础研究成果向战略高技术转化，在水声探测研究中，他带领其研究团队在国际上率先创建了"三维水声探测理论与技术体系"，并已应用于工程项目中。为此，其团队被首批授予"国防科技创新团队"，并获得中国科学院杰出科技成就奖和国防科技进步奖一等奖。

潜心水声成果丰　为人师表桃李多

自走出校门 50 多年来，张仁和潜心于海洋声学研究，勇于探索、刻苦钻研、坚持不懈，在水声基础及应用研究方面取得了多项令人瞩目的成果，为奠定我国浅海声学研究在国际上的先进地位作出了重要贡献。

张仁和曾获发明专利 10 余项，在国内外期刊和会议上发表论文 140 余篇。他负责的"浅海声场的空间相干性研究"于1979 年获得中国科学院重大成果三等奖；"深海会聚区"研究获得中国科学院重大成果奖二等奖；"南海深海声道研究"于 1987年获得中国科学院科技进步奖三等奖；"浅海声传播损失数值预报"于 1989 年获得中国科学院自然科学奖一等奖。他与同事合作开展的"浅海声场研究"于 1982 年获得国家自然科学奖二等奖；他们合作进行理论指导的"SR－2 数字式声线轨迹仪"获得中国科学院科技进步奖二等奖；他们把理论成果转变为科技设备的"SN－2 声场数值预报仪"于 1991 年获得中国科学院科技进步奖三等奖。他本人于 1983 年被评为"中国科学院先进工作者"，1984 年获得竺可桢野外科学工作奖，1986 年被批准为"国家级有突出贡献的中青年专家"。

从 1990 年 10 月至今，张仁和先后担任中国科学院声学研究所声场声信息国家重点实验室主任和学术委员会主任。实验室在他的领导下发展为一个管理有序、设备先进、学术氛围浓厚、以中青年科学家为骨干的研究集体，该实验室与美、俄、法、韩等国的科研机构有着密切的合作关系。实验室在 1991 年、1994 年、2000 年和 2005 年的全国评比中连续四次被评为优秀实验室，张仁和本人两次荣获"国家重点实验室计划先进个人"称号。

张仁和不仅是我国乃至世界水声领域的最优秀科学家之一，而且为人师表，治学严谨，热爱祖国，也非常平易近人、和蔼可亲，不乏对学生无微不至的关怀；工作中尽管事务繁忙，他也常常耐心指导学生的科研和学习，即使小到公式的推导和报告的编辑，他都细心指出；实验中，他与学生们同甘共苦，不仅指点大家解决实验中的布设困难，而且在酷暑中帮助大家撑起阳棚；生活中，他真诚朴实的作风影响着大家，也在学生的生活遇到困难时送去温暖的问候和及时的帮助。他以其深厚的学术功底和高尚的道德品质培养出大批优秀的中青年水声骨干，他们在国内外的水声研究领域已经取得大量令人骄傲的成果，并在张仁和的带领下为使祖国的海洋声学研究取得长远发展而不懈努力着！

（张　岩　彭朝晖）

简　历

1936 年 11 月 5 日　　出生于重庆市璧山县

1954—1958 年　　在北京大学物理系理论物理专业学习

1958—1959 年　　任中国科学院电子研究所第 7 研究室研实员

1959—1978 年　　在中国科学院南海研究站工作（1963 年起任助理研究员）

1978—1980 年　　任中国科学院声学研究所一室副主任、副研究员

1980—1995 年　　任中国科学院东海研究站一室主任（1983 年起任研究员）

1990—2000 年　　任中国科学院声学研究所声场声信息国家重点实验室主任

1991 年　　当选为中国科学院数理学部学部委员（中国科学院院士）

2000 年至今　　任中国科学院声学研究所声场声信息国家重点实验室学术委员会主任

主 要 论 著

1　张仁和. 负梯度浅海中的简正波声场. 声学学报, 1965, 2 (1): 24.

2　张仁和. 分层介质中的正交波函数. 声学学报, 1965, 2 (2): 102.

3　张仁和. 浅海表面声道中的简正波声场. 物理学报, 1975, 24 (3): 100.

4　Ren – he Zhang. Turning – point convergence – zones in underwater sound channel (Ⅱ): a generalized ray theory. Chin. Jour. Acoust. , 1981, 1 (1): 23.

5　张仁和, 孙庚辰, 雷良颖. 负梯度深海中的反转点会聚区. 声学学报, 1981, 6 (3): 198.

6　Ren – he Zhang. Turning – point convergence – zones in underwater sound channel (Ⅰ): a normal – mode theory. Chinese Physics, 1981, 1 (4): 1064.

7　Ren – he Zhang, Min Gong, Shuang – rong Zhang, et al. The multi – path structures of signal waveforms in shallow water with a thermocline. Acta Oceanologica Sinica, 1982, 1 (2): 163.

8　Ren – he Zhang, Shang – rong Zhang, Jin – quan Xiao, et al. Spatial coherence and temporal stability of the long – range sound field in shallow water. Chin. Jour. Acoust. , 1984, 3 (4): 369.

9　Ren – he Zhang, B. Zhu. Normal mode sound field of a directional radiator. Journal of Sound and Vibration, 1987, 119 (2).

10　Ren – he Zhang, G. Jin. Normal – mode theory of average reverberation intensity in shallow water. Journal of Sound and Vibration, 1987, 119 (2): 215.

11　Ren – he Zhang, Z. Lu. Attenuation and group velocity of normal mode in shallow water. Journal of Sound and Vibration, 1989, 128 (1): 121.

12　Ren – he Zhang, Qin Wang. Range and depth averaged fields in ocean sound channels. J. Acoust. Soc. Amer. , 1990, 87 (2): 633.

13　何怡, 张仁和. 海洋声场的广义相积分简正波方法. 自然科学进展, 1992, 2 (2): 161.

14 张仁和，何怡. 大洋远程声传播理论及其应用. 自然科学进展, 1994,
    4（6）: 670.

15 Ren – he Zhang, Y. He. Long range pulse propagation in ocean chan-
    nels. Journal of Sound and Vibration, 1995, 179（2）: 313.

16 Ren – he Zhang, Y. He, H. Liu, et al. Application of WKBZ adiabatic
    mode approach to sound propagation in the Philippine Sea. Journal of Sound
    and Vibration, 1995, 184（3）: 439.

17 Ren – he Zhang, W. Li, X. Qiu, et al. Reverberation loss in shallow wa-
    ter. Journal of Sound and Vibration, 1995, 186（2）: 279.

18 Ren – he Zhang, Fu – tang Wang, Wen – liang Hou, et al. On the Fre-
    quency – correlation and group time delay of ambient noise and ship radiated
    – noise in the sea. Chin. Jour. Acoust. , 1995, 14（3）: 276.

19 Ren – he Zhang, Feng – hua Li, Wen – yu Luo. Effects of source position
    and frequency on geo – acoustic inversion. Jour. Comp. Acoust. , 1998, 6
    （1）: 245.

20 Ren – he Zhang, Feng – hua Li. Beam – displacement ray – mode theory of
    sound propagation in shallow water. Science in China, Series A: Mathemat-
    ics, Physics, Astronomy, 1999, 42（7）: 739.

21 Zheng – lin LI, Ren – he Zhang, Zhao – hui Peng, et al. Anomalous sound
    propagation due to the horizontal variation of seabed acoustic proper-
    ties. Science in China, Series G: Physics Astronomy, 2004, 47
    （5）: 571.

22 Ren – he Zhang, Zheng – lin Li, Jin Yan, et al. Broad – band matched –
    field source localization in the East China Sea, IEEE Journal of Oceanic En-
    gineering, 2004, 29（4）: 1049.

23 Ren – he Zhang, Xiao – di Huang, Zai – xiao Gong. Normal mode propaga-
    tion of impulsive sound with the moving source and receiver,
    Chin. Jour. Acoust. , 2005, 24（3）: 193.

24 Ren – he Zhang, Xiao – xing Su, Feng – hua Li. Improvement of low – fre-
    quency acoustic spatial correlation by frequency – shift compensation, Chi-
    nese Physics Letters, 2006, 23（7）: 1838.

陈创天

(1937—　)

陈创天，晶体材料学家，中国科学院院士，第三世界科学院院士。提出晶体非线性光学效应的阴离子基团理论，解释了各种主要类型非线性光学晶体的结构与性能关系，对探索新型非线性光学晶体起到了积极作用，并成功应用于指导新型非线性光学材料的探索研究中。与合作者相继发明了非线性光学晶体 BBO，LBO，KBBF，推动了晶体产业化的进程。

陈创天，1937 年 2 月 18 日出生于浙江省奉化市斗门头一个书香之家，在奉化县大桥镇就读小学。1949 年进入奉化中学读初中，旋即随父亲迁至辽宁省沈阳市，在沈阳回民中学完成初中学业。1954 年考入当时沈阳的重点中学二中读高中，1956 年 8 月以优异成绩考入北京大学物理系物理学专业。随后 6 年严格的基础教育、优良的师资、浓厚的科学研究氛围及其民主的学风，使他受到良好的训练，也使他树立起远大的志向和目标，立志成为中国科学事业的栋梁，为中国科学技术赶上国际先进水平而努力奋斗一生。

走进晶体的世界

1962年陈创天从北京大学毕业，由北大物理系的领导推荐给我国著名物理化学家、化学教育家卢嘉锡院士，前往中国科学院华东物质结构研究所（现为中国科学院福建物质结构研究所），开始了他一生坚持不懈的研究工作。

当时，福建物质结构研究所专门从事物质的微观结构（原子、分子层次）和宏观性能之间相互关系的研究工作，而陈创天在大学主修的是物理专业，因此，卢嘉锡要求陈创天"为将来着想，从现在开始学习化学，必须做到化学化"。基于此，陈创天从进入研究所的当天开始，除了完成日常安排的研究工作外，还刻苦学习理论化学的相关知识，包括结构化学、量子化学、X射线衍射结晶化学等。当时研究所刚建成不久（华东物质结构研究所始建于1960年），许多设备还没到位，实验工作不多。陈创天因此得到了很多学习时间，在两年半的时间里，他系统地学习了理论化学各方面的相关知识。加上在北大物理系接受过系统的物理，特别是理论物理方面的专业训练，他已同时具备了扎实的物理和化学两方面的基础，这为他后来从事晶体材料的研究提供了一个重要的前提条件。

1965年，国家经济状况有所好转。福建物质结构研究所的各种设备陆续就位，具备了开展科研的条件。卢嘉锡要求陈创天开始做研究课题。当时研究所在晶体材料方面有两个选择：一是做激光基质晶体，一是做非线性光学晶体。陈创天经过调研，选择了非线性光学晶体材料的结构与性能相互关系的研究、新型非线性光学晶体探索这一方向。他判断出，激光基质晶体的激光发射性能取决于基质晶体中激活离子的激发态特性，而与基质晶体的基本结构关系不大，然而，激活离子的激发态特性很难由基质晶体的基本结构决定，必须由实验来测定，而当时福建物质结构研究所缺少进行相关实验的条件。对非线性光学晶体来说，其宏观非线性光学效应由晶体的基本结构决定，因而可从理论上进行计算和判断。并且，确定晶体的单晶结构是福建物质结构研究所的强项，而进行晶体中的电子轨道的计算又是陈创天的强项。基于研究所和自身优势的考虑，陈创天迈出了他人生中的关键一步。

20 世纪 60 年代中期，"文化大革命"开始了，研究所的科研工作基本上处于停滞状态。然而，陈创天依然坚持在实验室进行非线性光学晶体宏观光学性能和微观电子结构之间相互关系的理论计算。当时他所能用的设备只有一台旧式手摇计算机，为获得可靠的数据，他夜以继日地伏案计算，不停地摇着那台旧机器。晚上为了不影响邻居休息，他的夫人专门为他做了一条棉毯，垫在计算机下面以降低摇动所产生的噪声。一年之后，他终于用量子化学方法计算出 $BaTiO_3$ 晶体非线性光学系数和微观电子结构之间的相互关系，并初步形成晶体非线性光学效应的基团理论框架。当时的所有学术刊物都被停刊，陈创天的计算结果既无人讨论，也不能发表，甚至他做理论计算被看成是修正主义而被迫停止。他当时面临两种选择：下乡劳动或者去实验室从事非线性光学晶体生长工作。陈创天选择了后者，暂时放下理论研究而转向实验，参与非线性光学晶体生长和性能测试工作。这项工作一直持续到 70 年代中期。回首这段岁月，陈创天乐观地认为自己是幸运的，研究工作没中断，还为以后的科研创新进行了"储备"。

从 1962 年扎根研究所，直到 1977 年正式开始探索新型非线性光学晶体，15 年的深厚积累，为陈创天日后工作上的重大突破做了大量的铺垫。这不仅源自于他对科学事业的热爱，更得力于他时刻铭记着的奋斗一生的信念，使他得以抵御住外界的干扰，而从未停止科学研究的脚步。

1978 年 3 月，在全国科学大会上陈创天被推选为先进个人，并以福建省代表的身份上台领奖。科学大会的召开，对包括陈创天在内的全国科学工作者来说是一个里程碑。陈创天事业的春天终于到来了。

制造"中国牌晶体"——BBO 问世

1977 年，陈创天受时任福建物质结构研究所所长卢嘉锡的委托，担任新型非线性光学晶体探索组组长。在此之前，陈创天的理论研究工作经过我国化学、物理方面两位著名教授唐敖庆、李荫远的审阅与肯定后，在当时刚刚复刊的《物理学报》上连续发表了 4 篇论文，正式提出了他的晶体非线性光学效应基团理论。在这些论文中，陈创天运用量子化学的计算方法，全面阐述了晶体非线性光学效应的大小与组成晶体的基本结构单元——阴离子基团电子结构之间的相互关系，为探索新型非线性光学晶体提出了若干结构判据。这些理论的提出，对后来的非线性晶体研究意义重大。

担任组长后，陈创天根据自己提出的理论模型和所积累的实验经验，同时开展了理论计算、结构选型、化学合成和相关的实验测试等工作，特别是进行了粉末倍频效应的测试。新型非线性光学晶体的探索研究已经走上了系统研究的轨道。

陈创天的理论结果，加上物质结构研究所在结构化学、合成化学方面的丰富经验，使得他的研究团队很快注意到硼酸盐化合物系统的重要性，并发现其中以（B_3O_3）$^{-3}$ 基团为基本结构单元的化合物可能会产生较大的非线性光学效应。基于这一构想，研究团队进行了系统的固态化学合成和粉末倍频效应测试，于 1978 年底发现，偏硼酸钡化合物中的某一相可能是一个非常有希望实现新突破的新型非线性光学晶体。在卢嘉锡等研究所领导的支持下，陈创天组织力量，开始对硼酸钡体系的相关系和晶体生长展开研究，派出专门研究人员到中国科学院物理研究所，与梁敬魁领导的研究组一道，进行硼酸钡体系的相关系研究。1980年，陈创天领导的研究组在梁敬魁领导的研究组的帮助下，确定了所发现的具有很强非线性光学效应的硼酸钡化合物是低温相偏硼酸钡，其化学分子式为 $\beta - BaB_2O_4$，简称BBO。经过两年的努力，他的科研团队在BBO上又取得了新进展——他们使用熔剂生长法，在世界上首次成功生长出厘米量级的BBO单晶体。

BBO大块单晶体生长的成功，为陈创天等人对该晶体进行一系列光学性能测定奠定了坚实的基础。通过测定倍频系数和相匹配关系，他们证明了BBO单晶体是优良的非线性光学晶体，不但可以产生可见光谱区的谐波光，还可以通过 Nd：YAG 激光（波长1064nm）的四次谐波，产生266nm的紫外谐波光，其倍频转换效率（532nm→266nm）大大超过了当时被公认最好的紫外非线性光学晶体 Urea（中译名为尿素单晶）。这一测试结果出自中国科学院福建物构所一支年轻的科研团队（陈创天当年46岁），出乎很多同行专家的意料之外，当时似乎只有像 Bell、杜邦公司研究与发展中心等国际知名的大型实验室才可能发展出新型非线性光学晶体。

BBO晶体对于发展激光变频技术具有重要意义。1984年在中国科学院组织召开的鉴定会上，专家指出：BBO晶体的研制成功是在多年理论研究工作基础上，经过结构选型、材料合成、物化及相图分析、晶体生长、晶体结构、性能测试等大量实验研究工作后取得的，这种研究方法在国际上也是先进的。它标志着我国在研究新晶体材料上已经取得了十分重要的成就。

1983年9月在广州召开的国际激光学术会议上，陈创天首次向国外同行专家公布BBO晶体的非线性光学性能，引起国际激光界的关注。1984年5月，陈创天应邀参加在美国举行的第十三届国际量子电子学会议（IQEC – 13）会议，在会上作了题为 "High – efficiency and wide – band second – harmonic generation properties of a new crystal $\beta - BaB_2O_4$"的邀请报告，受到与会者的广泛关注。国际同行在为 BBO 晶体的研制成功而兴奋之余，对其优异性能仍存在怀疑，因为当时中国科学院福建物构所及陈创天本人在国际上都没有什么名气。1985 年陈创天应邀在美国斯坦福大学应用物理系做访问教授，与著名激光专家 Byer 教授合作，重新对 BBO 晶体的谐波转换效率进行了详细测量。测试结果完全出乎他们的意料：BBO 晶体对 Nd：YAG 激光的二次谐波（输出波长 532nm）、四次谐波（输出波长 266nm）、五次谐波（输出波长 212nm）的输出效率大大高于在物构所得到的测试结果。原因是斯坦福大学拥有当时国际上最好的 Nd：YAG 激光器，而陈创天小组的激光器是自制的，二者的光束质量和光强度都有很大差距。1986 年在美国旧金山召开的第十四届 IQEC 会议上，陈创天再次受邀作了题为"Efficient high - power harmonic generation in$\beta - BaB_2O_4$"的报告，介绍 BBO 晶体的最新测试结果。报告再次引起轰动，这次实验结果是与 Byer 教授联合发表的，人们已不再怀疑。与会专家被"中国制造"的晶体深深吸引，这次会议也确立了 BBO 晶体作为当时最高的紫外非线性光学晶体的地位。

1987 年 6 月，美国军方和美国国家科学基金会邀请 49 名激光和非线性光学领域的著名专家开会，对非线性光学晶体材料的研究进行评估。大会公报指出："我们很惊讶在探索非线性光学晶体领域中的新思想不是来自美国而是国外。这一点令我们的科学家感到忧虑。美国之所以落后可以从发现 BBO 晶体的中国人那里找到部分答案。他们的工作非常系统，这包括理论模型和计算、化学合成、单晶生长和实验物理学等，约有 9 名相当于博士学位的研究人员在一起共同工作了 10 年。"这是美国科学家首次在一个专门领域对中国科学家的工作进行客观评论，并首次承认在无机非线性光学晶体领域落后于中国。

1987 年 BBO 晶体被美国 *Laser & Optronics* 评为十大光电子产

品，也是同年进入美国十大光电子产品中唯一的材料产品。1990年陈创天获得 *Laser Focus World* 杂志颁发的工业技术成就奖。陈创天及其研究团队在激光、非线性光学领域的地位得到确认，BBO 晶体也开始获得广泛应用。

"开疆拓土"—— 研制 LBO

1987 年陈创天及其研究团队给世界带来又一个惊喜：他们发现了第二块"中国牌"非线性光学晶体——三硼酸锂 LiB_3O_5（简称 LBO）。它在某些性能上更优于 BBO 晶体，这次很快获得激光科技界和工业界的认可，于 1989 年入选 *Laser & Optronics* 最佳十大光电子产品，同样是当年十大产品中唯一的光电子材料。目前 LBO 晶体在激光工业界已获得广泛应用，在全世界销售的80% 以上全固态激光器中，频率变换晶体采用的均是 LBO，其年销售额已达 700 万美元以上。1991 年 LBO 晶体荣获国家发明一等奖。

LBO，化学名称为三硼酸锂，分子式为 LiB_3O_5，是一种常用的非线性光学晶体，用于 Nd：YAG，Nd：YLF，Nd：YVO_4 激光倍频（SHG）和三次谐波产生（THG），是获得紫外及可见光波段激光最常用的非线性光学晶体之一。它在许多方面都具有独特性，尤其是具有很宽的透光范围、适中的非线性系数、高损伤阈值以及良好的化学和机械特性。LBO 晶体允许 I 类温度控制的非临界相位匹配（NCPM）倍频，同时也可实现室温 II 类非临界相位匹配（NCPM）倍频。非临界相位匹配倍频具有大的容许角，可以放宽对泵浦源光束质量的要求。LBO 晶体也是使用三次谐波技术得到 355nm 谐波光输出的最佳非线性晶体之一。

早在研究 BBO 的过程中，陈创天就发现了 BBO 的一个显著缺点：其吸收边在 190nm，限制了晶体在深紫外区的应用。为解决这一难题，陈创天等人继续寻找并很快发现了性能优于 BBO

的 LBO。与 BBO 相比，LBO 晶体紫外截止波长紫移到 150nm，其双折射率也从 0.12 降至 0.045 左右。同时 LBO 有适当的硬度和良好的机械加工性能，潮解性能良好，已经能够长出大尺寸、高质量的单晶。

1987 年陈创天因 BBO 和 LBO 的发现荣获第三世界科学院化学奖，并于 1991 年当选第三世界科学院院士。

"一块完美的晶体"——打造 KBBF

爱因斯坦说："科学绝不是，也永远不会是一本写完了的书。每一项重大成就都会带来新的问题，任何一个发展随着时间的推移都会出现新的严重的困难。"继发现 BBO，LBO 之后，陈创天和学生们意识到，由于微观结构条件的限制，这两个晶体均无法通过简单的倍频技术产生深紫外光谱区的谐波光输出。经过反复计算和思考，他们提出探索深紫外非线性光学晶体的 3 个微观结构条件，由此踏上一条长达 18 年的新型非线性光学晶体的探索之路。

自 1988 年起陈创天与李如康、夏幼男两名学生一道，根据他们的构想开始寻找合适的候选化合物。凭借该团队所具备的丰富经验，仅用了几个月的时间，他们便发现 $KBe_2BO_3F_2$（简称 KBBF）化合物的空间结构非常符合他们的构想。1989 年 1 月 KBBF 被正式列入该小组的新型紫外非线性光学晶体探索序列。当月他们便使用高温固态化学合成方法合成出 KBBF 粉末样品。经粉末倍频效应测试，确定此化合物具有非线性光学效应。之后他们又用长达一年的时间进行单晶生长实验，于 1990 年 11 月得出结论：KBBF 单晶能够实现 Nd：YAG 激光的四次谐波光（波长为 266nm）输出。基于这一测量结果，陈创天做出进一步判断：KBBF 有可能实现 Nd：YAG 激光的六次谐波光（波长为 177.3nm）输出，认为 KBBF 单晶可能正是晶体界梦寐以求的可实现深紫外二次谐波光输出的非线性光学晶体！然而，令他们始料不及的是，随后的研究历程会长达 15 年之久，而且过程艰难而曲折。

1990 年研究组基本确定，KBBF 单晶具有很优异的深紫外非线性光学性能，但是其大尺寸（厘米级）单晶的生长工作却很难。困难主要有两个方面：首先此单晶在升温到 820℃ 时，化合物就会分解，因此必须使用助熔剂在 800℃ 以下进行生长，这对助熔剂的选取带来很大限制；其次 KBBF 晶体的层状习性非常严重，而且 KBBF 化合物在熔融状态下黏稠度很大，因而使得晶体沿 Z 轴方向的厚度甚至达不到毫米量级，再加上 BeO 化合物是剧毒物质，所有合成、单晶生长工作必须在全封闭状态下进行，给操作工作带来极大的不便。

从 1990 ～ 1995 年间，KBBF 单晶的生长工作没有取得实质性进展，KBBF 单晶的厚度尚未达到毫米量级，陈创天研究组与中国科学院物理研究所许祖彦合作进行技术攻关，提出一种使用 KBBF 薄单晶实现深紫外倍频光输出的方法，该方法后来发展成为 KBBF 棱镜耦合技术。他们利用该方法，使用香港科技大学物理系的宽调谐激光设备，通过变频方法实现了 184.7nm 深紫外谐波光输出。这是国际上首次使用激光变频技术、利用深紫外非线性光学晶体实现的深紫外变频光输出。这一实验结果进一步确定 KBBF 能够实现 Nd：YAG 激光的六次谐波光输出（波长为 177.3nm），实现条件是 KBBF 单晶的厚度必须超过 1.0mm。该结果发表于美国 *Appl. Phys. Lett.* ［1996，68（21）：2930 - 2932］上，引起国际相关领域专家的关注。1998 年 *Laser Focus World* 高级编辑 Hassun Jones - Bey 发表题为 *Deep - UV applications await improved nonlinear optics* 的评述论文（1998 年 8 月，127 - 134）指出：随着以 193nm 光刻技术为代表的前沿技术的发展，科学家和工程师越来越需要全固态深紫外激光光源，但到目前为止还没有一种非线性光学晶体能够达到这一要求，因此 200nm 被看作是发展高技术所面临的一个"坎儿"。目前最有希望实现突破的，是中国的陈创天研究组所发现的KBBF晶体，但晶体的尺寸和质量还有待改进。

1998年中国科学院提出知识创新工程，其核心是精干队伍，加大科研投资力度，使得重点研究计划能够尽快实施，取得进展。此时陈创天被调至中国科学院新成立的理化技术研究所，负责组建中国科学院北京晶体材料研究发展中心。在知识创新工程支持下，陈创天研究团队吸收了一批曾在国外接受过多年训练的青年科学家，团队的研发实力得到进一步提高；各种先进的合成和单晶生长设备陆续到位；他们与山东大学晶体研究所合作，借鉴对方在熔剂法单晶生长方面的丰富经验。通过这一系列措施的实施，经过近两年时间的努力，2002年初陈创天科研团队与山东大学晶体研究所合作，终于生长出沿Z轴方向厚度达到1.8mm的KBBF单晶。与此同时，陈创天与许祖彦科研组合作，提出一种全新的KBBF单晶使用技术：非线性光学晶体的激光变频棱镜耦合技术。该技术于2001年向中国专利局提交申请，2004年10月获得专利权。毫米级厚度KBBF单晶生长的成功以及激光变频耦合技术的提出，扫清了KBBF晶体实现深紫外倍频光输出道路上的技术障碍。随后，2002年3月陈创天研制成功光接触KBBF – CaF_2 棱镜耦合器件；2002年4月他与日本东京大学物性研究所合作，首次实现使用倍频技术产生Nd：YAG激光的六次谐波光（波长为177.3nm），并获得2.5mW可使用的平均功率输出；2003年他们将平均输出功率提高到3.5mW，并使用和频技术实现更短波长157nm的谐波光输出。

2005年中日两国科学家合作建造超高分辨率光电子能谱仪取得了进展。建造这台仪器的关键技术是使用KBBF获得的真空紫外光谱区准连续波（QCW）的177.3nm激光源。为此，中方提供陈创天等人研制的紫外非线性光学晶体KBBF和棱镜耦合技术，日方则提供为产生深紫外谐波光所需的激光系统。双方合作在国际上首次实现 Nd：YVO$_4$ 激光的六次谐波光输出（177.3nm），平均输出功率为 3.5mW，这一谐波光的线宽只有 0.009nm。该光源的每个光子能量为 6.994eV，每个光子的能量精确度达 0.26meV，光子流密度为 10^{15}/s，初步满足了要求。利用这台超高分辨率光电子能谱仪，科学家首次直接观察到，Ce-Ru$_2$ 超导单晶在超导态时 Cooper 电子对的形成。2006 年我国首台使用 177.3 nm 激光源的超高能量分辨率、角分辨光电子能谱仪建成；2007 年首次观察到高温超导体 Bi$_2$Sr$_2$CaCu$_2$O$_8$ 在超导态时一种新的电子耦合模式；同年我国用一块 2.3mm 厚的 KBBF 棱镜耦合器件产生 360mW/200nm 平均功率输出，为 KBBF 晶体在 193nm 光刻技术中的应用奠定了基础。这些实验结果表明，深紫外激光 200nm 这个技术"坎儿"已经被 KBBF 晶体和棱镜耦合技术突破，深紫外相干光源的发展和应用时代即将到来。2004 年陈创天向 *Laser Focus World* 杂志投稿公布了这一结论。

随着 KBBF 单晶生长技术的改进和生长规模的扩大，目前已可生长出沿 Z 轴方向 3.7mm 厚的单晶体，北京晶体中心已经具备年产 50 个 KBBF 棱镜耦合器件的能力，为全固态深紫外相干光源的应用提供了坚实的基础。美国的 IBM Watson 研究中心、Stanford 大学、Livermore 和 Brookhaven 国家实验室、意大利的国家同步加速器激光实验室、德国的明斯特大学物理所和以色列联合技术大学物理系等国际知名科研机构纷纷来函，索求 KBBF 晶体和棱镜耦合器件。他们在信中指出，KBBF 晶体的发现和大尺寸单晶生长的成功是该领域的一个真正突破，在这一点上中国的科学家走在了世界的最前沿。

为了更好地利用 KBBF 单晶和棱镜耦合器件，发展中国先进的仪器制造业，中国科学院和财政部联合拨出 1.8 亿元的重大专项经费，支持利用 KBBF 单晶和棱镜耦合器件所提供的全固态深紫外相干光源，研制自旋分辨、角分辨光电子能谱仪，可调谐角分辨光电子能谱仪，深紫外激光受激 Raman 光谱仪，深紫外相干光激发光电子显微镜（PEEM）等 7 项国际前沿的仪器设备。陈创天及其合作者制造的"硼酸盐非线性光学晶体家族"为改变我国仪器设备长期依赖进口的被动局面做出了贡献。

陈创天研究团队在非线性光学晶体研究方面的成果给国际科学界带来了冲击波。2009 年 2 月 19 日出版的 *Nature* 以"中国'藏匿'的晶体宝藏"（译）为题对陈创天小组的研究工作发表评述，指出："KBBF 晶体确实是一块完美的晶体。它确实可以使整个光电子能谱领域向前发展。使用 KBBF 的深紫外激光器的发现开启了多种类超导体的研究方向，而之前这种研究根本无法实现，因为那时没有任何种类的深紫外激光可以达到足够的光子能量分辨率。"

陈创天研究团队向世界提供了一块近乎完美的晶体。但是，科学研究是无止境的。他相信，KBBF 晶体的尺寸会进一步增大、光学质量会进一步提高，KBBF 家族的其他非线性光学晶体，如 $RbBe_2BO_3F_2$（RBBF）将投入使用，全固态深紫外激光源的频谱范围将更加扩大，平均功率密度将继续提高，应用范围也将更加扩大。

陈创天及其合作者所研制的 KBBF 对中国走在晶体研究的前沿具有重要作用，对我国在高新技术领域实现自主创新能力具有示范作用，他们所开创的全固态激光光源这块"阵地"对中国先进仪器事业的发展起到了积极的推动作用。

从 1962 年陈创天涉足晶体科学研究领域至今已经 47 年了。他的人生铭刻着时代的印痕，交织着历史的变迁，无论政治风波还是经济浪潮，他始终坚守、从未离开过他所钟爱的科研事业，始终铭记着青年时代就立下的志愿：为中国科技赶上国际先进水平而努力奋斗一生！

陈创天学术思想活跃，对科学研究具有深刻的洞察力和预见性。他认为，任何重大科学成果都不会一蹴而就，一项核心技术的发明创造需要长期的科学累积和艰苦奋斗的精神，是一个曲折而漫长的过程。学风很重要，不能弄虚作假，不能有投机取巧的心态，要坚决反对学术界的浮躁之风和急功近利。他要求学生很严格，要他们打好基础，不仅要有理论基础，还要具有实际工作能力，绝不要混学位，做研究不能只为了写文章，文章是为了将科研成果总结并发表出来与同行交流的。

陈创天在学术上严谨，在生活中却平易近人。他待人真诚，办事讲原则，实事求是，不盲从。他认为，作为一名科研工作者，首先要有远大志向，要想着国家和民族，只想着私利是做不好的。科学探索之路必然会困难重重，没有志向和信念，很容易退缩；其次要有扎实的理论基础；第三是要找到正确的方向，找到前沿，找到切入点，更重要的是，要根据自身特点去切入，这样才能创新，才能做出成绩；第四是坚持，脚踏实地地做，科学是长期思考过程中的灵感闪现，做科研工作没有坚持就没有发现，很多发现都是在似乎走投无路时获得的。如果能做到以上几点，就一定能出成绩，至于成绩的大小，还要看机遇和天赋。

（杨　洁　周春雪）

简　历

1937 年 2 月 18 日　出生于浙江省奉化县（现奉化市）

1962 年 9 月　毕业于北京大学物理系

1962—1978 年　任中国科学院福建物质结构研究所研究实习员

1978—1986 年　任中国科学院福建物质结构研究所副研究员

1986—1999 年　任中国科学院福建物质结构研究所研究员

1988—1992 年　任中国科学院福建物质结构研究所副所长

1990 年　当选为发展中国家科学院院士

1999 年 7 月至今　任中国科学院理化技术研究所研究员

1999—2007 年　任中国科学院理化技术研究所北京人工晶体研究与发展中心主任

2003 年　当选为中国科学院院士

主 要 论 著

1　Chuangtian Chen. An ionic grouping theory of the electro – optical and nonlinear optical effects of crystals（Ⅰ）. Acta Physica Sinica, 1976, 25（2）: 146.

2　Chuangtian Chen. An ionic grouping theory of the electro – optical and nonlinear optical effects of crystals（Ⅱ）. Acta Physica Sinica, 1977, 26（2）: 124.

3　Chuangtian Chen. An ionic grouping theory of the electro – optical and nonlinear optical effects of crystals（Ⅲ）. Acta Physica Sinica, 1977, 26（6）: 486.

4　Chuangtian Chen. An ionic grouping theory of the electro – optical and nonlinear optical effects of crystals（Ⅳ）. Acta Physica Sinica, 1978, 27（1）: 42.

5　Chuangtian Chen, Baichang Wu, Aidong Jiang, et al. A new ultraviolet SHG crystal β – BaB_2O_4. Sci. Sin. B, 1985, 28: 235.

6　Chuangtian Chen. Theory of anionic group in nonlinear optical effect together with the search for new type SHG crystals. Advances Sci. China, Chemistry, 1985, 1: 223.

7　Chuangtian Chen, Guangzhao Liu. Recent advances in nonlinear optical and electro – optical materials. Ann. Rev. Mater. Sci. , 1986, 16: 203.

8　C T Chen, Y C Wu, A D Jiang, et al. New nonlinear optical crystal: LiB_3O_5. J. Opt. Soc. Am. B, 1989, 6（4）: 616.

9　Shujie Lin, Zhaoyang Sun, Chuangtian Chen, et al. The nonlinear optical characteristics of a LiB_3O_5 crystal. J. Appl. Phys. , 1990, 67（2）: 634.

10　Chuangtian Chen. Chinese lab grows new nonlinear optical borate crystals. Laser Focus World. 1989, Nov. , 129.

11　Chuangtian Chen. Development of new nonlinear optical crystals in the borate series. ABCS Books, Vol. 455. Materials for Nonlinear Optics: Chemical perspectives. 1991, 360. （Am. Chem. Soc. , Washington, DC, USA）.

12 Chuangtian Chen. Development of new nonlinear optical crystals in the borate series. Laser Science and Technology. An International Handbook, edis. by V. S. Letokhov, C. V. Shank, Y. R. Shen and H. Walther. Vol. 15. Harwood academic publishers, 1993.

13 L F Mei, C T Chen, B C Wu. Nonlinear optical materials based on $MBe_2BO_3F_2$ (M = Na, K) . J. Appl. Phys. , 1993, 74 (11): 7014.

14 C T Chen, Y Wang, Y Xia, et al. New development of nonlinear optical crystals for the ultraviolet region with molecular engineering approach. J. Appl. Phys. , 1995, 77 (6): 2268.

15 C T Chen, Y Wang, B C Wu, et al. Design and synthesis of an ultraviolet – transparent nonlinear optical crystal $Sr_2Be_2B_2O_7$. Nature, 1995, 373: 322.

16 Younan Xia, Chuangtian Chen, Dingyuan Tang, et al. New nonlinear optical crystal for UV and VUV harmonic generation. Adv. Mat. , 1995, 7: 79.

17 Chuangtian Chen, Ju – Hua Lu, Gui – Ling Wang, et al. Deep ultraviolet harmonic generation with $KBeBO_3F_2$ Crystal. Chin. Phys. Lett. , 2001, 18 (8): 1081.

18 T Togashi, T Kanai, C T Chen, et al. Generation of vacuum – ultraviolet light by an optically contacted, prism – coupled $KBe_2BO_3F_2$ crystal. Opt. Lett. , 2003, 28 (4): 254.

19 Chuangtian Chen. New borate crystals promise deep – UV harmonic generation. Laser Focus World, 2004, February, 91.

20 Chuangtian Chen. The development of new borate – based UV nonlinear optical crystals. Appl. Phys. B, 2005, 80: 1.

21 T Kiss, F Kanetaka, C T Chen, et al. Photoemission spectroscopic evidence of gap anisotropy in an f – electron superconductor. Phys. Rev. Lett. , 2005, 94: 57001.

22 C T Chen, T Kanai, X Y Wang, et al. High – average – power light source below 200nm from a $KBeBO_3F_2$ prism – coupled device. Opt. Lett. , 2008, 33 (3): 282.

23 C T Chen, G L Wang, X Y Wang, et al. Deep – UV nonlinear optical crystal $KBe_2BO_3F_2$ – discover, growth, optical properties and applications. Appl. Phys. B, 2009, 97: 9.

参 考 文 献

[1] 陈创天. 晶体电光和非线性光学效应的离子集团理论（1）. 物理学报, 1976, 25（2）: 146.

[2] 陈创天. 晶体电光和非线性光学效应的离子集团理论（2）. 物理学报, 1977, 26（2）: 124.

[3] 陈创天. 晶体电光和非线性光学效应的离子集团理论（3）. 物理学报, 1977, 26（26）: 486.

[4] 陈创天. 晶体电光和非线性光学效应的离子集团理论（4）. 物理学报, 1978, 27（1）: 41.

[5] Chuang – tian Chen. Growth, Properties and application of a new ultraviolet frequency – doubling crystal β – BaB_2O_4. In: 83 International Conference of Laser（ICL83）, TuH6113 Sep. 6 – 9, Guangzhou, China, 1983.

[6] Chuang – tian Chen. High – efficiency and wide – band second – harmonic generation propties of a new crystal β – BaB_2O_4. in: CLEO'84 and IQEC'84, Mccs/20, June 18 – 21, Anaheim, CA, USA, 1984.

[7] Chuang – tian Chen. Efficient high – power harmonic generation in β – BaB_2O_4. CLEO'86 and IQEC'86, ThQ4/322, June 9 – 13, San Francisco, CA, USA. 1986.

[8] D H Auston, A A Ballman, P Bhattachary. Research on nonlinear optical material: an assessment.

[9] The top ten products of 1987. Laser & Optronic, 1987.

[10] LF world recognizes commercial technology achievements. Laser focus world, 1990, 120 – 121, January 1990.

[11] C T Chen, Y C Wu, A Jiang, et al. New nonlinear – optical crystal: LiB_3O_5. J. Opt. Soc. Am. B, 1989, 6（4）: 616.

[12] 1989's Top Ten products. Laser & Optronic, 37 – 47, December 1989.

[13] T Togashi, T Kanai, C T Chen, et al. Generation of vacuum – ultraviolet light by an optically contacted, prism – coupled $KBe_2BO_3F_2$ crystal. Opt. Lett., 2003, 28（4）: 254.

[14] T Kiss, F Kanetaka, C T Chen, et al. Photoemission spectroscopic evidence of gap anisotropy in an f – electron superconductor. Phys. Rev. Lett. , 2005, 94: 057001.

[15] W Zhang, G Liu, C T Chen, et al. Identification of a new form of electron coupling in the $Bi_2Sr_2CaCu_2O_8$ superconductor by laser – based angle – resolved photoemission spectroscopy. Phys. Rev. Lett. , 2008, 100: 107002.

[16] C T Chen, T Kanai, et al. High – average – power light source below 200nm from a $KBe_2BO_3F_2$ prism – coupled device. Opt. Lett. , 2008, 33 (3): 282.

[17] C T Chen. New borate crystals promise deep – UV harmonic generation. Laser Focus World, 2004, February, 91.

[18] D Cyranoski. China's Crystal Cache. Nature, 2009, 457 (7232): 953.

贺贤土

(1937—)

　　贺贤土，理论物理学家，中国科学院院士。从事核武器物理理论与设计、核聚变与等离子体物理等方面的研究。在国家重大任务的物理理论研究、设计及实验室模拟研究中完成了大量开拓性工作。作为首席科学家，组织领导了我国惯性约束核聚变研究。在高能量密度物理、非平衡统计物理、激光与等离子体相互作用和激光核聚变物理等基础研究方面获得了重要成果。

　　1937年9月28日，贺贤土出生在浙江镇海县一个普通家庭。镇海隶属宁波，自古人文鼎盛。严父慈母在艰难的时世中，努力为他提供良好的家庭教育。青少年时代的贺贤土兴趣广泛，喜欢探讨逻辑性强、理论性强的难题，越难越能激起他探骊索珠的兴趣。1956年，"向科学进军"的号召深深地打动了正在读高中的贺贤土，文理兼优的他立志要成为物理学家。次年，他以优异成绩考入浙江大学物理系。

　　浙大有"东方剑桥"的美誉，一大批知名的物理学家如李政道、吴健雄、王淦昌都曾在此学习或工作过。贺贤土最喜欢的课程是基本粒子（场论）和量子力学，学得也特别专注。浙大的5年给他日后的学术生涯留下了深刻的印记，他经历了一个把书从薄读厚、再从厚读薄的过程，奠定了从事科研的知识基础，同时，不可避免的政治运动和全国性大饥荒也磨砺了他的身心。自此，当人生道路遇到曲折艰难，他都自觉地从研究和学习中寻求突破和解脱，在对物理世界的探寻中获取温暖和力量。后来在"文化大革命"中，他一度"靠边站"，索性与书为友，曾有过一个月56元工资全部用来买书的豪举。

1962年7月，贺贤土大学毕业。9月，他接到通知留校任理论物理专业助教，但是到了11月突然被改分配到北京"一个重要的国家单位"。因为保密的缘故，调令很含糊，报到单位也与所学专业不对口。面对国家的召唤，贺贤土没有作过多考虑，按期到北京报到。经过了几个月漫长而严格的审查后，他进入了核武器研究所。

从1963年开始，贺贤土在核武器物理研究领域先后完成了大量开拓性工作。他对原子弹过早点火概率、氢弹热测试理论有深入研究，在中子弹原理探索过程中完成了重大突破。

1986年6月到1987年底，贺贤土出国做访问学者，从事空间等离子体物理研究。

回国后，领导和从事激光惯性约束核聚变（ICF）研究。1997年，他担任国家"863"计划ICF主题首席科学家。他和全体科研人员共同努力，突破了多个关键技术难点，在"九五"期间建立了我国独立自主、不断创新的ICF研究体系。2001年底，因年龄关系，贺贤土卸任首席科学家，只担任"863"某领域委员会的ICF小组组长，提供科学咨询和顾问。

在几十年的科研生涯中，贺贤土不断根据国家任务的需要调整研究方向，深入钻研，不懈努力，在每一个研究方向上都获得突出成就。至今，他依然在快点火物理研究、强激光与等离子体等研究领域保持着旺盛的研究激情。

他先后发表科学论文 150 多篇。获国家自然科学奖二等奖 1 项，国家科技进步奖一等奖、二等奖各 1 项，部委级奖 8 项。1992 年获光华科技基金奖一等奖，2000 年获何梁何利奖，2001 年获国家"863"计划突出贡献先进个人奖。

研究原子弹"过早点火概率"

20 世纪 60 年代初，核武器研究所聚集了彭桓武、邓稼先、周光召、于敏等一批著名理论物理学家，他们经常开设讲座、作报告，整个研究所洋溢着学术民主、大力协同、攻艰克难的热烈气氛。贺贤土特别珍惜向大科学家们学习的机会，获得了很多在学校里没有学过的新知识。

他尤其佩服科学家们在分析学术问题时能很快抓住要害的本领，如周光召的逻辑思维非常严谨，于敏物理概念十分清晰，彭桓武善于抓问题的物理本质，能迅速地通过粗估给出主要的物理规律。他们的治学方法给了贺贤土很大的启发，他不断体会科学家们的思维方式，比较自己的思路，经过不断的研究实践和琢磨感悟，逐渐形成了一套自己的思维方法，这对他后来的研究工作和学术成长起到了非常重要的作用。

他经常去请教彭桓武。彭先生的数学运算技巧很巧妙。一次，彭先生向贺贤土提起自己在英国留学时学过的一本数学书 *A course of modern analysis*，建议贺贤土也找来学习。当时他买不起原版书，便去旧书店淘来一本认真研读，做了书中的大量习题。

入所后，贺贤土参与的第一个课题是研究原子弹爆炸后中子在大气中的深穿透。他与一位老同志合作，用了大半年的时间圆满完成了任务。当时正值我国第一颗原子弹爆炸前夕，领导们又给了贺贤土一个重要课题：研究和计算原子弹的过早点火概率。

原子弹在达到高超临界状态时，由于突发涨落中子，可能会引起在预定点火时刻以前的过早点火。过早点火的概率是原子弹研究设计中的一个重要问题，这项工作以前有好几位专家在不同的物理模型下进行过计算，但结果均不太可信。贺贤土初始研究时，有老同志辅助，后来很快便由他独自承担。他虽初出茅庐，但勇于另辟蹊径，在总结前人工作的基础上，从概率论出发推导得出与流体力学耦合的积分偏微分方程。通过深入研究，他获得了对很多物理规律的认识。经过近一年的时间，他比较透彻地理解和分析了相关物理问题，给出了方程的数值计算的物理方案，并与一位从事计算数学的同事汤礼道合作，编写了计算机程序，精确地算出了过早点火概率，解决了几年来未解决的难题。这项成果不但在我国第一颗原子弹爆炸的过程中得到应用，也在此后的核武器设计与试验中一直被应用。

以后，贺贤土又计算出含钚裂变材料核装置的过早点火概率。根据过早点火概率的限制，他还对材料杂质的控制等问题进行了研究。这期间，他完成了核装置的过早点火问题和超临界系统中子点火的随机过程等内部论文。

参与我国第一颗氢弹的研制工作

我国的氢弹研制没有任何资料或模型可提供参考和借鉴，完全是白手起家。贺贤土参加了氢弹探索早期的调研工作。他和同事们到外交部、北京图书馆拉回成捆成捆《纽约时报》、《华盛顿邮报》等英文报纸，大家一起翻阅，试图寻出蛛丝马迹。但是花了半年多时间，本质性的东西一无所得。

以彭桓武、邓稼先、周光召、于敏为领头人的科研集体，克服种种困难，自力更生，顽强攻关，实现了氢弹理论的飞速突破。年轻的贺贤土加入热测试理论研究组，成为主要骨干之一，负责氢弹作用过程的聚变当量、热核反应温度、中子和 γ 射线穿透特性及能谱分布、元素活化特性等研究和计算。这一工作是为核爆炸时的物理测量提供方案和量程，并在热试验后利用测得的数据与理论计算比较，以研究氢弹爆炸过程的物理规律及理论设计的可靠性。

他运用从彭桓武等科学家那里学到的知识，抓主要矛盾，建立了多个物理模型，研究氢弹原理试验和大当量氢弹爆炸过程中子、γ 射线的产生及其在弹体穿透中能量慢化和被吸收的物理规律，并与数学专业的同志一起进行计算机数值模拟。核试验后，他与实验人员合作分析试验后的数据，阐明爆炸过程的物理规律，并给出爆炸当量等参数。在总结这段时期工作的基础上，他完成了多篇内部报告论文，开拓了以后热测试有关物理问题研究的理论基础。

贺贤土十分重视理论与试验的结合，多次亲往核试验基地，了解具体情况，与同行讨论问题，因此积累了有关氢弹特性的大量数据，为深入研究提供了重要基础。他还从实际工作中提炼了很多基础问题，提升研究深度和研究质量，也提高了自己的学术水平，积累了大量科学资料。

领导我国第一次地下核试验的核装置理论设计和热测试物理理论研究

在高空核试验获得完全成功后，中国政府决定进行地下核试验研究。1967 年初研究所成立第一次地下核试验理论研究小组，贺贤土被任命为组长。

小组的研究任务包括两方面内容，一是负责理论设计地下核试验原子弹型的核装置；二是鉴于当时氢弹原理中若干重要物理问题还需进一步通过实验了解，因此对氢弹作用过程需要进行物理分解研究，在地下核试验时进行实验测量。这些都是全新的课题。

对核装置设计的总体要求是"三不"：不冒顶、不放枪、不泄漏。不冒顶就是爆炸后的威力不能太大，太大把山顶掀了。爆炸后，冲击波在山中转播，把爆室外廊道未填满的半截给压实了，核装置物质被封在里面出不来，就是不放枪。但是如果当量小的话，冲击波的压力就不够，压不实，里面的东西就冲出来了，叫"放枪"。不泄漏是指不能让放射性物质从山的裂缝中泄漏出来造成污染。

要满足"三不"设计要求，就得把核装置爆炸的当量算得非常准确，这在当时难度不小。他多次实地了解试验场的情况，参与讨论"三不"要求。他领导小组经过两年多的总体数值模拟研究，终于提交了试验核装置的材料、构型和尺寸的理论设计模型，给出了可几当量和上下限值，顺利提交工程设计和制造。

另一方面，他又组织组内其他人员进行氢弹作用过程物理因素的分解研究和计算，以便向负责试验的同志提供热试验测试理论方案。他自己负责研究来自一个特殊小孔高温热源的 X 射线辐射，以及 X 射线作用在物质上产生的热击波效应，研究材料的破坏效应和机理。他和同事经常往返于北京与上海嘉定，利用嘉定的大型电子计算机进行数值模拟计算，同时又不断出差到青海和新疆，与试验场的研究人员讨论试验方案。

1969 年 9 月 23 日，中国首次地下核试验爆炸获得成功。试验结果表明，贺贤土研究小组的设计圆满完成了"三不"的任务要求，为以后几次地下核试验提供了重要的基础。

一年之后，贺贤土再次前往试验基地，负责第一次地下核试验后有关数据的测试和物理方面的总结。他和同事们实地调查，深入到曾放置核装置的爆室中。事隔一年，爆室壁的温度仍高达50 摄氏度以上，人们穿着防护服，一会儿就汗流浃背。洞内通风条件又不好，积贮了大量一氧化碳，吸入后胸闷气喘，出洞后头像裂开一样疼痛，贺贤土深刻体会到核爆炸的余威。

试验基地总结结束后，贺贤土回到了核武器研究所，又领导了所内第一次地下核试验物理实验和测试数据总结，为此后的多次地下核试验提供了准确的参数。针对第一次地下核试验数据严重受干扰影响的问题，他和同事们总结了经验教训，清楚分析了干扰如何进入测试仪器，提出了预防与屏蔽的方案。在他们总结的基础上，到了第三次地下核试验时，干扰已完全得到了控制。

突破中子弹原理

中子弹研究是贺贤土在黄金研究岁月的又一突出贡献。20世纪70年代中后期，他再一次被任命为组长，率领十几人的研究团队，攻克中子弹原理和装置的理论设计。

核武器作用原理的核心问题有两个：一是找到一条实现点火的途径；二是实现热核点火后核燃料的深度自持燃烧。中子弹的点火和自持热燃烧不同于通常氢弹的传统途径，需要建立新的理论去获得点火和自持热燃烧条件，这件事一直困惑着贺贤土。他仔细分析了中子弹这个复杂系统的特性，分解了从点火到自持燃烧过程的大量物理因素（子系统），分解研究了众多子系统之间的竞争和互相制约的关系，特别是能源与能耗竞争之间的消长关系，建立了多个物理模型并进行有关方程的近似求解。经过长期研究，他发现在多种相互交缠作用的因素中只有几个是起主导作用的因素，通过对这几个主导因素的集成研究，他终于找到了新的点火和高效燃烧途径。

1980年，贺贤土在他晋升副研究员的报告中理论证明了这种点火和自持燃烧机制的可能性。为了进一步证实，他推导了整个作用过程的总体方程组，组织研究人员编制总体程序进行总体数值模拟研究。与此同时，他也组织大家一起分解大量因素进行数值计算，发挥集体智慧，进行反复讨论。经过了多少个不眠之夜，通过大量数值模拟和计算结果分析，证实新路子是正确的。

在探索原理过程中曾有过争论，有一种意见认为中子弹设计应该立足于传统的认识和经验，不可能有其他途径，坚持要贺贤土集中力量回归传统认识。而贺贤土研究小组通过大量分析研究认定，他们正在探索的新路子是完全靠得住的，因此坚定了信心。

1984 年 12 月的中子弹试验进一步验证了贺贤土团队提出的新的点火和自持燃烧的理论是完全正确的，至此，中子弹原理宣告完全突破。这是中国人自力更生、自主创新能力的又一证明。

在此期间，贺贤土完成了一系列保密论文和部分公开发表的基础性论文。

中子弹原理突破以后，贺贤土感到自己应该去接受新的挑战，开辟新的研究工作。1985 年初，他转任一个新的研究室的副主任，负责基础和高技术研究。

对贺贤土来说，20 世纪七八十年代是他最富有创造力的时期，也是他克服困难最多的时期。经过近 20 年的大量研究，他积累了很多经验，研究方法也日趋成熟，形成了自己的一套独特思维方法，这使得他有足够的能力与自信，与全组同志团结合作，发挥集体智慧，探索掌握科学规律，突破科研瓶颈。他还因此对大科学工程研究阐发了深刻感悟：要做好科研领导，既要进行正确的科学判断，充分发挥群体的力量，群策群力，集思广益，同时也要尊重和发挥个人的主观能动性，支持、肯定和鼓励别人的成果。忽略了这一点，研究人员就不会有积极性，一个单位的发展也会受到很大影响。

出国做访问学者，从事空间等离子体物理研究

1978 年改革开放总方针刚一实施，时任核武器研究所所长的周光召即安排 6 位业务骨干出国深造，贺贤土是其中之一，但是由于保密问题等原因，几次都没有获得批准。随着改革开放的不断深入，1984 年，已调任中国科学院副院长的周光召再一次推荐贺贤土到美国马里兰大学吴京生领导的研究组从事空间等离

子体物理研究。1986 年 6 月，贺贤土作为高级访问学者到达美国。

由于他以前从未接触过空间等离子体物理，到美国后不得不从头学起。在吴京生的帮助下，贺贤土选择了研究太阳风作用下新生彗星离子（特别是质子）激发哨波及频率比质子回旋频率高但带有混合静电和电磁偏振的波的不稳定性。在国内，计算程序都由数学专业的同志负责，他只负责物理模型研究和计算结果分析，现在从方程推导和最后数值解都得自己干，他就向组内的年轻人请教，学习计算方法和编制程序。他工作十分努力，周末也在办公室，半年多后，完成了任务，与吴京生在 *JGR* 上联合发表了论文《新生彗星离子体激发哨波以及静电、电磁混合偏振波》。

一年即将期满，回国前，马里兰大学物理系主任刘全生又发出邀请，经国内批准，贺贤土延长了半年签证。刘全生是著名的理论等离子体物理学家，早年在参量不稳定性等的研究方面做出了奠基性的成果。刘教授要贺贤土依据自己的兴趣研究，并帮助带一个来自中国台湾的博士生。贺贤土在那里完成了一篇自生磁场产生的论文。刘教授再次帮他延长签证一年，但贺贤土考虑到所里批准的半年时间已到，仍然按照原定计划离开美国，应邀去比利时自由大学讲学一个月后，1987 年底从欧洲回国。

领导和从事我国激光驱动惯性约束核聚变研究，建立了我国独立自主的研究体系

从 20 世纪 80 年代末开始，贺贤土为我国的惯性约束核聚变（ICF）研究发展倾注了全部心血。

ICF 是利用物质内爆运动的惯性，约束高温高密度氘氚等离子体产生热核点火和自持热核聚变反应，目前驱动器主要是高功率大能量激光器。激光驱动（提供能量）ICF 过程又叫激光聚

变，是一个大科学工程，具有聚变能源、国防和基础研究等重要应用。

1988 年，归国后的贺贤土先后被任命为北京应用物理与计算数学研究所科技委副主任和副所长，主管 ICF 物理理论研究。当时，我国的 ICF 研究基础十分薄弱，贺贤土接手后感到最大的困难是没有足够的经费，同时缺乏一个长远的发展规划，因此他建议王淦昌上书中央，把 ICF 研究纳入国家"863"高技术计划。同年 11 月，王淦昌、王大珩、于敏三位院士联名致信邓小平等中央领导。很快，李鹏总理约见了王淦昌、王大珩、于敏、邓锡铭、贺贤土五位科学家，听取了专门汇报，同意将 ICF 研究纳入"863"计划。根据总理的指示，成立了一个 ICF 总体规划和立项论证专家组，贺贤土任组长，并由他执笔起草了我国 ICF 总体发展战略报告。

1990 年前后，贺贤土成功领导理论研究与实验合作，在神光 I 激光器上获得了我国第一次热核聚变出中子实验的成功。

1993 年 3 月，"863"计划直属的 ICF 主题专家组正式建立，下设若干专题专家组和很多课题组，全国 1000 多名科研人员参加了这一工作。第一任首席科学家为陶祖聪先生，贺贤土任秘书长，他协助首席科学家规划了主题研究多个方面的主要工作内容。

1996 年开始，贺贤土全面负责 ICF 主题工作，1997 年被任命为 ICF 主题第二任首席科学家。

在"九五"计划前后约 10 年的时间里，贺贤土领导大家一起努力，打破了西方对我国的封锁，在 ICF 物理理论和模拟、物理实验、精密诊断技术、制靶、高功率激光器（包括元器件技术）等 5 个方面，突破了大量关键科学与技术难点，取得了阶段性的重大成果，在原来十分薄弱的基础上建立了我国独立自主的 ICF 研究体系，为进一步发展 ICF 事业奠定了基础。

2000 年神光 II 激光装置运行后，他负责组织在神光 II 上进行物理理论和实验研究，取得了中低能量激光器上物理研究具有国际先进水平的成果，为国家中长期科技规划中的点火工程的立项提供了十分重要的物理基础。2001年底，因为年龄的关系，贺贤土不再担任首席科学家，成为863-8领域委员会委员和领域ICF组组长，这使他有较多精力考虑我国ICF发展战略。他先后完成了《我国ICF发展战略研究》，《863-8领域ICF发展战略报告》等论文。研究总结了美国发展ICF的经验，根据我国国情，提出了立足中心点火，努力探索快点火的发展我国ICF事业的设想，为国家重大专项点火工程的战略发展提供了思路。

除了组织领导ICF事业发展外，他还积极从事ICF物理的探索研究，结出了丰硕成果。

1993年，贺贤土建议了一个新的ICF点火模型，在国际上首次提出了从局部热动平衡（LTE）热核点火和燃烧发展到非LTE点火和燃烧的惯性约束聚变模型，被国外专家评论为重要的发现。

在快点火物理研究中，他提出了用圆偏振激光代替通常线偏振激光加热产生点火热斑的建议，发现了圆偏振激光在等离子体产生的轴向磁场对相对论电子束的传输具有很好的准直性能。他与合作者数值模拟研究了相对论电子束在高密度物质中的传输过程，观察到了很多重要特性，对快点火加热有重要科学意义。

贺贤土在国际ICF和等离子体学界享有很高知名度，在国际ICF会议上作大会特邀报告达30多次，使国际同行了解中国ICF研究发展，为我国ICF和等离子体物理研究赢得了很高的声誉。2001年3月在美国华盛顿的一次国际会议上，贺贤土应邀介绍了中国ICF的进展，与会者反响很大，惊讶中国取得的成就。2006年，国际原子能机构在中国召开聚变能国际会议，他被邀请做大会有关惯性聚变能报告的"综合报告"。此外，他还多次为国际杂志撰写中国ICF研究进展的评论论文。

从20世纪90年代初以来，他多次任国际上有关ICF研究和等离子体物理国际会议共同主席或会议的咨询委员会成员。他一直是 1999 年开始的两年一次的"惯性聚变科学与应用"（IFSA）系列国际大会的国际科学顾问委员会成员。还曾任国际原子能机构（IAEA）惯性聚变能咨询小组成员，参与国际惯性聚变能发展的咨询。在他与日本科学家积极推动下，建立了亚洲核聚变与等离子体物理协会，推动亚洲核聚变与等离子体物理研究和发展。

1994～1996 年，贺贤土率团先后访问了法国里梅尔国家实验室和美国利弗莫尔实验室，促进了我国 ICF 研究与国外相关实验室的学术交流。他还多次访问日本，推动我国与日本大阪大学激光工程研究所（ILE）和国立聚变科学研究所（NIFS）的合作，并组织国内有关研究单位与他们签订了合作协议，选派多名年轻人前去攻读博士学位。

在他的组织领导和大力推动下，我国 ICF 研究的国际合作与交流得到了很大发展，提高了研究水平，扩大了视野和影响，在国际上占有一席之地。

在基础科学研究中取得了多项成就

贺贤土十分重视并积极投入基础科学研究，他认为这不仅有利于个人学术水平的提高、拓宽自己的研究领域，而且也有利于所从事的任务研究具有更深的科学基础。

20 世纪 70 年代初期，国际学术界在无碰撞等离子体中相干湍流中孤立子的发现、70 年代中后期非平衡耗散系统自组织理论和协同学学说的提出，以及 80 年代后期至 90 年代中兴起的混沌研究热，对贺贤土的基础研究产生了很大影响。由于 70 年代激光惯性约束聚变研究的发展，他的很多基础研究都建立在这一科学背景基础上，努力发展我国的高能量密度物理科学。

贺贤土是国内等离子体相干湍流研究的开拓者，而且也是在国际上用 Vlasov – Maxwell（V – M）方程组自洽场理论深入研究这一问题的先驱者之一。20 世纪 80 年代，他用 V – M 方程组自洽场理论在国际上首次导得了广义 Zakharov 方程组，并首次导得了立方 – 五次方非线性 Schrodinger 方程和获得了这一方程的孤立波解析解，发现了孤立波中粒子加速机制并获得了加速后的能量分布。

为了进一步探索相干湍流系统的内在规律，在 20 世纪 90 年代初，贺贤土开展了斑图形成和斑图动力学的研究。从发表的文献来看，他是国际上最早研究斑图动力学的学者之一。他发现了立方 – 五次方非线性 Schrodinger 方程解得的类孤立子斑图准周期行为，观察到斑图运动时间混沌、空间相干的演化过程。在 Zakharov 方程组的研究中，他发现了初始激发的多个周期性斑图随着时间演化表现出从时空相干性、时间准周期随机性和斑图空间结构相干性、最后到时空混沌 3 个不同的阶段，揭示了一类多自由度近可积连续介质哈密顿系统的内在本质，对了解系统中能量和物质流输运有着重要的作用，被国际同行评论为"在直接数值模拟中发现近可积哈密顿系统的时空混沌"。

从 20 世纪 70 年代末开始，贺贤土开始研究强激光与等离子体作用自发产生的准静态磁场问题。他从 V – M 方程组自洽场理论出发，80 年代初导得了激光在等离子中传播过程产生的非线性准静态自生磁场的表达式，解决了当年关于电磁波产生自生磁场的物理机制和表达式的争论。90 年代，他和他的学生朱少平、郑春阳将研究工作从非相对论推广到相对论的情况，获得了圆偏振超强激光与等离子体作用的相对论轴向准静态自生磁场，同时用二维和三维 PIC 程序模拟证实了这种磁场的存在，较好地解释了实验结果。近几年他与他的学生乔宾从 V – M 方程组出发，又导出了统一的包含圆偏振和线偏振超强激光与相对论等离子体作用的角向和轴向自生磁场。经过多年的发展，在强激光诱导自生磁场的理论研究和数值模拟方面，形成了较为完整的研究体系，为有关的各种应用提供了理论基础。

近几年来，贺贤土带领学生努力发展超强激光与相对论等离子体作用下台式加速器的理论研究。他提出用圆偏振激光研究电子的共振加速机制，发现了包含准静态电磁场的回旋频率与多普勒移动激光频率共振时的共振峰，和电子被捕获绕轴向自生准静态磁场运动的准直效应，这对台式激光电子加速器的研制具有重要的应用价值。

贺贤土在 20 世纪 70 年代和 80 年代初的许多研究成果都早于国外，写了不少基础研究论文，但是由于保密的原因，这些研究成果均未被国际同行及时了解和引用。一直到 80 年代末，他才得以在国外重要杂志上发表论文。他先后在国内外著名杂志上发表论文 150 多篇，其中包括约 30 篇国际大会邀请报告和论文，得到国际同行很高评价。

学养深厚，培育新人

贺贤土十分重视人才培养和高水平人才的引进。他深深缅怀 20 世纪六七十年代突破氢弹时的学术民主风气，更以真挚的热情，为许多年轻后生提供了及时的支持与关心，为我国科技事业输送了众多优秀人才。他培养了多名研究生，从国外引荐了多位科研骨干，许多都成为重要技术岗位的组织者，有的已当选为中国科学院院士。

辞去 ICF 首席科学家之后，贺贤土投入一定时间和精力到高等教育，把他在科研中的体会和经验用于教育事业。

2000 年，贺贤土接受母校浙江大学的邀请，兼职浙大理学院院长。他积极引进优秀人才，鼓励教师队伍中年轻人脱颖而出，在他的领导下，浙大理学院得到了很大发展。

2000 年，贺贤土还接受宁波市政府的聘请，兼任宁波职业技术学院院长。不同于要培养"实际操作型"人才的传统观点，他提倡高职教育要努力发展"产、学、研"结合。一方面培养企业急需的能够突破技术瓶颈的研究性人才，为地方经济服务，一方面进一步提高师资水平，促进高职教育的可持续性发展。他的理念在教学实践中得到验证，宁波职业技术学院的许多毕业生进入了企业的设计、研发机构，从事技术研究工作。如今的宁波职业技术学院业已成为全国知名高职院校。

2007 年，北京应用物理与计算数学研究所与北京大学联合建立了应用物理与技术研究中心，贺贤土被聘为主任。在他的领导下，中心综合双方的研究优势，积极培养人才，推动相关领域的研究发展，不断扩大在国内外的学术影响。

"以不息为体，以日新为道"，贺贤土始终保持着对科研事业的热爱。几十年来，他笃行"学之广在于不倦，不倦在于固志"，奋斗在国防科技事业、国家大科学工程研究以及基础科学研究前沿。他性格热情开朗，工作作风明快，感染影响了身边一大批年轻科研人员。在他身上，"两弹一星"精神留下了深刻的烙印。

（吴明静）

简　历

1937 年 9 月 28 日　出生于浙江省镇海县

1954—1957 年　在浙江宁波一中高中学习

1957—1962 年　在浙江大学物理系理论物理专业学习

1962—1986 年　在北京应用物理与计算数学研究所工作

1986—1987 年　任美国马里兰大学物理系访问科学家和物理科学与技术研究所高级研究员

1987 年　任比利时自由大学访问教授

1988—1991 年　任北京应用物理与计算数学研究所科技委副主任

1991—1997 年　任北京应用物理与计算数学研究所副所长

1995 年　当选为中国科学院院士

1995 年至今　任总装备部科技委兼职委员

1996—2001 年　任国家"863"计划惯性约束聚变主题首席科学家
1996—2006 年　任国家自然科学奖评审委员会成员
1999—2002 年　任科技部 s - 863 计划专家顾问组成员
1999—2003 年　任国防科工委专家咨询委员会委员
2000 年至今　任宁波职业技术学院院长
2000 年至今　任浙江大学理学院院长
2000 年至今　任高功率激光物理国家重点实验室学术委员会主任
2001—2006 年　历任中国科学院数理学部常委、副主任、主任和中国科学院学部主席团成员和执行委员会成员
2007 年至今　任 *Communications in Computational Physics* 国际杂志主编
2007 年至今　任中国计算物理学会理事长
2007 年至今　任北京大学应用物理与技术研究中心主任

主 要 论 著

1　X T He. The ponderomotive force and magnetic field generation effects resulting from the nonlinear interaction between transverse wave and particles. Acta Physica Sinica, 1983, 32: 325.

2　X T He, Zhijing Liu. On the soliton of large amplitude langmuir waves and its Lyapunov stability. Chinese Sciense Bulletin, 1984, 29: 1328.

3　Y Tan, X T He, S G Chen, et al. Pattern form and homoclinic structure in zakharov, Physical Review A, 1992, 45: 6109.

4　C T Zhou, X T He, S G Chen. Basic dynamic properties of the high - order nonlinear Schrodinger equation, Physical Review A, 1992, 46: 2277.

5　S P Zhu, X T He. Ponderomotive force in unmagnetized vlasov - plasmas. Plasma Physics and Controlled Fusion, 1993, 35: 291.

6　C T Zhou, X T He. Spatial chaos and patterns in laser - produced plasmas, Physical Review E, 1994, 49: 4417.

7　X T He, C Y Zheng. Spatiotemporal chaos in the regime of the conserved zakharov equations, Physical Review Letters, 1995, 74: 78.

8　S P Zhu, X T He, C Y Zheng. Slow - time - scale magnetic fields driven by fast – time – scale waves in an underdense relativistic vlasov plasma, Physics of Plasmas, 2001, 8: 321.

9　X T He, C Y Zheng, S P Zhu. Harmonic modulation instability and spatiotemporal chaos, Physical Review E, 2002, 66: 037201.

10　S P Zhu, C Y Zheng, X T He. A theoretical model for a spontaneous magnetic field in intense laser plasma interaction. Physicsof Plasmas, 2003, 10: 4166.

11　H Liu, X T He, S G Chen. Resonance acceleration of electrons in combined strong magnetic fields and intense laser fields. Physical Review E, 2004, 69: 066409.

12　C Y Zheng, X T He, S P Zhu. Magnetic field generation and relativistic electron dynamics in circularly polarized intense laser interaction with dense plasma. Physics of Plasmas, 2005, 12: 044505.

13　B Qiao, S P Zhu, X T He, et al. Quasistatic magnetic and electric fields generated in intense laser plasma interaction. Physics of Plasmas, 2005, 12: 053104.

14　B Qiao, X T He, S P Zhu, et al. Electron acceleration in combined intense laser fields and self – consistent quasistatic fields in plasma. Physics of Plasmas, 2005, 12: 083102.

15　B Qiao, X T He, S P Zhu. Fluid theory of magnetic field generation in intense laser plasma interaction, Europhys. Lett. , 2005, 72: 955.

16　X T He, W Y Zhang. Inertial fusion research in China. European Physics Journal D, 2007, 44: 227.

17　C T Zhou, X T He. Influence of a large oblique incident angle on energetic protons accelerated from solid – density plasmas by ultraintense laser pulses. Appl. Phys. Lett. , 2007, 90: 031503.

18　C T Zhou, X T He. Intense laser – driven energetic proton beams from solid density targets, Optics Letters, 2007, 32: 2444.

19　C T Zhou, X T He, M Y Yu. Intense – laser generated relativistic electron transport in coaxial two – layer targets. Appl. Phys. Lett. , 2000, 92: 071502.

20　C T Zhou, X T He, M Y Yu. Laser – produced energetic electron transport in overdense plasmas by wire guiding. Appl. Phys. Lett. , 2008, 92: 151502.

孙祖训

(1937—)

孙祖训,实验核物理学家。从事带电粒子核反应研究,领导了核能、核技术应用和核基础研究若干重大科学项目的立项组织和实施。提出"光笔点制表查表法",建立了核反应在线粒子鉴别获取技术和核反应多参量在线分析技术,成功用于多项国防任务及基础研究。参与建成串列加速器国家核物理实验室,领导建成我国首台用于生产医用同位素的 30MeV 强流回旋加速器及靶室系统,领导快中子反应堆、高通量研究型轻水反应堆和北京放射性核束装置等项目的立项和部分建设工作。

孙祖训,1937 年 11 月 15 日出生于湖北省武汉市。幼年随父母迁居上海,就读小学和中学。1955 年于上海市市西中学高中毕业,同年考入清华大学工程物理专业,1956 年清华大学工程物理系成立,为该系首批学生。1958 年被分入实验核物理专业。1961 年本科毕业后被录取为同系同专业研究生,导师是张礼和陈陡延，在研究生阶段所修专业课程和英语、俄语均取得优秀成绩，论文课题是"利用厚膜辐射体屏栅电离室对2.52MeV氘-氘核反应快中子绝对通量的测量"。在研究中独立建造了一套适用于高压倍加器快中子物理实验的屏栅电离室和电子学测量系统和真空、充气系统，并对快中子产生的反冲质子能谱进行绝对测量和理论分析。由于是工物系首届研究生，导师很慎重，毕业论文分别寄请何泽慧和杨澄中先生审阅，被评为优秀。通过这项研究，使他在实验核物理专业的独立工作能力得到了一次全面锻炼。在清华大学整整十年的攻读，使孙祖训在本专业领域打下了较深厚的理论和实验基础、脚踏实地的科学作风和自强不息的工作态度，为他日后的发展奠定了基础。

1965年9月研究生毕业后，他被分配到核工业部原子能研究所（即中国科学院原子能研究所，后改名为中国原子能科学研究院）核反应研究室回旋加速器带电粒子核反应组。从此，"带电粒子核反应"成为他终身的学术研究方向。20世纪70年代初中期，为了完成对兆电子伏能区氘核与锂等轻核的所有出射反应道的能谱和微分截面测量的轻核反应国防任务，他独立提出"光笔点制表查表法"，建立了核反应"在线"粒子鉴别获取技术；随后又建立了核反应多参量"在线"分析技术，实现三体反应完全运动学的"在线"电子学方法测量。这两项带电粒子核反应的创新技术达到了当时与国际同类实验室相近的水平，对推动轻核反应国防任务的完成和基础研究课题的开展发挥了重要作用。从70年代中后期到80年代初，原子能院的几个核反应和核裂变研究组利用这项技术，作出了几项重要的基础研究成果。该项目获全国科学大会奖。此外，他还承担了带电粒子核反应的核参数编评任务，并成为国家科技进步奖三等奖的主要获奖者之一。

在带电粒子核反应的基础研究方面，他领导研究组对某些带电粒子核反应进行了长时间的系统学研究。在三体反应方面，通过完全运动学测量，研究了^{6}Li核的（d, 2d）、（d, tp）和^{6}Li、^{7}Li、^{9}Be、^{12}C核的（α, 2α）等过程中的低能准自由散射的机制和轻核的结团模型，以及α-α末态相互作用离壳矩阵元对（α, 2α）准自由散射的影响。另外，对一系列1f壳奇A核的（α, p）反应进行了系统学测量，研究了三核子转移反应的反应机制和有关核的结构，取得了有价值的成果。由于早期国际交流少，这些论文均刊于国内杂志，后受到国际同行重视和引用，有些论文被美国APS杂志 *Chinese Physics* 选入。

1978～1980年，孙祖训到西德慕尼黑大学串列加速器核物理实验室任访问学者，参与了低能极化带电粒子核反应的多项实验研究。其中比较重要的是低能矢量极化氘-核非弹性散射实验，发现对某些变形核，其核中的质子部分形变大于中子部分形变，为当时学术界热点的相互作用玻色子模型-2（IBM-2）提供了证据，在 *Phys. Rev. Letters* 上先后发表两篇文章，受到国际学术界重视，被多次引用。1982～1983年作为访问学者在美国洛斯阿拉莫斯研究所LAMPF实验室负责对能量为496，676，及800MeV的中能极化质子与氘的弹性散射课题的研究，测量了该过程的全部自旋转动参数，包括第一次测出pd过程的终态纵向极化分量D_{SL}和D_{LL}，为核力和三体问题提供了基础数据，并检验了"时间反演不变性"，在 *Phys. Rev. C* 上发表，得到多次引用。此外还参与了多项中能极化核反应的实验研究，取得了对NN核力研究的重要成果。1993～1996年参加在美国RHIC上的100GeV极化质子-极化质子对撞国际实验合作。1996年在日本理化研究院任访问学者时，提出用极化质子-极化质子对撞中Ψ生成过程的极化参量研究重夸克对产生的机制，并与日本学者合作在 *Phys. Rev. D* 和 *Nuclear Physics A* 上发表了成果。在该院访问中获日本理化研究院杰出科学家称号和证书。

在带电粒子加速器和物理实验室建设方面，1973～1978年在原子能所李寿枬副所长领导下，孙祖训作为该项目前期的主要调研者之一，对串列加速器的选型和束流管道及物理实验室设备的配置及可能开展的物理课题等调研和规划方面作出了重要贡献。同时他还领导建立了该实验室 VAX11/780 - MBD11 - CAMAC 大型多功能多参量高速计算机数据获取系统，后来为其他国内大型实验室的计算机数据获取系统也提供了经验。他还承担了用于带电粒子核反应的通用大散射室的物理设计。另外，他领导建成了我国第一台用于生产医用同位素的 30MeV 强流质子回旋加速器及靶室系统。

1985 年 9 月，孙祖训担任中国原子能科学研究院院长，在核工业部领导下，对多学科综合性的原子能院的科研方向及组织机构进行了调整和规划。在加强核能、核技术应用和核基础研究的方针下，开启了几个重大科学项目的立项，包括快中子反应堆项目，高通量研究型轻水反应堆项目，北京串列加速器放射性核束装置项目的立项论证。经过长期艰苦的科学论证工作，终于促成两个反应堆项目的初步立项，并开始了起步阶段的建设工作。

1986～1994 年孙祖训被国家科委聘任为国家"863"计划首届能源专家委员会第二委员，参与组织了国家对先进能源的论证。1986～1996 年兼任两届中国核数据委员会主任，组织协调国内核数据的研究和应用工作。从 1987 年起兼任三届中国物理学会和中国核学会常务理事，以及三届中国物理学会核物理分会正（两届）副（一届）理事长，组织协调国内核物理和核技术应用的学术交流。1995 年作为会议主席，组织了 IUPAP 国际核物理大会。1999～2001 年任 IUPAP 的 C13 组（核物理组）成员。1995～1998 年任国际原子能机构（IAEA）总干事高级科技顾问委员会委员。这些工作和活动，对国内外核物理和核技术应用的学术交流起到了促进作用。

1987 年和 1990 年，孙祖训分别任第三和第四届中日加速器学术交流会议中方主席。1991 年与日本学者一起开创中日核物理的定期交流会议机制，并于 1991 年和 1994 年分别任第一和第二届中日核物理学术交流会议中方主席，推动了中日间的核物理交流。1991 年由国家科委派遣，任中国核物理访问团团长，应美国能源部邀请访问美国，商谈中美核物理合作事宜。这次访问促进了教育部、中国科学院和核工业部有关大学和院所与美国能源部有关研究所的合作，使我国科学家和研究生能及时参与正在筹建的几个大型核物理实验装置的国际合作项目，促进了中美间的核物理交流。

在长达数十年的研究生涯中，孙祖训始终坚持带电粒子核反应的研究方向，从低能、中能到高能，从非极化束到极化束，从完成国防任务到基础研究，从实验技术、核反应理论到加速器技术，总共在国内外学术期刊上发表 80 余篇论文和报告，获得全国科学大会奖 2 项，国家科技进步奖三等奖 1 项，省部级科技进步奖二等奖 5 项、三等奖 2 项、四等奖 2 项。先后培养博士生和硕士生 10 余人，学生中已有人担任北京大学教授和美国 Duke 大学物理系主任。

提出"光笔点制表查表法"，建立核反应"在线"粒子鉴别获取技术和核反应多参量"在线"分析技术

20 世纪 70 年代初，孙祖训所在研究组接受了轻核反应测量的国防研究任务，对兆电子伏能区（3.7，5.0，9.07MeV）氘核与 ^6Li，^7Li，^{12}C，^{16}O 等核的所有出射反应道的能谱和微分截面的测量。由于其反应产物包括中子、质子、氘核、氚核和 α 粒子等各类粒子，某些粒子的出射能谱又因三体反应而呈现为连续谱，测量技术较为复杂，国际上无相应数据发表。研究中虽采用了飞行时间和 dE/dX 等先进的粒子鉴别技术，并用当时最先进的 4096 道分析器获取数据，但往往 20 分钟测得的二维能谱数据需要一人用一天半的时间进行处理，且只能得到 64 道或 128 道分辨的能谱。由于测量任务重、人工处理量很大，工作进展较缓

慢。20世纪70年代中，国际上开始将计算机用于核物理实验，孙祖训利用一台进口的 Multi－8 电子计算机，在原来手工处理的基础上独立提出了"光笔点制表查表法"，采用汇编语言，编写成核反应"在线"粒子鉴别获取软件。利用该软件，在实验数据获取进程中就可"在线"地、实时地自动鉴别粒子，并将各类粒子的能谱分开，使二维能谱"实时"地转换成具有1024道分辨的一维能谱，完全省略了从二维到一维能谱的人工处理工作，大大提高了测量的精度和数据处理的效率，有力推动了该项轻核反应国防研究任务又好又快地完成。这项技术创新成果几乎与国际上同步，获1978年全国科学大会奖。该项轻核反应国防研究任务也获得了全国科学大会奖和国防科工委的成果奖项。

这项成果又为基础研究提供了先进工具。姜承烈组（静电加速器核反应组）利用此技术进行了（α，p）反应预平衡态的系统学研究，检验激子模型前后历时数年，在中外杂志上发表近十篇论文，均使用了这项技术。

在完成轻核反应测量国防任务的同时，还完成了带电粒子核反应（特别是氚－核反应）的截面等参数的编评和氚核、α粒子在 D，Li，U 物质中的能耗曲线及射程－能量关系的计算任务，该成果后来纳入"带电粒子核反应截面数据编评"项目，获国防科工委科技进步奖二等奖和国家科技进步奖三等奖。1986~1996年他兼任两届中国核数据委员会主任，组织协调国内核数据的研究和应用。

在轻核反应的国防任务研究中，由于只进行非完全运动学测量，总会遇到三体反应所呈现的连续能谱，这是一个长期困扰轻核反应研究者的问题。如欲弄清其机制，必须进行粒子－粒子关联的完全运动学测量，但实验条件一直不具备。1974年孙汉城组（中子物理室核乳胶能谱组）首先在核乳胶中观测了"三叉星"，即三体反应的完全运动学能谱，并用核乳胶研究准自由散射现象，但工作极为繁杂，局限性很大。为了对带电粒子引起的三体反应进行研究，孙祖训在核反应"在线"粒子鉴别获取工作的基础上，独立提出并建立了粒子－粒子关联的多参量分析技术，包括建立两路串行编队和加标记信号输入的硬件设备和两路关联粒子的"在线"鉴别的多参量分析软件。利用这项技术，他（负责多参量数据获取的硬件和软件）与孙汉城组（负责靶室、氚化靶和探测器）合作进行了氘和 α 粒子与 Li 核的准自由散射的完全运动学测量，研究了 ^{6}Li（d，2d），^{6}Li（α，αd），^{6}Li（d，tp），D（α，αp）等过程中的低能准自由散射现象和 Li^6 的氘－α 结团模型和氘在 Li 核中和自由氘核相比可能的收缩效应。这是国内首次实现具有两路粒子鉴别的粒子－粒子关联的三体反应完全运动学的"在线"电子学测量方法。这项工作与该组并列获得国防科工委三等奖。

由此发展的核反应多参量"在线"分析技术又为中子物理室的丁声耀组和刘祖华组在研究裂变物理实验中所采用，并取得了重要成果。

20 世纪 70 年代中期，孙祖训独立提出并建立的核反应"在线"粒子鉴别获取和粒子－粒子关联的多参量分析技术，基本上与当时国际同类实验室水平接近，对推动原子能院的国防任务研究和基础研究发挥了积极作用，可以说，这一时期代表国内水平的原子能院的几个核反应和核裂变基础研究组的工作都与这两项成果是分不开的。

进行带电粒子核反应的系统学研究

利用 ^{6}Li，^{7}Li，^{9}Be，^{12}C（α，2α）准自由散射完全运动学测量的系统学研究，研究低能准自由散射的机制和轻核的结团模型

1977～1984 年间在回旋加速器上利用 18MeV 的 α 粒子对 ^{6}Li，^{7}Li，^{9}Be，^{12}C（α，2α）准自由散射完全运动学测量的系统学研究中，发现由于这些轻核具有结团模型的特性，在低能下仍

然能观测到清晰的准自由散射现象，用 PWIA 理论基本上可解释 ^{6}Li，^{7}Li 和 ^{9}Be（α，2α）的准自由散射数据，由此可引出 ^{6}Li，^{7}Li 和 ^{9}Be 核中的 α 粒子的结团几率和动量分布宽度。对 ^{12}C（α，2α）准自由散射，在 PWIA 理论基础上考虑了在前近似和后近似下的 α－α 末态相互作用离壳矩阵元对（α，2α）准自由散射的影响，发现后近似可解释实验结果，并引出了 ^{12}C 核中的 α 粒子的结团几率和动量分布宽度。孙祖训在研究中提出了课题，解决了实验及理论困难，并撰写了论文。该项目被纳入三体反应总课题，获得国防科委科技成果三等奖。

开展奇 A 核（α，p）三核子转移反应的系统学研究

1982～1988 年间在回旋加速器上利用 18MeV 的 α 粒子对（α，p）三核子转移反应进行了系统学研究。三核子转移反应是核子转移反应中机制最复杂的过程，为弄清其机制，他领导测量了 ^{40}Ca，^{51}V，^{55}Mn，^{59}Co，^{58}Ni，^{60}Ni，^{62}Ni，^{89}Y，^{107}Ag 和 ^{109}Ag 等一系列核的（α，p）、（α，α）、（α，α'）等三核子转移反应和非弹性散射的角分布和截面。一些奇 A 核的数据过去没有人测量过。孙祖训从理论上推导了基于 j－j 耦合壳模型的三核子转移反应微观形状因子和微分截面，建立了用谐振子波函数基展开壳模型波函数法和直接积分法计算微观形状因子的计算机程序，用零程和有限力程半微观和全微观 DWBA 理论进行了大量计算和分析，观测到壳模型核芯激发的实验证据、转移中子对角动量不为零的贡献、奇 A 核跃迁仅一组（L，J）转移值起主要作用和多核子关联的重要性等。此项成果获核工业部科技进步奖二等奖。

对（α，α）大角反常散射的高角分辨研究

在对 ^{9}Be（α，α）大角反常散射的高角分辨研究中，他建立了 Regge 极点光学模型的理论方法和计算程序，从 Regge 极点模型的观点解释了 ^{9}Be 的 α 大角反常散射，首次将 Regge 极点模型应用于较轻的核——^{9}Be 核。

在上述带电粒子核反应研究中共完成论文和报告约 25 篇，

由于早期国际交流少，这些论文均刊于国内杂志，后得到国际同行的重视和引用，其中3篇被美国物理学会主办的 *Chinese Physics* 选中并发表。在这些研究中，他任课题组长，提出了研究课题，解决了实验和理论的主要困难，除^{89}Y（α，p）论文外，他负责撰写了所有中英文论文，是这些论文的实际第一作者。

参与低能、中能、高能极化带电粒子核反应国际合作

参与低能极化氘—核非弹性散射实验，为相互作用玻色子模型（IBM）提供了证据

1978年底孙祖训被破格提升为副研究员，随即被派赴德国慕尼黑大学串列加速器实验室任访问学者。1978～1980年间，他参与了低能极化核反应的多项实验研究，其中比较重要的是低能矢量极化氘—核非弹性散射实验。

1. 利用矢量极化氘—^{24}Mg，^{28}Si，^{32}S，^{54}Cr 等核的非弹性散射实验，测定了四极质量跃迁幅度的数值和正负号，由此可确定电磁跃迁中的静四极矩 Q_{21}^+，Q_{22}^+ 和相干项 P_3。这为检验核结构模型提供了一个新手段。该文在 *Physical Review Letters* 发表后，被引用了8次。

2. 利用矢量极化氘对从 sd 壳核到^{232}Th 的一系列核进行了系统学测量，发现仅 T=0 核和^{208}Pb 的四极和八极电磁跃迁几率与传统的集体模型一致，而^{144}Sm，^{152}Sm，^{154}Sm 和 ^{232}Th 核的四极电磁跃迁几率比其小 20%，说明对这些大变形核，核中的质子部分形变大于中子部分形变。当时原子核集体模型有几何模型（即 Bohr - Mottelson 模型）和代数模型（即 IBM 模型）之争。相互作用玻色子模型（IBM）正是学界关注焦点。由于 IBM - 2 模型可以将核中的质子部分形变与中子部分形变分开处理，因此这项实验结果为 IBM - 2 模型提供了证据。该文在 *Physical Review Letters* 发表后，被引用了 15 次。

负责测量中能极化质子——氘弹性散射的全套极化参量,包括首次测出终态纵向极化分量,为核力和三体问题提供了基础数据,并检验了"时间反演不变性"

1982~1983年孙祖训作为访问学者在美国洛斯阿拉莫斯研究所 LAMPF 实验室负责对能量为 496,676,800MeV 的中能极化质子与氘的弹性散射课题的研究,测量了该过程的全部自旋转动参数 D_{NN}、D_{SS}、D_{LS}、D_{SL}、D_{LL},感生极化度 P 和矢量极化分析本领 A,其中能量为 800MeV 的 p-d 弹性散射的终态纵向极化分量 D_{SL} 和 D_{LL} 是第一次为人们所测量到的数据,是核力和三体问题研究的最基础数据之一。实验结果与多次散射理论不一致,对现有理论是一个挑战。全套极化参量还从极化的角度对"时间反演不变性"提供了一次难得的检验。在 *Physical Review C* 发表后,受到国际学术界的重视,被引用了 6 次。此外,还参与了利用极化核束和低温极化靶核的小角弹性散射测量自旋关联参量等重要实验,对 NN 核力的研究具有重要的意义。

1. 开展 800MeV 极化质子与 N 型极化氘核靶的小角弹性散射的自旋关联和自旋转移参量的测量,结果发现在小动量转移情况下,实验数据与现有 NN 核力的相移分析数据有较大差别。发表后被引用 6 次。

2. 开展能量为 597,647,699,750,800MeV 的中能极化质子与质子的弹性散射的自旋转动参数 D_{SS},D_{LS},D_{SL},D_{LL}(K_{SS},K_{LS},K_{SL},K_{LL})和感生极化度 P 的测量,获得 NN 核力研究的基础数据,发表后被引用 9 次。

3. 开展能量为 800MeV 的中能极化质子与 ^1H,^2H 和 ^{12}C 核的非弹性散射的极化转移参数 D_{NN},D_{SS},D_{LL},D_{LS},D_{SL} 的测量,发现对 3 个靶核的测量结果差别不大,说明在准弹性区和 delta 区核介质效应较小。文章发表后被引用 10 次。

4. 开展能区在 80~584 MeV 间、实验室散射角为 3°~19° 区间的极化质子——^{12}C 核的单举极化分析本领的数据测量,利用本数据和原有数据拟合成一组涵盖 100~750 能区的新的标准数据，是用极化仪测量质子极化度的基础，其精确度直接决定质子极化度的测量误差。文章发表后为国际上普遍采用。

参加国际高能 100GeV 极化质子－极化质子对撞实验合作

1993 年起孙祖训领导一个小组参加了国际 PHENIX 装置计划的工作，除研究高能重离子对撞产生 QGP 外，他主要参加 100GeV 极化质子－极化质子对撞实验的国际合作。1996 年在日本理化研究院任访问学者，提出用极化质子－极化质子对撞中 Ψ' 生成过程的极化参量研究重夸克对产生的机制，并与日本学者合作在 *Physical Review D* 和 *Nuclear Physics A* 上发表了成果。在该院访问中获日本理化研究院杰出科学家称号和证书。

在带电粒子加速器和物理实验室建设方面的贡献

在串列加速器核物理国家实验室建立中作出较重要贡献

1973~1978 年在原子能所李寿枬副所长领导下，孙祖训与加速器专家余觉先等对在原子能院建立串列加速器核物理实验室的必要性和可行性进行了较长时间的调研，包括串列加速器核物理实验室的国际概况、串列加速器的选型和生产厂商、串列加速器在核物理数据测量、基础研究和核技术应用等领域的应用情况和问题、串列加速器的附属设备和束流输运系统配置、各束流管道的物理实验设备以及有关设备的国产化等。1978 年 8 月参加了王传英副所长领导的赴美考察团。1979 年正式立项并开始兴建。作为该项目前期的主要调研者之一，他对串列加速器的选型和束流管道及物理实验室设备的配置及可能的物理课题等调研和规划方面作出了重要贡献。同时他还领导了该实验室 VAX11/780－MBD11－CAMAC 大型多功能多参量高速计算机数据获取系统的建立，后来为其他国内大型实验室的计算机数据获取系统也提供了经验。他还承担了用于带电粒子核反应的通用大散射室的物理设计。从 1979 年到 1986 年经过院领导和科技人员的艰苦奋斗，终于建成串列加速器核物理实验室，随后并成为国家实验室。1987 年他领导完成了国家对串列加速器核物理实验室的总体验收工作。此项成果获核工业部科技进步奖二等奖，计算机数据获取系统的建立获核工业部科技进步奖二等奖。

领导建成我国第一台用于生产医用同位素的 30MeV 强流质子回旋加速器及靶室系统

原子能院一直是国内放射性同位素的主要生产单位，20 世纪 80 年代时只能提供反应堆生产的较长寿命的放射性同位素。为了填补国内不能生产短寿命放射性同位素的空白，以满足不断增长的可用于 PET 的短寿命医用放射性同位素的需求，他积极向国家计委争取立项并求得部分经费支持，又从院收入中自筹经费于 1986 年立项，并通过中 - 比合作交流协议，与比利时鲁汶大学和 IBA 公司合作，自建一台用于生产医用同位素的 30MeV 强流质子回旋加速器。该加速器的性能指标在当时是同类设备中最先进的。作为工程领导小组组长，他对国家计委立了军令状，对该项工程承担全部责任，在负责立项、筹款、工程技术方案（包括技术引进和国内制造）的制定、赴比技术谈判及签订合同、组织科技和工程队伍、工程设计的审核批准、确定国内配套厂商及土建设计单位以及几次重大的几乎具有颠覆性的工程技术困难的协调解决等方面起了关键作用。克服重重困难，该加速器终于在 1993 年全部建成投产验收，总造价为当时同类产品引进时的四分之一，获 1996 年中国科学院和工程院对年度国内十大科技成果投票评选的第六名，核工业部科技进步奖二等奖。该加速器从 1993 年投产至今已 15 年，一直处于良好运行状态。原子能院成为国内唯一一家同时具有反应堆和加速器生产同位素的单位。由于培养锻炼了队伍，在其基础上原子能院又在建设一台100 MeV 的强流质子回旋加速器。

在确立原子能院重大科学工程项目中
及在其起步阶段中的贡献

1985 年 9 月孙祖训担任中国原子能科学研究院院长后，在核工业部领导下对多学科综合性的原子能院的科研方向及组织机构进行了调整和规划。在加强核能、核技术应用和核基础研究的方针下，开启了几个重大科学工程项目的立项。

在原子能院快中子反应堆项目立项和起步阶段的贡献

1986 年 3 月国家科委开始组织国家"863"计划，并遴选孙祖训为首届能源领域专家委员会（1986 ~ 1994）第二委员。在国家科委领导下他和其他委员一起，经过全国反应堆和能源专家历经几年时间的几十次反复论证和与 6 个部委的协商，终于在 1990 年确定"863"计划能源领域的重点支持项目和指导方针，主要经费将用于支持以原子能院为主的快中子反应堆项目。其间，他和院堆工所长、能源领域专家委员陈叔平带领院内专家和核工业部专家积极参加论证，在科学、技术、经济和安全可行性等方面做了大量论证工作，并获立项。作为院工程领导小组组长（1986 ~ 1996），他领导了该项目的立项，主要科技和工程队伍的组织，土建设计单位的外协、选址、破土动工，国际合作项目的谈判，经费的筹集，质量保证体系的建立和发布，重要事项的审核批准以及重要工程技术问题的协调解决。此项工程目前仍在顺利进行中。

在原子能院高通量研究型轻水反应堆立项和起步阶段的贡献

原子能院的研究型重水反应堆始建于 1958 年，是原子能院各学科开展研究的最重要的工具，对我国核事业曾作出过极其重要的贡献。由于其已临近寿期，建造新堆已成当务之急。孙祖训在 20 世纪 80 年代末开始组织堆工和有关应用学科的专家进行立项论证，历时数年，多次向核工业部和国务院有关部门汇报，终于在 90 年代初形成"建造一个可居亚洲第一、世界第三的高通量研究型轻水反应堆"的共识。在此基础上完成了科学、技术、经济和安全等方面可行性研究的大量论证工作，写出了初步可行性分析报告，并获准初步立项。作为院工程领导小组组长（1990～1996），他领导了该项目的立项，主要科技和工程队伍的组织，土建设计单位的外协、选址，通过安全风险分析初步评审，经费的筹集，质量保证体系的建立和发布、重要事项的审核批准以及重要问题的协调解决。此项工程目前已接近完成。

在原子能院串列加速器放射性核束装置项目立项过程中的贡献

为了加强核物理基础研究工作，在串列加速器核物理国家实验室建成后，20世纪90年代初在对21世纪核物理发展方向调查研究的基础上，通过国际交流和可行性论证，孙祖训与该院的核物理学家们认识到及时开展"放射性核束核物理"的重要性。在国家科委"国家重大科学项目"的支持下，他组织并领导了北京串列加速器放射性核束装置方案的论证，方案确定其前级采用100 MeV强流质子回旋加速器打厚靶产生放射性核素，用电磁分离器分离后，注入串列加速器加速，后级采用超导重离子直线加速器提升能量。孙祖训组织并亲自编写该方案的科学和技术可行性报告，并在国家科委论证会上进行了答辩，获得国家科委进一步论证的支持。该项目后来终于立项，目前各项工程正顺利进行。

作为新中国培养的一位实验核物理学家，孙祖训几十年来满怀强烈的报国之志，刻苦钻研，勇于创新，脚踏实地，勤奋工作。他治学严谨，基础扎实，知识面广，终身学习，无论在自己专业的科研工作还是在学术领导和科技管理工作中，都能结合我国实际扬长避短，做出新成绩，开创新局面；在国外条件好的实验室能做出国际一流的工作。他积极推动国内与国际核物理界的学术交流，并注意培养骨干、选拔人才、提携后进，使核事业后继有人，为推动我国核物理和核科技事业的发展作出了有意义的贡献。

（道　宏）

简　历

1937 年 11 月 15 日　出生于湖北省武汉市

1945—1955 年　在上海就读小学和中学

1955—1961 年　在清华大学工程物理系实验核物理专业六年制本科学习并毕业

1961—1965 年　清华大学工程物理系实验核物理专业当研究生，1965 年毕业

1965—1985 年　分别任中国原子能科学研究院研究实习员，研究组长，室主任，1978 年起任副研究员

1978—1980 年　任西德慕尼黑大学物理系串列加速器核物理实验室访问学者

1982—1983 年　任美国洛斯阿拉莫斯实验室访问学者

1986 年至今　任中国原子能科学研究院研究员

1985—1996 年　任中国原子能科学研究院院长

1986 年　任国家"863"高技术计划能源领域专家委员会第二委员

1988 年　被评为国家级优秀中青年专家

1990 年　任国务院第四批审批博士生导师

1985—1997 年　分别任《原子核物理》、*Chinese Journal of Nuclear Physics*、《原子能科学技术》杂志主编、《原子能院院报年报》主编、国际杂志 *International Journal of Modern Physica A* 和 *Modern Physica Letters A* 顾问委员会委员以及 *Nuclear Physics A* 论文评审员

1996—1999 年　任中国原子能科学研究院院科技委主任、核工业部科技委常委

1999 年底　退休

主 要 论 著

1　原子能所核反应组 . 5.0MeV 氘核在 Li^6、Li^7、C^{12}、O^{16} 核上引起的反应.

原子核物理（会议资料汇编），1972. 65.

2　原子能所核反应组. 3. 7MeV 氚核在 Li^6、Li^7、C^{12}、O^{16} 核上引起的反应. 原子核物理（会议资料汇编），1974. 89.

3　孙祖训. 关于串列加速器的选型、所能开展的物理课题及其实验设备的调研报告. 原子能研究所内部报告，1976.

4　孙汉城，孙祖训，等. 低能氚和 α 粒子与 ^6Li 核对准自由过程. 原子核物理，1979，1：1.

5　孙祖训. 核反应实验数据的在线粒子鉴别获取. 原子能科学技术，1979，13（1）：1.

6　孙祖训，等. 一个用于粒子－粒子关联实验的四参量分析系统. 高能物理与核物理，1979，3：749.

7　张培华，孙祖训，等. 低能 ^6Li，^7Li（α，2α）$^{2,3}H$ 反应中的准自由散射. 原子核物理，1980，2：219.

8　H Clement, Tsu Hsun Sun, et al. Determination of quadruple transition amplitudes by polarized – deuteron scattering. Phys. Rev. Letters, 1980, 45：599.

9　C L Hollas, Tsu Hsun Sun, et al. D_{SS}, D_{LL}, D_{SL}, D_{LS}, and P, for pp→pp at 600 to 800 MeV. Phys. Rev. C, 1980, 30：1251.

10　原子能所核反应组. 9. 05MeV 氚核在 Li^6、Li^7、C^{12}、O^{16} 核上引起的反应. 原子核物理，1981，3（2）：155.

11　文克玲，张培华，孙祖训. α－α 末态交互作用对（α，2α）准自由散射的影响. 原子核物理，1982，4：289.

12　H Clement, Tsu Hsun Sun, et al. Evidence for different proton and neutron deformations in heavy nuclei deduced from polarized – deuteron scattering. Phys. Rev. Letters, 1982, 48：1082.

13　张培华，孙祖训，等. 低能 ^9Be，^{12}C（α，2α）反应中的准自由散射现象. 原子核物理，1983，5：1.

14　X M Bao, Z X Sun, et al. Influence of the ALAS potential on the（α，p）reactions. Chinese Physics Letters, 1984, 1：89.

15　R Frick, Tsu Hsun Sun, et al. On the tensor term in the deuteron optical potential near E = 20MeV. Zeitschrift fur Physik A, 1984, 319：133.

16　B Y Huang, Z X Sun, et al. Anomalous large angle scattering of α particles on ^{9}Be and Regge pole model analysis. Chinese Physics, 1985, 6: 156.

17 王远大，孙祖训，等. ^{58,60,62}Ni（α，p）三核子转移反应及α光学势的含糊性. 原子核物理, 1985, 7: 297.

18 M W McNaughton, Tsu Hsun Sun, et al. The p – C analyzing power between 100 and 750MeV. Nuclear Instrument and Methods A, 1985, 241: 435.

19 Tsu Hsun Sun, et al. Measurements of the spin – rotation parameters for polarized pd→pd elastic scattering at 496, 647 and 800MeV. Phys. Rev. C, 1985, 31: 51.

20 毛志强，孙祖训，等. ^{58,60,62}Ni（α，p）零程及有限力程半微观理论分析. 原子核物理, 1986, 8: 40.

21 C L Jiang, S N Li, Z X Sun, et al. Proceeding of Beijing International Symposium on Physics at Tandem. Singapore: World Scientific Co., 1986.

22 袁蓉芳，孙祖训，等. $1f_{7/2}$壳奇A核（α，p）三核子转移反应的研究（Ⅰ）. 原子核物理, 1988, 10: 39.

23 G Igo, Tsu – Hsun Sun, et al. Spin observables in small – angle elastic p→d→→p→d with an N – type polarized target at 800MeV. Phys. Rev. C, 1988, 38: 2777.

24 R Fergerson, Z X Sun, et al. Polarization transfer for inclusive proton – nucleus inelastic scattering at 800MeV. Phys. Rev. C, 1988, 38: 2193.

25 T Morii, Z X Sun, et al. Ψ' production as a test of color – octet mechanism. Phys. Rev. D, 1998, 57: 4487.

26 T Morii, Z X Sun, et al. Color – octet mechanism in low – p_T Ψ' – productions. Nuclear Physics A, 1998, 629: 282.

27 袁坚，孙祖训，等. ^{89}Y（α，p）三核子转移反应及全微观 DWBA 分析. 高能物理与核物理, 1989, 13: 450.

28 孙祖训，等. 北京放射性核束装置的可行性分析报告. 原子能研究院报告 1994.

29 Z X Sun, J C Xu. Proceeding of 1995 IUPAP International Nuclear Physics Conference, Beijing, Singapore: World Scientific Co., 1995.

30 孙祖训，等. 强流质子回旋加速器及生产中、短寿命放射性同位素装置. 核科学与工程, 1997, 2: 34.

汪承灏

(1938—)

汪承灏，超声学家和物理声学家，中国科学院院士。为我国超声事业作出了突出贡献：建立了压电晶体表面激发的理论体系，构成了声表面波技术的基本理论框架；提出和研制了多种达到国际水平的声表面波和高频体声器件和系统；率先提出了压电调频换能器原理和压电阻尼原理；早于国外近 30 年，实验证明了空化发光的"热点"理论机理；近年来，又开展了声学微机电系统等研究，取得了一些成果。

汪承灏于 1938 年 1 月 10 日，即日本侵略军占领南京不足一个月，在逃难途中，出生于南京远郊区。父亲是个布店商人，在他 4 岁时就去世了。在那苦难的年代，原来就不算殷实的家庭走向了衰落。他自幼身体瘦弱，经常生病，但生性聪明好学，自小学到中学主课成绩几乎都是全班第一。高中就读于历史悠久、名师众多的南京市第一中学。最让他不能忘怀的是老师的敬业精神，如教平面几何的钱介石老先生，每次上课，在教室门口都要整整衣服，而且立正一下，才进入教室上课。

1954 年高中毕业了，当时国内已掀起建设高潮，他和许多同学都想考工科，建设祖国。但体检发现有轻度色盲（色弱），不能学工，就转而学理，报考了北大物理系。在 4 年多的大学求学时间里，得到翔实、系统的物理学基础教育，这为他以后的科学研究打下了良好的基础。

1958 年 11 月，为了发展我国水声学研究，经中央批准，从全国各大学抽调 100 名即将毕业的大学生提前毕业，到中国科学院电子所工作。到所不几天，被进一步分配到第八研究室，师从应崇福院士，从事超声学研究，具体被分配从事功率超声处理方面工作。中间经历了声学所成立、"文化大革命"中声学所被肢解（超声和电声两个室归并入物理所），以及"文化大革命"结束后声学所恢复，他一直都在从事超声研究工作。

1958 年底当时还处在"大跃进"时期，由于超声是一门应用背景很强的学科，自然就要投入到应用方面课题中去。在当时"大跃进"的气氛下，课题大都是没有经过充分论证就匆匆上马，汪承灏先后参加过两个课题，一个是与地质部勘探技术研究所合作，项目是用超声钻井；另一个是与北京航空学院合作，项目是用超声焊接飞机铝蒙皮，以代替铆接。其结果可想而知，虽然大家拼命干，但都夭折了。不过，汪承灏一方面努力工作，另一方面聆听应崇福先生等讲声学基础课程，补充声学方面知识，并考虑这些应用中有什么值得研究的问题。汪承灏做超声焊接课题时，发现它特有的"T"形焊接振动系统还没有理论分析。汪承灏就用大学学过的数理知识，加上现学的振动基本知识，没有经过太多困难便给予了解答，其中除包含有已采用的振动模式外，并发现另一种振动模式，后来还获得实验验证。论文在全国超声学术会议上发表，受到应先生的首肯，他初步尝到了科研的乐趣。

紧接着，20 世纪 60 年代困难时期到了，研究所进行精简整顿，研究室一下冷清下来，但也使科研工作走到正常轨道上来，能够从事应用基础研究了。此时应崇福找到汪承灏和河南分院来的张德俊，建议研究超声处理主要机理——空化作用。他们在应崇福指导下采用了产生大的单一空化气泡的方法来研究空化作用机理。他们因陋就简筹办实验室，产生单一空化气泡的装置就固定在下水管道上；光电检测设备，就购买光电倍增管和电子元器件自己动手亲自加工制作。那时他们经常是在食堂快关门时才去吃饭，饭菜都凉了。经过两年多的努力，终于获得了重要成果，发现空化气泡发光是准确地发生在气泡闭合崩塌（collapse）的瞬刻！它揭示了空化发光的"热点"理论机理。大约 30 年后，引起物理界轰动的声致发光的 Gaitan 等的工作发现在超声作用下，空化发光也发生在空化气泡闭合的瞬刻，给出了完全一致的结论。同时，汪承灏他们还对空化另一重要效应——压力效应进行了研究，取得了重要成果。

1964 年，汪承灏被派到农村参加"四清"运动，空化研究基本上告一段落。回来后，开始了功率超声和超声换能器的研究。一方面结合需要，进行诸如超声放射性去污，超声尼龙丝定形等应用题目研究；更重要的是汪承灏看到在 20 世纪 60 年代初，国内在大功率超声换能器上仍主要应用镍叠片构成的磁致伸缩换能器，而国外已使用新型施加预应力的压电夹心式换能器，它能大大增加换能器承受的功率。汪承灏克服了工艺技术、高强度紧固件材料选择等困难后，在国内率先研制出新型夹心换能器，并迅速在工厂推广，实现批量生产，用它做成新一代超声清洗机，从而推动了我国大功率发展走上新的台阶。与此同时，从实践中，提炼出超声振动系统的全等效电路分析，广义变幅器理论等研究成果。它们对大功率超声换能器设计和应用很有指导价值。

经过七八年的磨炼，虽然经历了"文化大革命"和三年困难时期影响，以及超声领域特有的"超声运动"冲击，但汪承灏也从老一辈科学家特别是应崇福那里学会了搞科研怎么去创新的方法。汪承灏在此期间提出的压电调频换能器和压电阻尼原理就是一个典型例子。汪承灏在测量换能器时产生的困惑和 Tiersten 等论文的启发下，深入钻研，发现通常认为压电换能器具有尖锐的不可调节的谐振频率，居然可以通过调节电负载端电抗，使换能器在相当范围内改变工作频率；而在加入电阻负载时则构成振动阻尼结构，从而提出压电调频换能器原理和压电阻尼原理。

1977 年，汪承灏调到声表面波组（后变成声表面波研究室）工作。20 世纪 60 年代中期，声表面波技术在国外迅猛发展，应崇福除到处呼吁国内应赶快进行这方面研究外，还在声学所超声室内筹建声表面波研究组，亲自写讲义给年轻人讲授声表面波课程，组织建设声表面波工艺线，经过艰辛努力，到 20 世纪 70 年代中期已能做出性能较好的脉冲压缩滤波器。由于应崇福此时又将主要研究方向转向超声在固体传播和超声检测，他就调基础较好的汪承灏去负责该组的工作。汪承灏去后，先后组织研制离子束刻蚀、磁控溅射等设备，并运用于实际的科研工作；提出和研制出多种声表面波以及高频体声波器件和系统，结合国防和国民经济的需求，进行大力推广应用。其中不少达到了国际先进水平，甚至领先水平。这样历经 20 年，经过全室同志共同努力，获得了众多的成果。

同时，汪承灏看到声表面波领域中的基础理论在世界上发展缓慢，决心加以突破。先后与陈东培、刘援、范思奇、黄歆等合作，经过不懈的努力，建立了压电晶体表面激发、传播、衍射、散射的理论，被国外认为是"分析声表面波激发和传播的最严格的方法"，从而架构了声表面波技术的理论体系。

20 世纪 90 年代，汪承灏认识到声表面波技术发展已较成熟，而声学微机电系统（MEMS）正迅速发展，他及时审时度势，抽调室内何世堂、徐联等人，并与电声室的田静、马军等合作组建声学微机电实验室，争取了一些经费，购置了必要的微细加工工艺设备，经过两年左右筹建，初步建立了声学 MEMS 工艺线。在工艺技术上，在半导体所、北大微电子所等的帮助下，边学边干，至今已研制出硅微电容传声器、硅微压电传声器、硅微压电水听器等具有国际水平的器件，并积极开展了硅微超声换能器，压电薄膜体声波谐振器，弯曲板波生化传感器等研制工作，取得了初步的成果。

几乎同时，先后与魏炜、张碧星、陆铭慧合作，发展声学时间反转方法，取得了各向异性介质自适应聚焦；超声探测界面附近不易发现的缺陷的鉴别检测；水下波导声束自适应聚焦及其在水中通讯中应用等成果。推动了声学时间反转技术在我国的发展。

汪承灏 50 多年来淡泊名利，不怕困难，刻苦钻研，在遍及超声学、物理声学等诸多领域，取得了骄人的成绩，为我国声学事业发展作出了杰出贡献。先后获国家自然科学奖、发明奖和科技进步奖三等奖 4 项，全国科学大会中国科学院重大成果奖，科学院科技进步奖一等奖 1 项，科学院科技成果奖二等奖 4 项以及饶毓泰物理学奖；取得专利 10 余项，发表论文 180 余篇。

建立压电晶体表面激发的理论体系

20 世纪 60 年代中期起，声表面波技术获得迅速发展，许多器件纷纷推出，并应用于电子学各领域。也许是发展太快，以及压电晶体表面激发的严格分析比较困难，在理论分析中常采用一些唯象模型，如 δ 函数模型、脉冲响应模型和等效电路模型等。它们的确也解决了初期器件设计上的一些问题。但是随着技术的发展，更为精确严格的分析理论需求变得日益紧迫。

1977 年 Milsom 等首先用格林函数方法给出在压电晶体表面上表面电荷激发产生的声表面波和体波场。汪承灏仔细研读这篇文章后，发现其理论很不完备，也没有给出产生弹性波场的清晰表述。他决心深入探讨压电晶体表面激发问题，建立它的完备理论体系。他先后与陈东培及刘援、范思奇、黄歆 3 位研究生合作攻克这个声学中最复杂的具有机电耦合的各向异性介质——压电介质表面激发问题。工作过程中得到了应崇福院士的鼓励和帮助。

汪承灏他们首先证明了压电晶体声表面激发产生的弹性波场是表面上广义力与广义 Green 函数的点乘卷积。此时广义力不仅包括电源激发，而且包括力源激发，电源不仅包括表面上法向电位移不连续即存在表面电荷，也可以是表面切向电场的不连续。这些都是 Milsom 理论所没有的，因而该理论所给出的 Green 函数也是不完整的。对激发产生广义弹性波场（包括表面波场和体波），汪承灏等人给出了仅与晶体材料参数和切向有关的解析表达式，而 Milsom 的工作则不能给出这种解析表达。后来，汪承灏等又进一步推广到表面激发产生赝表面波以及头波的情况中去，特别在理论和实验上证明了压电晶体表面的高速模式是他们理论给出的表面纵波头波模式，而不是国外所认为的高速赝表面波模式。汪承灏等人的工作被国际声学界评为"分析声表面激发传播的最严格的方法"。（J. Koskela，V. P. Plessky，IEEE Trans. U. F. F. C 1998，45：439－449）。

汪承灏他们进而又将此激发理论由一维推广到二维情况，进一步在国际上首次给出压电晶体表面有限孔径源产生声表面波和体波衍射场的严格矢量场理论，克服了国际上流行的标量角谱理论的缺陷和不足。该理论有实用价值，因为叉指换能器的幅度加权是依靠切趾加权来实现的，因此一些叉指会切趾到很小的孔径，它们的衍射效应不能忽略。此外，根据此激发理论，给出了声表面波在反射栅阵中栅条（沟槽或金属条）上的散射的严格分析，奠定了在声表面波技术中很重要的一类器件——反射栅阵器件的物理基础。

汪承灏和刘媛等人又将稳态分析推广到瞬态。瞬态分析不仅有更为明晰的物理图像，而且在许多实际应用如超声检测、地球物理和声表面波器件中也是很需要的，像传播波前分布，还能给出在稳态分析常被忽略的复杂的头波波形；后者，国际上对瞬态问题的研究只有少量的差分数值计算。刘援、汪承灏他们的工作目标是给出瞬态问题的普遍解答。他们利用积分变换和 Cagniard - de Hoop 方法，给出了压电晶体瞬态激发产生的相互耦合的电磁波、弹性波声波两类波动，表面波、体波和头波 3 种波形的波场的普遍理论。之后还惊人地发现并实验验证了表征弹性波与电磁波耦合的电磁声头波。这种头波在表面点源或线源激发时，在压电体中通常产生的球面波、柱面波之前会出现奇异的平行于表面传播的平面波。

这样，汪承灏等就建立了压电晶体表面激发、传播、衍射和散射的完整的理论体系，构成了表面波技术的理论基础框架。

由于该方面的研究，汪承灏获得了国家自然科学奖三等奖、中国科学院自然科学奖二等奖以及饶毓泰物理学奖。

提出和研制声表面波和高频声体波器件和系统

汪承灏于 1977 年调到声表面波研究组任组长，成立研究室后任室主任。那时，研究组已开展了声表面脉冲压缩滤波器、卷积器、谐振器及压电薄膜等方向的工作。但是除直列式脉冲压缩滤波器已研制成功外，其他器件还处在探索阶段。汪承灏除开展了作为声表面波基础的压电晶体表面激发系统理论研究，同时在器件方面，他组织调配研究队伍，添置必要的仪器设备，提高工艺技术，针对社会和国防需求，与全组（室）共同努力，研制出多种声表面波器件、高频体波器件，尤其是新颖和尖端器件，几乎国外有的他们都有，并且达到了国际水平，甚至国际领先水平。还通过自主研究，独创性地研制出一些国外尚无的新型器件和系统。这些器件和系统不少获得了应用，在军事和国民经济中发挥了重要作用，获得国家奖三项，科学院和部委科技成果奖一、二等奖9项。

汪承灏主持、提出和参与的项目有：

（1）组织离子束刻蚀机制造，提出沟槽深度快速准确刻蚀方法，由周献文等研制出具有国际领先水平的沟槽反射栅式脉冲压缩滤波器，在雷达、电子对抗等方面取得了应用，获中国科学院科技成果奖二等奖。

（2）主持研制声表面波弹性卷积器，提出新型结构，使弹性卷积器性能达到国际水平；并与南京航空学院合作，运用此器件，首次在当时我国数字电路尚不发达的条件下利用声波卷积器这种模拟器件研制出我国第一个扩展频谱通讯系统。该成果获得中国科学院科技进步奖一等奖，国家科技进步奖三等奖。

（3）提议由声表面波脉冲压缩滤波器构成 chirp－Z 变换频谱分析系统观测射电天文星云分子谱线方案，由陈东培、周献文等研制出新型声表面波射电天文功率谱仪，并安置于中国科学院紫金山天文台青海观测站进行观测。该谱仪获国家发明奖三等奖。

（4）提议用锗酸铋基底，与孙宝申、金国华一起研制出国际上最长时延的弹性卷积器，并成功运用于早期我国双星定位系统中实现捕获同步和解扩，成功地实现定位和通信。该器件获得中国科学院科技进步奖二等奖和国家发明奖三等奖。

（5）与王佐卿、周素华一起揭示声表面波在声栅上的 Bragg 衍射现象，并据此在世界上首次研制出纯声学射频频谱分析器。美国微波访华代表团在微波杂志发表的访华文章中，就特意配图指出在中国科学院声学所"看到一种频谱分析器，立即让人想到在军事对抗应用中的作用"。据说美国曾研制类似的频谱分析器供美国军方使用。

（6）与何启光、徐帆一起改制磁控离子束溅射设备，淀积出优良的 ZnO 压电薄膜，并运用它，提出采用单端对结构，而不是当时国际上流行的双端对结构，研制成高次泛音体波谐振器（HBAR）。

（7）与张宇行、中国科学院半导体所刘忠立等合作，研制出高性能声表面波可编程匹配滤波器（抽头延迟线），使我国成为继美国后第二个研制成功这种器件的国家。该器件后经外单位改制，实现量产，用于某重点工程上。

（8）提出 ZnO 压电薄膜构成 Fresnel 环状换能器，进行声束聚焦扫描方法，与乔东海、李顺洲等一起，一改过去超声显微镜固定焦点不可调焦的缺点，研制出高频可变焦的超声显微镜，实现超声电子扫描显微成像。

提出压电可调频换能器和压电阻尼原理

由于电声耦合的存在，汪承灏等发现电端负载对压电振动系统的机械振动特性会产生重要影响。他与赵哲英、马玉龙深入研究表明，在电抗负载由 $-\infty$ 到 $+\infty$ 变化时，系统的机械谐振频率将充满 $0 \sim +\infty$ 整个频率域。而国外 Tiersten 等的知名工作得到的电的共振和反共振频率等效于在特殊情况下的结果，即分别相当于电端短路和开路时的换能器机械共振频率。

汪承灏等人依据自己的发现提出压电振动系统可调频原理，用改变负载电抗的方法，实现压电可调频换能器。他们进一步实验表明，一种纵振动压电换能器能在一个半倍频程内有效地工作。从而，人们通常认为的换能器只能在固定频率下工作的观念终于被打破！这种调节换能器工作频率的方法不仅简便有效，而且可连续和瞬时调节，它可望用于可调频谐振器和换能器、频率捷变声呐、水下扩展频谱通讯、声谱分析、换能器阵列阵元频率调整等。该首创性研究在国外已引起注意，引用推广到声呐用水声换能器中。

如果在电负载中引进电阻成分，换能器系统将发生阻尼振动，由此汪承灏提出了压电阻尼原理。实验研究结果表明，压电材料可以成为一种新型阻尼材料，而压电振动系统可作为一种阻尼结构。这种阻尼结构也具有简便、连续、瞬时可调的特点，它可代替超声、水声换能器的背衬阻尼结构，在不妨碍向介质有效辐射条件下保持辐射较窄的声脉冲；用它做振动阻尼材料，与普通黏滞阻尼材料相比，具有较大的刚度，适用高温高压环境。这种新型压电被动阻尼技术，国外比我们晚了几年才提出。目前在国外已引起重视，形成一种新型振动阻尼技术。本研究工作作为整个成果的一部分，获得了国家自然科学奖三等奖。

空化发光机理先驱性研究

超声空化发光在 20 世纪 30 年代就被发现了，虽然经过不少研究，但其机理还没有搞清楚。其症结在于探求空化发生在生长闭合（collapse）周期的哪个时刻。如果发生在生长瞬刻，则有超声拉开的透镜状气泡壁两侧因离子涨落形成正负离子分布不对等而造成的"电击穿"假说。如发光发生在闭合瞬刻，则归结为由于空化内气体被迅速压缩、产生高温而发光的"热点"理论。由于一般超声空化含有众多大小不一的空化气泡分布在声场的不同地点，它们生长闭合周期相位关系不一致，在声周期内相当一个范围内都有光辐射发生，因此就不确定发光到底发生在生长闭合周期内哪个瞬刻，从而也不能知道空化发光的机理。

汪承灏和张德俊在应崇福院士建议下决心揭开此谜底。为了避免超声空化气泡众多、相位不一的缺陷，采用了 Chesterman – Schmid 方法产生单一的、较大（最大直径有 2cm）的气泡，以便于观测。用光照射在气泡上，依靠气泡散射光的强弱来表示气泡的大小。为了避免散射光掩盖空化微弱的发光，他们巧妙地采用对空化发出的青紫色光敏感的光电倍增管；而照射光采用光电倍增管不敏感的红光，并且可调。终于通过适当调节红光的照射强度，使得反映气泡大小的散射光波形和空化发光的光脉冲用同一光电检测器在示波器上同时显示出来。检测结果表明空化发光准确地发生在气泡闭合的瞬刻！此外，还对不同液体进行了实验，结果表明发光程度与液体中离子浓度无关，而与液体的饱和蒸汽压的大小成反比。这些结果都不支持"电击穿"假说，而支持"热点"理论。

有意思的是，约 30 年后，引起国际上物理学界轰动的 Gaitan 等的单一空化气泡声致发光实验，显示一个仅有约 50ps 短的光脉冲也发生在空化气泡闭合的瞬刻。著名超声物理学家 Eisenmenger 在一次学术会议指出，汪承灏的论文是在这次热潮前，"几十年来见到的唯一的一篇文章"。

另外，汪承灏首次测定了超声空化气泡闭合时在液体中产生的瞬时压力可达到上千大气压；用高速摄影技术摄得单一气泡空化两相分散乳化过程，表明它也是空化气泡闭合时在液体中产生的强大压力脉冲所致。从而阐明了空化作用另一个重要机理——压力效应机理。

汪承灏等关于空化方面研究工作，1978 年获得全国科学大会中国科学院重大科技成果奖，并获得中国声学学报迄今为止两个"最佳论文奖"之一。

发展了声学时间反转方法

法国 Fink 教授将光学的相位共轭法自适应聚焦引入声学，并且由频率域转到时间域，发展成为更有效的时间反转方法。汪承灏敏锐地捕捉到这种方法对于声学探测发展的重要性。从 1997 年起，通过查阅文献、自制仪器设备，先后组织了魏炜、张碧星、陆铭慧等人一起进行探索，取得了不少成果，主要有以下 3 点：

（1）将时间反转方法扩展应用到各向异性介质，实现了自适应聚焦。对于各向异性介质而言，由于声速在不同方向是不同的，一般地说，如果不作仔细的在相位（或时延）上的补偿，很难实现聚焦。汪承灏他们利用自己发展的晶体表面激发理论，在不知道各向异性晶体材料性质和/或取向的先验知识情况下，施于时间反转操作，分析表明，就能实现自适应聚焦。他们对单晶硅材料进行了实验验证。Fink 教授认为此工作是声学时间反转技术的重要发展（以前时间反转技术只运用于不均匀介质和波导介质），给予了高度评价。

（2）在超声检测中，很难检测到在界面或底面附近或其上的缺陷，这是因为声脉冲宽度是有限的，在界面或底面的强烈反射将掩盖缺陷微弱的反射而漏检。汪承灏等改进了时间反转法，提出换元的时间反转法来进行检测。由于对界面而言，经过换元的时间反转法操作后不能聚焦，而对点缺陷而言，仍能聚焦，从而能鉴别界面附近是否存在缺陷，这就解决了超声检测中这一难题。

（3）水下声通讯可能是时间反转法最重要的应用。Kupermamm 等在地中海进行水下通讯实验取得了良好效果，但是没有给出定量的结果。而汪承灏他们则用简明的射线法进行水中波导声通信信号的时间反转处理分析，并进行水槽模拟实验。对一个 16 个阵元发出的 7 位巴克码，相关峰主副瓣比提高了 5dB，处理增益（相关峰高度）提高 6dB，它意味着水下通信距离可增加一倍，并可调低门限电平，降低误码率。这方面研究已引起我国水声界的重视，纷纷进行这方面研究。汪承灏等的研究工作推动了我国时间反转方法在水声中应用的发展。

创建声学微电子机械系统实验室

随着 MEMS 技术的迅速发展，它已渗透到声学领域中来，形成声学 MEMS 分支，并可望形成一类新型声学器件。1999 年汪承灏审时度势，毅然筹建声学 MEMS 实验室，组织了一支研究队伍，筹集不多的经费，经过两年多的努力，初步建成了声学 MEMS 工艺线，开展声学 MEMS 的研究，并已取得了一些成果。

汪承灏与徐联等提出一种新型硅微电容传声器结构，采用了 ZnO 作牺牲层、圆形振动膜、防粘连结构等独特工艺，研制出具有国际水平的硅微电容传声器；最近他还与李剑成研制成适用于 SOC 的硅微电容传声器。在硅微压电传声器方面，与李俊红、马军等研制具有国际先进水平的硅微压电传声器，并经过改装，改制成达到国际先进水平的硅微压电水听器，在保证灵敏度的条件下，比现有水听器体积大大减小。目前还在开展硅微超声换能器、体波谐振器、生化传感器等方面工作，取得了初步成效。

汪承灏表示，虽然年龄已超过七旬，但仍决心与年轻的同事一道建设好声学微机电实验室，多出成果，为国家多作贡献。

严谨的学风和创新的精神

经历了半个世纪的科研生涯，汪承灏从一个初出茅庐的大学毕业生成为一个成熟的科学家，当然是与他刻苦学习和勤奋工作分不开的。但仅靠刻苦勤奋还是不够的，汪承灏之所以获得突出的科研成果，还因为他具有严谨的学风，并且极富创新精神。

汪承灏做一项研究工作，通常都要从理论和实验多方面进行思考钻研和实际验证，不断总结，认为成熟了才写成论文去发表。做实验工作发现新的现象和规律时，除了做多次的反复检验，通常还要进行理论分析，使实验建立在牢靠的基础上。而对理论工作，能够做实验验证的一定要进行实验。不能做实验验证的，则更为谨慎，必须从各个角度进行深入思考，反复推敲，认为没有漏洞了才算完成。如他作出压电晶体表面激发产生的体波解后，发现相位上出了一个 $\pi/2$ 的相差，看起来有点问题，然而这也并不影响此工作的主要结论。但是他还是慎重地考虑了一年，认为得出的结果是完全正确无误后，论文才送出去发表。正是有这样严谨的学风，使得他的科研成果经得起时间的考验。

汪承灏不因学风上的严谨而妨碍他发挥创新精神，相反，他思想极其活跃敏捷，不迷信书本，不迷信权威。而正是他有严谨治学的态度，打下了坚实的物理基础，加上在科研上的好奇心，使他在超声各主要领域都有一定深度的了解，并做出一定成绩。这其中既有工作上的需要，也出于他渴望了解更多的知识，打开自己的眼界，并享受其中的乐趣；与此同时也培养了他科学上敏锐的洞察力。他每进入一个新的领域，就能迅速了解它的原理和特色，同时也能洞察出存在的问题。他有时能够用熟悉的老的原理和方法加以延拓和发展，去解决新领域中存在的问题。反过来也能用新领域中新的原理和方法，加以改进和再创造，去解决老大难问题。正是在这个学习—创造—再学习—再创造的循环并不断提高的过程中，他取得了一个个科研成果。

（刘梦伟）

简　历

1938 年 1 月 10 日　出生于江苏省南京市

1954—1958 年　在北京大学物理系学习

1958—1964 年　任中国科学院电子学研究所研究实习员

1964—1969 年　任中国研究院声学研究所研究实习员

1969—1979 年　任中国科学院物理研究所研究实习员、助理研究员

1979—1986 年　任中国科学院声学研究所助理研究员、副研究员、研究室主任

1986—1997 年　任中国科学院声学研究所研究员、研究室主任、研究所学术委员会主任

1998 年　任中国科学院声学研究所研究员

1998—2006 年　当选为中国声学学会常务理事、名誉理事

2001 年　当选为中国科学院院士

主 要 论 著

1　汪承灏，张德俊. 单一气泡空化的电磁辐射和光辐射. 声学学报，1964，1（2）：59.

2　汪承灏，张德俊，宗键. 空化乳化机理的高速摄影实验研究. 物理学报，1977，26（5）：381.

3　Chenghao Wang, Zheying Zhao. Principle of piezoelectric – tunable transducer. Chinese Journal of Acoustics, 1983, 2（1）：17.

4　Chenghao Wang, Zheying Zhao. The effect of electric load on the characteristic for piezoelectric vibration system. Chinese Journal of Acoustics, 1984, 3（3）：250.

5　Chenghao Wang, Dongpei Chan. Analysis of surface excitation of elastic wave field in a half space of piezoelectric crystal—general formulae of surface excitation of elastic wave field. Chinese Journal of Acoustics, 1985, 4（3）：232.

6　Chenghao Wang, Dongpei Chen. Generalized Green's functions of surface excitation of elastic wave field in a piezoelectric half space. Chinese Journal of Acoustics, 1985, 4（4）：297.

7　Chenghao Wang, Dongpei Chen. Scattering of rayleigh wave through a groove on surface of piezoelectric crystal. Scientia Sinica（serica A），1985, 28A（3）：286.

8　Chenghao Wang, Zuoqing Wang, Suhua Zhou. Purely acoustic RF spectrum analyzer based on two dimensional acoustic bragg lens. Proc. IEEE Ultrasonics Symposium, 1986. 133.

9　Chenghao Wang. Principle of piezoelectric damping of vibration. Chinese Journal of Acoustics, 1987, 6（1）：36.

10　汪承灏，范思齐. 压电晶体表面任意源分布所产生的弹性波场. 中国科学（A 辑），1988（7）：749.

11 Yuan Liu, Chenghao Wang, Chongfu Ying. Electromagnetic acoustic head waves in piezoelectric media. Appl. Phys. Lett. , 1989, 55 (5): 434.

12 Yuan Liu, Chenghao Wang, Chongfu Ying. Transient waves in piezoelectric half – space generated by line – loaded surface source. Proc. IEEE. Ultrasonics Symposium, 1991. 377.

13 Chenghao Wang, Siqi Fan, Huaiyu Fan, et al. SAW diffraction field generated by source with finite apperture on piezoelectric crystal surface. Chinese Journal of Acoustics, 1992, 11 (1): 1.

14 Donghai Qiao, Shunzhou Li, Chenghao Wang, et al. ZnO planar focusing transducer on using Fresnel array. Acoustical Imaging, 1993, 20: 353.

15 Yuan Liu, Chenghao Wang, Chongfu Ying. Head wave in a piezoelectric half space. IEEE Trans. on UFFC, 1995, 42 (1): 66.

16 汪承灏, 黄歆, 许钊庚, 等. 压电晶体表面高速声学模式. 中国科学 (A 辑), 2000, 30A (4): 260.

17 Xin Huang, Chenghao Wang. Elastic wave diffraction fields generated by surface excitation of a crystal. Theoretical and Computational Acoustics, 2001, Singapore: World Scientific, 2002, 367.

18 Bixing Zhang, Chenghao Wang, Minghua Lu. Time reversal self – adaptive focusing in anisotropic elastic solid medium. Acoustical Physics, 2003, 49 (6): 688.

19 Jing Tian, Chenghao Wang, et al. A new type of silicon microphone. 18th Inter. Cong. of Acoustics, Kyoto, Japan, April 2004, 1337.

20 Chenghao Wang, Xin Huang. PSAW Green's function of surface Excitation of piezoelectric crystal. Chinese Journal of Acoustics, 2004, 20 (3): 244.

21 Minghua Lu, Bixing Zhang, Chenghao Wang. Application of time reversal in underwater communication. Chinese Journal of Acoustics, 2004, 20 (4): 340.

22 Xiaomin Wang, Mingxuan Li, Chenghao Wang. Numerical analysis of capacitive pressure micro – sensors. Science in China (Series E), 2005, 48 (2): 202.

23 Laiyu Lu, Bixing Zhang, Chenghao Wang. Experimental analysis of multimode guided waves in stratified media. Applied Physics Letters, 2006, 88

(1): 014101.

24 Jing Tian, Chenghao Wang, et al. Research progress in piezoelectric micro-
    phones. 19th Inter Cong of Acoustics. Madid, Spain, 2007, EIE – 02 –
    010.

25 Laiyu Lu, Chenghao Wang, Bixing Zhang. Inversion of multimode Rayleigh
    wave in the presence of a low – velocity layer: numerical and laboratory stud-
    y. Geophysical Journal International, 2007, 168 (2): 1235.

26 Donghai Qiao, Shungzhou Li, Chenghao Wang. High frequency acoustic mi-
    croscopy with Fresnel zoom lens. Science in China (Series G), 2007, 50
    (1): 41.

27 Junhong Li, Chenghao Wang, Lian Xu, et al. Pt/Ti electrodes of PZT thin
    films patterning by novel lift – off using ZnO as a sacrificial layer. Chin.
    Phys. Lett. , 2008, 25 (1): 310.

张裕恒

(1938—)

张裕恒，凝聚态物理学家，中国科学院院士。从事超导电性、自旋电子学和低维物理研究。提出了判断高温超导在强电应用中磁通运动机理的一种方法；所设计的 $(YBCO)_n/(PrBCO)_8$ 超晶格实验解释了超导相变后出现负霍尔系数的原因。从实验上证实了锰基钙钛矿庞磁电阻材料的晶格极化子导电机制，提出并实验证实了不同元素间的双交换作用。制备了发光强度强、不衰减、不蓝移的多孔硅，并在实验上观察到硅纳米微晶中载流子的量子限域效应。

朦胧的理想

张裕恒，1938年2月28日出生于江苏省宿迁市。出身于书香世家，祖父张鸿鼎是清朝拔贡，父亲张一航肄业于中央大学（抗战开始辍学），自幼受到努力读书长大成为有学问人的教育。他的父亲是一位有民族气节的知识分子，抗日战争八年期间，带领全家躲避在偏僻的农村，并与朋友办起私塾。父亲教授数学、物理、化学、英语。他特别喜欢听父亲讲科学家的故事，例如阿基米德用科学发明抗击希腊的侵略，最后死在希腊士兵的屠刀下还保护着他画在地上的图形；中国古代墨子与公输班攻守城的故事。这些在他的幼小心灵中留下了科学神奇、伟大的深刻印象，并朦胧萌发了将来要做科学家的念头，他向父亲说："长大后，我也要像他们那样。"1945年抗日战争胜利后，父亲回城在宿迁中学任教。1950年他考取宿迁中学，他很喜欢数学，曾自己总结出二次方程的各种解法，记在了一个小本子上，并很高兴让同学们借去看。有时他也会童心大发，在面临考高中时，他突然对猎奇发生兴趣。别人在备考，他却在查看地理书，寻找哪个国家人最矮、什么地区树最高、什么民族女人脖子最长……正值暑期，他父亲回家问他为什么做这些而不复习功课，他回答："用不着，平时都会了。冰冻三尺非一日之寒。"1953年初中毕业于江苏省宿迁中学，1954年转学到怀远中学，那个时候（1955年）他就读的高中——安徽省怀远中学没有一本数学、物理习题集。高二暑假时，一位同学从外地带来一本物理习题集，他借来如饥似渴地一口气做完。进入高中后，除了喜欢数学外，他还非常喜欢物理，他做完了所有数学、物理书后的习题。到高三下总复习准备高考时，老师在黑板上布置习题，他总是在老师写完题后就马上做出来。

1956年，他考入南京大学物理系。这个时期他很傲气，以为没有他解不了的物理题。这个"傲"在进入南京大学后遭到当头一棒。在物理习题课上，江苏省苏州高中毕业的同学能做出的题，他却做不出来，这使他认识到人外有人、天外有天，知识如大海，自己学到的只不过是沧海一粟。再想起进入南京大学物理系的迎新晚会上程开甲（两弹一星元勋）的讲话，程先生讲了他在英国工作时看到英国报纸刊登中国共产党的大炮炮轰行驶在长江里的英国军舰（即"紫石英号事件"）。程先生说他过去并不了解中国共产党，但敢用大炮轰击英国军舰，真是了不起，中国共产党伟大，这促进了程先生毅然回国的决心；程先生又讲了如何打基础，讲了他关起门来做两千道微积分题。这是他第一次听到教授、科学家的讲话，他非常专心地聆听教诲。程先生的爱国和奋进精神深深地感染了他。在一年级暑假里，他牢记程先生的话在家里做了近两千道微积分题，果然效果显著，熟能生巧，他的学习成绩也越来越好。

在大学期间，正值国内反右、大跃进等政治运动活跃时期，学校强调集体学习，老师、同学在一起讨论。他很钻研，在所学的课中，经常提出能将全班同学和助教都难住的科学问题。于是，他去请教程开甲，程先生十分认真地说："等一下。"他查阅资料后才告诉他们。程先生对科学的认真、博学给他以深刻的教育。他的一位同学叶纯灏（现为南京大学教授）跟他说："你的思维很独特，提出的问题让全体同学和助教都去思考，可你却觉得没事了。如果你自己去解决，将来一定会出成绩的。"叶纯灏的话对他心灵震动很大。

初步踏入科学浩海

1961年张裕恒大学毕业，被推荐考上了中国科学院物理所研究生，在研究生学习阶段，导师洪朝生对他要求很严，经常给他提出阅读文献中的问题，启发他如何进行科学研究。在进入研究生论文阶段时，他发现国际上的大物理学家 Landau 关于薄膜临界场和厚度关系的理论与实验不符合。得到导师的同意后，他深入研究了这个课题，发现苏联人的实验结果总是跟 Landau 理论符合的，而西方的结果与他的实验结果都是不符合的。他仔细研究，发现苏联人对薄膜厚度都是用约化量，而不是直接测量值，这种描述结果掩盖了 Landau 理论的不足。他尝试在理论上用非线性、非定域效应改进 Landau 的线性定域理论，解决了这个问题。在导师洪朝生的指导下完成了《超导 In – Sn 合金膜临界场的非线性非定域效应》论文，他的研究生答辩委员会主席是凝聚态理论物理学的专家、《物理学报》主编李荫远。答辩后，李先生提出不用审稿，可直接发到《物理学报》上。1965 年张裕恒研究生毕业并留物理所工作，他的这篇 25000 字的论文发表在 1966 年 3 月的《物理学报》上，从此他走上了科学研究的道路，研究生时代的工作使他步入了科学的浩海。不幸的是"文化大革命"中断了他的科学研究。"文化大革命"中，他偷偷地将过去读过的文献中的公式一一推演，有时为了弄清一个公式他一直追查到 19 世纪发表的论文，所幸物理所图书馆没有关闭。这个看起来似乎是无意之举，他却觉得十分有趣，这样做帮助了他对物理图像的理解，同时为他这位实验物理学家也能做理论研究打下了基础。

1971 年 2 月张裕恒到长春半导体厂任技术员。1974 年 4 月调安徽光机所受控站（即现在的中国科学院等离子体所）。1976 年 9 月调中国科学技术大学。1993 年他主持的"高温超导体微结构与超导电性的基础研究"获中国科学院自然科学奖一等奖；2007 年他领导的"过渡族金属氧化物自旋电子材料研究"获安徽省科学技术奖一等奖；2009 年他领导的"过渡族金属氧（硫）化物电磁行为研究"获国家自然科学奖二等奖（他排名第一）。

1991 年张裕恒被评为中国科学院"七五"重大科研任务先进工作者，享受国务院政府特殊津贴，被国家科学技术委员会授予"七五"国家高温超导攻关先进个人并当选校优秀教师，1993 年获光华科技基金奖一等奖，1994 年获中国科学院优秀教师奖，1995 年被国务院授予全国先进工作者，1996 年他还当选安徽省十杰职工，1998 年被评为中国科学院优秀研究生导师，2002 年被教育部、国务院学位委员会授予"2002 年全国优秀博士论文指导教师"奖杯，2003 年 12 月获中国科学院宝洁优秀研究生导师奖。2005 年，当选为中国科学院数理学部院士。

寻求科学研究方向

　　"文化大革命"后,国内迎来了科学的春天。张裕恒夜以继日地阅读文献,加紧弥补 10 年损失的时光,寻求今后的研究方向,并组织研究队伍,选定了两个研究方向:亚稳相的超导电性和 Josephson 效应。在那个年代里,论文不敢发到国际刊物上,从 1978 年到 1986 年,他的 35 篇论文都发表在《中国科学》和《物理学报》上。

　　研制脉冲磁体,发现谈论30 年之久的"磁通浓缩器"的原理性错误

　　"文化大革命"后,中国科学院和高教部(后改称教育部)重点大学纷纷恢复基础科学研究,迫切地需要具备一些新的实验手段。张裕恒承担了"六五"攻关中脉冲磁场的研制,他们调研了国际上研制脉冲磁体的各种方法,确定研制"磁通浓缩器",但没有成功,获得的磁场远达不到设计的要求。他和他的助手们从理论上发现"磁通浓缩器"的原理是错误的,指出国际上 30 年来用此法都得不到预计目标的原因。他们的论文《磁通浓缩器无浓缩磁通作用》发表在 1983 年的《物理学报》上。

　　他在理论上给出了脉冲磁场的最佳设计,并用绕组线圈法研制了脉冲磁体,得到了 37.8T、20mm 内径、32ms 脉冲时间的脉冲磁体。该磁体用于"六五"攻关项目——超导线材的临界场性能的测试,该项目获中国科学院自然科学奖三等奖。

　　扩展亚稳相半导体的超导温区

　　在普查文献时,张裕恒看到苏联人发表的一个有趣的结果:亚稳相的 InSb 可以超导。在此之前,人们熟知非晶、结晶半导体是不可能有超导电性的,苏联人的这个报道引起他极大的兴趣。他立即领导他的研究组制备了可冷却到液氮温度衬底的镀膜设备,并设计和制造了对冷底板的 InSb 原位进行 X 光衍射的装置，制备和分析亚稳相 InSb，不仅将苏联人报道的在 200 ~ 240K 才能得到亚稳相的 InSb 扩展到 77 ~ 240K，而且得到了这个温区中不同温度的结构相，指出亚稳相超导电性来自于六方晶系的新相（InSb）H。随着温度提高，六方晶系转变到仍可以超导的体心四方晶系（InSb）4u，温度继续提高，出现面心的四方晶系 InSb 的稳定相，超导电性消失。他提出了模型，建立了理论，并很好地模拟了实验。这部分工作连续 5 篇论文发表在《物理学报》和《中国科学》上。

开展 Josephson 效应的理论和实验研究

（1）直接看到了从单电子隧道转变到 Josephson 隧道

在读研究生时，张裕恒看到 1962 年 Josephson 发表的超流隧道的理论，引起了他极大的兴趣。1976 年，他在回首阅读这方面的论文时，国际上惊人的进展让他大吃一惊，他决定从建立制样设备开始，努力赶上。实验上，张裕恒他们首次获得了随温度降低单电子隧道渡越到 Josephson 隧道的实验。从理论上计算出了这个渡越的临界厚度。

（2）发现在一个磁通量子内 DC Josephson 电流的阶梯效应

在进行实验的同时，张裕恒将 AC Josephson 电流激发超导隧道结的自测效应延拓到 AC Josephson 电流激发起谐振腔共振，然后这个共振再反馈到隧道结上，利用这个思想，他带领研究生做了大量的理论工作，发现在一个磁通量子内，仍然存在精细结构的台阶效应。这部分的工作共 11 篇论文发表在《物理学报》上。

踏入科学前沿

1987 年初，全世界掀起研究高温超导电性的热潮。张裕恒迅速地投入其中，从此，他一直活跃在高温超导电性研究的前沿。随后继之以开展巨磁电阻效应、低维物理等方面的研究。承担国家超导攻关和攀登项目课题，是科大负责人；主持中国科学院重大项目、国家自然科学基金委重点项目以及多项国家自然科学基金课题。截至 2008 年 12 月发表 SCI 论文 260 篇（都是他和他的在读研究生、在站博士后为第一作者），其中 *Phys. Rev. Lett.* 1 篇、*Appl. Phys. Lett.* 15 篇、*Phys. Rev. B* 60 篇。检索出论文被国际刊物他人引用 1238 次。

1992 年他编著《超导物理》一书，并立即被台湾儒林图书公司用繁体字转版。此书迄今已再版两次。

高温超导研究

（1）判断实验阐明了高温超导体在磁场中转变展宽的物理起源

高温超导体在磁场中超导相变出现新的 R - T 展宽效应。展宽的起因国际上存在两种观点：磁通线蠕动和涨落。1990 年张裕恒参加了在美国 Stanford 大学召开的国际高温超导大会，看到长长的一边是蠕动观点的大字报论文，对面便是长长的涨落观点论文。大会请了 5 位不同观点的国际知名学者坐在主席台上，台下提问题，台上争论，讨论十分活跃。显然，如果是涨落，高温超导在强电应用中将遇到难以逾越的障碍，当时国际上普遍对高温超导发展前景悲观。张裕恒考虑是否能找到一个判断实验分辨是涨落还是蠕动。会后，他提出一个判断实验。其核心思想是：如果是涨落则出现电阻的磁场与测量时间无关；如果是蠕动则与测量时间有关。因此张裕恒他们利用脉宽为 32ms 的脉冲磁场测量 R - H，调节场峰值为 5T 时正好出现电阻，达到 5T 测量历经 16ms，而用场峰值为 20T 时只需 4ms 就达到 5T。实验得到两种情况出现电阻的场是不一致的，明确地证明 R - T 展宽来自磁通线蠕动而不是涨落。论文发表于 1991 年第 44 卷的 *Phys. Rev. B* 上。他的判断实验澄清了国际上的争论，阐明了高温超导体在强磁场中转变展宽的物理起源。

（2）解决了国际上长达 9 年的困惑

自高温超导发现以来，超导相变后的负 Hall 系数造成了长达 9 年之久的困惑。张裕恒与合作者用（YBCO）$_n$／（PrBCO）$_8$ 超晶格发现当 $n \leqslant 8$ 时 Hall 系数是常规的，当 $n > 16$ 时出现反常。从实验上证实了 Hall 系数呈负值起因于钉扎力和热涨落引起的回流电流，即当 $n \leqslant 8$ 时 YBCO 太薄，回流出现不了，而当 $n > 16$ 时可容许回流呈现。论文发表在 1996 年 *Phys. Rev. B* 第 53 卷第 13 期上，1997 年 Wang L M 等发表在 *Phys. Rev. Lett.* 第 78 卷第 3 期上的论文专门介绍了他们的结果，并在后记中说明作者在投稿时见到和他们同样的实验工作。

（3）否定了国际上流行的非公度调制起因并提出新观点

在常规超导体中，微结构的变化（缺陷、位错等）不影响超导行为，而高温超导体微结构变化十分影响超导电性，例如 Bi 系的非公度调制。但非公度调制起因是什么？国际上流行的非公度调制起因于额外氧插入。张裕恒与合作者的实验指出在 $Bi_2Sr_{2-x}Ba_xCuO_y$ 中调制强烈地影响超导电性，随 x 增加调制波长缩短，但是 Raman 谱没有给出额外氧峰的变化。他们提出非公度调制来自 Bi_2O_2 层和钙钛矿层间的晶格失配，从而否定了国际上流行的非公度调制起因于额外氧插入的观点。他们的调制起因观点得到国际上认可。此外他们还发现高温超导体正常态的反常来自位移相变。上述工作连续在 *Phys. Rev. B* 上发表 10 篇论文。

（4）发现了一个当时最高临界温度的不稳定的高温超导体

在高温超导发展过程中，大量的元素替代被用于研究超导电性和应用。张裕恒注意到 Sb 原子比 Pb 小，Sb 代替 Pb 将引起 SrO_2 面的畸变而导致 CuO_2 面畸变，故开展了在 $Bi_2Pb_xSr_{2-x}Ca_2Cu_3O_d$ 中用 Sb 代 Pb 来探索新型超导体。他们用 Sb 代替 Pb 发现一个新的不稳定相 132K 超导电性，是当时国际上得到的最高临界温度的超导材料，引起国际上广泛重视，单篇被他人引用

78 次。

开展自旋电子研究

1994 年国际上报道了 LaSrMnO 具有庞磁电阻效应，张裕恒注意到这个类似于高温超导 LaSrCuO 的新材料会是一个重要的研究领域，他立刻组织课题，在国内最先开展了对庞磁电阻效应的研究。

（1）澄清两类极化子的存在

钙钛矿庞磁电阻（CMR）材料一出现，人们就发现该体系的导电符合极化子导电（即载流子激发起磁子或声子形成整体运动）的特征，但究竟是晶格极化子还是磁极化子导电一直存在争论。张裕恒与合作者用非磁性元素 Ga 替代 Mn，通过磁输运和热电势等实验研究证明在 Mn 基钙钛矿结构中是晶格极化子导电。

同样是自旋电子材料的尖晶石结构 $FeCr_2S_4$ 中也发现了 CMR 效应，但该体系中没有 Jahn – Teller 效应。他们首先通过实验给出该体系导电机制是极化子，并进而通过电子顺磁共振、磁输运和热电势等实验证明是磁极化子导电。

他们的工作澄清了国际上关于两种极化子导电的争论。

国际上报道 CMR 材料导电还遵从可变程跃迁（VRH）规律。他们发现两种从极化子到可变程跃迁导电的过渡：一是在高温下是很好的极化子导电，而低温下则是很好的 VRH，这是温度效应引起的，由于低温下极化子获得的能量不足以产生近邻跃迁，而载流子的 VRH 在能量上更有利；另一种是随掺杂增加导电逐渐从极化子过渡到 VRH，指出这是由于掺杂引入了无规势导致 Mott VRH 的环境。

（2）发现并证实不同元素之间双交换作用

人们发现自旋电子输运是双交换作用（DE）而致，以往的 DE 作用下的输运仅存在于同种元素 Mn^{3+}/Mn^{4+} 体系中，一个值得探讨的问题是双交换作用能否在不同元素之间发生。张裕恒注意

到 Cr^{3+} 的电子结构和 Mn^{4+} 具有相同的电子构型（$t_{2g}^3 e_g^0$，$S = 3/2$）。是否在 Mn/Cr 间可以存在 DE 作用呢？

张裕恒与合作者研究了 $LaMn_{1-x}Cr_xO_3$ 和 $La_{0.67}Sr_{0.33}Mn_{1-x}Cr_xO_3$ 体系，证明 Cr^{3+} 和 Mn^{3+} 之间是 DE 作用。他们后续的工作还发现这种双交换作用不仅存在于 Mn/Cr 间，在 Mn/Fe 间也存在。

（3）提出相分离研究的新方法

相分离是近年来在钙钛矿氧化物（包括高温超导材料和庞磁电阻材料）中发现的一个新问题，这里的相分离是指材料在微观尺度上发生电或磁的相分离。钙钛矿结构锰基氧化物的相分离研究涉及该体系的基态性质，而基态性质的正确认识直接影响到解释庞磁电阻效应机理的理论模型建立。对于相分离的研究，人们在实验上都是通过高分辨电镜、高分辨 X 射线和中子衍射，μ^- 介子自旋弛豫等间接方法去寻找相分离的证据。

他们用别人从未使用过的方法——电子自旋共振（ESR）直观地测得了相分离。由于 ESR 是常规的测量手段，所以张裕恒提出的方法被国际上广泛采用。

（4）发现低场 M–T 曲线反常的起因

零场冷却和加场冷却磁化强度之间不可逆的行为在磁电阻材料中是普遍存在的，张裕恒他们通过研究发现对于锰基氧化物不可逆行为来源于自旋团簇玻璃态的形成；而对尖晶石结构 $FeCr_2S_4$ 的 M–T 关系（磁化强度与温度关系），在铁磁区总存在一个反常的峰，这个反常峰是一个长期困扰人们的问题，他们系统测量了不同温度下的矫顽力，提出反常起源于随温度降低磁化强度增强与矫顽力增强的竞争。

量子限域效应研究

国际上报道的多孔硅存在不稳定性的问题，常规方法获得的多孔硅，发光强度随时间迅速衰减，峰位蓝移，这限制了人们对它的量子限域效应进行研究。张裕恒提出多孔硅的原位铁钝化水热制备新方法，新方法制备出的样品发光强度强、不衰减、不蓝移，并指出这是由于在表面上稳定的 $Fe^{3+} - Si$ 形成阻止了 SiO_2 的产生并向内部扩散之故。论文发表在 *Phys. Rev. Lett.* 1998 年第 81 卷上。这个方法被国际上评议为："这里所提出的铁钝化的概念是全新的、易于激发人们兴趣的。""作者发明了一种新的方法来制备多孔硅并防止其光致发光的衰减。这个工作做得很出色，并对结果作了很好的分析，具有充足的说服力。"

他们在新方法制备的多孔硅上测到两个稳定的发光峰，这两个峰的峰位与限域理论十分符合。首次从实验证实了硅纳米微晶中载流子的量子限域效应。

提出"以科研带测试"办好开放
实验室和测试中心的思路

中国科学院结构分析开放实验室是在中国科学技术大学结构成分分析中心基础上始建于 1985 年，经几次评比，1989 年开放实验室被中国科学院提出黄牌警告。张裕恒临危受命，接任该实验室主任和中国科学技术大学结构成分分析中心主任。到实验室后，他用半年时间深入各个测试组了解情况，随后制定了以科研带测试办测试中心的方针，对开放实验室进行了研究方向和课题的整合，取得了很好的效果。这个办测试中心的方针被教育部肯定，1993 年测试中心通过教育部首批计量认证；1991 年开放实验室被摘掉黄牌，1992 年进入国家实验室评比行列，随后得到国家科委（后改称科技部）给予的运行补助费支持。他在任的两任期间，该实验室人员的学术水平也大大提高，从仅有他本人 1 名教授上升到现在的 11 名教授。

重视人才培养

张裕恒还注重培养年轻人才,他经常向他的研究生讲:年轻人应该有些"傲气",要有不服输的精神,要有壮志,但"傲"的同时要刻苦努力,要勤奋,勤奋才能出才智,天才出于勤奋。不然的话,这个"傲"就是瞎傲,是空想,将一事无成。他迄今已培养出 32 名硕士、33 名博士、7 名博士后。现还有在读硕士生 3 人,在读博士生 6 人。他培养的研究生中已有 12 名评上教授或研究员、博士生导师,他们中 5 名获国家杰出青年基金,1 名现在美国任大学教授,4 人进入中国科学院百人计划。10 名研究生获"求是"研究生奖学金。他还很注重年轻人才的德育培养,他的学生有 6 人在读期间加入了中国共产党。

(林 子)

简 历

1938 年 2 月 28 日　出生于江苏省宿迁市

1956—1961 年　在南京大学物理系学习

1961—1965 年　在中国科学院物理所研读研究生

1965—1971 年　任中国科学院物理所研究实习员

1971—1974 年　任长春半导体厂技术员

1974—1976 年　任中国科学院等离子体所研究实习员

1976—1989 年　历任中国科学技术大学讲师、副教授、教授

1982 年　当选为中国制冷学会安徽省分会理事长,中国制冷学会理事

1983 年　任中国电子学会超导电子学专业委员会副主任,当选为中国电子学会理事

1989—1997 年　任中国科学院结构分析开放实验室主任、中国科学技术大学结构分析中心主任

1991—2003 年　任《低温物理学报》常务副主编

2005 年　当选为中国科学院数理学部院士

2006 年　任中国科学院强磁场科学中心首席科学家兼副主任

主 要 论 著

1　张裕恒. 超导 In－Sn 合金膜临界场的非线性非定域效应. 物理学报, 1966, 22: 341.

2　张裕恒. 强耦合超导薄膜的临界场. 物理学报, 1979, 28: 883.

3　张裕恒. 脉冲强磁场系统最佳设计的理论. 物理学报, 1980, 29: 1121.

4　Y H Zhang. The physical nature of the step structures or oscillating effect of dc Josephson current within one magnetic flux quantum period. Chinese Physics, 1985, 5: 1.

5　Y H Zhang, S G Yuan, H B Liu, et al. The mechanism of conductivity and anomalies of superconducting transition for metastable meal－type InSb films. Science in China A, 1987, XX1X (7): 714.

6　Y H Zhang, X G Li, L Chen. Distinguishing between the flux motion and fluctuation in high Tc superconductors: A possible experiment. Phys. Rev. B, 1991, 44: 12009.

7　张裕恒. 超导物理. 合肥: 中国科技大学出版社, 1992. (1997 年第二版, 2008 年第三版).

8　Z G Mao, H G Zhang, M L Tian, et al. Influence of the incommensurate－modulation structure on the Raman spectra for La－and Pb－doped $Bi_2Sr_2CuO_y$ systems. Phys. Rev. B, 1993, 48: 16153.

9　K B Li, Y H Zhang, H Adrian. Mixed－state Hall－effect studies in high－Tc superconducting ($YBa_2Cu_3O_{7-\delta}$) n/ ($PrBa_2Cu_3O_{7-\delta}$) m superlattices. Phys. Rev. B, 1996, 53: 8608.

10　Y H Zhang, X J Li, L Zheng, Q W Chen. Nondegrading Photoluminescene in Porus Silicon. Phys. Rev. Lett., 1998, 81: 1710.

11　Y Sun, X J Xu, Y H Zhang, et al. Effects of Ga doping in the colossal magnetoresistance material $La_{0.67}Ca_{0.33}MnO_3$. Phys. Rev. B, 1999,

60: 12317.

12 L Pi, L Zheng, Y H Zhang. Transport mechanism in polycrystalline $La_{0.825}$ $Sr_{0.175}Mn_{1-x}Cu_xO_3$. Phys. Rev. B, 2000, 61: 8917.

13 X J Li, Y H Zhang. Quantum confinement in porous silicon. Phys. Rev. B, 2000, 61: 12605.

14 Z R Yang, S Tan, Y H Zhang. Magnetic polaron conductivity in $FeCr_2S_4$ in the colossal magnetoresistance effect. Phys. Rev. B, 2000, 62: 13872.

15 Y Sun, W Tong, Y H Zhang, et al. Possible double – exchang interaction between manganese and chromium in $LaMn_{1-x}Cr_xO_3$. Phys. Rev. B, 2001, 63: 174438.

16 H Zhu, S Tan, Y H Zhang, et al. Percolative metal – insulator transition in layered manganites $La_{1.4}Sr_{1.6-y}Ba_yMn_2O_7$. Appl. Phys. Lett., 2002, 80: 3778.

17 C G Zhang, Y H Zhang. Magnetic states in $La_{1.85-2x}Sr_{0.15+2x}Cu_{1-x}Mn_xO_4$ ($0 \leqslant x \leqslant 0.5$). Phys. Rev. B, 2003, 68: 054512.

18 W Tong, B Zhang, Y H Zhang, et al. 2004. Probability of double exchange between Mn and Fe in $LaMn_{1-x}Fe_xO_3$. Phys. Rev. B, 2005, 70: 014422.

19 Zhang C G, Yin Y, Zhang Y H, et al. Double percolation in perovskite oxides: Resistivity and magnetization study. Phys. Rev. B, 2005, 71: 014408.

20 Xie Jing, Fan J Y, Zhang Y H, et al. Superconductivity and anomalous magnetic properties of the double – doping $La_{1.85-2x}Sr_{0.15+2x}Cu_{1-x}Ru_xO_4$ ($0 \leqslant x \leqslant 0.3$) compounds. Phys. Rev. B, 2006, 73: 174515.

杨国桢

(1938—)

杨国桢，物理学家，光物理学家，中国科学院院士。长期从事理论物理、光学物理和凝聚态物理等研究。在光学一般性变换、光学系统相位恢复问题、超短脉冲激光谱线加宽理论、表面和界面的非线性光学、激光分子束外延技术及其氧化物薄膜等方面，取得了开创性的重要研究成果。在我国成功获得液氮温区氧化物超导体的研究中作出了重要贡献。

　　杨国桢，1938年3月出生于湖南湘潭市。父亲杨荫浏，又名清如，生于江苏无锡城内的一个清贫书香世家。杨荫浏自幼学习勤奋，酷爱音乐，完全靠着自学走进音乐领域。其早年，先就读于上海圣约翰大学经济系，二年级改读英国文学；后因情况变化，转入当时刚创办的上海光华大学。1925年上海"五卅"惨案发生后，杨荫浏当时与学校师生一道，宣传反帝爱国主张。杨荫浏以元代萨都剌《金陵怀古》所用的《满江红》曲谱，配上岳飞的《满江红》词，并亲自教唱，深受广大学生和群众的欢迎。随后，此曲在全国广为传唱，一直流传至今。

自1936年抗日战争爆发后，杨荫浏曾奔波于国内多地，先后在大学任教和从事中国音乐研究，长期任中国音乐研究所所长。杨荫浏是我国卓越的音乐史学家，堪称"中国音乐史上的巨擘"，也是世界音乐界的名流人物。其代表作为《杨荫浏全集》，共13卷，170余篇目，约650万字。

杨荫浏于1984年在北京病逝。生前曾任中国音乐家协会常务理事、中国民族音乐委员会主任和中国音乐研究所所长等职。并任第三至第五届全国政协委员。

杨国桢母亲张菊仙，江苏省立第三师范学校（今江苏省无锡师范学校）毕业，曾任小学教师，后在家操持家务，贤惠、勤劳，曾生有二男四女，杨国桢排行第五。

杨国桢在这名门世家的熏陶和教化下成长。其父亲总是鼓励子女们像他那样，凭自己的兴趣与爱好而学有专长，并以他那种做学问富有的执著追求、勤奋用功的品性言传身教。这让杨国桢深深铭记心中。

杨国桢天资聪颖，自幼养成了爱读书、勤思考的习惯。20世纪50年代初，他就读于无锡市著名的第一中学。当时市一中的地址在无锡城内学前街，周围是著名的无锡师范学校及其附小以及原国学（文）专科（修）学校（属于大专类），颇显这地域特有的书香气氛和人文环境。杨国桢学业突出，特别是痴迷上了数学，并在几次数学统考中均取得优异成绩。老师们鼓励他再进一步，去攻更难的数学题。那时还没有现在那么多数学竞赛，他就关注《数学通报》上的难题。因此，每逢寒暑假是他求解数学难题的大好时光。他往往为解一道题，苦思冥想，食不甘味，一天、两天甚至五六天，直到解出为止。1956年高中毕业，杨国桢怀着强烈的求知欲望和对科学的憧憬，以优异成绩如愿考入北京大学，因对物理更有兴趣而进入物理系学习，从此与物理学结下不解之缘。

在大学学习期间，杨国桢思维敏捷，尤爱理论物理，并以此作为他攻读研究生的专业方向。1962年北大物理系毕业后，他又以优异成绩考上该校著名物理学家胡宁教授的研究生。

20世纪60年代中期，北京的有关大学和科研单位的教师、专家曾联合成立"北京基本粒子理论组"，开展原子核物理理论研究。杨国桢在胡宁教授等指导下，成为研究组里一名崭露头角的活跃成员。在研究工作中，他提出了一些创造性的见解，利用层子模型概念解释基本粒子的弱相互作用和电磁相互作用，并作了许多关键性的计算，被认为是对层子模型建立有着重要贡献的参加者之一。这期间，他或与合作者在《中国科学》等学术刊物上发表了十余篇论文。该研究小组的工作曾获得1982年国家自然科学奖二等奖。

勤奋的学习生活、良好的学术环境，使杨国桢具备了一名科学工作者应有的坚实基础与优秀素养。1965年研究生毕业，他留校从事研究工作。后被中国科学院物理研究所"相中"，于1967年分配到这个所当时研究力量比较雄厚的理论物理研究室工作，继续他的物理学研究生涯。

"做科学研究，一定要一步一个脚印。"这是杨国桢常说的一句话。他以创新与奉献的精神，印记着自己科研征途上的足迹：在理论物理、光学物理、超导物理等学科研究领域已发表学术论文500余篇，其中不乏刊登于国际上著名的学术期刊。与此同时，由他负责和主要参加的研究工作中，曾获得包括国家自然科学奖一等奖在内的国家级科技奖励5项、中国科学院自然科学奖一等奖在内的省部级科技奖励5项。

他的主要学术经历是中国科学院物理研究所研究员、博士生导师、所长，1988年被选为国家级有突出贡献的中青年科学家，1999年当选为中国科学院院士。2004年获何梁何利基金科学与技术进步奖。

其主要相关任职和兼职有：美国劳仑兹伯克利国家实验室访

问学者，美国哈佛大学应用科学系访问副教授，国家超导专家委员会首席专家兼国家超导中心主任，中国物理学会副理事长、理事长，国务院学位委员会物理学科评议组成员，国际纯粹与应用物理联合会（IUPAP）副主席及其量子电子学专业委员会（CQE）委员、国际量子电子学委员会（ICQE）委员，联合国教科文组织（UNESCO）物理学顾问委员会委员，北京大学、复旦大学兼职教授，北京正负电子对撞机国家实验室、中国科学院物理研究所光物理重点实验室、中国科学院量子信息重点实验室、北京大学与清华大学量子信息与测量教育部重点实验室学术委员会主任，中国科学院—香港科学技术大学纳米科学与技术联合实验室主任，中国科技大学理学院院长，国家重点基础研究计划（"973"计划）顾问组成员，美国物理学会高级会员（Fellow），英国物理学会荣誉会员（Honorary Fellow），中国科学院北京物质科学研究基地管理委员会主任，中国科学院基础研究片交叉与前沿基地专家组组长，以及中国科学院数学物理学部主任、执行主席团成员等职。1995 年，国务院批准《中国大百科全书》第二版立项编纂，并列为国家重大出版工程，杨国桢任《中国大百科全书·物理学》第二版常务副主编。他还是第九、第十届全国人民代表大会代表。

在理论物理、光物理和凝聚态物理研究领域的主要学术成就

提出了光学一般性变换理论

通常的光学模拟计算的基础是利用透镜系统实现二维图像的傅里叶变换。杨国桢与合作者提出了利用单个全息透镜组成的光学系统实现多个给定变换的理论。其主要创新点是：提出了利用单个全息透镜进行多个给定线性变换的理论；给出了实现变换所需满足的必要条件；给出了确定全息透镜复振幅分布的方程组和

求解此方程组的简便的矩阵方法；在国际上首次实现了一维和二维 32 序和 64 序的光学 Wash - Hadamard 变换的理论设计和实验。这是一项创新性科技成果，从理论到实验具有自己独特的整套体系。他为该研究项目的第一完成人，并负责其理论研究。其理论和实验成果获 1990 年中国科学院自然科学奖一等奖。

早在 20 世纪 70 年代，杨国桢与霍裕平（现为中国科学院院士）等合作者曾提出了采用多个全息透镜实现光学变换的理论。他提出采用单个全息透镜方案，其理论的创新在于把调制的信息量压缩在一个平面上，易于在实验上得以实现。此项成果获 1978 年全国科学大会重大成果奖。

杨国桢还根据一般性变换理论的原理，与其他合作者提出了光学全息编码（对应变换）解码（对应逆变换）系统，在实验上得到了实现。此项成果开辟了用光学进行图像处理并具有特殊功能的编码和解码的一种新方法，曾获 1983 年中国科学院科技成果奖一等奖。

发展了光学系统位相恢复理论，提出了一种处理有损耗系统相位恢复问题的新算法

通常光学系统中的相位恢复问题，是利用基于傅里叶变换的著名的 Gerchberg - Saxton 方法来解决的。该方法只能处理无损耗的幺正变换系统的问题。杨国桢与合作者通过长期系统的研究，创造性地提出了一种可以处理有损耗的非幺正变换系统的普遍振幅——相位重构问题的新算法。这是光学逆问题研究中迄今为止处理有损耗系统相位恢复问题的唯一有效的方法。并应用此方法，系统地研究了孔径受限系统的相位恢复问题、Hartley 变换的相位恢复问题、光学互联的设计和激光加速器调相板的设计以及衍射光学元件设计等问题，其结果是成功的，由此证明了这种方法具有普适性强和准确性高的特点。该项研究论文发表后，引起了国内外同行的高度重视和好评。该成果获 2003 年国家自然科学奖二等奖（他排名第一）。

提出了超短脉冲激光超连续（谱线超加宽）理论

　　杨国桢与合作者早期在红外强场下分子的多光子离解现象的理论研究中，对当时国际上颇为活跃的实验工作提出了较为合适的理论模型和计算方法，1979年被中国科学院授予重大成果奖。1983年他在美国加州大学劳仑兹伯克利国家实验室与该校沈元壤教授（现为中国科学院外籍院士）合作，开展了题为"超短脉冲在非线性介质传播时产生的谱线超加宽现象"研究，从超短光脉冲在介质中传播的非线性方程出发，得到了近似程度最好的解析解，首次定量地解释了光脉冲谱线的超加宽和加宽的不对称性。论文发表后的20余年中一直被引用至今，计有140余次，已被公认为该领域的重要理论学术论文之一。上述相关内容已作为专著《激光超连续性》（Supercontinuum Laser Source）第一章（全书理论部分）的主要内容。在此项研究成果中，他作出了主要贡献。

　　随后，1984年杨国桢在美国哈佛大学应用科学系的国际著名物理学家、1981年诺贝尔物理奖获得者勃朗伯根（N. Bloembergen）研究组工作，从事超短脉冲和半导体表面相互作用的理论研究，发表了题为《超短脉冲作用于硅表面上产生高密度等离子体中的电子有效质量》的论文，引起了国际上有关学者的普遍关注和认同。

表面、界面非线性光学研究取得高水平的重要研究成果

　　20世纪80年代初，由杨国桢领导的研究组，在激光感生表面等离子体激元、多量子阱材料子带间跃迁的饱和吸收及三阶非线性效应、反射式光栅耦合光学双稳效应以及非对称量子阱材料的二阶非线性效应等方面开展了系统的理论及实验工作，其研究论文共有30余篇，发表后在国内外同行中具有重要影响。

　　上述研究内容中也涉及他在1979～1982年期间，曾与北大物理系甘子钊教授（现为中国科学院院士）合作，开展光在半导体中相干传播的理论研究，将量子光学的理论推广到处理半导

体的带间跃迁和激子跃迁的研究中，因其理论的新颖性、系统性，推进了这一领域研究工作在国际上的发展，尤其是在半导体非线性光学材料和光学双稳等重要应用领域的发展。工作结果曾在美国《物理评论》刊物上发表。

在液氮温区氧化物超导体研究中作出突出贡献

20 世纪 80 年代中期开始，在世界范围内出现了高温超导研究热潮。物理研究所获得了 48.6K 的铜氧化物超导体，并观察到在 70K 时产生的超导迹象。这一研究结果，突破了保持 13 年之久的铌三锗超导临界温度为 23.2K 的最高纪录。此后，各国科学家竞相研制更高临界温度超导体。1987 年 2 月，物理研究所获得了起始临界温度在 100K 以上的液氮温区超导体，并首次公布钡、钇、铜氧化物新体系。杨国桢在此项研究过程中坚持超导体新材料探索的方向和参与制定元素替代方案，并积极组织实施，作出了突出贡献。此项科技成果荣获 1989 年国家自然科学奖一等奖（他排名第二）。

主持研制我国首台激光分子束外延装置，并在激光法制备超导薄膜等氧化物薄膜研究中，取得创新成果

激光分子束外延装置是当今重要的科学实验仪器，对推动激光与材料科学等学科的交叉研究有着重要作用。杨国桢主持和负责我国首台激光分子束外延装置的研制工作，由我国著名光学专家王大珩院士为首的评审专家组认为"该项目取得了突破性的进展和重要成果，具有国际先进水平"。这使我国在激光分子束外延领域内成为世界上继日、美之后第三个拥有这种新型高精密制膜设备与技术的国家。专家们指出："该设备的研制成功，是我国自行设计研制大型高新仪器设备的典范。"此项研究获得 1998 年中国科学院科技进步奖一等奖及其他国家级奖项，他为第一获奖人。运用该装置，他与合作者在用激光法制备优质大面积超导薄膜等氧化物薄膜及其性能的研究中取得了高水平的研究成果。其论文发表后，已被他人引用 1000 余次。

组织领导重要科技项目与任务

　　杨国桢在从事科研工作的同时，积极组织实施由国家及有关部门赋予他组织领导的一些重要科技项目。他作为项目负责人，曾主持中国科学院"激光与物质相互作用"重大项目，国家自然科学基金委重大项目"激光与凝聚态物质相互作用"、植物光合作用光系统 II 结构及超快速过程的机理和调控（此项目负责人为匡廷云、杨国桢。杨国桢任其子课题"光系统 II 蛋白复合体中能量转移过程的超快光谱研究"负责人）和重点项目"激光分子束外延机理与关键技术研究"等。除因上述的光合作用项目中途调整、最后未参与外，其余均顺利结题，综合评价为优秀。

　　他还受国家自然科学基金会的委托，担任"光物理学发展战略研究组"的组长，与合作者及有关单位历时 2 年多，提出了关于我国光物理学现状及发展战略的调研报告，并已出版。

　　他曾作为科技部组织成立的国家重点基础研究计划（"973"计划）第一、第二届顾问组成员，为我国基础研究的提高与发展积极完成其中相关的工作。在其任期届满后，又先后参加"973"项目"表面等离子体亚波长光学（SPSO）应用基础研究"、"介观光学与新一代纳/微光子器件研究"，以及国家重大纳米科技项目"新型微纳米光学检测与操纵方法及其在生物纳米结构、功能研究中应用"等相关研究工作。

　　从 1987 年起，他作为国家超导专家委员会第二首席专家兼国家超导中心主任，受到原国家科委（今科技部）的高度评价。对杨国桢任职期间的考评意见是："表现了很强的责任心，工作认真负责。在制定超导攻关计划和实施方案的过程中，在组建超导中心，建设国家超导实验室的工作中，做了大量卓有成效的工作，表现了很强的组织工作能力，他考虑问题比较全面、思路清晰，办事果断，效率较高。在工作中能够善于听取不同意见，集思广益，团结同志合作共事。"他还在后来组织实施"863"计划、攀登计划和"973"计划的高温超导项目方面，作出了显著成绩。

1998年中国科学院知识创新工程试点正式启动。根据院的总体部署，由凝聚态物理中心（物理研究所）、分子科学中心（化学研究所）、理化技术中心（经整合新组建成的理化技术研究所）等3个成员单位组成为北京物质科学研究基地，杨国桢任基地管理委员会主任。基地科技创新的组织实施及其取得的积极成效，得到了院领导及有关部门的充分肯定和高度评价。而基地的体制模式和运作机制，也为院知识创新工程试点提供了有益经验。

在此后的院知识创新三期中，杨国桢又任中国科学院基础研究片的交叉与前沿基地专家组组长。他组织专家开展数学、物理、化学的交叉与重大前沿领域的发展战略研究。并根据我国中长期科技发展规划及国家经济与社会发展需要，先后提出了一批优先发展的方向性项目及其重点资助建议，为院基础研究片三期制定科技创新目标与任务提供了重要的指导性参考意见。

2004年起，国务院组织开展国家中长期科学和技术发展规划（2006~2020）的战略研究。杨国桢担任第15专题"大型科技基础设施与重大科学工程建设问题"副组长，并兼任其第5子课题"科技条件平台与基础设施建设研究"组长。他在本专题组的统一组织与部署下，按预期计划完成了第5子课题的战略研究报告。有关专家们认为，该战略研究报告"适应时代发展要求，立足科技前沿，突出重点，体现了战略性、前瞻性、科学性和可行性"。战略规划领导小组办公室向他颁发了"荣誉证书"，以表彰其"在工作中作出的重要贡献"。

杨国桢在十届全国人大一次会议上，由蒋树声和杨国桢等江苏代表团30余名代表联名提出了《关于加快科技条件平台建设立法》的议案，以推动科技条件平台建设法律体系的形成，促进国家科技资源的优化配置与利用，以建立起法律保障的基础。此议案得到了科技部的采纳。

此外，杨国桢曾任中国科学院与我国香港科技大学共同成立的纳米科学与技术联合实验室主任。后来，他作为由国家自然科学基金委与香港联合科研基金资助的第一批核准项目之一"具有巨大光学非线性的纳米金属团簇复合薄膜的制备和研究"的负责人，与中国香港科技大学合作，发挥各自优势，通过创新研究达到了预定目标。

在国际学术组织中任要职，推动学术交流与合作

20 世纪 80 年代起，杨国桢先后在国际激光物理领域的两个具有代表性的学术组织中任职，即任国际纯粹与应用物理联合会下设的量子电子学专业委员会（1987～1993 年）和国际量子电子学委员会（ICQE）的委员（1992～1996 年）。并于 1999 年被选为第 23 届国际纯粹与应用物理联合会副主席。他还曾担任联合国教科文组织物理学顾问委员会委员。该委员会由 9 名成员组成，他是唯一的中国代表。

在任职期间，杨国桢曾先后 4 次代表中国物理学会带队出席 1987 年（第 19 届）、1990 年（第 20 届）、1993 年（第 21 届）和 1999 年（第 23 届）IUPAP 大会。其中，中国物理学家在会上当选的相关专业委员会（共设 20 个专业委员会）人数已从 1984 年这一届恢复加入 IUPAP 时的 4 名，增至 11 名。在这些会议中，他和与会的我国物理学家，为促进中外物理学界的友好交往，增进中国物理学家与国外物理学家之间的相互了解与合作，提高中国物理学会及中国物理学家在国际上的地位与影响，作出了重要贡献。

他还于 1989 年初参加由时任中国科学院院长卢嘉锡为团长

的中国科技代表团，出席美国科学促进会年度大会在加州旧金山举办的中国日活动。该活动为中国代表团安排了 10 个学术报告，杨国桢作了我国物理学研究中高温氧化物超导材料最新进展的学术报告；1992 年杨国桢和复旦大学章志鸣教授，参加了在维也纳召开的第 18 届国际量子电子学大会。为推动我国在这一研究领域的发展，杨国桢还代表中国光学界作了申办 2000 年度在中国举行国际量子电子学大会的报告。

随着他工作和影响力的积累，1998 年杨国桢被美国物理学会选为高级会员（Fellow），以表彰"他在光计算和光物理领域的学术成就，出色的科研管理工作和对国际交流的重要贡献"。2008 年，他又被英国物理学会授予"荣誉高级会员"称号，表彰他"在光学和表面科学方面的重要贡献，以及为促进中国和英国物理学界的合作所起的积极作用"。

培育优秀科技人才和主持中国科学技术大学理学院工作

杨国桢在任中国科学院物理所所长期间，对研究所科技队伍的建设极为重视，并身体力行，采取各种措施和途径吸引与培养年轻科技人才，凝聚了一批学术新秀和骨干。他于 1985 年经特批为光学博士生导师，已培养 2 名硕士研究生、35 名博士研究生，其中大多以优秀的成绩和学位论文被授予硕士和博士学位。

他在悉心传授知识和技能的同时，以自己治学严谨、学风正派，坚持理论与实验结合，以及求真务实、开拓创新的精神教育、激励学生们，形成尊师爱生、相互合作的良好氛围，深受学生们的爱戴和敬重。1996 年他获得中国科学院优秀教师奖。在 2008 年中国科学院研究生院建院 30 周年庆典上，又获得该院"杰出贡献教师"荣誉称号。

杨国桢与美国伯克利分校沈元壤教授（现为中国科学院外籍院士）及国内有关学者共同倡议，并已举办过十余届

"全国激光物理讨论会"。其会议模式的新颖性和学术内容的前沿性，令人耳目一新。该讨论会类似于美国戈登学术会议。这种会议能对与会学者的研究方向给予指导、工作上又起到评价作用，被与会青年学者赞扬为"一般会议是很难做到的，很有帮助"。

2000 年开始，杨国桢应邀兼任中国科学技术大学理学院院长。他从科研角度提出了学校教学组织与行为的相关理念，以更好地达到高水平、研究型大学的要求与目标，并为此倾注心血，付出辛劳，被评为中国科学院"全院办校、所系结合"工作先进个人。

他十分重视本科教学，特别是公共基础课教学。为提高教学质量，他提出每年组织召开教学工作研讨会；要求教授讲授基础课，加强课程组及其教学梯队建设；组织编写全校理科公用物理教材，以适用本科生教学需要等措施。他更在老师们的支持下，作为主编，与该院程福臻教授等一起组织编著了一套理科基础物理教程，共 9 册，已由科学出版社出版。

他根据自己了解与掌握的全国物理学研究的发展现状，同时结合学校的实际情况，对理学院的学科进行整合，组织申报国家重点学科，在全校获批的 19 个国家重点学科中，理学院占有 8 个。至 2007 年，理学院数学、物理学科均被评为国家一级重点学科。

这期间，他在加强理学院与中国科学院有关研究所的联系和合作方面发挥了重要作用，其中包括帮助理学院组织一些重大的综合性科研项目及组建研究团队等。

任职届满后，学校向他颁发"杰出贡献"荣誉证书。并指出：杨国桢院士在科大理学院任职期间，尽职尽责，对理学院的学科发展、教学改革、教材建设和人才培养工作做了大量卓有成效的工作，为理学院及学校的发展作出了重大贡献。

担任物理研究所所长15年，为研究所赢得稳步发展时机

1984年5月，杨国桢由物理研究所副所长接任为所长。他操持着全所大事，倾注了自己的精力与时间。上任伊始，他开宗明义地表示："出国和搞科研，对我个人是有利的，而我现在的责任是把物理研究所努力办成符合国家要求的一流水平的研究所。"这深情的话语充满着他对工作的挚诚和追求。

他认为，物理研究所作为中国科学院物理学领域中历史最悠久的综合性研究所，要真正办成为全国物理学综合研究中心之一。经过实践与总结，他进一步确定了与研究所实际情况相适应的办所方针，即把研究所的主要科技力量和优秀人才组织到基础研究和应用基础研究及国家重大科技项目上来，有选择地积极推动几个领域在基础、应用和开发三类研究之间的有机联系，发挥多学科综合性优势，以十几个或更多重要的、处于物理前沿的研究课题及几项与高技术密切联系的"拳头"产品，参与国际竞争行列。同时通过开放、联合，逐步将研究所办成具有国际科研水平的、全国非核物理学的重要研究中心。在此基础上经申请于1996年批准成立凝聚态物理中心。

20世纪80～90年代初，物理研究所先后作为中国科学院和原国家科委科技体制改革试点单位。这期间，他坚持实行每3年一次的课题调整，共计进行了5次；同时相应地通过一系列综合配套的内部管理改革与人员优化组合等措施，使研究所逐步形成科学研究前沿化、队伍建设精干化、行政管理高效化及后勤服务社会化的发展态势。

在他任职期间，据中国科技信息研究所对国内科研机构发表的论文被SCI收录和引用的论文篇数统计，物理研究所均连续8年名列我国科研机构榜首。其中一批包括获得国家科技进步奖一等奖、国家自然科学奖一等奖及第三世界科学院物理奖在内的，

具有国际水平的重大科技成果。1994 年原国家科委和中国科学院联合对物理研究所进行评议时，认为物理研究所在有的学科领域"做出了有世界意义的贡献"。1994 年，科学院院长周光召在同意物理所成立凝聚态物理中心的批示中指出："近年来在杨国桢所长及所领导班子的努力下，在发展凝聚态物理，进行结构性调整，培养人才，开展国内外合作方面都取得了很好成绩。"1998 年，在科学院对各研究所评价的结果中，物理所绩效评价和状态评价均为 A，并在基础研究基地型研究所中以 88.5 分名列榜首。这无疑为 1998 年研究所进入科学院首批知识创新工程试点单位，以及此后物理所被国家科技部等部门批准成立北京凝聚态物理国家实验室（筹）奠定了扎实基础，创造了极为有利的条件。

还要提出的是，物理研究所曾先后应邀参加了 1993 年 5 月由科技部召开的全国科技工作会议、1994 年 5 月科技部与财政部联合召开的中央级科研院所财务管理改革经验交流会议，以及 1999 年 8 月科技部召开的全国技术创新大会，就物理研究所稳定基础研究、科技改革中财务管理和基础研究成果应用推广等方面在上述相关会议上进行了交流，其中前两项均作了大会发言。

而物理研究所多年的改革实践成果，包括科技人员的相关建议意见，也为科技部 1993 年提出的"稳住一头，放开一片"的科技管理体制（方针），提供了直接的政策性依据和基础。

实践表明，在当时的社会大环境下，统一研究所的发展战略构想是保证内部管理机制稳定的前提，提出的办所方针有利于营造和形成所内基础研究的"小气候"，相对地减少或缓解了由于外界干扰而给从事基础研究人员造成的某种心理上的压力和负担，从而稳定一支高水平基础研究队伍，为开拓发展研究所基础研究工作在国际上的一席之地赢得了有利时机。

为加强研究所与高校的联系和合作，在 20 世纪 80 年代他还曾与北京大学和清华大学的有关负责人联合，率先向中国科学院建议筹建微加工与结构物理研究中心。此建议已被中国科学院采纳列为与高校加强横向联合的重要项目之一。

作为所长，杨国桢显示了领导科研工作的智慧、才能及优秀的思想品德，赢得了全所广大职工的信赖和拥护。而这几届研究所领导集体（他也是所党委成员），也得到了中国科学院及其有关部门的高度评价和表彰奖励。

开拓中国物理学会工作新局面

从 1987 年开始，杨国桢先后担任了中国物理学会秘书长、副理事长、理事长等要职。学会有关工作人员认为："他不同于以往学会有的领导人工作那样'超脱'。"杨国桢以求真务实、办事高效的工作作风，与学会其他领导和理事们共同为学会的方方面面做了大量卓有成效的工作。杨国桢始终坚持学会办会宗旨，不断开拓进取，极大地增强了学会自身的凝聚力，也扩大了学会在社会公众的影响力。

中国物理学会积极参与国际有关活动。为纪念爱因斯坦发表狭义相对论等 5 篇论文 100 周年，联合国在第 58 次全体会议上一致通过决议，确定 2005 年为"国际物理年"。学会对此非常重视，经多次反复研究讨论，开展了一系列由学会牵头或参与组织的重要纪念活动，历时近一年，在国内广大青少年中影响甚大，达到了预期的宣传教育效果。

为进一步提高学术交流质量，并增强物理学为社会服务的功能，其中的"中国物理学秋季学术会议"是始于 2000 年的系列年会。在该会议组织委员会的不懈努力和各承办单位的大力支持下，这一会议的影响在逐步扩大，参加人数达千余人，已成为我国物理学界规模最大、综合性最强的学术活动。

对于学会主办的英文版物理期刊系列化，是学会长期致力推动的又一项工作。为更好地开展国内外学术交流，借鉴美国物理学会的办刊经验，学会经过多次征求意见，终于把英文版《中国物理快报》、《中国物理》和《高能物理与核物理》3种学术期刊，从2008年第1期开始正式出版为物理类系列型刊物。

杨国桢还十分重视科普宣传工作。他曾亲自到学校向青少年作物理学知识及其应用的科普讲座。他还对拥有名胜古迹的重要科普基地尤为珍惜与爱护，在九届全国人大五次会议上，杨国桢和其他代表提出了《关于重视和加强南京紫金山天文台等重点科普基地建设》议案，得到了中国科协、中国科学院和江苏省等有关部门的重视与支持，使该天文台名胜古迹保护和利用所需的资金逐步得到妥善解决。

偶有余暇，杨国桢也爱好打乒乓球、爬山、去公园散步，或是听音乐、打桥牌。曾获得物理研究所桥牌冠军。这些也折射出他热爱生活、情趣多样的一面。

（黄兴章）

简　历

1938年3月14日　出生于湖南省湘潭市（祖籍江苏省无锡市）

1956—1962年　在北京大学物理系学习

1962—1967年　在北京大学物理系攻读研究生，毕业后留校从事科研工作

1967年至今　历任中国科学院物理研究所副研究员、研究员，研究室副主任、主任

1983年　任美国劳仑兹伯克利实验室访问学者

1984年　任美国哈佛大学应用科学系访问副教授

1984—1985年　任中国科学院物理研究所副所长

1985—1999年　任中国科学院物理研究所所长

1987—1993年　任国际纯粹与应用物理联合会量子电子学专业委员会委员

1987—1999年　任国家超导专家委员会第二首席专家兼国家超导中心主任

1987年至今　历任中国物理学会秘书长，第五届至第七届副理事长，第

八、第九届理事长

1992—1996 年　任国际量子电子学委员会委员

1992—2008 年　任国务院学位委员会物理学科评议组成员

1993 年至今　任北京大学、中国科技大学、复旦大学和首都师范大学等兼
　　　　　　职教授

1994—1996 年　任联合国教科文组织物理学顾问委员会委员

1997—2001 年　任中国科学院–香港科技大学纳米科学与技术联合实验室
　　　　　　主任

1998 年　当选为美国物理学会高级会员

1998—2003 年　任国家重点基础研究计划（"973"计划）顾问组成员

1999 年　当选为中国科学院院士

1999—2002 年　任国际纯粹与应用物理联合会副主席

1999—2005 年　任中国科学院北京物质科学研究基地管理委员会主任

2001—2009 年　任中国科学技术大学理学院院长

2006—2008 年　任中国科学院数学物理学部主任

2006 年　任中国科学院学部主席团成员

2006—2010 年　任中国科学院知识创新三期基础研究片交叉与前沿基地专
　　　　　　家组组长

2008 年　当选为英国物理学会荣誉会员

主 要 论 著

1　胡宁，杨国桢. S 波 π-π 散射. 中国科学，1963，62：317.

2　杨国桢，顾本源. 光学系统中的振幅和相位的恢复问题. 物理学报，
　1981，30：410.

3　杨国桢. 利用单个全息透镜实现光学变换的理论. 物理学报，1981，
　30：1340.

4　Z Z Gan, G Z Yang. Theory of coherent propagation of light wave in semicon-
　ductors（Ⅰ）（Ⅱ）（Ⅲ）. Phys. Rev. B, 1982, 26: 6826; 6833; 6844.

5　G Z Yang, Y R Shen. Spectral broadening of ultrashort pulses in a nonlinear
　medium. Optics Letters, 1984, 9: 510.

6 G Z Yang, N Bloembergen. Effective mass in picosecond laser produced high density plasma in Silicon. IEEE Q. E. , 1986, 22: 195.

7 G Z Yang, B Z Dong, B Y Gu, J Zhuang, et al. Gerchberg – Saxton and Yang – Gu algorithm for phase retrieval in nonunitary transform system: a comparsison. Appl. Opt. , 1994, 33: 209.

8 K J Jin, S H Pan, G Z Yang. Fano effect of resonant Raman scattering in a semiconductor quantum well. Phys. Rev. B, 1994, 50: 8584.

9 G Z Yang, B Y Gu, X Tan, et al. An interactive optimization approach for design of diffractive phase elements simultaneously implementing several optical function. J. Opt. So. Am. A, 1994, 11: 1632

10 G Z Yang, H B Lu, Y L Zhou, et al. Laser molecular beam epitaxy system and its key technologies. Acta Phys. Sin – Ov Ed, 1998, 8: 623.

11 Z Y Li, B Y Gu, G Z Yang. Large absolute band gap in 2D anisotropic photonic crystals. Phys. Rev. Lett. , 1998, 81: 2574.

12 Y Zhang, B Z Dong, B Y Gu, et al. Beam shaping in the fractional Fourier transform domain. J. Opt. Soc. Am. A, 1998, 15: 1114.

13 F Chen, H B Lu, G Z Yang, et al. Real – time optical monitoring of the heteroepitaxy of oxides by an oblique – incidence reflectance difference technique. Phys. Rev. B, 2000, 61: 10404.

14 R Z Wang, X H Wang, G Z Yang, et al. Effects of shapes and orientations of scatters and lattice symmetries on the photonic band gap in two – dimensional photonic crystals. J. of Appl. Phys. , 2001, 90: 4307.

15 G Z Yang, H B Lu, F Chen, et al. Laser molecular beam epitaxy and characterization of perovskite oxide thin films. J. of Crystal Growth, 2001, 227: 929.

16 X H Wang, R Z Wang, G Z Yang, et al. Decay distribution of spontaneous emission from An assembly of atoms in photonic crystals with pseudogaps. Phys. Rev. Lett. , 2002, 88: 093902.

17 Y Y Fei, X D Zhu, G Z Yang, et al. Oscillations in oblique – incidence optical reflection from a growth surface during layer – by – layer epitaxy. Phys. Rev. B, 2004, 69: 233405.

18 K J Jin, H B Lu, G Z Yang, et al. Positive colossal magnetoresistance from

interface effect in p – n junction of $La_{0.9}Sr_{0.1}MnO_3$ and $SrNb_{0.01}Ti_{0.99}O_3$. Phys. Rev. B, 2005, 71: 184428.

19   D Y Guan, Z H Chen, G Z Yang, et al. Peaks separation of the nonlinear refraction and nonlinear absorption induced by external electric field. Appl. Phys. Lett. , 2006, 88: 111911.

20   K J Jin, H B Lu, G Z Yang, et al. Novel multifunctional properties induced by interface effects in perovskite oxide heterostructures. Adv. Mater. , 2009, 21: 4636.

沈学础

(1938—)

沈学础，光谱和固体物理学家，中国科学院院士。长期从事光谱学和固体物理学研究。提出并实现了光调制共振激发谱、光学补偿双光束傅里叶变换光谱、高压调制吸收光谱等固体光谱新方法；发现半导体中新一类局域化振动模，发展了固体中杂质振动理论和实验研究，用光谱方法观察到了半磁半导体中众多光谱现象，研究了半导体中杂质塞曼能级的反相交现象，测定了塞曼杂化波函数的混合与重组，提高了硅光热电离光谱灵敏度，并观察到硅中两个新施主中心和多条杂质新谱线。对固体物理学和光谱学发展作出了突出的贡献。

沈学础，男，汉族。1938 年 4 月 15 日出生于江苏省溧阳县。沈学础从小聪明过人，尽管上学时断时续，并几次跳级，但学习成绩总是名列前茅。1955 年考入复旦大学物理系，1958 年毕业后到中国科学院上海技术物理研究所，在谢希德先生指导下工作，不久就发表了研究所第一篇被国外物理文摘收录的论文，并在中国物理学会第二届代表大会宣读。1978 年被选送到联邦德国马普固体研究所进行访问研究。1995 年当选为中国科学院院士。1983 年以来担任多个国际学术会议，包括国际红外毫米波太赫兹学术会议的顾问委员会或程序委员会委员。1986～2002年任上海物理学会副理事长，2005 年至今为国际红外毫米波太赫兹学术会议国际组委会委员，并成为该国际学术组织的创始会员与理事。2006 年以来还担任国际杂志《固态通讯》、《半导体科学与技术》的编委。沈学础毕生从事固体光谱研究，1988 年获"国家有突出贡献中青年专家"称号。先后获国家自然科学奖两项、金牛奖两项、中国科学院自然科学奖近十项、上海市科技进步奖一项。2002 年获何梁何利物理学奖。2006 年获国际电磁波谱科学巴顿奖。

初出国门崭露头角 发现新一类局域振动模

1978 年沈学础作为改革开放后首批出国的访问学者来到联邦德国斯图加特马普固体研究所工作。他先后与国际著名科学家根策尔（L. Genzel）和卡多纳（M. Cardona）合作并在他们指导下工作。科研首先要选题，当时有两个题目可以做，一个已近尾声，成果在望；而另外一个进展相当缓慢，难度很大，短期内看不到解决问题的途径。当时联邦德国的不少科学家对中国人的研究能力和科学基础表示怀疑，他们断定沈学础会选择那个比较容易的课题。哪料到他却选择了更有难度、更富挑战性的"双光束傅里叶光谱"课题，并"自作主张"加入了光学补偿的新内容。沈学础没日没夜地扑在实验室里，恨不得一天有 48 个小时。他从图书馆借来大量资料，仔细地推理思考，在掌握大量知识的同时，还发现了书中的一些谬误和不足。作为一个实验工作者，沈学础同样醉心于物理理论，他用一年左右的时间导出了新光谱方法的最终理论模式，实现了双光束、光学补偿傅里叶变换光谱方法，并示范了这种方法在弱红外光谱信号测量方面的效能，提前圆满地完成了课题研究。他还根据课题的特殊需要自己动手研制一些设备和附件，解决了诸多实验技术难题，并编制了相应的计算机控制和数据处理程序。他提出的理论模式、编写的程序、研制的配件最终在德国发展的新型实验设备上通过了验证，并进一步提高了灵敏度，为微弱光谱信号测量和下一步研究计划提供了较好的实验条件。

沈学础在与留德学者方容川合作研究非晶硅中氢行为的时候，在光谱的非常低频段对应晶体硅横声学声子带的高能侧发现了新光谱信号。他查阅了大量关于晶体中杂质振动的文献，反复思考问题的症结，提出要研究和寻找晶体材料中轻杂质的低频振动行为。卡多纳教授不以为然，但还是协助他找到了相关样品。在含少量硅的锗晶体振动光谱中，在锗横声学声子频率上方态密度陡峭下降的位置附近，他终于观察到了分立的专属于锗中硅杂质的振动吸收峰，将这一较尖锐的峰与杂质诱发锗声学声子吸收的宽平谱带比对，并辅以理论计算，充分显示和解释了这一振动模式的局域化特征。新结果以快讯发表在《固态通讯》，成了固体中轻杂质新一类低频振动研究的经典之作而被国外同行长期引用。沈学础又继续探索，在掺硼并锂补偿硅单晶中观察到与上述锗中硅同类型的隶属于硅中轻杂质硼和锂的局域化低频振动谱峰。这个结果促使沈学础及同事们认识到这可能是共价半导体晶体中杂质振动行为的一类普遍现象，他们把这种模式命名为低频"声学局域模"或"准局域模"。由于这类模式的局域化不似通常局域振动模式那么强烈，因而容易淹没在宽广的吸收背景中而未被前人观察到。在马普固体所的两年多和回国后工作的几年内，沈学础和他的同事、学生们继续完善着有关固体中轻杂质振动声学局域模的工作，并先后发现无序硅和锗中的氢、氘、氟、硼杂质，低组分半导体化合物混晶 CdMnTe、CdTeSe、CdZnTe、CdFeTe 等中的锰、锌、硒和铁等轻杂质都会诱发这类准局域化振动模式。他们继而发掘出这类模式的振动特性、精细结构以及被光学激活的物理起因，以大量实验结果无可辩驳地证明了它们是共价和部分共价晶体中杂质振动的一类普遍现象，有其普适规律。在沈学础之前的研究仅仅注意到了轻杂质在晶格振动谱高频端诱发的光学局域模。沈学础和他的合作者发现的这个低频准局域振动模，为固体中杂质振动找到了新的模式，也为经由固体光谱识别材料的本性和特征增添了新的光学指纹。

沈学础的低频声学准局域模研究从联邦德国开始起步，并在国内发展。他的研究结果成为马普固体研究所当时代表性的成果之一，并长期展示在马普所的展示厅和实验室里。他成为那两年联邦德国马普研究所发表文章最多的作者之一。马普所的两位所长根策尔和卡多纳联名给上海技物所和中国科学院推荐了沈学础的杰出研究成果。时间过去了近 30 年，他们的一些文章继续被世人关注、引用，成为这个领域的经典力作。沈学础回国后继续探索又发表了一系列文章，他的"掺杂、无序和混晶半导体的晶格振动行为"研究获得 1987 年的国家自然科学奖。

沈学础在马普固体所工作期间另一项值得提到的工作是研究非晶硅中与硼、磷掺杂或合金有关的振动光谱。相关研究结果于次年在美国《物理评论》上发表，反响极好。在其后 20 多年时间内，国际上所有关于非晶硅的著作在提到其与硼、磷有关振动光谱时，都是以沈学础的结果为范本或按他的结果编写的。

创建红外物理重点实验室

1981 年，研究所授命沈学础组建新的红外物理研究室。当时的研究所还缺乏有关红外技术的基础研究。他深知组建红外物理研究室的重要和困难，一开始就从高标准着手，精心地组织课题和研究队伍，同时大力培养和扶持年轻人。

沈学础根据国际上相关领域的情况，以固体光谱为主线，在前辈科学家的支持下，改造了一些尚可保留的实验室，调整了实验室的研究方向，又新建一些实验室。建成后的实验室包括了分子束外延、量子阱器件制备与测量、电子输运以及一系列光谱实验室，此外还建有计算机房，形成了包括材料研制、基本规律研究以及器件原理研究等比较全面的红外物理研究基地。在此后取得多项科研成果的同时也使该实验室成为国内外著名的实验室之一。

沈学础尤其注重优良学风建设。他公开声明，绝对不做官样主任和空头主任。他以自己的研究理念引导和带领整个实验室走向学术前沿，积极提倡和身体力行科学求实、严谨治学而又积极创新和开拓的研究风格。实验室在他领导下短短几年内即在锑镉汞材料物理、固体中低能激元、半导体中杂质振动光谱、非晶态光谱、杂质电子光热电离谱、高压下固体光谱研究等方面取得或开始取得了不少好成果。他大力提倡开展国内外的学术交流和合作，营造了良好的学术交流氛围。改革开放初期国内大批人员纷纷出国深造，而正由于他本人以及实验室较高的学术水平，吸引了不少欧美国家的博士生和博士后来到实验室，在他的指导下工作。他还凭自身的人格魅力使派出国外学习研究的人员摒弃了国外的优越条件，回来和他一起为红外物理实验室奋斗，这些研究人员先后成为了实验室的台柱。

沈学础筹建和领导的红外物理实验室于1985年成为中国科学院第一批开放实验室之一。1989年又列入国家重点实验室序列。1991年正式成为红外物理国家重点实验室。实验室自创建以来，连续多次被评为 A 类，并列为国家计委、国家科委联合评选的模范实验室。由此，他和实验室获得了由国家计委和科委联合颁发的"国家重点实验室先进建设集体"和"国家重点实验室建设先进工作者"金牛奖。1995年被美国《科学》杂志列为中国11个前沿实验室之一。

锲而不舍，发掘高纯半导体电子运动内涵

高纯净度半导体在科学和高技术应用中有重大意义，但高纯度半导体中杂质的探测颇为困难，传统和常规的红外吸收光谱和荧光光谱等对此根本无能为力。沈学础和他的学生、同事一起建立了国内第一个光热电离光谱实验装置，并将其推广到磁场下的光谱测量。根据不同的实验要求和自身的科学思想，他们对进口傅里叶变换光谱仪进行了大量的扩充和改造，灵敏度因此有了数量级的提高。他们首先将发展的光热电离光谱方法用于检测和研究无外加磁场情况下高纯硅的极微量杂质，观测到了浓度低至 $10^9/cm^3$ 的两个新剩余施主中心，以及 10 多条和浅施主高激发态相联系的新谱线。他们还用这一方法同时观测到分别与轻、重空穴价带顶相联系的浅受主跃迁，从而以国际上最高的精确度测定了硅价带的自旋－轨道耦合分裂。利用附加光激发，甚至同时观测到了 n 型与 p 型杂质的谱线。

沈学础和他的同事们利用了光热电离光谱的灵敏特点，在 0 ~ 10T 磁场范围内用不同位形研究了高纯硅中磷杂质施主的塞曼分裂及相关效应，得到了颇为完善的结果；尤其针对杂质塞曼能级的"反相交"谱图，结合量子力学计算，直接实验演示和测定了硅中同宇称杂质塞曼杂化态波函数的混合和重组。他们还利用磁场下的光热电离光谱，观测到了强磁场下 GaAs 和 InP 中许多亚稳态杂质能级和这些能级与声子态、束缚声子态的共振耦合，以及由此产生的杂化量子态和准粒子。他们用固体光谱中的新现象及其对应的微观跃迁过程形象地诠释了抽象的量子力学。这些工作在 1993 年获得了中国科学院自然科学奖，并和其他相关结果一起再度获得 1995 年的国家自然科学奖。

沈学础对科研工作十分执著和严谨，虽然得了奖，但他与合作者陈张海依然注意着光热电离光谱，他们总觉得在光谱的高频

端似乎还存在湮没于噪声中的信号。10 年过去了，当实验精度进一步提高后，他们再度研究磁场下的高纯硅光热电离光谱，果然发现磷杂质光热电离光谱中原先划入噪声的那部分曲线其实并非杂乱无章，它们表现了犹如干涉现象那样的规律，经深入研究后认定这些曲线源于固体环境下的电子混沌运动。这或许是人们首次观测到的固体环境中这类非线性电子运动现象。为此，他们反复测量肯定实验现象，反复推敲物理内涵和理论模型。文稿修改了不下几十次，直到 2009 年 6 月才在《物理评论》快报上发表。

类似的例子还有许多，比如早在 30 年前访问联邦德国研究期间，沈学础已经用他们自己发展的高灵敏度傅里叶变换光谱方法，研究并获得了一批氨基酸、多肽链和蛋白质等生物学分子的远红外光谱，除少数结果于 1981 年发表在名不见经传的加拿大光谱杂志外，更多、更完整的结果一直被锁在他的抽屉里。经反复推敲后，直到不久前，他才撰写成文投寄发表。没有料到的是他 1981 年发表的那篇文章近来居然被国外同行发掘了出来。在 2009 年举行的第 34 届国际红外毫米波太赫兹学术会议上，一位与沈学础从未交往的美国学者在大会主题报告中将该文作为相关领域最早的先驱工作向世人展示。

半磁半导体光谱的前瞻性研究

沈学础等采用常温高压下、低温高压下的吸收、荧光与调制光谱、高压 X 衍射等多种研究手段，多方位、多角度地对半磁半导体（又称稀磁半导体）进行探讨，他们发现在半磁半导体中有 3 类电子跃迁共存。其中，磁性离子的 d 电子态与其他元素的 p 电子态杂化耦合相互作用引发的一种新跃迁，是前人没有发现和没有深入研究过的，也是只有半磁半导体所特有的。实验研究还表明这种跃迁具有以往理论不能解释、反常大的负压力系数。新发现的实验现象对过去的理论提出了挑战，他们采用线性轨道组合法从头计算并使用巧妙的物理模型，终于搞清楚了反常大的负压力系数来自于杂化价带顶随压力的漂移，而通常半导体则是导带边相对于价带移动的。

沈学础研究组观测到了高压下 CdMnTe、CdMnSe 等的相变过程，测得了高压下晶体结构；研究了 CdMnSe 两支不同偏振的带间分裂光跃迁随压力简并改变等现象。声子方面的研究同样有所发现，如 ZnMnTe 远红外光谱中的禁带模，混晶光学声子随 Mn 组分变化的反常大红移与结构相变的关系。这些研究在国际同行中都引起较大的反响，如联邦德国斯图加特的马普研究所也在沈学础此项工作的影响下开展了半磁半导体的相关研究。沈学础的研究组成了那个时期相关领域的一匹领头羊。他们的主要实验数据被收入国际著名的《半导体和半金属》系列丛书以及其他多本国内外丛书中。如今科学界热门的自旋电子学实际上也传承了半磁半导体的研究内涵。

半导体量子结构光谱取得系列性研究新成果

自 1985 年起沈学础就和他的学生们用调制反射光谱、调制吸收光谱、光电流谱和荧光光谱等方法并结合高压、低温、磁场等极端条件，研究了 GaAs 调制掺杂多量子阱、GaAs/GaAlAs 超晶格与量子阱、InGaAs/GaAs 量子阱等的量子化带间跃迁过程。自 20 世纪 90 年代中期以来，他更多地关注了半导体量子线和量子点等一维、零维体系的光谱研究，尤其是单根量子线、单个量子点为代表的小量子体系的量子态、量子互作用光谱研究。

调制掺杂形成的同质超晶格是沈学础研究的第一个低维结构材料。早在 1985 年，当这类材料刚刚兴起的时候，沈学础和合作者就用调制光谱的方法首先观测到这种由 n 型和 p 型材料交替层状掺杂形成 GaAs nipi 结构的量子化光跃迁信号，从而在实验上证实这类低维结构中可以存在量子限制效应、量子化能级和量子化的带间跃迁。同时他们还观测到这类超晶格中的光生载流子具有异常大的寿命。

InGaAs/GaAs 材料，包括多量子阱和单个量子阱体系是沈学础和他的学生们研究得较多的另一个低维系统。沈学础和他的学生们利用多种光谱手段研究了这个有趣的体系，获得丰富结果。其中关于电子-重空穴第一类超晶格和电子-轻空穴第二类超晶格共存的现象、量子阱中激子跃迁振子强度的巨大增强、量子阱各类带间跃迁的压力系数及其异常、InGaAs/GaAs 界面能带排列、光电流谱中轻空穴异常的跃迁强度等结果都是国际上排名在先的，获得国际同行认同。

量子阱中的激子及相关效应是量子阱物理的一个重要课题。1985 年沈学础和合作者们提出并实现了一种新的光谱方法——光调制共振激发光谱。据此，他们成功地在液氮温度下观察到GaAs/GaAlAs 多量子阱的 2s 激子激发跃迁，为量子阱中激子研究和激子束缚能测量提供了一种新方法和新途径。

在研究超晶格、量子阱光谱和电子跃迁的过程中，沈学础总是非常注重实验方法和手段。他带领大家或推陈出新，或创造，或延伸，或改进。除了上述的光调制共振激发光谱外，值得固体光谱学界注意的还有高流体静压下的调制光谱、二维体系层内输运光电流谱等。这些方法被许多国内外同行认同并加以采用。

沈学础及其合作者们还研究了半导体纳米量子线和量子点的量子态、量子跃迁过程和微观量子互作用。他们在国际上较早地观测到 GaAs/GaAlAs 单根纳米尺度量子线的发光谱线，并采用空间分辨扫描揭示了发光信号与量子线品质、结构的密切关系；给出了多种半导体纳米量子线声子振动拉曼散射的新结果。这里应该特别提出的是关于纳米尺度单根氧化锌（ZnO）棒的光谱研究。采用显微、扫描荧光光谱方法，他们揭示了这种纳米微腔结构中不同指数的回音壁驻波模（Whispering galery modes），不同类型激子间的耦合效应以及由此导致的不同类别激子极化激元（Excitonic pltariton）。被国外同行认为是深化人们对纳米尺度体系中量子过程认识并可能开创新领域的结果。

沈学础与同事、学生们关于量子点光谱的研究，可以提到的还有 InAs、InGaAs 量子点体系中两类不同尺寸量子点间的激子转移光谱观测。单个 CdSe 量子点的光谱研究，尤其是低温强磁场下不同偏振的显微荧光光谱给出的一系列单个量子点激子和激子复合体的尖锐谱线、磁场下的线性和非线性塞曼漂移及分裂、与组成激子的电子、空穴自旋配对相关的磁场下谱线的偏振分裂等结果。他们甚至还测量到了单个量子点中激子复合的时间分辨荧光光谱。此外，沈学础还首先倡导并较早开始在国内开展半导体量子阱等量子结构用于红外探测器的研究。他撰写的探讨量子结构与传统 HgCdTe 材料用于红外探测两者比较的论文被收入美国 SPIE 出版的《20 世纪夜视技术里程碑卷》中。

言教身传著书育人

沈学础是一位光谱实验科学家，但一直重视学习和钻研理论知识，并始终坚持理论与实验的结合和互相渗透，不但用现有的理论解释实验结果，更从新颖的实验结果中推广、发展理论框架。也正因为扎实的理论功底，他才能在光谱领域站得更高，看得更远。为总结自己的固体光谱研究结果和对固体光谱实验方法的发展，更为了提携后人，沈学础在繁忙的科研工作的同时，还边给研究生讲课、边著书立说。他采集了国内外最新研究结果，尤其是他本人及其合作者的研究成果，于 1992 年编著、出版了 50 万字的《半导体光学性质》一书，将宏观光谱、光学性质与微观物理过程联系了起来，其基本思路、框架结构植根于经典理论。沈学础写书从不请人代笔，字字句句都是他仔细斟酌写就，因此更能严谨地反映他的科学思想和研究结果。他的书一出版就受到欢迎，很快就销售一空，还流传到海外，成为国内外多个大学和科研院所研究生的教科书或主要参考书。《半导体光学性质》于1998年获得上海市科技进步奖。

2002年，沈学础又出版了《半导体光谱和光学性质》一书。该书在改写原来《半导体光学性质》基础上，新增加了大约30万字的内容。获得了2003年的全国优秀科技图书奖。

沈学础指导的研究生并不太多，因为他对每一位学生指导得非常认真，如果学生太多势必影响培养的质量。他的研究生绝大多数已经成为各单位的科研骨干。这些学生毕业许久后还经常与他们的导师进行学术探讨和合作研究。一位现已在国外当教授的学生就曾深情地说："沈老师在办公室伏案忙碌的背影一直深深地印在我的脑海里。不论过去做学生，还是如今当教授，我的学习和科研都会情不自禁地模仿沈老师，他是永远值得我仿效的榜样和楷模。"确实如此，沈学础的学风影响了一批年轻人。他对研究生的要求非常严格，从研究生论文的开题一直到论文的答辩都关心备至；对于那些草率的科研结论，那些好大喜功的表达，他就言词犀利地进行批评，绝不姑息、迁就。但他更多的时候是和学生一起研究实验设备，一起探讨实验曲线。在研究生的学术论文、毕业论文上布满了他各种颜色笔修改的印记。作为研究生的导师，沈学础既指导学问，更引导学风，后者对于一个研究生的成长无疑更为重要。

沈学础联名多个院士起草了题为"关于基础科学教育和人才培养咨询报告"。就物理教育在提高全民科学素质和创新型国家建设中的作用和地位、目前我国物理教育与人才培养的现状和存在的问题以及物理教育和物理人才培养的建议等方面进行了论述，并提交给了国务院科教领导小组和国家有关部门。

沈学础热衷于物理学的普及，多次进行科普演讲。他经常对年轻人说，研究物理就是献身，所以不要羡慕那些腰缠万贯的富翁，不要眼红那些日进斗金的能人。科学是美丽的，投身于物理的人能够领略到外人所不知、不可思议的美丽，这就是物理工作者的巨大财富。淡泊名利、保持童真、精益求精，这就是沈学础给年轻人的忠告，也是他一生科研的写照。

2002年，沈学础获得了何梁何利奖，2006年他又获得了国际电磁波谱科学巴顿奖。奖励证书上写道："他因对红外凝聚态物理，尤其是红外半导体物理和光谱的杰出贡献而获奖。"

（徐文兰）

简　历

1938年4月15日　出生于江苏省溧阳县

1955—1958年　在复旦大学物理系学习

1958年至今　在上海技术物理研究所工作

1978—1980年　联邦德国斯图加特马普固体研究所访问学者

1983年　经国务院学位委员会批准为博士生导师

1985—1993年　任中国科学院红外物理国家实验室主任

1986年至今　任上海技术物理研究所研究员

1986—2002年　当选为上海物理学会副理事长

1990—1991年　任德国布伦瑞克技术大学客座教授

1990—2000年　任国际振动光谱学杂志编委

1993年至今　任红外物理国家实验室和上海技术物理研究所学位委员会主任

1994—1995年　任加拿大麦基尔大学客座教授

1995年　当选为中国科学院数理学部院士

1996—2001年　任中国科学院上海技术物理研究所科技委主任

1997—2001年　任国家攀登计划"钙钛矿结构铁电体及其异质结构物理学中若干前沿问题研究"项目首席科学家

1999年　任中国台湾大学客座教授

2001年　任上海技术物理研究所学位委员会主任，兼任复旦大学教授和上海大学理学院院长、香港大学荣誉教授

2004 年　任德国马普固体所荣誉客座研究员

2005 年　任日本东北大学客座教授

2005 年　当选为国际红外毫米波太赫兹学术会议国际组委会委员，2009 年
成为红外毫米波、太赫兹国际学术组织的创始会员和理事

2006 年至今　任国际固态通讯杂志（SSC）编委

2006 年至今　任国际半导体科学与技术（SST）编委

主 要 论 著

1　沈学础，陈宁锵. 流体静压力对锗隧道二极管伏安特性的影响. 物理学报，1964，20：1019.

2　S C Shen, Walker T, Kuhl J, et al. The performance of a double beam and optically compensated FT spectrometer and its application to the measurement of weak IR absroption. Infrared Phys. , 1980, 20：277.

3　S C Shen, C J Fang, M Cardona, et al. Far infrared absorption of pure and hydrogenated a – Ge and a – Si. Phys. Rev. , 1980, B22：2913.

4　S C Shen. Local and quasi – local vibrational modes of Si in Ge. Solid State Commu. , 1980, 36：327.

5　S C Shen, M Cardona. Infrared and far infrared absorption of B – and P – doped amorphous Si. Phys. Rev. , 1981, B23：5322.

6　Manuel Cardona, S C Shen, S P Varma. Infrared absorption and raman spectra of Li – compensated B – doped Si. Phys. Rev. , 1981, B23：5329.

7　S C Shen, L Santo, L Genzel. Far infrared spectroscopy of amino acids polypeptides and proteins. Can. J. Spectrosc. , 1981, 26：126.

8　Xue – chu Shen, Hong – juan Ye, Li – xue Kang, et al. Acoustic local mode and TA band mode vibration for the mixed crystal $Cd_x Hg_{1-x}$ Te. Chin. Phys. Lett. , 1985, 2：209.

9　Wei Shan, S C Shen, H R Zhu. Pressure dependence of the absorption edge of $Cd_{1-x} Mn_x$ Te. Solid State Commu. , 1985, 55：475.

10　X C Shen, H Shen, P Parayanthal, et al. Photoreflectance of GaAs doping superlattices. Superlattices and Microstructures, 1986, 2：513；aslo in APS

Meeting (LasVegas, 1986).

11 H Shen, X C Shen, Fred H Pollak, et al. Photoreflectance and photoreflectance – excita spectroscopy of a GaAs/Ga$_{0.67}$Al$_{0.33}$As multiple – quantum – well structure. Phys. Rev. , 1987, B36: 3487.

12 S Jiang, S C Shen, Q G Li, et al. Pressure dependence of the optical absorption edge of Cd$_{1-x}$Mn$_x$Se. Phys. Rev. , 1989, B40: 8017.

13 Zhiyi Yu, Y X Huang, S C Shen. Spin – orbit splitting of the valence bands in silicon determined by means of high – resolution photoconductive spectroscopy. Phys. Rev. , 1989, B39: 6287.

14 Zhi yiyu, Y X Huang, S C Shen. New shallow donors in high pure silicon single crystal. Appl. Phys. Lett. , 1989, 55: 2084.

15 W Lu, S C Shen, et al. Gap mode of Mn in HgTe. Phys. Rev. , 1989, B40: 3383.

16 W Shan, S C Shen, et al. Photomodulated transmission spectroscopy of the intersubband transitions in strained In$_{1-x}$Ga$_x$As/GaAs multiple quantum wells under hydrostatic pressure. Phys. Rev. , 1991, B43: 14615.

17 沈学础. 半导体光学性质. 北京: 科学出版社, 1992.

18 Shen Shue – Chu, Jing – Bing Zhu, Yao – Ming Mu, et al. Wave – function mixture and composition for hybridized Zeeman states of P in Si. Phys. Rev. , 1993, B49: 5300.

19 Chen Zhonghui, S C Shen, et al. Magnetospectroscopy of bound phonons in high pure GaAs. Phys. Rev. Lett. , 1997, 79: 1078.

20 Liu Xingquan, Wei Lu, S C Shen, et al. Spatially resolved luminescence investigation of AlGaAs/GaAs single quantum wires modified by selective implantation and annealing. Appl. Phys. Lett. , 1999, 75: 3339.

21 沈学础. 半导体光谱和光学性质. 北京: 科学出版社, 2002.

22 Z F Li, W Lu, S C Shen, et al. Cyclotron resonance and magnetotransport measurements in Al$_x$Ga$_{1-x}$N/GaN heterostructures for $x = 0.15 \sim 0.30$. Appl. Phys. Lett. , 2002, 80: 431.

23 Sun Liaoxin, Chen Zhanghai, Shen Xuechu, et al. Direct observation of whispering gallery mode polariton and its dispersion in a ZnO tapered microcavity. Phys. Rev. Lett. , 2008, 100: 156403.

24 Zhanghai Chen, S C Shen, et al. Realization of anisotropic diamagnetic Kepler problem in a solid sate environment. Phys. Rev. Lett. , 2009, 102: 244103.

参 考 文 献

[1] 于鑫. 评介《半导体光谱和光学性质》一书（第2版）. 物理, 2003, 9: 595.

[2] 沈学础, 甘子钊, 等. 关于基础科学教育与人才培养的建议. 科学新闻, 2007, 2: 4. 科学发展报告, 第八章8.9节, 科学家建议. 中国科学院编. 科学出版社, 2007.

[3] "Conference Digest of the 2006 Joint 31st Int. Conf. on Infrared and Millimeter Waves and 14th Int. Conf. On Terahertz Electronics" 第XII页, IEEE 出版, 2006.

[4] Andrea Markelz. Terahertz dielectric response of proteins: relaxational and correlated notion contributions. Plenary talks on The 34th Int. Conf. on Infrared, Millimeter, and Terahertz waves. 2009. Korea.

杜祥琬

（1938—　　）

杜祥琬，应用核物理与激光技术专家，中国工程院院士。曾主持核试验诊断理论和核武器中子学的系统性创新研究，为我国新一代核武器设计与试验的成功作出了贡献。主持新型激光发展战略研究、关键技术攻关、技术集成试验及工程化研究，获得多项重要成果，是该领域开拓者之一。

杜祥琬，河南开封人，1938 年 4 月 29 日生于河南南阳镇平。父亲杜孟模，早年毕业于北京大学数学系，曾任河南大学等校教授，新中国成立后开封高中的首任校长，河南师范学院副院长，郑州大学教授，河南数学会会长，河南省政协副主席，副省长等。母亲段子彬，早年毕业于北京女子师范大学，除承担抚养子女等家务外，还在开封高中和郑州大学任历史教师。知识分子家庭背景和父母的正直善良，对杜祥琬影响很深。他的幼年正是抗日战争时期，母亲教他的第一首抗战歌曲，父亲在学校进行的抗日救亡活动，在他的心中深深埋下了爱国的种子。良好的家庭环境，对他性格、品德的形成，人生观、世界观、价值观的确立，乃至人生道路的选择，都有重要影响。在家庭潜移默化的熏陶下，天资聪颖的杜祥琬不仅从小就爱科学，而且懂得一些革命道理和做人的准则，继承了中国传统文化中儒学教育的优秀部分。

1945 年抗战胜利后，杜祥琬在开封受到正规的初等和中等教育。由于勤奋好学，各门功课的成绩一直名列前茅。在开封高中上学期间，他对天文学产生了浓厚的兴趣，课外活动时常跑到图书馆，猎取天文方面的知识。1956 年高中毕业填报志愿时，他的第一志愿就是南京大学天文学系。此时，国家在开封挑选两名留学苏联的预备生，杜祥琬被选中。正在留苏预备部学习俄语时，由于中苏关系趋于紧张等原因，派遣留苏学生的事暂停了，1957 年他被分配转入北京大学数力系学习。

1959 年夏，在当时第二机械工业部副部长、著名核物理学家钱三强的主持下，国家选派 30 名大学生赴苏联留学，杜祥琬再一次被选中，到苏联莫斯科工程物理学院攻读原子核物理专业。临行前，钱三强先生亲自为留苏生们送行并谆谆叮嘱。从此，国家的需要促使杜祥琬将专注的目光从最宏大辽阔的宇宙移向最细小精微的核物理领域。在莫斯科的五年多优良的学习生活环境里，使他有机会受到严格的理工科训练，打下扎实的理论研究基础。1964 年 10 月，他的毕业论文《反质子原子寿命的计算》成功答辩，他被授予优秀毕业证书。

1964 年 10 月，杜祥琬回国，后被分配到第二机械工业部九院理论部，投身于中国核武器的理论研究工作。他曾完成多项核试验诊断的理论设计与试验分析。1971 年，杜祥琬参与了向周恩来总理汇报关于进行核试验的工作。1975 年，在新一代核武器研究的开创时刻，他受命重建中子物理学研究室，针对小型化武器的新的要求，主持研究室提出了核试验诊断的新思想、多种热测试手段、"非线性中子输运方程"的概念及其求解法等；同时，深入进行了核武器中子物理学精确化的研究，显著改进了中子核参数与计算精度，负责建立了我国核武器研究的第一个中子学敏感度计算程序。

1984年，他被任命为北京第九研究所副所长。1986年，国家高技术研究与发展计划——"863"计划开始实施。杜祥琬迎来了他事业的第二次转折，从核武器物理研究转到强激光技术的新领域。1987年2月，激光技术主题专家组成立，他任专家组成员兼秘书长，协助第一届首席科学家陈能宽院士领导专家组工作，负责制订并实施新型激光研究发展计划。1990年，任中国工程物理研究院科技委副主任。1991年4月，杜祥琬就任国家"863"计划激光技术主题专家组首席科学家。在存在多种不确定技术途径和高风险情况下，主持研究和制定了符合国情的发展目标、研究重点与技术途径等发展战略与实施方案，开拓了我国发展新型激光技术的道路。

1993年，杜祥琬被任命为中国工程物理研究院副院长。自1996年后，杜祥琬先后担任了强辐射重点实验室主任、大气光学重点实验室、短波长化学激光重点实验室、清华大学原子分子纳米重点实验室学术委员会负责人、中国科协全国委员会常委、空军首席院士顾问、中国物理学会副理事长、中国工程物理研究院高级科学顾问、国家能源专家咨询委员会副主任、第二届国家气候变化专家委员会主任等职。同时，还兼任《强激光与粒子束》期刊主编。获国家科技进步奖特等奖1项、一等奖1项，二等奖2项，部委级奖10多项，2000年获何梁何利科技进步奖。

1997年11月杜祥琬当选为中国工程院能源与矿业工程学部院士。2001年任"863-8"领域专家委员会主任。2002年当选为中国工程院副院长。参与国家中长期科技发展规划制定和能源发展战略咨询研究工作。2006年当选俄罗斯工程科学院外籍院士。

我国核试验诊断理论和核武器中子学精确化研究

1965 年初，杜祥琬被分配到九院理论部，从事核试验诊断理论研究工作。当时正是突破氢弹原理的时候，理论部在朱光亚、彭桓武副院长领导下，着手氢弹原理的突破，部主任邓稼先、副主任周光召、黄祖洽、于敏、周毓麟等科学家带领着血气方刚的青年们进行多路探索，学术气氛非常民主。老一辈著名科学家们献身国家国防事业的高尚情操，科学求实、平易近人的工作作风，团结协作、刻苦攻关的工作精神，尤其是他们坚实的学术功底，严谨的学风，高超的解决实际问题的能力，在一线带领、指导青年人攻克一个又一个难关的实践工作经验，都给杜祥琬以深刻印象。

杜祥琬的主攻方向是核试验诊断理论，即如何通过外部可观测量，推断核弹在爆炸的极短时间内，其内部各种物理量随时空变化的情况，用以检验理论设计与试验结果是否一致，为调整和改进武器理论设计，进行新的试验提供可靠的科学依据。对这项研究工作，各个核国家都在秘密进行，没有任何资料和信息可供参考，难度可想而知。

1966 年底，杜祥琬和另外两个青年组成的热测试理论组，带着预估的中子和 γ 谱的理论数据赴试验基地参试。理论部参试人员在周光召、于敏带领下，深入第一线，白天钻工号，晚上在帐篷计算、讨论，对有关项目进行现场分析。国家试验场那壮观的场面，震撼了杜祥琬年轻的心扉。

1966 年 12 月 28 日，我国在百余米高的铁塔上，成功地进行了氢弹原理试验。这是我国核武器发展史上又一次重大突破。当时的新闻公报里只称之为"一次新的核试验"。聂荣臻副总理亲自主持了这次试验。杜祥琬为能亲自参与为国扬威的氢弹原理试验诊断项目的理论设计和现场试验而感到自豪。

杜祥琬与同事们在前辈科学家们指导下，工作不断深入。一次，为了解决一个试验结果与理论设计有出入的问题，他苦思冥想了几个月，最后终于找到了缘由，得到了理想的结果。1971年11月，周恩来总理为首的中央专委在人民大会堂听取了与新型核试验有关的工作汇报。杜祥琬作为青年技术骨干参加了汇报。总理详细地询问了理论设计方案和安全等问题。这次汇报更使他感到肩上责任重大，越发勤耕不辍，先后完成了多项热试验诊断的理论设计与试验分析等工作。

1975年，在新一代核武器研究的开创时刻，杜祥琬受命重建中子物理学研究室。针对新一代武器存在多个复杂过程、设计逼近临界极限，需发展精密的物理诊断方法以实现精确的武器设计的全新要求，他正确确定了武器中子物理学的研究方向与课题，提出和发展了多种热测试手段，并具体提出了一系列新的诊断思想和方法，利用可测的物理量提取武器内部反应的时空信息。

（1）发现了"理论的裂变次级中子数存在系统偏差"和群参数临界调整误差的"超临界放大效应"，及其对核武器理论设计的影响。

（2）研究了高压缩热核聚变区"中子－中子碰撞效应"及"超高能中子"的产生，并经实验证实。提出了"非线性中子输运方程"的概念及其求解法和新的超高能中子诊断项目等。

（3）在主持研究时期，对各次核试验诊断项目的理论方案和计算负责技术把关，使我国的核试验诊断理论在与试验密切结合的过程中得到全面系统的发展，满足了武器研制所需的多种信息量及其精度的要求，形成了系统的核试验诊断理论。

（4）主持研究室深入进行了核武器中子物理学精确化的研究。大力推进了我国微观核数据水平的提高；主持了中子群常数的全面更新研究，他推导出了核装置积分量对微观截面敏感度的一组公式，负责建立了我国核武器研究的第一个中子学敏感度计算程序。带领集体攻关数年，得到了几套新的适用于新一代核武器的中子群参数，精度显著提高；在系统研究中子输运方程精确解的基础上，对中子输运差分解的误差问题进行了规律性研究与改进，大幅度提高了计算精度。中子学理论计算的精确化是武器小型化和精密化的基础，它为新一代武器设计与试验的成功提供了重要保证。

在长期工作实践中，杜祥琬已成为我国核武器中子物理学与核试验诊断理论专家。经 20 年的工作，20 世纪 80 年代中期，随着国家多边学术交流的增加，杜祥琬发现他和同事们在艰苦条件下起步的核试验诊断理论研究与美、苏的思路十分相像，而方法途径上又独具特色。表明这段独立进行的凝结了集体智慧的工作揭示了该领域的客观真理。在这些工作的基础上，1992 年由杜祥琬主编的专著《核试验诊断理论》出版，这本代表了我国 20 多年来此领域最高研究水平的专著只能内部发行。这项系统性的研究成果在 1987 年获国家科技进步奖一等奖。

杜祥琬从事的工作应用性很强，但他深知应用研究必须深深植根于基础研究的肥沃土壤之中。他深感基础核数据的重要，在黄祖洽、于敏、胡济民等几位老科学家的支持下，1975 年成立了由原子能院牵头的中国核数据中心，建立了由几十个研究单位和高校参加的工作网。他不仅担任中国核数据委员会的副主任，还做了大量数据的分析和理论工作。

1986 年，针对 X 射线激光和激光核聚变研究的需要，杜祥琬和同事们对原子分子数据进行了系统的调研，提出了明确的物理需求，并联合国内 10 个单位成立了中国原子分子数据研究联合体（CRAAMD），持续进行了 15 年的工作，提供了一批有用的数据。

开拓军备控制物理研究领域

根据国家的需要，在 20 世纪 80 年代后期，杜祥琬又把核武器领域的研究工作延伸到核军备控制物理学，他是这一研究领域的开拓者之一，并培养了该领域我国首批博士和硕士研究生，发表了多篇论文，推进了国际交流。他重点研究了核军备控制的核查方法，并对核军备控制与空间武器控制的关系进行了阐述。于1996年出版了《核军备控制的科学技术基础》一书，是我国该领域的首部专著。

我国新型强激光事业的开拓者之一

正当杜祥琬在核武器物理领域潜心研究的时候，他面临了新的挑战和考验。1986年3月3日，王大珩、王淦昌、陈芳允和杨嘉墀4位著名科学家上书党中央，提出了《关于跟踪世界战略性高技术发展》的建议。邓小平同志以战略眼光给予批复，形成"军民结合，以民为主"的"863"计划。其中，激光技术是"863"计划的一个主题。1987年2月，激光技术主题专家组正式成立，杜祥琬被聘为激光技术专家组成员兼秘书长，协助陈能宽院士负责制订并实施新型激光研究发展计划工作。这个岗位必须是复合型人才，不仅要有深厚的物理功底，而且还要有杰出的组织领导、管理协调的水平。

激光技术是多学科交叉、复杂艰巨而又充满魅力的研究领域。杜祥琬非常清楚：新型激光技术对于国家有非常重要的意义。面对这个新的领域，首先需要解决的是组织一支国家队，并对主攻方向、技术路线等一系列重大问题作出正确的决策。他深知，"真正的高技术是花钱买不到的，必须自力更生，艰苦奋斗，走自己的路。"他重新学习了大量有关的专业知识以充实自己。由于物理基础扎实，他很快就进入"角色"，他积极领导并参加发展战略研究，对各种激光器的特性和潜力进行研究、分析和比较，在指导思想方面强调物理规律研究和关键技术的突破，为工程研究打下坚实基础。杜祥琬执笔撰写了激光技术主题第一篇发展战略报告等重要文章。在正确选定研究方向、目标和重点问题上作出了重要贡献。

借鉴于核武器理论研究的实践经验,杜祥琬十分重视总体概念研究以及数值模拟和仿真工作。他要求实验工作者与理论工作者紧密结合,对各种实验结果不仅要知其然,而且还要知其所以然。他和专家们认真进行强激光技术的物理与总体概念研究,以"实践－理论－实践"的哲学思想指导工作。在总体概念研究的基础上,确定了科学的工作框架,并通过公正择优,形成了一个跨部门的、由优势单位组成的国家队。

1991 年 4 月,杜祥琬就任国家"863"计划激光技术主题专家组首席科学家(直至 2001 年 8 月)。当时正是国际形势发生剧变的时候。在受到内外的压力与质疑的形势下,他受命带领专家组,在存在多种不确定技术途径和高风险的情况下,以科学求实的精神,主持专家组工作。一批院士、专家有力支持了他的工作。一方面,抓紧两个自由电子激光器的出光工作,研究、判断氧碘化学激光等几种新型激光的发展潜力,经常深入科研一线,与科研人员分析、讨论存在问题,提出解决问题的办法,使这几种新型激光在较短时间内出光;另一方面为了确保激光技术主题这个大科学研究项目沿着正确的轨道前进,他在朱光亚等的指导下,主持发展战略再思考的多轮研讨,提出新形势下研究工作的重点和主攻方向。每当关键时刻、面临重大决策时,他总能群策群力,集中大家的智慧,最后作出正确的判断和决策。同时,还征求国家各有关部委领导、专家的意见,取得对发展我国新型激光技术的共识和支持。在他的主持研究下制定了符合国情的发展目标、研究重点与技术途径等发展战略与实施方案。独立自主地选定了新型的主激光,走出了一条技术途径正确、关键技术扎实、可跨世纪持续发展、适合中国国情的技术路线,将"863"计划激光技术调整到符合国家需要和科技发展规律的轨道,开创了我国发展新型激光的可持续发展道路。

他对 30 几年来国内外激光技术发展的曲折道路进行了独到

的总结，写出相关论文，分析了导致前人多次失败的科学技术原因和领导决策上的原因，对技术路线的取舍提出了几个"有所为"，特别是提出了几个"不为"的思想，经过多年的研究实践证明是正确的。他多次在重要会议上提出了卓有远见的、富有启发性的意见。他和总体组同志创新地提出了先期技术集成实验、新型大科学工程研制特点及模式的思想和实施意见。对于我国新型激光技术的研究与发展起到了重要的指导与推动作用，使工作打开局面，迈步前进。

1989 年，我国首次获得 X 光激光。X 射线激光的研究连续获得几项国际领先的成果，自由电子激光装置成功地发射出了亚洲第一束红外自由电子激光。氧碘化学激光的技术路线经调整后，迅速取得了突破性进展。"八五"和"九五"期间，他主持进行了一系列主要的科学技术验证实验。

根据"九五"实验取得的科学数据，杜祥琬和专家们提出了"十五"的工作方案，并得到成功实施。在"十五"期间，他还主持了领域发展战略的深化研究，提出了重要的新建议。

在较短时间内，把新型激光技术的研究推进到国际先进水平，取得大跨度技术进步，是科技界公认的杰出成就，获得了多项国家级奖励。在激光研究的实践中，他不断学习、总结、提高，写出了一系列重要论著。光束质量是一个核心问题，对此，他写出了高能激光《光束质量的四因子描述》、《实际强激光远场光束质量的一种评价方法》，以及《高能激光系统若干物理因素的分析》等文。他主编并参与撰写、由专家群体集体创作出版了 220 万字的《高技术要览——激光卷》、《高技术辞典（激光技术部分）》等著作。

推动物理学为国家可持续发展服务

在杜祥琬的内心里，飞速发展的科学技术是巨大的鞭策，实现国家需要的目标是有力的牵引。与科学技术实践密切结合的学习，常使他有如饥似渴之感。他常说，几十年来最深的体会之一是"学无止境"。

每当工作转入新的阶段时，杜祥琬都会认真学习和钻研新的知识，在把握工作全局的同时，力求学得深一些。他在卸任中国工程物理研究院副院长的工作不久，2002年6月，当选为中国工程院副院长。这又是一项全新的工作——院士队伍建设和从事我国能源发展战略咨询研究工作。他除了负责科学道德建设委员会的工作外，还分管能源学部的工作，认识到能源是我国可持续发展的重要瓶颈之一，他又以相当大的精力学习与能源有关的知识，比较系统地参加了我国能源发展战略的研究，特别是清洁能源与可再生能源的研究及国际合作，发表了《中国能源的可持续发展之路》、《物理学与我国能源可持续发展》、《中国要发展三种概念的绿色能源》等论文。他主持了中国工程院"中国可再生能源发展战略"、"中国能源中长期（2030、2050）发展战略"的研究以及中国和瑞典两国工程院"可再生能源与环境"合作项目。被聘为国家能源咨询专家委员会副主任。在此基础上，他参与了应对气候变化国家承诺指标的论证。作为中国代表团的高级顾问，出席了哥本哈根和坎昆气候变化大会。2020年被聘为第二届国家气候变化专家委员会主任。此外，他还主持了"反恐科学技术问题研究"的咨询课题，组织几十位院士和专家完成了4部专著和4套科普丛书，他提议并主编了《公众应对恐怖事件常识》丛书，这套通俗读物采用图解的形式告诉公众有关爆炸、生物、化学、核与辐射恐怖活动的基本知识、应对措施。这是一套物理、化学、生物等多学科交叉的论著，也是我国在反恐科技领域的第一套丛书。他把自己对物理学基础研究与应用研究关系的体会，浓缩成《浅谈现代物理学与工程技术》一文，在2005年世界物理年发表。同年，根据他的倡议，中国物理学会举办了两场"物理学与可持续发展"论坛。

他在对应用物理学的研究和实践中，进一步深化了对科学精神的思考。他认为，这是一个科技工作者素质的重要内涵，是取得成功的要素。他曾在清华大学作过一场题为"做民族的脊梁"的演讲，概括了老一辈物理学家报效祖国的崇高价值观。"铸国防基石，做民族脊梁"这句话后来成了中国工程物理研究院的"院训"。在2006年欧美同学会论坛上他作了题为"新时代'海归'的继承和创新"的演讲，着重讲了价值观的选择，在青年朋友中激起了十分热烈的反响。他倡导"唯真求实"，无论是搞基础科学还是应用科学，都必须脚踏实地、潜心钻研。他提倡"创新精神"，"整个科学技术史是不断创新的历史、不断跨越的历史、人才辈出的历史。自主创新能力是核心的竞争力，在今天的中国更要提倡开放的自主创新"。他在中国工程院和中国科协负责科学道德建设委员会工作期间，为在我国科技界弘扬科学道德和优良学风做了一系列工作。

崇高的人格魅力

从研制核武器到开拓强激光、再到制定能源发展战略，杜祥琬参与的都是体现国家战略方针的大事业。在几十年的工作实践中，他养成了很强的国家观念，并以此强烈地影响和感染着他带领的科研队伍。

早在苏联留学期间，俄罗斯民族强烈的民族自豪感常常震撼着杜祥琬年轻的心，从那时起，强国的梦想就深深地植根于他的心灵深处。从工作之初的卧薪尝胆，到几十年结出的累累硕果，使杜祥琬受到国外同行的青睐。国外研究单位曾聘请过他，然而，他以报效祖国为己任。了解他的经历的人说："中国就那么值得你留恋吗？'文化大革命'中你的父亲饱受折磨含冤辞世，母亲遭受无情批斗而惨死在农村，岳父也受到冲击、流放他乡等，这些创伤难道你愈合得那么快吗？"杜祥琬从未放弃过自己的人生追求。他很平静，他认为："一个人，有人格；一个国家，有国格。我不能因为在国家和人民蒙受危难时，自己的亲人受到伤害，为了个人恩怨而离开我的祖国。""我的事业在中国，中国的强盛是我毕生的追求。"杜祥琬铿锵的回答掷地有声，使华人朋友和外国友人都钦佩不已。正是在这种强国理想的支撑下，多年来杜祥琬不图名利，埋头于事业。

国家"863"计划激光技术主题所从事的是大科学研究工程项目，有几十个科研单位承担该项任务。面对这项高难度、高风险的重大项目，杜祥琬多次强调坚持全国大协作是我们工作的灵魂，他以宽广的胸怀团结国内优秀的科学家们，形成了一个强有力的专家领导核心，公正选择了一批具有技术优势的科研单位，坚持发扬"863"精神，正确地处理好总体与局部、总体负责单位与各任务承担单位的关系。他重视队伍的思想建设，经常讲："我们干的是体现国家意志的事业"，"我们的团队是国家队"。从国家利益的高度，以公正的态度，处理解决方方面面的问题，是这支队伍的凝聚力之所在。他总是不断地鼓舞大家团结奋斗，不断攀登新的高峰。杜祥琬尊重前辈，提携后人，以诚待人，严于自律，赢得了本领域科技工作者的信赖。他领导的激光项目出色地超额完成了国家交给的任务，取得了上级领导部门和科技界公认的突出成绩。激光技术所取得的成就和形成的精神被许多专家、领导誉为是"两弹一星"精神在新时期的继承和发展。

杜祥琬深知人才的可贵。他为多位老一辈科学家撰写了诗或文，以赞颂他们的贡献和人品，也为了传承我们的民族精神。邓稼先去世，杜祥琬痛心疾首——"筑成大业入史册，深沉情爱留人间。世上之人谁无死？精忠报国重天山！"2005年，彭桓武先生90寿辰时，他以一首诗表达敬意："物理理论功底深，严谨治学见精神。辛勤耕耘育人才，两弹事业立功勋。九十春秋求深新，学界泰斗仍谦逊。肃然起敬前辈师，童心不泯永献身"。2007年在纪念王淦昌先生百年诞辰时，他多次向中学生讲述了反映王先生成就和人格的 18 个故事。他特别关注青年一代的成长。杜祥琬深知，我国的战略高技术事业是一场长期的国际竞赛，需要一代又一代科技工作者坚持不懈的努力。为了培养青年科技课题负责人，决定设立激光青年科学基金，支持一些有创新思想的项目；为了使年轻人有参加学术交流和提高的机会，还定期召开全国激光青年学术交流会议，倍受青年人的欢迎。他以"抒怀"一诗与青年朋友交心，结果产生了《科研团队组诗》。他资助多名优秀贫困大学生的事，更是被传为佳话。

杜祥琬和专家集体重视研究基地和科研队伍的顶层设计，筹划并具体促成了我国几个新型激光技术研究重点实验室和工程研究中心的建立。凝集了一支老中青结合、善于协同攻关的高水平的科研队伍。使科研工作有雄厚的基础，并不断向深度和广度进一步发展。

杜祥琬有很强的时代感。时刻关注着世界科技的新发展和军事动态的新变革。他自己不断根据国家的需求开拓新的研究领域，也在中国工程物理研究院倡导开辟高新技术研究的新方向，在"863"工作中不断提出要攀登的新台阶。在他和一些国外科学家的共同倡议下，国际物理联合会于 1993 年成立了计算物理专业委员会。在领导岗位上，杜祥琬抓住改革开放的历史机遇，办起了中国工程物理研究院的第一个研究生部。负责组建了中物院的第一个外事办公室，他提出并实现了向俄罗斯再度公派留学生，大力推进了国际合作交流。推动了该院高技术研究所的建立。在自由电子激光研究处于低潮时，他促进太赫兹自由电子激光成功实现出光。

他倾心基层，喜欢在一线做具体工作。为此，他曾两度诚恳地推迟了走上领导岗位的时间。这样处理问题，也袒露了他作为一名科技工作者的心怀。

杜祥琬感情丰富，爱好广泛。紧张、繁忙的工作使他更加珍视生活的乐趣。环顾他的居室，是一个书卷气很浓的家庭，闲暇之余，不忘带着与他同甘共苦的妻儿去看京城上演的家乡豫剧。他平时爱听音乐、喜欢诗词和散文，看到白桦树被"剥皮"的苦痛，他写下《白桦的无奈，良知的呐喊》一文，呼吁"林木存亡，匹夫有责；保卫生态，迫在眉睫！"做客在荒山秃岭中建起的科研所，他感慨："地处边陲，生活清苦，是一种精神、信念凝结了一伙人；官兵和谐，内部团结，是一种情感，使他们聚而不散。"看到贝加尔湖，他抒发情感："一方水土养育一方人。几万年来，贝加尔静观自然界和人世间的变迁，以它博大的胸怀温暖过流浪汉的心……像世上任何真正美好的事物一样，贝加尔不仅有着美丽的外貌，更有着美好的内在世界、独特的性格与文化。"在静观降雪的沉思中，他赞美道："雪是美丽、是丰厚，是和平、是温柔。世界需要雪。"2008年"5.12"汶川地震发生后，含泪写下长诗一首《历史将记录在案》，记录历史的同时，赞美民族精神在新时代的升华。他以《享受辽阔》一文，表达自己的人生感悟。

　　杜祥琬的学识、成就、品德和风格，给人留下了深刻印象，他是一位优秀的科学家和科技领导者。

（刘兴荣）

简　历

1938年4月29日　出生于河南南阳，籍贯河南开封

1957—1959年　在北京大学数学力学系学习

1959—1964年　在莫斯科工程物理学院学习

1965年　在第二机械工业部第九研究院理论部工作

1966年　参加中国氢弹原理试验的研究工作并到试验现场参试

1975年　受命重组中子物理研究室，任研究室主任

1984—1990年　任北京九所副所长

1987—1991年　任国家高技术"863"计划激光技术主题专家组成员兼秘

书长

1988 年　任九所研究员

1990 年　任九所博士生导师

1990—1993 年　任中国工程物理研究院科学技术委员会副主任

1991 年　当选为中国物理学会副理事长

1991—2001 年　任国家高技术"863"计划激光技术主题专家组首席科
学家

1993—2001 年　任中国工程物理研究院副院长

1997 年　任强辐射重点实验室主任

1997 年　当选为中国工程院院士

2001 年　当选为中国科协全国委员会常委

2002 年　任中国工程院副院长

2002 年　任空军首席院士顾问

2005 年　任清华大学原子分子纳米重点实验室学术委员会主任

2005 年　任国家能源领导小组专家组成员

2007 年　任国家能源专家咨询委员会副主任

2007 年　任中国工程物理研究院高级科学顾问

2010 年　任北京大学核科学技术研究院院长

2010 年　任第二届国家气候变化专家委员会主任

主 要 论 著

1　Xiangwan Du, Zhiwei Dong, Tieta Gao. Recent program of FEL research in
China. Proc. of SPIE, 2117：62.

2　Jian Zhu, Youkuan Li, Xiangwan Du. Thermal effects of laser beam tube
consisting of a window and nonflowing gas. OSA, 2004, 29：2899.

3　Xiangwan Du. Comprehensively implementing a scientific outlook on develop-
ment to achieve a fast, healthy growth of the electric power industry. NEWS-
LETTER, 2005 (61)：1.

4　杜祥琬. 学术自由与科学家的责任. 科技导报, 2008, 2：1.

5　杜祥琬, 等. 核试验诊断理论. 北京：中国工程物理研究院, 1992.

6　杜祥琬. 核军备控制的科学技术基础. 北京：国防科学技术出版社，1996.

7　杜祥琬主编. 高技术要览——激光卷. 北京：中国科学技术出版社，2003.

8　杜祥琬主编. 高技术辞典（激光技术部分）. 北京：清华大学出版社/科学出版社，2000.

9　Stecey J 著，杜祥琬译. 核反应堆物理学中的变分法. 北京：原子能出版社，1984.

10　杜祥琬. 非线性中子输运方程的一个解法. 计算物理，1984，02：226.

11　杜祥琬. 若干积分量的敏感度分析. 核科学与工程，1984，04：367.

12　杜祥琬. 轻核少体反应次级粒子双微分谱近似处理研究. 中国核科技报告，1986. 1.

13　杜祥琬. 中子输运的差分解与精确解的比较. 中国核科技报告，1987，S1，CNIC - 00044.

14　杜祥琬. 激光核聚变物理概述. 核物理动态，1989，01：34.

15　杜祥琬. 试论我国能源长远发展的战略问题——关于核能在我国能源结构中的地位. 国际技术经济研究，1989，03：23.

16　杜祥琬. 制止空间武器——军备控制的紧迫任务. 中国核科技报告，1990，00：1.

17　杜祥琬，李彬，等. 浅谈军备控制中的物理学问题. 物理，1992，11：654.

18　杜祥琬. 让核技术为国家可持续发展再创辉煌. 中国工程科学，2008，01：9.

19　杜祥琬. 铀浓缩技术及其核扩散问题. 中国核科技报告，1995，00.

20　杜祥琬. 武器用钚的控制及其核查问题. 中国核科技报告，1995，00.

21　张忠建，杜祥琬. 自由电子激光光导的数值模拟与分析. 强激光与粒子束. 1991，02：226.

22　杜祥琬. 非线性光学相位共轭及其在激光工程中的应用. 物理，1997，06：323.

23　杜祥琬. 实际强激光远场靶面上光束质量的评价因素. 中国激光，1997，04：327.

24 杜祥琬. 高能激光与应用光学的几个问题. 中国工程科学, 2001, 02: 21.

25 杜祥琬. 浅谈现代物理学与工程技术——献给2005世界物理年. 物理, 2005, 07: 480.

26 杜祥琬. 对工程哲学的几点思考. 中国工程科学, 2005, 02: 24.

27 杜祥琬. 对高平均功率DPL的几点认识. 强激光与粒子束, 2005, S1:

28 杜祥琬, 李庆忠. 物理学与我国能源可持续发展. 中国工程科学, 2006, 02: 1.

29 Xiangwan Du. Four factors description of the beam quality of high power laser. Proc. of SPIE, 5777: 650.

30 Xiangwan Du, Feizhou Zhang. Asymetrical thermal blooming effect of intense laser beam propagation through atmosphere. Proc. of SPIE, 6346: 634627 - L - 7.

参 考 文 献

[1] 齐殿斌. 杜祥琬一生结缘"核"与"光". 中华英才, 2007, 9: 64.

[2] 孙晓光. 强国不是梦——记中国工程院院士、应用核物理学家杜祥琬. 河南礼赞, 中州古籍出版社, 2005: 129.

[3] 侯艺兵. 壮怀激情强国梦, 中国当代著名科学家故事. 贵阳: 贵州人民出版社, 1998: 234.

蔡诗东

(1938—1996)

　　蔡诗东，等离子体物理学家，中国科学院院士。在基础和聚变等离子体理论研究、特别是关于具有高能粒子的等离子体磁流体动力学不稳定性方面作出了突出贡献。并对推动和发展中国的等离子体研究事业竭尽了毕生精力。与合作者将原低频回旋动力论方程推广到适用于相对论、任意频率、任意磁场位形；提出了高能分量粒子对托卡马克等离子体致稳的新概念；发现了高能分量粒子会激发一些新型不稳定模；预言了熵漂移不稳定性的存在；导出了弱相对论性普遍色散关系，建立了漂移等离子体色散函数的解析计算方法。

　　蔡诗东，1938 年 5 月出生于福建省东山岛，其时，正值抗日战争。数月后，举家移居上海，他读到小学三年级，即抗战胜利后的 1946 年时，随家迁居台湾，就读于安庆国民小学。1950 年，考入台湾台南第一中学。1956 年高中毕业，适逢杨振宁和李政道因推翻宇称守恒定律而获得诺贝尔奖，这对他影响很大，他以杨、李两位教授作榜样，立志要对科学作出贡献，在事业上要有成就。遂选定研究物理学作为终身奋斗目标，考入东海大学物理系。1960 年从东海大学物理系毕业后，作为预备军官服役一年（1960~1961），此后在东海大学物理系任助教。1963 年，他获得全额奖学金赴美国新罕布什尔州达特茅斯大学攻读超流物理硕士学位。1965 年获得硕士学位后，他得到普林斯顿大学的研究奖学金，在普林斯顿大学的天体物理科学系攻读等离子体物理博士学位，导师是著名的等离子体物理学家 T. Stix 教授。蔡诗东的博士论文课题是关于漂移波方面的研究。他的这篇博士论文很有创造性，成了研究漂移波的重要文献之一。1969 年，蔡诗东获得等离子体物理学博士学位。1969~1973 年期间，他先在美国加州大学任助理研究物理学家，后又在美国马里兰大学任研究员。1971 年，美国政府公然把第二次世界大战后托管的位于中国东海的钓鱼岛和琉球群岛交给日本，激怒了华人。在美国的华人学生和学者们掀起了声势浩大的反美保钓运动，蔡诗东和他的夫人曹俊喜都积极地参加了示威游行活动，这一活动进一步激发了不同背景的华人学生和学者对祖国的认同感。在这期间，他所敬仰的杨振宁、任之恭等教授回国观光，返美后给华人留美学生讲述了令他们激动的见闻，从此他深知祖国在建设，祖国需要各方面的建设人才。蔡诗东从小就热爱祖国悠久的历史和文化，所有这些都促使他向往祖国的愿望越来越强烈。1973 年马里兰大学物理科学研究所为他办理助理教授的任命手续（此前他是博士后研究员），他放弃了这个工作机会，他携夫人回到了自己的祖国。回国后，他一直在中国科学院物理研究所从事等离子体理论研究工作，先后晋升为副研究员、研究员，并担任等离子体理论研究组组长、等离子体学术小组组长、所学术委员会委员等职务。1985 年起，担任中国等离子体研究会的主席。1985 年后，他先后被聘为复旦大学、福州大学、大连理工大学、华中理工大学等校的兼职教授。1986 年起，被选为中国人民政治协商会议全国委员会科技界委员。1987~1988 年任中国高等科技中心（世界实验室）特别成员。1988 年起连任亚非等离子体培训协会副主席。1991 年，美国物理学会授予他高级会员（APS Fellow）称号。1992 年被授予国家级有突出贡献中青年专家称号。1995 年 5 月被选为亚非等离子体培训协会研究和培训中心主任。1995 年 11 月，蔡诗东当选为中国科学院院士。1996 年 6 月 20 日因患肝癌医治无效而逝世，享年 58 岁。

建立适用于相对论、任意频率、任意磁场位形
等离子体的回旋动力论方程

等离子体在聚变装置中能否约束足够长的时间，是热核聚变作为能源实现能量输出的重要条件之一。回旋动力论方程是研究等离子体、特别是高温等离子体稳定和约束的重要的基本工具。

蔡诗东与美国加州大学陈骝教授合作，将原来只能处理低频的回旋动力论方程推广到了能适用于相对论、任意频率、任意磁场位形的等离子体，为高能等离子体微观理论得出一组计算简便的方程。这一工作和高能粒子分量的计算概念与方法已被广为引用，并列入研究生教材。蔡诗东与他的合作者又用它来计算各种不稳定性，并推广到计算非局域加热和输运。他还与他的学生将此概念开拓到多年来大家认为此方法不适用的反场和中性片位形等离子体，这一工作将会推动地磁尾中性片等离子体物理的研究。

提出高能粒子稳定等离子体磁流体模的新概念

1983 年，美国得克萨斯大学 M. N. Rosenbluth 邀请他从事合作研究。他们与 Van Dam 等合作提出了托卡马克等离子体中加入高能粒子后可抑制气球模不稳定性，使等离子体直接进入高比

压（比压指的是产生的聚变能量与输入的总能量之比值）第二稳定区的新思想。该工作证明了具有适当分布的高能粒子分量在托卡马克等准稳态装置中可以抑制起很大破坏作用的气球模不稳定性，增强等离子体稳定性。其后，蔡诗东和他的研究小组又把这种致稳作用推广到托卡马克等离子体的内扭曲模不稳定性，从而有可能对锯齿不稳定性与内撕裂模不稳定性起到重要的抑制作用。此外，他们还考虑了理想磁流体模被抑制后电阻性不稳定性增长的可能性，并进一步从加热和输运的角度来讨论实现高能粒子的稳定作用。

托卡马克虽然是磁约束途径中最有希望实现受控热核反应的装置，但蔡诗东看到了仿星器对核聚变堆具有实用意义，他带领研究生首先证明了高能分量粒子对仿星器与偶极场中的气球模与交换模不稳定性也能起到抑制作用。

普遍认为，托卡马克装置是最有可能实现受控热核反应的装置，但托卡马克等离子体中的气球模、内扭曲模、内撕裂模等不稳定性和锯齿不稳定性使等离子体不能稳定存在，因而，高能分量粒子对托卡马克等离子体的稳定作用这一新思想一经提出，立即引起了国际上许多科学家的反响。随着实验的进展，高能粒子分量等离子体已发展成为一个热门领域。

预言聚变产物（高能 α 粒子）会激发一些新的不稳定性，并指出了聚变堆设计中将会遇到的新问题

蔡诗东与陈骝在 1993 年所预言的高能离子和高能 α 粒子激发的动力束气球模不稳定性，近年来已普遍地在实验室中观察到。鉴于这种高能粒子和高能 α 粒子是聚变堆中聚变反应的产物，所以该类高能粒子引起的不稳定性可能影响国际聚变反应实验装置 ITER 的聚变效能，这对于建造聚变堆具有指导意义。

预言熵模不稳定性的存在

20 世纪 60 年代，人们对静态等离子体（Q – machine plasma）中的碰撞漂移波不稳定性在实验上和理论上做了广泛的研究，研究结果虽然可以定性地解释部分实验结果，但仍然存在着不少不能解释的现象。蔡诗东在分析前人工作的基础上，考虑到热涨落和边界条件，以及碰撞黏滞性和热输运的联合作用，所得到的计算结果极大地改进了与实验结果符合的程度，同时预言了熵模不稳定性的存在，这个预言后被实验证实。

蔡诗东对漂移波及其不稳定性研究的论文，是漂移波研究的重要文献之一。

推导出弱相对论普遍色散关系，建立了漂移等离子体色散函数的解析计算方法

蔡诗东与美国马里兰大学吴京生教授等合作推导出了在均匀和非均匀 WKB 近似下，弱相对论性等离子体的普遍色散关系，并将 L – 函数推广到复平面，建立了漂移等离子体色散函数的解析计算方法，从而使多年来只能用模型或数值计算的由非均匀性和相对论效应驱动的微观不稳定性问题可以进行严格的解析处理，为天体、空间和实验室等离子体的许多问题提供了计算方法。这一方法已被广泛引用。

"以求报答人类于万一"

蔡诗东高中毕业时，受杨振宁和李政道的影响，立下了要像他们一样对科学有所建树、对人类有所贡献的志向。他在大学读书时，不以学好课堂知识为满足，还要研读海外研究资料。他在

大学时的摘抄本的前页上写道："尽我一己区区之能力，在我渺小短促之生命中多看点书以求报答人类于万一。"他为实现自己的志向努力奋斗了一生。

为了了解国内外科研动态，蔡诗东对别人的文章总是认真阅读、思考和分析，即使成名之后，他的好学精神始终如初。他从不以学术权威自居，从不因为顾及面子而不懂装懂，或摆出权威的架子吓人。在学术问题上他没有半点浮华虚张，从国外请来的怀有专长的专家，只要有比自己先进的地方，不管辈分如何，他都向人家虚心学习。对自己不了解的实验中的问题，也总是请教研究室的同事。对自己的学生，在学术讨论中也是平等对待，以科学为准。他保持着在大学读书时养成的做笔记写心得的习惯。他把平时的阅读体会和对科学问题的思考，以及脑子中那种一闪念的灵感都记录下来，留待以后慢慢思考。他的知识是通过自己一步一个脚印，踏踏实实地勤奋学习，点点滴滴地累积而形成的。中国数学家华罗庚教授的名言"天才在于勤奋，聪明在于积累"，正是蔡诗东在科学研究道路上成长的写照。

蔡诗东衣着朴素，生活节俭，但为资助湘西地区的 4 名贫困学生却慷慨解囊；他淡泊名利，有了成绩不张扬，不请奖，所内有关部门几次动员他去申请自然科学奖，但他认为奖励应由同行根据工作成就推荐，不应由自己申请，因此一直未去申请任何奖项。有很多次，报纸和电台的记者要对他采访报道，他都婉言谢绝。他认为，自己回国工作是期望能将自己的专业知识为发展国家的科学事业做点实实在在的工作，不愿以此炫耀自己；他尊重别人劳动，不居功；埋头工作，默默奉献。他说："我所从事的是基础理论研究，只要看到自己的结果能被实验证实，并被同行引用和推广，这就是我最大的安慰。"

"要让等离子体研究在中国的土地上扎根"

　　1973年夏天，好几百名中国留美青年学者出于爱国动机和热忱向国内提出希望回国工作的申请和愿望，有关方面慎重考虑了国内的实际情况与需要，最后由周恩来总理亲自审批，核准了其中的8名，蔡诗东就是其中之一。当时马里兰大学物理科学研究所正在为蔡诗东办理助理教授的任命手续，他当即要求停止办理并决定回国，因为他深感祖国的建设需要他。他说："当我看到中国需要发展等离子体物理学时，我决心回到祖国，因为我的根在中国。"当时中美尚未建交。他不顾亲友和朋友们的好心劝阻，秘密地去加拿大办理了回国手续，终于在1973年11月偕夫人经香港回到了祖国。那时中国的"文化大革命"尚未结束，中国的科学研究处于万马齐喑的岁月，蔡诗东的为国出力、为发展等离子体研究事业的满腔热情和抱负无法施展，而且生活条件艰苦。但他总乐呵呵地对夫人说，这是暂时的困难，过渡时期，不能泄气。蔡诗东在20世纪80年代初重访美国普林斯顿大学母校时，他的博士导师对他说："你在中国那么苦，不如留在美国一起干。"但蔡诗东回答道："我是中国人，我认为我还能对中国的等离子体物理作出一些贡献。"他的哥哥也多次劝他回美国去，但他要留在祖国的决心毫不动摇。他十分欣赏刚回来时物理所领导对他讲的一句话："现在你们回到家了，这个家虽然很穷，可这是自己的家。"蔡诗东在这个"家"里安贫乐道，义无反顾。他要在"自己的家"里施展才华，要为建设好"自己的家"贡献力量。随着"四人帮"的垮台和"文化大革命"的结束，蔡诗东和其他科学工作者一样欢呼科学的春天的到来。蔡诗东对研究工作埋头苦干，常常一早上班，下班后吃完晚饭就到办公室来继续工作，一直到深夜才回家，几乎是天天如此，一心扑在工作上，近乎在拼着命工作。长年累月的拼命工作，又不顾身体，舍不得腾出时间去看病，终于在 1996 年查出身患肝癌，而且已到晚期，才 58 岁就英年早逝。

蔡诗东通过自己的勤奋努力，在等离子体理论研究方面作出了出色的贡献。他如果埋头于自己的科研工作，那他个人的成就和名誉毫无疑问会更加辉煌，但蔡诗东认为："回国后如果只管自己做研究写文章，这样对自己固然有好处，但这无异于在国外做研究，回国不回国对我国来说都是一样的，对国家并无多大贡献。"他又认为："个人的力量毕竟是有限的，要想提高我国的等离子体研究水平，使之在国际上能占有一席之地，必须提高大家的学术水平，共同努力才行！"蔡诗东所领导的等离子体物理理论研究组的成员，都不是等离子体物理科班出身的。蔡诗东顶着困难，想方设法采取有力措施，努力提高全组的学术研究水平。他先在组内定期组织学术讨论会，要求大家轮流作学术报告，边学习边工作，他带头在组内讲授。在学术活动中，他鼓励大家多多提问，他自己也耐心听讲，提出问题，启发报告人深入思考，弄清物理图像。经过一年的实践，大家的视野开阔了，学术活动也越来越活跃。为了便于国际交流，他组织大家在组内用英语作报告。他还利用在国外学术界有很多朋友的有利条件，请他们到国内来讲学和合作研究，并送人去国外或亲自带领组内人员去国外进行学术访问研究。在他的带领下，经过全组人员的共同努力，蔡诗东所领导的中国科学院物理研究所等离子体物理理论研究组终于成为国内等离子体物理基础研究的一个重要基地，并活跃在国际等离子体物理的一些前沿领域。

随着时间的流逝，"文化大革命"造成的人才断层现象逐渐明显地表现出来，加之当时年轻人出国热不断升级，蔡诗东越来越感到在中国培养年轻等离子体物理研究人才的迫切性，他提出了"要让等离子体研究在中国的土地上扎根"的想法。1985 年他主动与中国科学技术大学、复旦大学和福州大学联系，倡导并创立了中国等离子体研究会这个民间组织，他自己被推选为研究会主席（王淦昌院士历任该会指导委员会名誉主席，由国内外的著名等离子体专家任指导委员会的委员）。等离子体研究会以培养中国年轻等离子体物理研究人才为主要宗旨，把蔡诗东的目标——让等离子体研究在中国的土地上扎根明确地写入了研究会的章程。等离子体研究会创立之后开展了一系列各种类型的学术活动，如成员单位之间的研究合作、举办专题报告会、讲习班、国际性的学术报告会。每次报告会后总要安排一次年轻人的学术讨论会，蔡诗东总是亲自参加，给予指导，加以鼓励，解答问题。在中国等离子体研究会成立的那年暑期，蔡诗东邀请了一些著名的美国等离子体物理学家来讲习班讲课（他们中有的是自费来华的），到会者均感到受益匪浅，收获很大。由于他的有力领导，中国等离子体研究会成员之间的科研合作不断加强，成员单位数目发展到了 20 多个，包括中国科学院和核工业部的一些研究所以及一些高等院校。为了推动等离子体研究在中国的全面发展，蔡诗东多方呼吁把中国等离子体研究会直属于中国物理学会，以便统一组织国内的学术活动。2001 年，他的遗愿终于实现了，中国等离子体研究会加入中国物理学学会，成为中国物理学学会下属的等离子体物理学二级分会。

蔡诗东为推动和发展中国的等离子体物理事业竭尽了毕生精力，正如他的墓碑上刻着的那样："毕生致力于中国等离子体物理事业"。此外，蔡诗东很关心推动第三世界国家的等离子体研究事业，在他连任的亚非等离子体培训协会副主席的数年中，为发展第三世界国家的等离子体事业培养研究人才花费了他许多的精力和时间。

（李银安）

简　历

1938 年 5 月 29 日　出生于福建省东山岛

1956—1960 年　在台湾省东海大学物理系学习

1960—1961 年　在台湾省预备军官服役一年

1961—1963 年　任台湾东海大学物理系助教

1963—1965 年　在美国新罕布什尔州达特茅斯大学攻读硕士学位，获得超流物理硕士学位

1965—1969 年　在美国普林斯顿大学攻读博士学位，获得等离子体物理博士学位

1969—1973 年　任美国加州大学助理研究物理学家，美国马里兰大学研究员

1973 年 11 月　偕夫人曹俊喜女士回国，在中国科学院物理研究所从事等离子体理论研究。曾任副研究员、研究员并担任等离子体理论研究组组长、等离子体学术小组组长、所学术委员会委员等职

1985 年　与中国科技大学近代物理系等单位共同创立中国等离子体研究会，一直担任该会主席

1985 年起　先后被聘任为复旦大学、福州大学、大连理工大学、华中理工大学等校兼职教授

1986 年起　任全国政协科技界委员

1987—1988 年　为中国高等科技中心（世界实验室）特别成员

1988 年　任亚非等离子体培训协会副主席

1991 年　当选为美国物理学会高级会员

1992 年　被授予国家级有突出贡献中青年专家称号

1995 年 5 月　任亚非等离子体培训协会研究和培训中心主任

1995 年 11 月　当选为中国科学院院士

1996 年 6 月 20 日　因病医治无效，与世长辞

主　要　论　著

1　S T Tsai, F W Perkins, T H Stix. Thermal conductivity and low frequency waves in collisional plasma. Phys. Fluids, 1970, 13: 2108.

2 S T Tsai, R F Ellis, F W Perkins. Parallel current and sheath effects on colli-
sional drift wave. Phys. Fluids, 1972, 15: 345.

3 S T Tsai. Spatial evolution of finite – amplitude plasma waves in collisional
plasma. J. Plasma Phys, 1974, 11: 213.

4 S T Tsai, C S Wu, Y D Wang, S W Kang. Dielectric tensor of a weakly rela-
tivistical nonequilibrium and magnetized plasmas. Phys. Fluids, 1981,
24: 2186.

5 M N Rosenbluth, S T Tsai, J W Van Dam, et al. Energetic particle stabiliza-
tion of ballooning modes in tokamaks. Phys. Rev. Lett. , 1983, 51: 1967.

6 L Chen, S T Tsai. Electrostatic waves in general magnetic field configurations.
Phys. Fluids, 1983, 26: 141.

7 L Chen, S T Tsai. Linear oscillations in general magnetically confined plas-
mas. Plasma Physics, 1983, 25: 349.

8 S T Tsai, J W Van Dam, L Chen. Linear relativistic gyrokinetic equation in
general magnetically confined plasmas. Plasma Physics, 1984, 26: 907.

9 S T Tsai, M Tanaka, J D Gaffey, Jr, et al. Effect of electron thermal anisot-
ropy on the kinetic cross – field streaming instability. J. Plasma Phys. , 1984,
32: 159.

10 S C Guo, S T Tsai. Dispersion relation of general magnetically confined weak
relativistic plasmas. Acta Physica Sinica, 1987, 36: 870.

11 S T Tsai, Y P Chen, S C Guo, et al. A new cocept for fusion reactor de-
vice. Nuclear Fusion and Plasma Physics, 1987, 7: 1; Chinese Physics,
1987, 7: 1011.

12 S C Guo, L Chen, S T Tsai, et al. Ion temperature gradient instability and
anomalous transport. Plasma Physics and Controlled Fusion, 1989,
31: 423.

13 Y P Chen, S T Tsai. Trapped ion nonlocal effect in ICRF geometry. Phys.
Fluids, 1991, B3: 2491.

14 J L Mu, S T Tsai. Gyrokinetics in the neutal sheet geometry. Phys. Fluids,
1992, B4: 1420.

15 L J Zheng, S T Tsai. Energetic particle modified mercier criterion. Phys.

Fluids, 1992, B4: 1416.

16　L J Zheng, S T Tsai. Energetic particle stabilization of the interchange mode in helically symmetric plasmas. Phys. Fluids, 1992, B4: 3329.

17　S T Tsai, L Chen. Theory of kinetic ballooning modes excited by energetic particles in tokamaks. Phys. Fluids, 1993, B5: 3284.

18　S T Tsai, S C Guo, M Yu. Drift plasma dispersion function. In *Advances in Plasma Physics——Thomas H. Stix Symposium*. ed. by N Fisch, N. Y. : AIP Press, 1994. 228.

19　蔡诗东, 夏蒙棼, 李银安, 等. 物理学词典——等离子体物理学分册. 北京: 科学出版社, 1985.

雷啸霖

（1938—　）

　　雷啸霖，凝聚态物理学家，中国科学院院士。长期从事超导电性和凝聚物质的电子输运研究。与吴杭生共同提出超导膜的尺寸非局域效应，与丁秦生合作创立半导体热载流子输运的平衡方程理论。建立了超晶格微带输运的解析理论，导出了任意能谱材料中载流子在电场和磁场中的输运方程，提出了研究强太赫兹电磁场作用下半导体输运性质的一个系统方法，建立了法拉组态光子辅助磁输运的电流控制理论，解释了高迁移率二维半导体中微波辐照和直流电流激发的磁阻振荡。

　　雷啸霖，1938 年 11 月 27 日出生于广西桂林市。他的童年是在祖国山河破碎、同胞骨肉分离、百姓四处逃亡的岁月中度过的。两个姐姐跟着外祖父母住在山西原平县永兴村，战乱使他们一家人南北分离。那时桂林市不断遭到日军飞机轰炸，频繁响起的空袭警报、紧急警报的可怕叫声成为雷啸霖从小印象最深、至今不能抹灭的记忆。1940 年 8 月，不到两岁的他也在一次日机空袭中腿部被炸伤，险些丧命。1944 年秋，父母带着他、3 岁的弟弟和刚刚出生半个月的妹妹往广西北部龙胜县逃难，到了偏僻山区广南城他祖父母的家，甚至一度躲到深山坳里的麻龙寨。在日军继续进逼的恐怖气氛中，他们提心吊胆地过了一年乡村的生活。那种环境下当然没有上学的地方，但雷啸霖自幼还是得到了一些启蒙的训练：母亲教给他一些基本算术，作为书法家的父亲也让他习一点字。

热爱科学的童年和少年

雷啸霖的父亲精通中国古典文学，经常给他讲述中国古代的警世格言和名家的诗词歌赋。而母亲除了给他讲中国和世界的历史人物以外，也给他讲瓦特发明蒸汽机，爱迪生发明电灯和留声机的故事。从少年时代起雷啸霖对自然现象就表现出极大的好奇，母亲也因势利导，让他在大自然的天地里自由地成长。

1946 年春，雷啸霖才开始上小学。但由于他已有基础，几次跳级，提前毕业，1950 年春季便进入桂林市第二中学（初中），1952 年秋季起就读于桂林中学（高中）。

雷啸霖对科学的爱好是从饲养小动物开始的。还是小学二年级时候，他就在家中养蚕，以后又养鸡、鸭和鸽子。他特别喜欢鸽子，天天细心观察鸽子繁殖、孵化和生长的全过程，一一详细记录。从初中一年级起，他又成了小小化学家。他省下零用钱去买化学实验用品，将试管、烧杯和装有酸碱试剂的药瓶摆满了属于他自己的整个房间，一天到晚摆弄。他还是一位少年天文爱好者。多少个晴朗的夜晚，他无数次仰望故乡湛蓝晶莹夜空中一个个美丽的星座，窥探银河深处遥远河外星系的奥秘，逐日观察木星和金星在黄道平面上相对于恒星的移动。他更是一个痴迷的少年无线电爱好者。为了接收到无线电信号，年仅 12 岁的他独自一人竟然从天花板爬上二层楼房的屋顶，在上面树起一根高出屋脊 3 米、20 米长的天线，当天线引来的电波第一次使他自己装的针尖矿石收音机响起电台广播声的时候，他真高兴极了。这一成功更激发了这位少年的兴趣，他把几乎所有业余时间和财力都投入无线电活动，两年内经历了从装矿石收音机到装七管超外差式收音机的全过程。

母亲在培养雷啸霖少年的科学思维中起了重要的作用。从小学二年级起她就有意识地让这孩子在算术方面得到比学校里更多的训练，让他做了不少课外习题。三、四年级以后算术题越来越复杂了，她自己不能解答，就去请教中学的数学老师。到小学高年级，从课外数学书籍中吸取更多的知识已成为少年雷啸霖不可缺少的学习内容。小学到中学，他的各门数学课都学得得心应手，如鱼得水。到了高中阶段，严密数学的逻辑推理和由此导出的结论，使他得到了一种从未有过的更深层次的满足。同时，物理世界的奇妙，以及人们用极其简洁的方程把宇宙和原子描绘得如此精确的物理学更在这位年仅 15 岁的年轻人的心灵中扎下了根。他崇拜的偶像从瓦特和爱迪生转向了牛顿和爱因斯坦，选择物理学家作为自己的人生目标和理想在这个时候已经基本上确立了。

雷啸霖从小并不是一个顽皮捣蛋的孩子，但也不是一个安分守己的学生。到高中的时候，他不仅对各种自然现象都想追根求源，问一个为什么，对其他任何事情也会独立思考，有自己的见解和主张。20 世纪 50 年代，他就读的桂林中学开设英语课。但当时英语在社会上不被重视，英语老师在课堂上也就教得很少，两年下来大家的外语没有多少长进。雷啸霖很不满足这种状况，他作为学习课代表便在主持的时事会上不断宣讲学英语的重要性，居然动员起了全班同学，集体向学校表示不满，提出"我们要学更多的英语！"的要求。由于各门功课成绩优异，其他方面也突出，他在班上受到同学们的尊重，拥有"雷氏"的绰号。

跨进物理学的门槛

怀着投身科学、振兴祖国的美好憧憬，1955年秋未满17岁的雷啸霖以优异的成绩考上了北京大学物理系。北大兼容并包的学术氛围、民主与科学的优良传统，加上院系调整荟萃了众多的一流名师，使它在国内有很高的学术地位，是帮助有志青年通向科学殿堂最好的基站。亲耳聆听名教授讲课，让雷啸霖领略到物理学是多么广阔和严谨，大大开拓了他的视野，使他对物理学的理解上了一个层次。但是按部就班不能使他满足。他在中学时代就是一位很少向老师提问的学生，在大学里更发展了这种风格。他认为独立思考是学到知识的必由之路，提出问题前总是自己先思索，尽量寻找答案。他复习功课，往往比别的同学用更多的时间，对每一个章节都要用自己的思路重新分析，追根求源，直至归结到基本的公理或定律。在一年级普通物理和高等数学的学习中，这种思维方式总是把他引导到高年级的理论力学、热力学、电动力学和复变函数的书中去探求。独立工作的实践，使他自然地总结出这样的学习模式：一个问题，只有能够完全用自己的逻辑和语言表达出来，而且自信比课堂上和教科书中表达得更清楚、更严格的时候，才是弄懂了。因而每一节课后的学习过程，他都自然地要求达到如同教师备课写出讲稿的程度。经过了这一过程，到期末考试的时候他是比较轻松的。他很少有耐心再把教材或讲义重温一遍，但几乎每一次考试都获得了优异的成绩。

雷啸霖六年制本科的最后一学年，主要任务是做毕业论文。导师吴杭生给他定的研究范围是超导薄膜的电磁性质。一个大学本科学生对当时超导电性这个研究了半个多世纪的领域知之甚少，但又不可能学好了再干，只能边学边干。他只有3个月的时间可用来阅读入门的文献，但他十分相信自己的思维和判断力，对每一个具体的问题都力求学深学透。

20 世纪 50 年代发展起来的金兹伯—朗道理论描述大块超导体和超导膜都很成功，是研究超导体热力学和电磁学性质著名的理论。60 年代初期，由于薄膜技术的发展，实验物理学家对厚度小到 15 纳米的超导薄膜的临界磁场作了仔细的测量，提供的丰富资料能够在过去未能达到的厚度范围检验理论的有效性。当时报道相关测量的论文都宣称实验结果可以用原有的金兹伯—朗道理论很好地解释。这样，理论上好像已没有什么新的工作可做。当时只是本科学生的雷啸霖没有盲目相信这个结论。他仔细检查所报道的实验数据及文献中将理论与实验进行比较的细节，发现论文的作者在引用金兹伯—朗道理论时把其中一个本来只与体材料有关的参量不自觉地换成了一个依赖于薄膜厚度的量。这一改变恰恰说明当时局域的金兹伯—朗道理论不能解释实验。为了描述超导薄膜在磁场中的相变，必须从根本上突破理论的局域性质。这成为他们发展新理论的突破口。

过去，人们总是直观地认为当超导膜的厚度很小时，由于磁场几乎可以完全穿透过去，在整个膜中几乎是一个常数，非局域效应是不重要的。这样一种直观结论其实是在正常导体中得到的经验，那里的电流直接决定于电场本身。但在超导体中，电流在一定规范下是与矢势相联系的。与人们的直观想象恰恰相反，超导膜的厚度越小，满足特定要求的矢势的相对变化越大，非局域效应越重要。这一基本物理分析是 1963～1965 年间雷啸霖和吴杭生一系列研究工作的出发点。基于这个分析，他们提出了超导膜尺寸非局域效应的概念，导出了非局域的金兹伯—朗道方程，确立了超导薄膜临界磁场随厚度变化的负二分之三次方规律，完满地解释了实验结果，使人们对超导薄膜电动力学的理解前进了一步。

山东大学的成长经历

1963 年夏雷啸霖以优异的成绩完成了北大理论物理学科的

学业后被分配到山东大学。虽不如愿，他仍希望在济南能一边教学一边把刚刚开始的物理研究继续下去。他一到山大就通过了教师的外语过关考试，在最初的几个学期中，作为见习助教的他承担了几乎两倍的教学工作量，在出色完成教学任务的同时，还在超导电性的研究中取得成果。两年内，他发表了 3 篇高水平的论文。其中，《磁场中的超导膜》一文在《物理学报》刊出后被推荐到反映当时中国最高学术水平的刊物 Science in China 杂志。

1977 年初，他调进上海，任上海医疗器械研究所技术员。

走上研究物理学的道路

1978 年末，雷啸霖来到中国科学院上海冶金研究所，重新回到了自己钟爱的物理学领域。在中国科学院上海冶金研究所，他抓紧一切时间学习基础知识，了解相关领域的最新发展动态，进一步提高外语水平。每天，在上下班的 20 路电车上他总是念诵 New Concept English；每晚，在 9 平方米的居室内他总是坐在那"微型"的写字台边进行数学或物理学的分析。他对每一个问题都进行独立思考而不局限于前人的结论，不久，他对超导临界温度级数的收敛判据及声子谱高频行为的效应提出了独到的见解，得到了同行的承认。同时他提出了电荷密度超导体拉曼散射的能隙激发理论，研究了超导电性、巡游铁磁性与电荷密度波共存系统的热力学及光学性质。这一时期，他的主攻方向逐步转向凝聚物质的电子输运领域，研究铁磁金属的自旋波散射，高阻合金电阻率的负温度系数及 A15 化合物低温电导反常；他提出了无序晶态合金电阻率的超散射理论，解释了不少长期未能解释的实验结果。

1983 年初，雷啸霖得到了赴美国休斯顿大学访问研究的机会。在那里，他与丁秦生教授合作提出了分离质心的力学运动与相对电子的统计运动，选择最捷径初态的物理模型，建立了半导体热电子输运的平衡方程理论。

20 世纪 80 年代初期，雷啸霖与丁秦生当时的目标是想从量子统计力学的基本原理出发，找出一个可以计算实际半导体中相互关联着的大量载流子在强电场作用下的传导电流的方法。他们注意到已有的做法不论是久保线性响应理论还是玻尔兹曼方程理论，都是先给定电场，然后计算载流子漂移速度（电流）对它的响应。多年来，沿袭这种方法人们推导了各种类型的输运方程，但多半太复杂而很少有实际应用的价值。因此他们决定走另外一条路。在电场作用下数目庞大的载流子组成的系统最主要的特征是有一个整体的漂移运动。如果考虑体系的总质心这样一个假想的带电粒子（它的质量和电荷分别是体系中各个载流子质量和电荷的总和，它的位置是各个载流子位置的平均值），则质心的运动速度等于体系中载流子平均漂移速度；而均匀电场，不论强度如何，仅仅是对质心产生一个作用力。如果到随质心一起运动的参考系中去看的话，载流子将完全感受不到电场的存在。在这个意义上讲，电场作用下输运的系统好像是行进着的列车：质心相当于列车的整体，它在电场的拉力和摩擦阻力作用下运动，服从经典力学。在列车上看，各个载流子好像是车内的乘客，它们在车厢中可以随意运动，而且，通过观察地面物体的后移可以感觉到列车前进的速度，但感觉不到有多大的拉力作用在列车上。这就是说，在不同的条件下加于系统的电场可以很不一样，但只要质心速度相同，在随质心一起运动的参考系中考虑问题时，载流子受到的影响是类似的。这表明，就影响系统的输运而言，载流子的漂移速度是比电场更为基本的量。电场对列车（质心）的拉力极其简单，它与列车受到的阻力平衡。这样，阻力的大小以及它以怎样的方式依赖于车内乘客（质心参考系中的载流子）的数量和相互关联以及列车的运动速度（载流子的平均漂移速度），决定了所研究系统的输运行为。因此，为什么不可以把漂移速度作为基本物理量，在给定漂移速度的条件下设法计算质心受到的阻力？这样做，电场将完全不出现在阻力的计算之中，可以用相当简单的形式统一处理任意强度的电场；而力平衡条件（电场力与阻力的平衡）确定了场与漂移速度的关系。沿着这样一条不同于前人处理输运问题的思路，对于载流子之间相互作用比较强的半导体系统，他们发展了一套以动量和能量平衡方程为核心的热载流子输运理论。由于这个理论把输运中最核心的电流而不是电场作为基本控制参量，使很多高电场传导问题的分析和计算大为简化，物理意义更加清晰。

1984～1985 年，雷啸霖在纽约市立大学任客座副教授；1986～1987 年任斯迪芬理工学院客座教授和研究教授。在这期间，他将平衡方程理论推广到半导体异质结、超晶格等二维系统以及多种载流子组成的体系；研究了瞬态、高频和有磁场情况下的传导以及噪声、扩散和热电势等多种输运问题。4 年间，他在物理学刊物上发表了 30 多篇论文。

他终于走上了研究物理学这条道路，虽然太晚了一些，但总算实现了少年时代的理想。他写道："对我来说，物理学中的一个概念、一个符号、一个数据，都是重要的事情。为了早点得到一个数据，我会把其他的事都抛到一边。"他这样描述他们在纽约的日子："那时，很多有趣的物理问题等着我去做。于是，妻子变成帮我输入程序的助手，我们抓住一切机会，充分利用各种可能的计算资源。哪怕是暴风雨交加的夜晚或大雪齐膝的寒冬，只要学校的机器有空闲，我们也照样从河边的住所赶到山上的实验室，让它运行。圣诞之夜，家家在过节，实验室中我们俩也特别高兴：算得多么快呀！整个系统中几乎没有别的用户，全校的计算机都在为我们一家服务！"

由于他的工作越来越多地为人所知，美国好几所大学邀请他去工作；但他没有留恋国外优越的生活条件，毅然带着妻子于 1986 年 2 月回国。同年 5 月，他在中国科学院上海冶金研究所被破格提升为研究员。

回国以后的几年，他仍保持与国外的联系，作为斯迪芬理工学院的兼职教授，继续与美国学者合作；但他主要的精力是以国内为基地，从事科学研究和培养研究生。1987～1993年间，他为中国科学院上海冶金所的每一届的研究生讲授"高等固体物理"课程，并直接指导了20名硕士、博士研究生和博士后。他在这段时期的主要研究工作是关于平衡方程方法在理论上的发展、论战及这个方法在各方面的应用。这些研究取得了重要结果。平衡方程理论在学术界获得广泛承认，被称为雷－丁理论。1988年，他被评为国家级有突出贡献的中青年科技专家，1989年获得中国科学院自然科学奖二等奖。

1991年，雷啸霖提出了窄能带材料电子输运的布拉格散射模型，建立了半导体超晶格微带输运的解析理论，在考虑实际散射机制的情况下系统地计算了半导体超晶格的非线性输运性质，成功地解释了超晶格纵向输运的负微分迁移率、峰值速度及临界电场随微带宽度的变化。1995年，他提出了用六个有效质量系数和六个 γ 系数描述的非抛物能带体系热载流子在磁场中的输运方程，为研究复杂能带材料在强电场下的半经典磁输运提供了一个简便而系统的方法。与此同时，原来的雷－丁理论得到越来越广泛的应用，成为处理多种半导体输运问题和器件模拟的有效工具。

由于这些发展，雷啸霖获得1994年中国科学院自然科学奖一等奖和1995年国家自然科学奖二等奖。1995年他被评为上海市劳动模范，1996年获得全国总工会授予的"五一"劳动奖章。1997年他当选为中国科学院院士。1998～2000年间他任中国科学院上海冶金研究所学术委员会主任，2000年5月起任上海交通大学物理系教授。他是九三学社社员，上海市政协第九、第十届委员会委员、常委。

作为一位热爱本职的科技工作者和教师，雷啸霖始终坚持工作在基础研究和培养研究生的第一线。从提出物理模型，推导数学公式，编写计算程序，分析数据和绘制图表，到撰写科学论文，他都亲自动手。只有全部过程都由他完成的那些成果，他才认为是自己的工作。

1997年，雷啸霖对高频电场和直流电场共同影响下的多载流子系统实现了质心速度缓变部分与快速振荡部分的分离，导出了一组不含时间快变量的输运平衡方程。这个包括了各阶多光子效应又能用比较简便的计算获得强太赫兹电磁辐照下半导体的输运和光学性质的光子辅助跃迁模型，预言了非线性载流子吸收反常，解释了长期未决的能量弛豫共振和碰撞离化增强等问题，为研究三维和各种低维半导体与远红外电磁辐射的相互作用提供了一个相当普适而便捷的方法。

2003年雷啸霖与合作者一道发展了高频电磁场作用下法拉第组态二维半导体磁输运的平衡方程理论。这个理论不但给出电磁辐射激发的基波磁阻振荡，而且预言会出现与多光子过程相关的次级峰谷结构，成功地解释了曾轰动凝聚态物理学界的微波引起二维半导体强烈磁阻振荡和零电阻态的奇特现象。2003年以后，虽然新的实验结果不断出现，但几乎都可以在该理论的框架内相当定量地解释。这几年来，他把电磁辐照下半导体非线性磁输运的平衡方程理论进一步细化，成为研究辐射与凝聚物质相互作用的一个系统方法。

2006年，雷啸霖获得何梁何利科学与技术进步奖。至2007年底，雷啸霖在国际物理学著名学术刊物上发表论文250余篇，其中他为第一作者的论文140余篇。据SCI统计，他为第一作者的论文中单篇被引用100次以上的有5篇，其中最高一篇220次。他纂写的中文专著《半导体输运的平衡方程方法》于2000年出版，英文专著 *Balance Equation Approach to Electron Transport in Semiconductors* 于2008年出版。

他在一篇自述中写道："回顾这些年走过的路，我基本上是一位尽职的科学工作者，在物理学研究的道路上兢兢业业，没有半点怠惰。但是，我不是一位尽职的父亲，当成长中的女儿最需要关怀和指导的时候，我还是多关心自己的研究而没有让她得到足够的父爱。我也没有做到儿子应尽的孝顺，从小父母为我做了很多很多，但我却没有承担服侍年迈双亲的责任，我感到深深的愧疚。回顾四十多年的历程，我要感谢我的妻子，在最困难时她给我鼓励，在最需要时她给我支持，我的每一项工作都凝结了她辛勤的贡献。"

现在，已迈入70岁古稀之年的雷啸霖仍然如一位普通的科技人员和教师那样，勤勤恳恳地工作。在物理学的研究中做一点事是他生活中自然的习惯。他说："在物理学宏伟的大厦中，我在半导体输运理论方面的工作是微不足道的沧海一粟，而在有生之年我恐怕只能再做一点更加微不足道的小事。但我还是和过去一样，钟爱物理，情愿把一生献给这门科学。"

（江山景）

简　历

1938 年 11 月 27 日　出生于广西桂林市

1955—1963 年　在北京大学物理系学习

1963—1976 年　任山东大学物理系助教

1977—1978 年　任上海医疗器械研究所技术员

1979—1982 年　任中国科学院上海冶金研究所研究实习员、助理研究员

1983—1984 年　任美国休斯顿大学访问学者

1984—1985 年　任美国纽约市立大学客座副教授

1986—1987 年　任美国斯迪芬理工学院客座教授、研究教授

1986—2000 年　任中国科学院上海冶金研究所研究员

1997 年 11 月　当选为中国科学院院士

2000 年至今　任上海交通大学物理系教授

主 要 论 著

1　吴杭生，雷啸霖. 在强磁场中金属薄膜的超导电理论（Ⅰ）. 物理学

报，1964，20：873.

2　雷啸霖，吴杭生. 在强磁场中金属薄膜的超导电理论（Ⅱ）. 物理学报，1964，20：991.

3　雷啸霖. 磁场中的超导膜. 物理学报，1965，21：1619.

4　雷啸霖. 无序晶态合金的电阻率. 物理学报，1980，29：1385；English Translation in Chin. J. Phys.（USA）.

5　X L Lei, C S Ting. Theory of nonlinear electron transport in solids in a strong electric field. Phys. Rev. , 1984, B30：4809.

6　X L Lei, C S Ting. Green's function approach to nonlinear electronic transport for an electron – phonon impurity system in a strong electric field. Phys. Rev. , 1985, B 32：1112.

7　X L Lei, J L Birman, C S Ting. Two dimensional balance equations in non-linear electronic transport and application to GaAs – GaAlAs heterojunctions. J. Appl. Phys. , 1985, 58：2270.

8　X L Lei. Dynamical screening and carrier mobility in GaAs – GaAlAs hetero-structures. J. Phys. C：Solid State, 1985, 18：L593.

9　X L Lei, J Q Zhang, J L Birman, et al. Hot electron transport in GaAs – Al-GaAs heterojunctions. Phys. Rev. , 1986, B 33：4382.

10　X L Lei, N J Horing, J Q Zhang. Balance equation analysis of linear and nonlinear electronic transport in quasi two – dimensional quantum – well su-perlattice. Phys. Rev. , 1986, B34：1139.

11　X L Lei, N J Horing. Nonlinear balance equations for hot electron transport with finite phonon relaxation time. Phys. Rev. , 1987, B35：6281.

12　X L Lei, D Y Xing, M Liu, et al. Nonlinear electronic transport in semi-conductors with two types of carriers：Application to GaAs. Phys. Rev. , 1987, B36：9134.

13　X L Lei, J Cai, L M Xie. High – field balance equations for electronic trans-port in weakly nonuniform systems. Phys. Rev. , 1988, B38：1529.

14　X L Lei, H L Cui, N J Horing. Theory of negative differential conductivity in a superlattice miniband. Phys. Rev. Lett. , 1991, 66：3277.

15　X L Lei. Balance equations for hot – electron transport in an arbitrary energy band. Phys. Stat. Sol（b）, 1992, 170：519.

16 X L Lei, N J Horing, H L Cui. Balance equation analysis of hot – carrier bloch transport in a superlattice miniband. J. Physics Condensed Matter, 1992, 4: 9375.

17 X L Lei, N J Horing. Balance – equation approach to hot – carrier transport in semiconductors. Int. J. Mod. Phys. B, 1992, 6: 805.

18 X L Lei, M W Wu. Hot – electron energy – loss rate in polar semiconductors in a two temperature model. Phys. Rev. , 1993, B47: 13338.

19 X L Lei. Balance equations for hot – electron transport in a general energy band in crossed magnetic and electric fields. Phys. Rev. , 1995, B51: 5184.

20 X L Lei. Balance – equation approach to hot – electron transport in semiconductors irradiated by an intense terahertz field. J. Appl. Phys. , 1998, 84: 1396.

21 雷啸霖. 半导体输运的平衡方程理论. 上海: 上海科学技术出版社, 2000.

22 X L Lei, S Y Liu. Radiation – induced magnetoresistance oscillation in a two – dimensional electron gas in Faraday geometry. Phys. Rev. Lett. , 2003, 91: 226805.

23 X L Lei, S Y Liu. Radiation – induced magnetotransport in high – mobility two – dimensional systems: Role of electron heating. Phys. Rev. , 2005, B72: 075345.

24 X L Lei. Current – induced magnetoresistance oscillations in two – dimensional electron systems. Appl. Phys. Lett. , 2007, 90: 132119.

25 X L Lei. Balance Equation Approach to Electron Transport in Semiconductors. Singapore: World Scientific Publishing Co. , 2008.

参 考 文 献

[1] 卢嘉锡, 等主编. 院士思维. 合肥: 安徽教育出版社, 2003.
[2] 中国科学院院士工作局编. 科学的道路. 上海: 上海教育出版社, 2005.

徐至展

(1938—   )

徐至展，物理学家，中国科学院学部委员（院士），第三世界科学院院士。中国惯性约束激光核聚变领域早期研究的主要领导人之一，做出开拓性贡献；在强激光与物质相互作用的重要前沿研究中，取得系统新发现；首次实现 8 条新波长 X 射线激光，发现新跃迁能级并实现最短波长的类锂离子 X 射线激光；中国超强超短激光科学与强场物理新领域的开拓者，取得突破性成就。

徐至展，江苏常州人。1938 年 12 月 16 日出生于湖南衡阳。父亲是毕业于上海复旦大学的一名知识分子。家中人口多，父亲工资低，家境清贫。新中国成立以后，国家颁发的助学金帮助徐至展读完小学、中学、大学，直至完成研究生学业。小学毕业后进入江苏省常州中学学习，这是一所有着严谨学风和优良传统的江南名校。在学校优良的校风和学风熏陶下，他立志于学好知识，将来做一个有益于国家的科学家。中学时代，徐至展重视全面发展，在学习成绩优秀的同时又非常注意体育锻炼，这些为他今后数十年从事艰辛的科学研究打下了扎实的基础。

高中毕业时，国家急需培养第一代制造喷气式飞机的人才，徐至展被保送进入南京航空学院。1957 年，国家号召向科学进军，经过遴选他又转到复旦大学物理系读了 5 年。1962 年考入北京大学，成为理论物理学家王竹溪的研究生。徐至展做研究生的时候，王竹溪还担任北京大学副校长等重要职务。但是，不管多忙，王先生每个星期必定有半天时间对徐至展和另一位同窗研究生进行学术指导并一起讨论，即使因会议等耽误了也总要想办法补回来。第一学年，王先生亲自指定了一些经典著作让研究生自学，如狄拉克著的《量子力学原理》，师徒三人每周半天讨论一章，持续了 10 个多星期。徐至展的学年论文和毕业论文，王先生都亲自修改，就连出现的不规范文字，都一笔一画改正。深受王先生的学识和人品的影响，徐至展更加坚定了把一生献给科学事业的信念和意志。

1965 年，徐至展完成了北京大学的研究生学业后，进入中国科学院上海光学精密机械研究所（简称上海光机所）从事科研工作，迅速投入了上海光机所承担的强激光驱动惯性约束核聚变（激光核聚变）这一国家重大科研任务的研究。徐至展全身心投入这一项激动人心的重大科学前沿研究，1967 年被任命为承担该项研究任务的研究室（即随后的激光核聚变研究室）业务主任，长期主持（1973 年后，与邓锡铭一起负责主持）上海光机所的激光核聚变研究，包括激光产生、加热和压缩等离子体并引发核聚变的实验和理论研究。他还是上海光机所激光核聚变物理方案组组长，负责提出总体实验与装置的物理方案。在随后的十多年研究中，上海光机所激光核聚变研究连续取得一系列突破性成果。徐至展为中国强激光核聚变研究的开创并迈入国际先进行列作出了开拓性的重要贡献。

徐至展在几十年的科研生涯中还长期致力于建立并利用上海

光机所在各个阶段发展的高功率强激光装置，深入进行了"强激光与物质相互作用"前沿领域的实验与理论研究。20世纪60年代后期至80年代中，重点之一是强激光与等离子体相互作用，尤其是在重要非线性过程与不稳定性研究方面的开创性研究。1985年起，徐至展又开始了线状聚焦激光与等离子体相互作用方面的实验与理论研究。它是以点状或斑状聚焦为特征的传统强激光与等离子体相互作用研究的开拓与发展。80年代中期起，徐至展还率先开展了强场激光条件下的光与物质相互作用研究。特别是在此工作基础上，进一步将研究逐步拓宽至强场超快乃至超强超短激光与电子、原子、分子、团簇、固体等重要形态物质的高度非线性相互作用研究，取得一系列创造性研究成果，为开拓中国超强超短激光与强场物理新领域奠定了扎实的科学基础。

徐至展及其领导的研究集体，在激光科学的重要前沿X射线激光领域也进行了长期的研究，取得系统性创造性研究成果。早在1981年就实现软X射线光波段粒子数反转并发现新空间反转区。1988年以来，在国际上第一次利用复合泵浦类锂和类钠离子机制获得了波长短于10纳米的8条新波长的X射线激光；尤有重大意义的是发现新跃迁能级并是在较国际上其他方案更低泵浦功率与更高量子效率条件下实现上述激光；首次将复合泵浦类锂离子X射线激光的最短波长推进到46.8埃的世界纪录。20世纪90年代中期后，又开拓台式超强超短激光为驱动源的新机制，国际上率先突破驱动激光能量大于1焦耳的限制等。

20世纪80~90年代初，徐至展进一步全力倡议并开拓中国强场乃至超强场物理与技术新领域。特别是90年代中期以来，徐至展作为首席科学家长期主持国家"攀登计划"项目、两项国家"973"计划项目等一系列国家级重大项目，为中国超强超短激光与强场物理等重要新兴前沿领域的开拓与发展并在国际上占有重要一席之地作出了先驱性的杰出贡献。

难能可贵的是，最近十余年来，徐至展依然履行着他"执著献身攀高峰"的人生格言，身先士卒并带领研究团队常年勤奋工作在前沿领域的科研第一线。经过不懈的努力，徐至展与他的研究团队在创立强场超快极端物理条件并进行光场与重要形态物质的高度非线性与相对论性相互作用的前沿物理研究方面取得了一系列创造性成就，特别是开拓与发展基于光学参量啁啾脉冲放大（OPCPA）新原理的新一代超强超短激光取得重大突破，被国际同行誉为是该研究领域中"十年来最杰出的实验成就"。徐至展为国际超强超短激光科学与强场物理新领域的创新发展与应用开拓作出了重要贡献。

1967 年以来，徐至展历任上海光机所激光核聚变研究室业务主任，激光等离子体研究室主任，中国科学院强光光学开放（重点）实验室主任等职，特别是他创建了强场激光物理国家重点实验室。上述这些实验室都是中国在相应前沿学科领域最早建立的第一个重要实验室或研究基地。1992～2001 年他担任中国科学院上海光机所所长，2001 年至今担任上海光机所学术委员会主任。他现在还任中国科学院——北京大学激光物理与超快光科学联合中心主任、强场激光物理国家重点实验室学术委员会主任、精密光谱科学与技术国家重点实验室（华东师范大学）学术委员会主任等职。

徐至展还长期担任中国光学领域多种代表性学术刊物的主编，如光学学报主编（1998～2007）、*Chinese Journal of Lasers B* 主编（1999～2002）等。特别是他作为创刊主编创办了中国的第一份光学领域的英文快报 *Chinese Optics Letters*，并担任主编至今（2003～）。该快报创刊后，迅速于 2007 年 1 月成为 SCI 收录期刊。另外，徐至展还十分活跃在国际学术界，积极推进国内外学术交流与合作研究，曾担任一系列国际学术会议大会主席、国际顾问委员会委员等重要职务。1997 年当选为美国光学学会 Fellow，2000 年至今担任国际量子电子学理事会理事，还任 2006 年美国光学学会 Fellows & Honorary Members 委员会成员等。

徐至展作为第一获奖人曾获得多项国家级二等奖及以上和部委级一等奖等科技奖项，包括国家科学技术进步奖一等奖1项；国家自然科学奖二等奖2项；国家发明奖二等奖1项；中国科学院自然科学奖和科技进步奖一等奖4项；上海市科技进步奖一等奖1项等。他早期主持完成的重大研究成果还获得全国科学大会奖，中国科学院科技成果奖一等奖，国家自然科学奖三等奖等。另外，他于1996年获上海市科技功臣奖，1998年获何梁何利基金科学与技术进步奖。2006年，在著名的国际超快强激光科学学术会议上，他与国际上强场物理领域著名权威学者P. Agostini教授共同被授予"激光科学杰出贡献"金牌奖等。

徐至展1990年被人事部批准为国家级有突出贡献的中青年科学家，1989年、1993年两次被评为上海市劳动模范，1993年被评为上海市十大科技精英，1995年被国务院授予全国先进工作者称号。在培养高层次科技人才方面也作出杰出贡献，曾十余次被评为中国科学院优秀研究生导师，他培养的4位博士的学位论文近年相继被评选为全国优秀博士学位论文。

徐至展于1991年当选为中国科学院数学物理学部委员（院士），2004年当选为第三世界科学院院士。徐至展是第八届全国政协委员，第九届、第十届全国政协常委。

长期主持激光核聚变研究，作出开拓性重要贡献

自1967年以来，徐至展曾长期负责主持（1973年后与邓锡铭一起负责主持）上海光机所的激光核聚变研究，包括激光产生、加热和压缩等离子体并引发核聚变的实验和理论研究。责任重大，不可懈怠，徐至展与同事们勤奋忘我地工作，有时会连续工作30多个小时，累了就躺在旁边休息片刻，爬起来再干。经过多年勤奋工作与执著努力，取得了一系列重要研究成果。1972年，利用五级行波放大的20纳秒，120焦耳大功率激光聚焦到

氘化锂靶上产生 600 万度的高温高密度等离子体。1973 年，建立并利用两台毫微秒万兆瓦级高功率激光系统加热固氘、氘化锂和氘化碳（氘化聚乙烯）靶获得稳定的氘 – 氘聚变反应中子，中子产额为每脉冲 10^3 量级，激光产生等离子体的电子温度达到 600 万~800 万度。根据多束激光驱动向心聚爆等离子体的要求，徐至展于 1974 年提出项目方案并直接负责建成毫微秒脉宽 10^{11} 瓦级六路激光实验装置（1975 年底），并利用该装置成功进行六束激光同步共焦辐照 CD_2 微球的打靶实验，获得了 10^4 量级的中子产额；1977 年，利用六路激光装置进行多束激光同步对称照射自行研制的直径为 100 微米量级的空心玻壳球靶，获得了激光驱动的玻壳靶明显的向心压缩。接着他作为主持人之一领导建成亚毫微秒脉宽六路激光实验系统（1979 年）。在这期间，他主持组织研制成配套的十多种等离子体诊断与相应的制靶系统。

为了配合并指导实验，他还坚持进行了激光加热、压缩等离子体并引发核聚变反应的基础理论研究（1967~1980 年）；在建立了具有创新特点的描写激光核聚变全过程的物理模型及相应自洽方程组的数值解的基础上，编制成功能进行总体模拟的一维双温度、三温度流体力学计算机编码（1976~1977 年）并进行了大量激光向心聚爆的数值模拟研究（1977~1980 年）。徐至展还是上海光机所激光核聚变物理方案组组长，负责提出了各个阶段的总体实验与装置的物理方案，包括激光核聚变 12 号（10^{12} 瓦量级）、13 号（10^{13} 瓦量级）装置最早的概念性物理方案（1978~1980 年）等。

上述中国激光核聚变领域取得的开拓性系列研究成果，都是当时国际上该新兴领域开创阶段取得的突破性进展的重要标志，就是在国际上也是屈指可数的。这些成果由徐至展执笔总结并代表研究团队分别在 1974 年举行的全国受控核聚变学术会议（成都）、1978 年举行的中国科学院激光核聚变学术论证会（北京）、1978 年举行的第四届全国激光学术报告会（广州）、1980 年举行的国际激光会议（上海）和第十一届国际量子电子学会议（美国波士顿）等国内外重要学术会议以及《物理学报》、*Chinese Physics*（当时为美国物理协会即 AIP 出版物）、《中国科学》、《科学通报》等学术刊物上向国内外学术界公开发表，得到高度评价并产生重要影响。

特别要提到，1974 年，徐至展执笔总结并代表研究群体在成都举行的全国受控核聚变学术会议上详细报告了中国首次实现激光打靶发射中子并发现相关激光加热等离子体科学规律等方面的突破性研究进展［注：该报告全文发表于《受控核聚变》（1974 年会议资料选编），北京：原子能出版社，1977：117－131］，受到与会科学家王淦昌、彭桓武、胡济民、李整武等的高度评价，特别是王淦昌先生，更是为上海光机所取得的激光核聚变研究的里程碑性的突破而十分激动，提议专门开会讨论徐至展的报告。当时年仅 36 岁的徐至展心中深深感谢中国前辈科学家的提携和鼓励。

徐至展作为中国惯性约束激光核聚变领域的早期主要领导人之一，为王淦昌先生于 1964 年率先倡议的中国激光核聚变研究领域的开创、发展与进入国际先进行列作出了开拓性重要贡献。在激光核聚变领域，徐至展主持完成的重大研究成果"激光核聚变研究"曾获全国科学大会重大成果奖（1978 年）、中国科学院重大科技成果奖（1978 年）、上海市重大科学技术成果奖（1977 年）；作为主持人之一完成的另一项重大研究成果"六路钕玻璃激光等离子体物理实验装置"获得中国科学院科技成果奖一等奖（1982 年）等。

强激光与物质相互作用前沿研究取得系统新发现

强激光与物质相互作用研究对推动强激光科学与技术、惯性约束核聚变、高温高密度等离子体物理、高能量密度物理以及 X

射线激光等基础学科与高技术前沿领域的开拓与发展有着重要的科学意义。徐至展长期致力于建立并利用上海光机所在各个阶段发展的具有国际先进水平的高功率强激光装置，深入进行强激光与物质相互作用等重要科学与技术前沿领域的实验及相应理论研究，取得系统的新发现。

20世纪60年代后期至80年代中期，徐至展与他领导的研究组工作的重点之一是围绕强激光与等离子体相互作用，尤其是在重要非线性过程或不稳定性研究方面，从实验和理论两个方面进行了深入与系统的研究，取得了系列原创性成果，如：发现快离子发射与电子热导反常抑制间的关联；首次全面论证了参量不稳定性机制在二次谐波发射中的作用规律；发现小尺寸自生磁场是驱动成丝不稳定性的新机制；首次提出通过控制小扰动初始位相而抑制成丝不稳定性的新方法等。在强激光与等离子体相互作用研究领域，徐至展作为第一完成人完成的成果曾相继获得中国科学院科技进步奖一等奖（1988年）、国家自然科学奖三等奖（1989年）等。

1985年起，徐至展又开始了线状聚焦激光与等离子体相互作用方面的实验与理论研究。该项研究是以点状或斑状激光聚焦为特征的传统强激光与等离子体相互作用研究的开拓与发展，经过长期研究，也取得重要系统成果，包括首次发现线聚焦激光等离子体的大尺度喷流并判明了各种不均匀性结构的成因；首次发现线聚焦激光等离子体发射的离子及其速度分布在空间上的明显各向异性；首次提出并实现用均匀线聚焦激光等离子体获得大尺度超快、单色强X射线光源并开拓了其重要应用等。徐至展作为第一完成人完成的"线聚焦激光与等离子体相互作用研究"成果获得国家自然科学奖二等奖（1995年）；徐至展领衔的"我国强光物理研究获国际首创成果"是两院院士等共同评出的1996年中国十大科技新闻之一。

上述科学发现成果在国际学术界产生了重要影响。1986年6

月，在美国召开的国际量子电子学会议上，虽然该会议的《激光与等离子体相互作用》专题包含有美国著名劳伦斯利弗莫尔国家实验室及其他世界上著名同行实验室的成果报告，然而来自中国的徐至展的论文报告却是该会议专题唯一的一篇特邀报告。

X 射线激光物理研究获系统性首创成果

X 射线波段激光的开拓是具有重大科学意义与应用前景的重要科学前沿领域之一。20 世纪 70 年代末，徐至展及其研究组就已开始从事以激光等离子体为工作物质的复合泵浦 X 射线激光机制的先驱性研究。1981 年，实现了软 X 射线波段的粒子数反转，而且首次发现了近靶面的新反转区，为进一步探索利用复合泵浦机制实现 X 射线激光建立了基础。

20 世纪 80 年代中期起，徐至展及其领导的研究集体选择了具有特色的类锂离子和类钠离子复合泵浦方案为主攻技术途径，探索实现高效率并突破 100 埃的短波长 X 射线激光。历经多年的深入系统研究，取得了一系列首创性研究成果。如：首次利用类锂离子机制并成功开拓类钠离子机制，获得短于 100 埃的八条新波长的 X 射线激光；发现新的跃迁能级并是较国际上其他方案更为低泵浦功率与更高泵浦效率条件下实现上述激光；首次将复合泵浦类锂离子 X 射线激光的最短波长推进到 46.8 埃的世界纪录，已非常接近具有重大应用价值的"水窗"波段，等。

20 世纪 90 年代中期后徐至展研究组又开拓以台式超强超短激光为驱动源的新机制。如：首次提出并实现高重复频率运行的高效率纵向泵浦瞬态碰撞激发 X 射线激光的新方案，率先突破驱动激光能量大于 1 焦耳的限制等，有力地推进了 X 射线激光的小型化、高效率和高重复频率运行的实用化进程。

国际上有多种学术刊物专门报道并高度评价了中国在这项激光科学前沿领域的突出成就。例如，美国"Lasers & Optronics

（激光和光电子学）"在新技术重大进展跟踪专栏（见：J. Hecht, Lasers & Optronics, September 1990, p. 102）中，以"中国的X射线激光"为题专栏介绍并高度评价了徐至展等类锂硅离子X射线激光新结果的研究工作，文中强调："中国人发现的类锂跃迁之所以引人注目，是因为它比美国劳伦斯利弗莫尔国家实验室采用的类氖和类镍方案或其他地方采用的类氢方案所要求的泵浦功率低得多。"

徐至展及其领导的研究组在X射线激光领域取得的系统性研究成果，产生了重要的国际影响。如：1990年在美国召开的国际量子电子学会议（IQEC'90），共有3篇特邀报告描述全世界范围的X射线激光研究获得的重要新进展，其中1篇就是徐至展关于类锂硅离子复合机制X射线激光的进展报告。另2篇分别为国际著名的美国劳伦斯利弗莫尔国家实验室和日本大阪大学激光工程研究所的X射线激光研究领导人D. L. Matthews与Y. Kato教授发表的关于碰撞激发机制和类氢离子复合机制X射线激光的进展报告等。

徐至展作为第一完成人的X射线激光领域的研究成果"软X光波段粒子数反转"获中国科学院自然科学奖二等奖（1989年），"复合泵浦X射线激光研究"获中国科学院自然科学奖一等奖（1992年），"复合泵浦X射线激光研究"获国家自然科学奖二等奖（2001年）。

中国超强超短激光科学与强场物理新领域的开拓者

20世纪90年代以来，强场超快激光，特别是超强超短激光的出现与迅猛发展为人类提供了前所未有的全新实验手段与极端物理条件，上述实验室就可能创造的极端物理条件，过去只有在核爆中心、恒星内部或黑洞边缘才能找到，从而开辟了超强超短激光科学与强场物理新领域。

徐至展早在 20 世纪 80 年代中期起就开始进行上述新领域相关的先行基础性工作，在国内率先开展了强场激光条件下的光与物质相互作用研究，包括在电离阈值以上（即阈上电离或 ATI）的原子的多光子电离，强场诱导原子的自电离以及其他重要的强场量子现象，以及超短脉冲强激光在等离子体中的非线性传输、频率上转换、谐波发射及强场驱动粒子加速等方面的深入研究，取得了一系列创新结果，在国内外发表了一批学术论文。在此基础上，20 世纪 80 年代末至 90 年代初，徐至展进一步倡议并倾力推动中国超强超短激光科学与强场超快物理新领域的开拓与发展，并全力组织队伍与建立基地开展先驱性研究。

20 世纪 90 年代中期至今，徐至展作为首席科学家相继立项并主持了上述新领域的一系列国家级与中国科学院级重大研究项目，包括中国科学院"九五"重大基础研究项目"强场激光物理中若干前沿问题研究"（1997～2000，首席科学家），"九五"国家攀登计划项目"强场激光物理与飞秒超快过程研究"（1997～2001，两位首席科学家之一，负责强场激光物理部分），国家"973"计划项目"超强超短激光科学中若干重要前沿问题"（1999.12～2005.9，首席科学家）；国家"973"计划项目"超强超短激光与强场超快科学中若干重大挑战性问题"（2006.9～2010.8，首席科学家）等。特别要指出的是，1999 年立项的国家"973"计划项目是中国在上述新领域部署的国家级重大项目，该项目在 2005 年底国家科技部主持的结题评估中获得高度评价，2008 年 10 月科技部召开的国家重点基础研究发展计划（"973"计划）十周年纪念大会上，被授予"'973'计划优秀研究团队"称号。

徐至展还积极组织并推进超强超短激光科学与强场物理新领域的国内外学术交流与合作研究。他曾担任一系列国际学术会议的大会主席和许多重要国际学术会议的国际顾问委员会委员等职。1996 年，他发起创办并担任大会主席，至今连续主持了 8

届（每两年 1 届）"全国强场激光物理会议"（近几届会议发展成为同时举行的国际学术研讨会）。该会议目前已经成为中国超强超短激光科学与强场物理新领域最具影响力、参加人数最多的系列性全国专业会议。此外，他还作为大会执行主席之一主持了以超强超短激光科学为主题的"香山科学会议"、"东方科技论坛"等一系列学术会议，为推动中国在该新兴学科领域的开拓发展作出了重要贡献。

徐至展是中国超强超短激光科学与强场物理新领域的开拓者与带头人。他始终以执著献身精神，一直勤奋工作在科研与培养人才的第一线。特别是最近 10 年，他作为两项国家 "973" 计划项目的首席科学家身先士卒并带领研究团队，在强场超快极端物理条件的创立、光场与重要形态物质的高度非线性与相对论性相互作用、阿秒科学、高能粒子加速以及相关交叉应用开拓等前沿研究方面取得系列创造性成就，为中国上述当代科学技术前沿领域的持续创新发展并在国际上占有重要一席之地作出了杰出新贡献。

开拓与发展新一代超强超短激光及其应用

基于啁啾脉冲放大（CPA）与光学参量放大（OPA）相结合的光学参量啁啾脉冲放大（OPCPA），是国际上积极探索开拓持续创新发展超短超强激光的全新原理，但相当一段时间进展缓慢，一直停留在较低的能量与功率水平的初级阶段，急待突破。

1998 年，徐至展及他领导的研究团队利用研究并发展的小型化高功率钕玻璃激光和中国在优质非线性光学晶体（如 LBO、BBO 等）等方面的传统基础与技术优势，迅速部署开展了该项有重大意义的前沿研究，重点是开展高量级泵浦条件下 OPCPA 新原理的理论模拟与实验验证并进一步开拓发展，在此基础上研制基于 OPCPA 新原理的小型化 10 太瓦级超短超强激光，同时进一步探索基于 OPCPA 新原理实现 100 太瓦至 2 拍瓦（即 2000 太瓦）级超短超强激光系统的实施技术方案。

经过艰苦努力，徐至展及其研究团队终于成功实现基础性原理探索与工程性技术实施的结合，在 OPCPA 新原理的实验验证和开拓发展，以及基于 OPCPA 新原理的小型化超强超短激光系统的基础研究、关键单元技术与总体集成等方面取得了具有自主知识产权并创国际最高水平的系列重大创新成果。

该项成果创造性提出并实施了与国际同类研究不同的更为先进的总体创新方案，创建了世界上首台基于 OPCPA 新原理的小型化 1064 纳米波长 10 太瓦级新一代超短超强激光装置。2002 年 3 月获得高量级泵浦条件下 OPCPA 激光峰值输出功率最高（3.67 太瓦）且对应脉宽最短（155 飞秒）的创当时国际最高水平的总体结果；2002 年 10 月，总体性能又进一步突破并达到峰值输出功率 16.7 太瓦、脉冲宽度 120 飞秒新的国际最高水平，远超过当时国际同类研究的最好结果。另外，该项成果还在关键单元技术与基础实验等研究中取得了系列重要创新成果，如：首创 OPCPA 放大系统中泵浦光与信号光脉冲间精确时间同步的关键新技术；首创飞秒激光脉冲注入再生放大器实现脉冲放大、时间和光谱整形的新技术等；并进一步提出发展 100 太瓦至 2 拍瓦级 OPCPA 超短超强激光系统的实施技术方案等。

该项高难度研究取得的重大创新性成果得到了国际同行学术界的承认与高度评价。国际上最早提出 OPCPA 概念的杜比提斯（A. Dubietis）等人，在发表的专题评论性论文（Appl. Phys. B 79，693－700，October 2004）中，总结和评述了全世界 OPCPA 领域的研究进展。文中大量引用徐至展等取得的研究成果，并评论为是十年来国际 OPCPA 研究领域中最杰出的实验成就，充分肯定了中国在这一国际上重要的高科技前沿研究领域的领先地位。徐至展作为第一完成人完成的该项研究成果被评为 2002 年度中国科学院知识创新工程重大创新贡献，并获得 2003 年度上海市科技进步奖一等奖，2004 年度国家科学技术进步奖一等奖。

徐至展领衔的"新一代超短超强激光开拓与发展研究获得重大进展"被中国科学院发布的《2006 年科学发展报告》遴选为"2005 年中国科学家具有代表性的部分工作"之一。

此外，长期以来，徐至展带领研究团队围绕超强超短激光研究与发展中涉及的关键科学技术进行攻关，在超短脉冲激光的产生、选取、放大、性能监测与优化等方面做出了系统的发明创造，为开拓具有自主知识产权的先进创新途径提供技术基础，曾获得 1998 年度中国科学院发明奖一等奖，1999 年度国家发明奖二等奖。在此基础上，经过十余年的技术沉淀和发展，徐至展带领研究团队又在新一代超强超短激光的持续创新发展方面取得重要成果，2007 年研制成功世界最高峰值功率并最短脉宽的飞秒拍瓦级超强超短钛宝石激光系统。在该激光系统的研制中，发明了抑制寄生振荡等多项创新技术，实现了高增益激光放大和高能量脉冲压缩，获得了国际同类装置中最高的峰值功率（0.89 拍瓦）和最短的脉冲宽度（29.0 飞秒）。该项重大成果已迅速得到国际同行学术界的承认与高度评价，如英国《自然 – 光子学》（Nature Photonics，2007 年 10 月）杂志在其 News & Views 专栏中报道介绍了这项中国在该研究领域的最新突破。

徐至展领衔的研究团队，在开拓与发展新一代超强超短激光领域取得的上述两项重大成果（小型化 OPCPA 超强超短激光的开拓与发展研究；飞秒拍瓦（PW）级超强超短激光系统的成功研制）被列入为中国科学院建院 60 年以来为国家科学事业，特别是战略高技术的研究与发展作出重要贡献的两项实例（见：《中国科学院战略高技术发展六十年》，江绵恒，中国科学院院刊，24（4），368，2009）。

近年，徐至展及其研究团队利用自主建成的飞秒拍瓦级超强超短激光以及物理实验诊断系统，开展了激光驱动台式化核聚变与高亮度中子源等重要前沿研究，取得了重要物理实验成果。实验证实了超强超短激光场中大尺寸氘代异核团簇高效产生聚变中子的物理效应，实现了剧烈的库仑爆炸导致的高效台式化激光核聚变。实验中产生了更高能氘核并更有效氘氘核聚变，中子产额和中子转换效率均大大优于（高1、2个数量级）国际上报道的同类研究最好结果。最近，徐至展及其研究团队又利用飞秒拍瓦级超强超短激光实验系统进行了激光粒子加速及其应用开拓的重要实验研究及相应理论模拟，基于放电波导"尾波场－空泡"电子加速机制实验获得高于 GeV 的高能电子束以及利用电离注入级联加速新机制实验获得近 GeV 单能电子束等研究成果，为中国在该国际上竞争激烈的当代重大高技术前沿领域的创新发展作出了重要贡献。

开拓强场超快极端非线性光学新领域

强场超快激光，特别是周期量级（脉宽短至仅包含少数几个甚至接近单个光场振荡周期）极端超快强场激光的出现与发展，开辟了极端非线性光学前沿学科领域。该领域的开拓与发展，孕育着突破传统的物理学特别是非线性光学的理论框架，是国际上20世纪90年代中期才起步并竞相开展研究的新兴学科领域。

徐至展及其领导的研究组自1996年起即开始进行上述前沿学科领域的开拓性研究，是国际上最早从事该领域研究的先驱性研究组之一。十余年来，徐至展等围绕开辟并发展强场超快极端非线性光学学科领域的重要研究前沿与关键科学问题，理论与实验相结合，进行了系统与深入的研究，重点是在创立周期量级超快强场极端条件并发现其时空频耦合与谱移新特性；发现周期与亚周期时间尺度量子相干控制与阿秒相干辐射产生新机制；开拓强场超快极端非线性相互作用新理论新物理，发现新效应新机制等三方面取得了具有重要国际影响的系列原创性研究成果，为强场超快极端非线性光学学科的创立、发展及其应用开拓作出重要贡献。

徐至展研究组在上述三方面取得的科学发现成果，主要包括：提出脉冲压缩新方案，创立国际同类研究最好结果的周期量级强场超快极端条件；发现周期量级激光在极性分子特殊介质中超快非线性新效应并提出载波包络位相测量新方法。发现并实验证实，利用周期量级脉冲实现多周期脉冲强场电子动力学相干控制并产生高能量阿秒光脉冲新机制；发现并实验证实，利用精密操控波形的双色场实现电子轨道相干控制并产生短于百阿秒单个光脉冲新机制。建立并发展极端非线性相互作用新理论，发现周期量级与亚周期阿秒脉冲传输遵循突破传统光学定理的新规律；发现飞秒非线性成丝超快相干控制新机理并操控光场波形实现电子加速新机制等。

最近，徐至展等又在强场物理的前沿研究中取得了重要的原创性成果，如中红外新波段强场物理研究取得重要发现，首次实验发现中红外新波段强光场中，原子阈上电离光电子能谱出现了令人惊异的低能峰新结构，并第一次从理论与实验上揭示了该现象的物理起因［Physical Review Letters 103，093001（2009）］。(该项成果被中国科学院发布的《2010 年科学发展报告》遴选为"2009 年中国科学家具有代表性的部分工作"之一）；中红外强场高次谐波截止频率推进至具有重大应用价值的"水窗"波段［Optics Letters 34，1747（2009）］，被 IEEE Photonics Journal 列入 2009 年度国际光子学领域的突破之一以及阿秒脉冲的啁啾控制与脉冲压缩研究取得重要进展［Physical Review Letters 103，043904（2009）］，标志了在实现阿秒光源完全控制的道路上向前迈进了一步等。

为人师表　甘为人梯

多年来，在直接从事科研工作的同时，徐至展还十分重视为国家培养高层次年轻科技人才，特别是认真履行研究生导师职责，尽心尽力、高质量的指导培养研究生，作出了杰出贡献并体现了崇高师德，得到公认与高度评价。至今他已十余次被评为中国科学院优秀研究生导师。

他培养的 4 位博士的学位论文相继被评选为全国优秀博士学位论文（1999、2000、2004 和 2009 年）；5 位博士生获得了中国科学院研究生最高奖项即院长特别奖等。他培养的学生，许多已经成长为优秀的科技骨干乃至学术带头人，其中不少人从国外回国以后已成为中国科学院百人计划、国家杰出青年科学基金、长江学者等的获得者。

徐至展为青年人才的培养与成长倾注了大量精力，不仅教给他们学识，更重要的是培养他们执著献身，勇攀高峰的精神和求真务实的学风。不仅在学术上指导，还在思想上生活上关心，坚持高起点，高标准，以创新为出发点不断提高学生驾驭科研工作的能力。特别是在选题、科研实践并学位论文等重要的培养环节上严格把关，决不懈怠。徐至展多次把自己出国作学术交流的机会让给研究生，也主动创造条件让他们参加国际性学术交流与合作研究，以拓宽学术视野。

时任中国科学院院长、党组书记路甬祥院士于 2004 年 11 月 5 日曾亲笔致信徐至展，信中写道："我国的科技事业，中国科学院的创新工程正是由于您这样的科学家的爱国、拼搏、奉献，才取得了今天的成绩。我再次对您的成果，您的贡献表示由衷的祝贺和崇高的敬意。""对于您的治学，育人精神和风格我由衷的钦佩，也正因此您才做到成果累累，人才辈出。"

（李儒新　程　亚）

简　历

1938 年 12 月 16 日　出生于湖南衡阳，祖籍江苏常州

1957—1962 年　在上海复旦大学物理系学习

1962—1965 年　在北京大学物理系攻读研究生

1965—1966 年　在北京大学物理系（参加北京郊区农村"四清"）

1967 年　历任中国科学院上海光机所研实员、助理研究员、副研究员、研究员、博士生导师、所长、所学位委员会主任、所学术委员会主任

1967 年　历任中国科学院上海光机所激光核聚变研究室业务主任、激光等离子体研究室主任、强光光学开放（重点）实验室主任、强场激光物理国家重点实验室学术委员会主任等

1980—1985 年　任国家科委受控核聚变专业组成员

1980 年　当选为中国核聚变与等离子体物理学会常务理事

1987—1988 年　任中国高等科学技术中心（世界实验室）首届特别成员

1991 年　当选为中国科学院数学物理学部委员（院士）

1992—2001 年　任中国科学院上海光机所所长

1993 年　当选为中国光学学会副理事长

1993—1998 年　任中国科学院技术科学学科专家委员会主任

1997 年　当选为美国光学学会 Fellow

1997—2008 年　任国务院学位委员会学科评议组成员

1997—2000 年　任国家攀登计划项目首席科学家

1998—2007 年　任光学学报主编

1999—2002 年　任 *Chinese Journal of Lasers B* 主编

1999—2010 年　相继担任两项国家重点基础研究发展计划（"973"计划）项目首席科学家

2000 年　任国际量子电子学理事会理事

2000—2006 年　任中国科学院数理学部常务委员

2001 年　任中国科学院上海光机所学术委员会主任

2001 年　任中国科学院—北京大学激光物理与超快光科学联合中心主任

2003 年　任 *Chinese Optics Letters* 主编

2004 年　当选为第三世界科学院（TWAS）院士

2006 年　任美国光学学会 Fellows & Honorary Members 委员会成员

2008 年　任中国科学院数理学部常务委员

主 要 论 著

1　Zhi – zhan Xu, An – ming Li, Shi – sheng Chen, et al. A six – beam high power neodymium glass laser. Acta Physica Sinica, 1980, 29 (4): 439; Chinese Physics*, 1981, 1 (3): 548. (* a publication of the American Institute of Physics, selected translations from major Chinese physics and astronomy journals).

2　Zhi – zhan Xu, Shou – hua Chen, Yu – guang Xu, et al. Investigation of sub – ns pulse laser plasmas. Scientia Sinica (Series A), 1982, 25 (6): 660.

3　Zhi – zhan Xu, An – ming Li, Shi – sheng Chen, et al. Investigation on six – beam laser symmetrically irradiating microspherical targets. Acta Physica Sinica, 1981, 30 (9): 1174; Chinese Physics*, 1983, 2 (3): 632 (* a publication of the American Institute of Physics, selected translations from major Chinese physics and astronomy journals).

4　Zhi – zhan Xu, Yuguang Xu, Guangyu Yin, et al. Second – harmonic emission from laser – plasma interaction. Journal of Applied Physics, 1983, 54 (9): 4902.

5　Zhi – zhan Xu, Guang – yu Yin. Investigation of soft X – ray population inversion in laser produced plasmas. Scientia Sinica (Series A), 1983, 26 (6): 657.

6　Zhi – zhan Xu, Wei Yu, Wen – qi Zhang. Hydrodynamic modification of an expanding plasma by laser radiation. Physical Review A, 1985, 32 (7): 659.

7　Zhi – zhan Xu, Jian Yu, Yong – hong Tang. Density – profile steepening by laser radiation in a magnetized inhomogeneous plasma. Physical Review A, 1986, 33 (6): 4355.

8　Zhi – zhan Xu, Wei Yu, Wen – qi Zhang, et al. Plasma heating by the beat between two light waves. Physical Review A, 1988, 38 (7): 3643.

9　Zhi – zhan Xu, Shi – sheng Chen, Li – huang Lin, et al. Characteristics and evolution of plasma – jet – like structures in line focused laser produced plasmas. Physical Review A, 1989, 39 (2): 808.

10 Guan – hua Yao, Zhi – zhan Xu, Wei Yu. Dynamic evolution of above threshold ionization. physical review A, 1989, 40 (6): 3179.

11 Zhi – zhan Xu, Pin – zhong Fan, Zheng – quan Zhang, et al. Soft X – ray lasing and its spectral characteristics in lithium – like silicon plasma. Applied Physics Letters, 1990, 56 (24): 2370.

12 Rong – qing Chen, Zhi – zhan Xu, Lan Sun, et al. Strong – field autoionization induced by smooth laser pulses, including high – order ionization processes. Physical Review A, 1991, 44 (1): 558.

13 Zhi – zhan Xu, Pin – zhong Fan, Li – huang Lin, et al. Space – and time – resolved investigation of short wavelength X – ray laser in li – like Ca ions. Applied Physics Letters, 1993, 63 (8): 1023.

14 Zhi – zhan Xu, Zheng – quan Zhang, Pin – zhong Fan, et al. Studies of recombination X – ray – laser gain and gain – medium uniformity. Applied Physics B, 1993, 57: 319.

15 Zhi – zhan Xu, Ping – zhong Fan, Li – huang Lin, et al. Short – wavelength soft – x – ray amplification in a lithiumlike calcium plasma. Physical Review A, 1994, 49 (1): 485.

16 Zhi – zhan Xu, Zheng – quan Zhang, Pin – zhong Fan, et al. Development of short – wavelength coherent XUV light sources at SIOFM (Invited Progress Report). Optical and Quantum Electronics, 1996, 28: 209.

17 Su – xing Hu, Zhi – zhan Xu. Dynamics of an Intense Laser – driven Multiwell System: A Model of Ionized Clusters. Physical Review A, 1997, 56 (5): 3916.

18 Su – xing Hu, Zhi – zhan Xu. Enhanced harmonic emission from ionized clusters in intense laser pulses. Applied Physics Letters, 1997, 71 (18): 2605.

19 Ya Cheng, Zhi – zhan Xu. Vacuum laser acceleration by an ultrashort, high – intensity laser pulse with a sharp rising edge. Applied Physics Letters, 1999, 74 (15): 2116.

20 Xiao – dong Yang, Zhi – zhan Xu, Yu – xin Leng et al. Multiterawatt laser

system based on optical parametric chirped pulse amplification. Optics Letters, 2002, 27 (13): 1135.

21　Xun – li Feng, Zhi – zhan Xu. Entangling distant atoms by interference of polarized photons. Physical Review Letters, 2003, 90 (21): 217902.

22　Li – hua Bai, Jing – tao Zhang, Zhi – zhan Xu, et al. Photoelectron angular distributions from above threshold ionization of hydrogen atoms in strong laser fields. Physical Review Letters, 2006, 97 (19): 193002.

23　Zhi – nan Zeng, ···, Zhi – zhan Xu. Generation of an extreme ultraviolet supercontinuum in a two – color laser field. Physical Review Letters, 2007, 98 (20): 203901.

24　Wei – feng Yang, ···, Zhi – zhan Xu. Carrier – envelope phase dependence of few – cycle ultrashort laser pulse propagation in a polar molecule medium. Physical Review Letters, 2007, 99 (13): 133602.

25　Xiao – wei Chen, ···, Zhi – zhan Xu. Generation of 5fs. 0. 7 mJ pulses at 1 kHz through cascade filamentation. Optics Letters, 2007, 32 (16): 2402.

26　Xiao – yan Liang, ···, Zhi – zhan Xu. Parasitic lasing suppression in high gain femtosecond petawatt Ti: sapphire amplifier. Optics Express, 2007, 15 (23): 15335.

27　Hai – yang. Lu, ···, Zhi – zhan Xu. Efficient fusion neutron generation from heteronuclear clusters in intense femtosecond laser fields. Physical Review A (Rapid Communications), 2009, 80 (5): 051201.

28　Ying – hui Zheng, ···, Zhi – zhan Xu. Dynamic chirp control and pulse compression for attosecond high – order harmonic emission. Physical Review Letters, 2009, 103 (4): 043904.

29　W. Quan, ···, Zhi – zhan Xu. Classical aspects in above – threshold ionization with a midinfrared strong laser field. Physical Review Letters, 2009, 103 (9): 093001.

30　Zhi – zhan Xu, Sheng – wu Xie, Shi – yao Zhu, Marlan O. Scully. (Eds.) Frontiers of laser physics and quantum optics. Berlin: Springer – Verlag, 2000.

参 考 文 献

[1] 中国科学院学部联合办公室.1991 中国科学院学部委员.杭州：浙江科学技术出版社，1993，61.

[2] 中国科学院院士工作局.中国科学院院士画册//数学物理学部分册.济南：山东教育出版社，2006，232.

[3] 徐至展.执著献身攀高峰//中国科学院院士工作局.科学的道路（上卷）.上海：上海教育出版社，2005，286.

[4] 中国科学院上海光学精密机械研究所.1991 年中国科学院学部委员候选人推荐书.1991.

[5] 何梁何利基金评选委员会.1998 何梁何利奖.北京：中国科学技术出版社，1999，126.

[6] The Third World Academy of Science, TWAS Year Book 2006, 435.

[7] Optics & Photonics News, OSA 1997 Fellows. June 1997, 8 (6)：20.

[8] 徐德祖.物理学家徐至展//虞建安.龙城骄子——常州籍院士.北京：方志出版社，2003，245.

王克明

(1939—)

　　王克明，材料物理学家，中国科学院院士。长期从事离子束与固体相互作用及材料改性的研究工作。与合作者系统研究了离子注入形成氧化物光电晶体的光波导结构及特性，提出了形成波导区折射率增加型光波导的新原理、新模式和新方法，揭示了离子注入波导结构的形成机理；提出了用激光脉冲沉积法制备掺 Er 的 KTP 晶体波导激光薄膜的方法；系统研究了重离子注入光电晶体中的射程和损伤分布，发展了重离子在多元靶中的平均投影射程及其离散的有效计算方法。

　　王克明，1939 年 3 月 2 日生于浙江省乐清市，祖父是农民，父亲是革命烈士。小学就读于家乡的黄华小学，1951 年 9 月至 1957 年 7 月在温州一中学习，高中时的班主任林书立曾给他留下了深刻的印象。在高中，他连续 3 次被评为校优秀学生。1957 年 9 月考入山东大学物理系，1960 年分配到刚组建的物理二系核物理专业学习。1961 年 7 月毕业留校任教。

毕业后至"文化大革命"以前，主要从事高能物理（核乳胶）的研究工作。1962年9～10月物理二系主任王承瑞送他到中国科学院原子能研究所进修，1963年11月至1965年1月在北京大学利用苏联进口的核乳胶显微镜从事9 GeV质子与乳胶核相互作用的机理研究。主要研究成果发表在《物理学报》上。

1970年，王克明参加离子束研究室主任刘清前主持的"离子注入机的研制"工作，提出了"实物虚像"的设计新思路，由山东大学离子束研究室和上海元件五厂联合研制的"60keV硼离子注入机"的项目获1978年全国科学大会奖。

"400keV离子注入机"是1974年第四机械工业部（电子工业部）下达的研究任务，王克明作为离子注入机光路设计者之一，提出了磁分析器的特殊设计方案，该磁分析器能够分辨Hg的6种同位素。主要研究成果发表在《中国科学A》上。

1978年王克明考取出国留学预备生，于1980年1月至1982年2月在美国纽约州立大学奥尔贝尼分校（State University of New York at Albany）和加拿大蒙德里尔大学（University of Montreal）作为访问学者进修离子与固体相互作用和离子束分析，跟随W. A. Lanford教授工作。1980年第二届国际离子束材料改性会议在这个大学召开。会议期间，他有幸见到了这个领域的国际一流科学家、教授和学者，触摸到专业领域的一些前沿问题，从而确定了他的研究方向：离子与固体相互作用和离子注入光波导的研究。

1982～1985年回国后的3年里，王克明与离子束研究室的科研人员一起努力完成"400keV离子注入机"的研究任务。这项长达10年，几十人参加的科研任务终于在1985年顺利通过鉴定。1987年被国家科委列为国家级重大科技成果。1987年山东大学从美国进口1.7MV串联加速器。这为他开展"离子与固体相互作用的研究"提供了重要条件。

1988年王克明提交了"KTP晶体离子束形成光波导"国家

自然科学基金申请书，1989年获得批准。在8项国家自然科学基金项目（其中重点项目二项）的相继资助下，在离子注入光波导研究方面取得了重要进展。

1993年9～12月，王克明作为高级访问学者访问美国奥尔贝尼大学，利用那里的加速器继续从事离子与固体相互作用和离子注入光波导的研究工作。

1997年2～3月，他访问了香港科技大学，利用该大学的脉冲激光沉积设备从事"KTP晶体掺铒"的研究。

1993年12月王克明被国务院学位委员会批准为博士生指导教师。1994年6月～1998年11月，他任山东大学物理系主任期间，有近20名教师晋升为教授，十几名教授评为博士生指导教师。1998年物理系有3位教师同时获3项教育部科技进步奖一等奖。

1992年国家人事部授予其"中青年有突出贡献专家"称号，1995年被评为全国教育系统劳动模范。

2007年11月当选为中国科学院院士。

王克明在SCI期刊上发表学术论文170余篇。年度发表SCI论文数量3次进入全国排名前十位。作为客座编辑（Guest Editor）之一，编辑国际学术会议论文集3部，均由SCI期刊作为专集出版。"粒子与光电材料相互作用的应用基础研究"获2005年国家自然科学奖二等奖。"离子注入光波导和缺陷研究"获2001年教育部中国高校科学技术奖（自然科学奖）一等奖。科技成果获省部级奖4项和国家发明专利2项。

研究离子注入氧化物光电晶体光波导

王克明用离子注入法率先在25种氧化物光电晶体上形成光波导，约占国际离子注入氧化物光电晶体光波导总数的1/3；提出了"高能重离子低剂量"形成波导区折射率增加型光波导的新模式，并成功地制备了具有低传输损耗的 $LiNbO_3$ 晶体条形光波导；进一步阐明了离子注入光波导的形成机理。

"高能轻离子高剂量"研制位垒型光波导

离子束技术能改变固体表面和近表面的物理特性，是近代科学史上的重大发现。当今离子注入技术已成功地应用于大规模集成电路的芯片生产，离子注入光电晶体可以改变材料近表面的折射率而形成光波导。光波导是集成光学、光通信、光电子学的基本结构。集成光学的主要应用前景是大容量、高速度光通讯、高速光计算机、信息存储等。基于波导结构的波导激光、光波导放大器、高效率的蓝绿光源，波导陈列和光子晶体等的研究，国际上仍处于开拓研究中。1999 年光子晶体被 *Science* 列为十大科学进展之一。它的出现预示着一场即将来临的在光速下进行计算和通讯的技术革命。研制光波导的传统方法主要有扩散、离子交换、外延生长等，离子注入作为研制光波导的有效方法之一，与传统的方法相比具有许多优点：注入可以在常温或低温下完成，因而可以在常温或低温下形成光波导；光波导宽度和光位垒的形状能够通过注入离子的能量和剂量准确控制；可注入的离子种类繁多，并可以进行多种注入模式的探索；所形成的波导可为"晶体"波导，即在形成的波导区仍能较好地保持原有的晶体特性等。

自 1978 年以来，对于离子注入光波导，国际上通用的方法是采用能量为 MeV（一般为 1～3MeV）的轻离子（主要是 He），剂量一般为（2～3）$\times 10^{16}$ 离子/平方厘米（我们称为"高能轻离子高剂量"的模式）的来制备光电晶体的光波导，形成的光波导被称为位垒型。

基于这种"高能轻离子高剂量"的模式，国际上已在 50 余种氧化物光电晶体中形成光波导，自从 1989 年他申请的国家自然科学基金项目"KTP 晶体离子束形成光波导"获得资助以来，王克明和他主持的研究组用这种模式先后在 KTP、$LiNbO_3$、

LBO、BBO 等 27 种氧化物光电晶体中形成了位垒型光波导，对波导特性进行了深入研究，研究了注入离子能量、剂量、种类以及退火温度等对折射率分布，光强分布和损耗的影响，进一步揭示了离子注入光波导的形成机理。其中 17 种晶体是首次用离子注入形成波导结构，包括 Cu：KNSBN、$KTiOAsO_4$、BiB_3O_6、YCOB 等重要晶体。成果得到了国际同行的好评。例如 Binder 等人称："最近，一个中国的研究小组报道了 z 切 KTP 样品上通过质子注入形成了光波导（文献 18），由于采用了合适的离子注入参数，他们在表面 12 微米以下的位置上得到了光位垒，其折射率降低了 0.3%。"（*Applied Physics Letters* 2001，79：2558）。这里的文献 18 是指王克明他们发表的论文。

"高能重离子低剂量"制备波导区折射率增加型的光波导

"高能轻离子高剂量"的模式已成功地应用于制备光电晶体的位垒型光波导，是目前国际上普遍采用的方法，形成的波导是多模的。但是高能轻离子形成的波导也有一定的局限性，由于注入剂量较高，一般在（2~3）× 10^{16} 离子/平方厘米，因此注入的时间比较长，成本较高，损耗相对较大。

在实际应用中，最具有应用价值是单模波导。因此，探索一种制备单模光波导的新方法，研究其新机理是很有必要的。1993 年王克明他们首次报道了用低剂量（5 × 10^{14} 离子/平方厘米）1.5 MeV Cu 离子在 $LiNbO_3$ 晶体形成单模波导，注入剂量比 MeV He 离子注入形成光波导低两个数量级，为制备具有实用价值的单模波导在国际上开创了先河，对离子注入光波导制备方法和形成机理提供了新思考，论文发表在 *Physics Letters A* 1993 年 175 卷上。随后相继的系统研究表明，"高能重离子低剂量"研制 $LiNbO_3$ 晶体光波导是可行的。为此他们提出了一种用 MeV 重离子低剂量注入 $LiNbO_3$ 晶体形成异常光折射率增加型单模光波导的新模式，阐明了形成波导的机理不是依靠在射程末端的形成低折射率的光位垒将光限制在波导层中，而是由于低剂量重离子注入导致 LiNbO₃ 晶体的部分自发极化降低（约 5%），从而使波导层异常光折射率（n_e）增加，将光线限制在波导层。王克明他们还首次报道了用 MeV Si 离子低剂量（3.3×10^{14} 离子/平方厘米）注入 LiNbO₃ 晶体形成异常光折射率（n_e）增加型单模光波导，其损耗为 0.64 dB/cm，一般认为损耗应小于 1.0 dB/cm 的光波导是有应用价值的，相关论文发表在 *Journal of Applied Physics* 2001 年 89 卷上。同样他们用 MeV 低剂量 [$(3 \sim 4) \times 10^{14}$ 离子/平方厘米] 的 Ni、C、P 等重离子在 LiNbO₃ 晶体形成了异常光折射率（n_e）增加型的单模波导。

王克明他们用 3.0 MeV Si⁺ 注入 Nd：YVO₄ 晶体（注入剂量为 1×10^{15} 离子/平方厘米）形成了折射率增加型波导，论文发表在 *Applied Physics Letters* 2002 年 80 卷上；2.8 MeV P⁺ 注入 BiB₃O₆（注入剂量为 1×10^{14} 离子/平方厘米）形成了折射率增加型波导，论文发表在 *Applied Physics Letters* 2001 年 26 卷上；2.2 MeV 的 O⁺ 注入（注入剂量从 $5 \times 10^{12} \sim 5 \times 10^{14}$ 离子/平方厘米）β - BaB₂O₄（BBO）形成异常光折射率（n_e）增加型的光波导，论文发表在 *Applied Physics Letters* 2004 年 85 卷上；利用"高能重离子低剂量"模式在 SLN（Stoichiometric LiNbO₃，近化学计量比铌酸锂晶体）、Nd：LuVO₄ 和 Nd：GdVO₄ 钒酸盐激光晶体上形成了波导区折射率增加的光波导，离子注入 SLN 晶体光波导的论文发表在 *Applied Physics Letters* 2005 年 86 卷上。这些成果能够在 *Applied Physics Letters*、*Optics Letters*、*Optics Express* 等刊物上迅速发表，也表明"高能重离子低剂量"的制备部分光电晶体光波导的模式得到了国际上的关注。"高能重离子低剂量"的模式制备光波导可能存在的一个问题是注入离子产生的损伤以及由此所引起的大量的晶格缺陷，有可能导致光波导的传输损耗不容易降低。他们用卢瑟福背散射/沟道技术测量了 3.0 MeV 的 O⁺ 注入（注入剂量为 6×10^{14} 离子/平方厘米）SLN 晶体后的能谱，离子注入后沟道谱的最小产额仅为 4.52%，一个完美的 SLN 晶体沟道谱的最小产额为 1.97% 左右。该结果表明，低剂量的重离子注入并没有使晶体产生明显的缺陷，在波导区可以较好保持晶体的光学特性。制备的光波导的传输损耗是衡量该波导是否能够应用的重要参数，一般认为，传输损耗小于 1 dB/cm 的波导是有应用价值的。他们利用移动光纤扫描的方法对于导模的传输损耗进行了测试，对于 TM_0，波导的传输损耗为 0.61dB/cm。

王克明他们提出了"高能（MeV）重离子（如 Si、O）低剂量（~10^{14}离子/平方厘米）"制备波导区折射率增加型光波导的新方法、新模式。它既具有扩散、离子交换光波导的传输损耗相对小一些的优点，又兼具离子注入形成的光波导的优点，与"高能轻离子高剂量"模式相比，注入剂量一般要低 2 个数量级左右，注入的时间要缩短 10 ~ 100 倍，成本可大幅度降低。用"高能重离子低剂量"模式在国际上首次在 SLN（近化学计量比铌酸锂）、$Nd:YVO_4$、$Nd:LuVO_4$、$Nd:GdVO_4$、$YbVO_4$、$SrWO_4$、YVO_4、$Yb:YCOB$、$LiNbO_3$、$\beta-BBO$、BiB_3O_6、$KTiOPO_4$、$RbTiOPO_4$、$Nd:Mg:LiNbO_3$ 和 $KTiOAsO_4$ 等 15 种晶体上形成了波导区折射率增加的光波导，其中前 8 种晶体属于首次用离子注入法形成光波导的光电晶体。此后意大利、西班牙、葡萄牙、墨西哥等国的研究组也相继进行了效仿研究。有关论文得到了国际同行的好评。Bentini 等人在论文中称："He 离子注入的主要缺点仍在于注入时间长"、"近来，高能离子注入，比如 Si 离子（文献 9，10），被证明是在三维单片集成光学器件中的波导制备的有效方法。它可以形成类似于 He 离子的损伤分布，但是离子剂量和注入的时间低了几个数量级。"［*Journal of Applied Physics*，92（2002）6477］。文献 9、10 是指他们发表的论文。Domenech 等人称："代替利用轻离子，光波导也可以用重离子注入形成（文献 6）"。［*Applied Physics Letters*，83（2003）4110］，文献 6 是指他们发表的论文。主持的国家自然科学基金重点项目"离子注入光电晶体波导结构的基础研究"2005 年结题验收时，专家组认为：发现了"高能重离子低剂量"形成波导区折射率增加型光波导的新方法、新模式。

"高能重离子低剂量"制备条形光波导

平面光波导可以在一个方向上限制光的传播，光波在传输过程中在另一方向上存在着横向散射，为了能把光限制在一个通道中传输，就需要制备条形光波导。条形光波导是光波耦合器、波导调制器、波导开关以及波导激光器等无源和有源器件的基础。条形光波导主要有矩形波导、脊形波导、沟道波导等若干种结构。条形光波导的研究不但对于离子注入光波导器件的实现具有重要意义，对于探索在光波导中实现光子晶体也有重要意义。

铌酸锂晶体是应用于光电子领域最基本和最重要的功能材料之一。王克明他们直接利用光刻胶作为掩膜，采用 3 个不同能量（2.2MeV，1.8MeV 和 1.6MeV，总的注入剂量为 6×10^{14} 离子/平方厘米）的 O 离子注入 z 切的铌酸锂晶体，经过退火后，得到了条形波导。结果表明，利用重离子低剂量注入形成的光波导可以有效地约束光波的传播，清晰的近场光斑图像也说明了该波导具有较小的传输损耗。

近来王克明他们用"高能重离子低剂量"模式成功研制了高质量低损耗的 $LiNbO_3$ 条形光波导，在工作波长 1550.9nm 下，单模波导损耗达 0.17dB/cm，并研制了铌酸锂分支器。而商业化的 Ti 扩散和离子交换 $LiNbO_3$ 光波导的损耗分别为 0.10dB/cm 左右和 0.2~0.3dB/cm。

用"高能重离子低剂量"模式制备的 $Nd:MgO:LiNbO_3$ 条形波导中，与体材料相比，波导中的 Nd 的荧光强度增加近 20%，这为离子注入有源波导器件的制备提供了新思路。

探索离子注入氧化物光电晶体波导结构的形成机理

（1）"高能轻离子高剂量"模式形成位垒型波导结构的形成机理

王克明他们采用这种模式在 $LiNbO_3$、KTP、LBO 等 27 种晶体上形成了位垒型光波导结构，其中 17 种晶体是他们首次用离子注入的技术形成的波导结构，经过大量的实验和系统地研究表明，其光波导的厚度主要由注入离子的平均投影射程决定，光波导的位垒主要由核碰撞（核阻止本领）决定，在离子注入射程的末端形成的损伤（缺陷）降低了体密度，从而使折射率降低，而电子阻止本领不是主要的。相关论文发表在 *Optics Communications* 1997 年 134 卷上。

（2）"高能重离子低剂量"模式制备波导区折射率增加型波导结构的形成机理

对于其形成机理，他们提出了一个关于铌酸锂晶体异常光折射率随着注入剂量变化的理论模型，自发极化是由于铌原子和锂原子相对于氧平面的位移引起的，离子注入可以部分地引起晶格的移位，导致晶体的自发极化降低，从而通过二次电光效应使其异常光折射率增加，由于注入剂量较低，因此注入所引起的体积变化很小，最终结果是在合适的剂量下能够引起晶体折射率的增高，形成波导结构，论文发表在 *Applied Optics* 2001 年 42 卷上。

2007 年王克明他们又对其进行了深入研究，提出了一个离子注入铌酸锂晶体的损伤所引起异常光以及寻常光折射率变化的定量关系，不仅对于较重离子所引起的折射率的变化，还对于以前文献中提到的高剂量 He 离子注入铌酸锂晶体所引起的折射率位垒边上的"奇异模"（折射率的部分增高的现象）进行了解释。相关的机理同样可以解释他们的一些实验结果，例如 O 离子注入 BBO 晶体的有关结果，论文发表在 *Physical Review B* 2007 年 75 卷上。

KTP 晶体的稀土元素掺杂

荷兰 FOM 研究所的 Polman 发表的综述论文 *Erbium implanted thin film photonic materials*〔*Journal of Applied Physics* 82（1997）1

－37］曾成为当今国际光电子学领域的十篇"Top paper"之一，主要涉及 Er 注入的薄膜光子材料。

实现高速通信的主要问题是局域规模的光连接，针对所谓"光纤到户"技术，基于掺 Er 平面光波导放大器的光子集成电路是实现这种功能的最佳选择之一。人们一直在探索高浓度掺杂 Er 的方法。

稀土掺杂，特别是 Er 的掺杂，是光通信特别是光纤传输的核心，Er 发射 1.54 微米的光波波长，这是最重要的通信波长，这主要由于标准的硅基光纤在这一波长下有最大的透射率。掺 Er 的光波导薄膜可以做成 1.54 微米波长工作的小型光放大器。掺杂 Er 的方法主要有晶体生长过程中的均匀掺杂、扩散、离子交换、离子注入等。

与 LiNbO$_3$ 晶体相比，KTP 晶体具有抗光损伤阈值更高，不易产生光折变，折射率温度系数小等特点，是具有重要应用价值的非线性和光波导晶体。1993 年，王克明他们用 300keV 的 Er 和 400keV 的 Yb 离子注入 KTP 晶体，研究了注入离子的浓度分布和退火行为，经 800℃退火浓度分布呈双峰或三峰的反常扩散行为，论文发表在 *Applied Physics Letters*1994 年 64 卷上。1997 年 Opfermann 等人用 300 keV、剂量为 $1 \times 10^{13} \sim 2 \times 10^{15}$ 离子/平方厘米的 Er 注入 KTP 晶体，在退火的 KTP 样品中测得了 Er 的 1.54 微米的荧光光谱。这对于 KTP 晶体在现代光通信中的应用具有重要意义。

1997 年，他们又用波长 193 nm、稳定输出能量为 200 mJ/脉冲、重复率为 10 Hz 的脉冲 ArF 激光作光源，用 KTP 单晶和 Er 交替作靶，用光学抛光的 KTP 本身作衬底，在 KTP 晶体上实现了 Er 的高浓度掺杂，用卢瑟福背散射测量 KTP 晶体中 Er 的浓度，Er 的最大浓度可达 3% 原子比。用荧光光谱法测量了 1.54 微米 Er 的波长。采用棱镜耦合法观察波导层有两条亮模，表明掺 Er 的 KTP 层具有波导激光薄膜的性能。实验发现用脉冲激光沉积（PLD）法可以在 KTP 晶体中实现掺 Er 的波导激光薄膜，论文发表在 *Applied Physics Letters*1998 年 73 卷上。Satyanarayan 等人在综述性论文中称道："这种方法为其他光电材料制备薄膜波导激光开辟了可能性。"（*Critical Review in Solid State and Materials Sciences*，1999，24：103 – 191）。提出的方法也为其他光电晶体直接制备高浓度掺 Er 的激光波导薄膜提供重要信息。

重离子在光电晶体中的射程和损伤分布

研究注入离子在光电晶体中的射程和缺陷分布也是研制离子注入光波导的基础。

探索重离子在光电晶体中的射程分布

在离子束材料改性领域中，注入离子在材料中的纵向分布（平均投影射程、射程离散）参数显得特别重要。平均投影射程是指注入离子在材料中的平均深度，射程离散涉及注入离子在衬底材料中的浓度分布，是离子注入器件设计的一个重要参数。实验射程分布参数的研究也是对原子相互作用势，核阻止本领、电子阻止本领和理论模型的检验。20 世纪 60 年代丹麦科学家Lindhard 等人提出了 LSS 理论，为预见注入离子在固体中的射程分布奠定了理论基础。1980 年德国的 Biersack 提出了角扩散模型，并建立了 PRAL 计算程序，近年来 Monte Carlo 模拟的 TRIM（离子在物质中的输运，现在称为 SRIM）程序广泛用于预见注入离子在固体中的射程分布。TRIM（或 SRIM）是国际同行普遍公认的标准程序。

随着现代科学技术的发展，离子注入化合物半导体、磁性材料、光电晶体等得到了重要应用。因此注入离子在多元靶（化合物）中的射程分布，特别是离子注入在光电晶体中的射程分布越来越引起人们的重视，因为离子注入光波导的研究与射程分布有着密切关系，一般认为离子注入光波导的宽度由注入离子的平均投影射程决定，所以具有重要应用背景和理论意义。20 世纪 80 年代初，实验上主要限于单元靶，如 Si、Ge 等，很少涉及二元靶、三元靶的研究更少。王克明他们系统地研究了重离子在多元靶中的射程，从一元、二元、三元、四元，直至 7 个元素的靶，涉及的重离子有 Au，Bi，Xe，Er，Nd 等十几种离子。首次系统地研究了 Hg 离子在光电材料中的射程分布规律，包括 Si、石英、$LiNbO_3$、KTP、SBN 和七个元素组成的玻璃等。*Physics Letters A* 和 *Journal of Physics D* 的审稿人认为是"首次"和"至今未曾研究的"。

根据 Biersack 角扩散模型，王克明他们发展了一种计算重离子在多元靶中的平均射程和射程离散的有效方法，论文发表在 *Journal of Physics D* 1990 年 23 卷上。计算简单迅速，当时的 TRIM 程序只能计算 4 个元素以下的多元靶，对 7 个元素的玻璃，当时 TRIM 程序无法处理。王克明他们成功地处理了注入离子在多达 7 个元素组成的玻璃中的射程实验值与理论计算值的比较。与发表的实验结果比较，在某些情况下，他们的计算结果优于 TRIM 和 PRAL。国际同行称为"WS"计算。由于"重离子在多元靶中的射程和射程离散研究"的独立和原创性（original）贡献，1991 年王克明被选为国际 Böhmische（波米）物理学会的科学成员。

探索离子在光电晶体中的损伤分布

卢瑟福背散射/沟道技术是研究晶格损伤（缺陷）的有效方法之一。王克明他们系统地研究了多种 MeV 和中能离子在 $LiNbO_3$，$LiTaO_3$ 和 KTP 等材料中的损伤分布，提出了有控制地利用其缺陷来研制光波导。利用沟道技术对 KTP 晶体系统地研究了注入离子质量、能量、剂量、晶体取向及退火温度对 KTP 晶体损伤分布的影响。发现 400 keV 的 He^+，剂量为 1×10^{16} 离子/平方厘米注入后，经过 800℃退火，损伤的 KTP 晶体可以恢复到单晶。表明退火可以调控损伤分布，这为离子注入制备光波导以及波导激光提供了重要信息。

自信而执著的科研精神

王克明强调，科研不是个人行为，需要合作，需要团结，需要经费。他说："我们科研成果的取得离不开学校领导和兄弟单位的支持和帮助。经费上更离不开国家自然科学基金委员会的支持。"

他自信执著，1991 年离子注入 KTP 晶体光波导样品研制终于出来后，他带着样品来到国内有关单位，请他们帮助测试，测试结果却是"没有光波导现象"。但他依然坚信自己的思路和实验。他把样品精心保存在实验室，直到 1997 年他的博士研究生做光波导的导模测试时，又拿出来重新测试。令人惊喜的光波导现象终于出现了！这个 1991 年开始沉睡的离子注入 KTP 晶体光波导又"复活"了。

1995 年国庆后，他与博士生去北京大学做实验，买不上卧铺票和硬座票，只能挤坐在水泄不通的车厢过道地面上，把腰扭伤了，半个多月才恢复，他不但不抱怨，还感到欣慰，因为按时赶到北京大学做实验了……

王克明常说的一句话是"最高兴的是看到学生的成长"。他培养的 30 名研究生中有 15 人获得博士学位，1 人获全国优秀博士学位论文奖，3 人获山东省优秀博士学位论文奖。5 人获德国洪堡科研奖学金，成为洪堡学者。还有 3 人获 2005 年国家自然科学奖二等奖。勤奋、自信、团结、奉献是他的人生准则。

（王雪林）

简　历

1939 年 3 月 2 日　生于浙江省乐清市

1957—1961 年　在山东大学物理系、物理二系学习

1961—1978 年　任山东大学物理系助教

1978—1985 年　任山东大学物理系讲师

1980—1982 年　任美国纽约州立大学奥尔贝尼分校和加拿大蒙得利尔大学
　　　　　　　访问学者

1985—1998 年　历任山东大学物理系副教授、教授、博士生导师、物理系
　　　　　　　主任和离子束研究室主任

1993 年　在美国奥尔贝尼大学任高级访问学者

1994 年至今　当选为山东物理学会副理事长、理事长、名誉理事长

1997 年至今　任国务院学位委员会（物理学、天文学）学科评议组成员

1998—2008 年　任山东大学物理系、物理与微电子学院学术委员会主任

2007 年 11 月　当选为中国科学院院士

2008 年至今　任山东大学物理学院院学术委员会主任、校学术委员会副
　　　　　　　主任

主 要 论 著

1　Ray Chow, W A Lanford, Ke – ming Wang, et al. Hydrogen content of a va-
riety of plasma deposited silicon nitrides. Journal of Applied Physics, 1982,
53: 5630.

2　Ke – ming Wang, Xi – ju Liu, Yi – hua Wang, et al. Mean projected range
and range straggling of 50 – 400 keV Hg$^+$ in glass. Journal of Applied Phys-
ics, 1988, 64: 3341.

3　Ke – ming Wang, Bo – rong Shi. Calculation of mean projected range and
range straggling of heavy ions in polyatomic target. Journal of Physics D,
1990, 23: 1282.

4　Ke – ming Wang, Qing – tai Zhao, Bo – rong Shi, et al. Investigation of lateral straggling of Hg ions in Si_3N_4 by normal and glancing angle rutherford backscattering. Applied Physics Letters, 1991, 58: 1401.

5   Bo – rong Shi, Ke – ming Wang, Zhong – lie Wang, et al. Radiation damage behavior of $LiNbO_3$ by MeV F ion implantation. Journal of Applied Physics, 1993, 74: 1625.

6   Ke – ming Wang, Pei – jun Ding, Wei Wang, et al. Abnormal diffusion behavior of Yb^+ and Er^+ implanted in $KTiOPO_4$. Applied Physics Letters, 1994, 64: 3101.

7   Ke – ming Wang, Bo-rong Shi, Zhong-lie Wang, et al. Channeling study on damage in potassium titanyl phosphate induced by ion irradiation. Physical Review B, 1994, 50: 770.

8   Ke – ming Wang, Pei – Jun Ding, Wei Wang, et al. Range profiles of 600 keV – 1200 keV Xe^+ implanted in $KTiOPO_4$. Journal of Applied Physics, 1994, 76: 2104.

9   Ke – ming Wang, Wei Wang, Pei – jun Ding, et al. Ion – beam mixing of erbium into potassium titanyl phosphate by mega – electron – volt argon beams. Journal of Applied Physics, 1995, 77: 3581.

10 Ke – ming Wang, Bo – rong Shi, Pei – jun Ding, et al. Waveguide formation of $KTiOPO_4$ by multi – energy MeV He implantation. Journal of Materials Research, 1996, 11: 1333.

11 Ke – ming Wang, Ming – qi Meng, Fei Lu, et al. Analysis of refractive index profile in $KTiOPO_4$ waveguide formed by 3.0 MeV He^+ implantation. Optics Communications, 1997, 134: 55.

12 Fei Lu, Ming – qi Meng, Ke – ming Wang, et al. Planar optical waveguide in Cu – doped potassium sodium stronyium barium miobate crystal formed by megaelectron – volt He ion implantation. Optics Letters, 1997, 22: 163.

13 Ke – ming Wang, Bo – rong Shi, Nelson Cue, et al. Waveguide laser film in erbium – doped $KTiOPO_4$ by pulsed laser deposition. Applied Physics Letters, 1998, 73: 1020.

14 Ke – ming Wang, Fei Lu, Ming – qi Meng, et al. Optical waveguide of MeV hydrogen ion implanted $KTiOPO_4$. Japanese Journal of Applied Physics, 1998, 37: L1055.

15 Hui Hu, Fei Lu, Ke – ming Wang, et al. Monomode optical waveguide in lithium niobate formed by MeV Si⁺ ion implantation. Journal of Applied Physics, 2001, 89: 5224.

16 Hui Hu, Fei Lu, Ke – ming Wang, et al. Extraordinary refractive index increase in lithium niobate caused by low – dose ion implantation. Applied Optics, 2001, 40: 3759.

17 Feng Chen, Hui Hu, Ke – ming Wang, et al. Formation of planar optical waveguide by MeV He⁺ and P⁺ ion – implanted into BiB_3O_6 crystal. Optics Letters, 2001, 26: 1993.

18 Feng Chen, Xue – lin Wang, Ke – ming Wang, et al. Optical waveguides formed in $Nd: YVO_4$ by MeV Si⁺ implantation. Applied Physics Letters, 2002, 80: 3473.

19 Ke – ming Wang, Hui Hu, Fei Lu, et al. Refractive index profiles of LiB_3O_5 waveguides formed by MeV He ion irradiation. Journal of Applied Physics, 2002, 92: 3551.

20 Xue – lin Wang, Ke – ming Wang, Gang Fu, et al. Low propagation loss of the waveguides in fused quartz by oxygen ion implantation. Optics Express, 2004, 12: 4675.

21 Xue – lin Wang, Feng Chen, Ke – ming Wang, et al. Planar optical waveguides in $\beta - BaB_2O_4$ produced by oxygen ion implantation at low doses. Applied Physics Letters, 2004, 85: 1457.

22 Shi – ling Li, Ke – ming Wang, Feng Chen, et al. Monomode optical waveguide excited at 1540nm in $LiNbO_3$ formed by MeV carbon ion implantation at low doses. Optics Express, 2004, 12: 747.

23 Xue – lin Wang, Ke – ming Wang, Feng Chen, et al. Optical properties of stoichiometric $LiNbO_3$ waveguides formed by low – dose oxygen ion implantation. Applied Physics Letters, 2005, 86: 041103 (1 – 3).

24 Fei Lu, Gang Fu, Ke – ming Wang, et al. Lithium niobate channel waveguide at optical communication wavelength formed by multienergy implantation. Optics Express, 2005, 13: 9143.

25 Xue – lin Wang, Ke – ming Wang, Gang Fu, et al. Optical planar waveguide fabricated in $Nd: LuVO_4$ crystal by MeV oxygen implanta-

tion. Optics Express, 2005, 13: 675.

26　Yi Jiang, Ke – ming Wang, Xue – lin Wang, et al. Planar optical waveguide in potassium titanyl arsenate formed by oxygen ion implantation at low doses. Applied Physics Letters, 2006, 88: 011114 (1 –3).

27　Yi Jiang, Ke – ming Wang, Xue – lin Wang, et al. Model of refractive – index changes in lithium niobate waveguides fabricated by ion implantation. Physical Review B, 2007, 75: 195101 (1 –6).

28　Guest Editors: Zhong lie Wang, Ke – ming Wang, Ronald Wong, et al. Ion beam interactions with matter. Proceedings of the International Symposium on Applications of Ion Beams Produced by Small Accelerators, 20 – 40, October, Jinan, China, 1987; Vacuum, 1989, Vol. 39, No. 2 –4, (Special Issue) Pergamon Press.

29　Guest Editors: Zhong – lie Wang, Bo – rong Shi, Ke – ming Wang. Atomic collision in solid. Proceeding of the Seventeenth International Conference on Atomic Collision in Solids, Beijing, China, 2 – 6, July, 1997; Volume, 1998, Vol. 135, (Special Issue of Nuclear Instruments and Methods in Physics Research – B).

30　Guest Editors: Fu – zhai Cui, G Bräuer, Ke – ming Wang, et al. Proceedings of Fifth Asian – European International Conference on Plasma Surface Engineering – AEPSE 2005, Qingdao, China, 12 – 16, September, 2005; Volume, 2007, 201 (9 – 11): 4805. (Special Issue of Surface & Coatings Technology).

参 考 文 献

[1]　Wei – kan Chu, J W Mayer, M A Nicolet. Backscattering Spectrometry. Academic Press, 1978.

[2]　G L Destefanis, J P Gailliard, E L Ligeon, et al. The formation of waveguides and modulators in LiNbO$_3$ by ion implantation. Journal of Applied Physics. 1979, 50: 7898.

[3]　J P Biersack. Calculation of projected ranges—Analytical solutions and a

simple general algorithm. Nuclear Instruments and Methods, 1981, 182/
183: 199.

[4] J F Ziegler, J P Biersack, U Littmark. The Stopping and Range of Ion in
Solids. London: Pergamon, 1985.

[5] P D Townsend, P J Chandler, L Zhang. Optical Effects of Ion Implanta-
tion. Cambridge University Press, 1994, 2005. (second edition).

[6] A Polman. Erbium implanted thin film photonic materials. Journal of Applied
Physics. 1997, 82: 1.

[7] J D Joannopoulos, P R Villeneuve, S Fan. Photonic crystals: Putting a new
twist on light. Nature, 1997, 386: 143.

[8] D Jaque, Feng Chen, Yang Tan. Scanning confocal fluorescence imaging
and micro – Raman investigations of oxygen implanted channel waveguides
in Nd: MgO: LiNbO$_3$. Applied Physics Letters, 2008, 92: 161908 (1 – 3).

李启虎

（1939—　）

　　李启虎，水声信号处理和声呐设计专家，中国科学院院士。长期从事信号处理理论和声呐设计、研制工作，根据我国浅海声传播的特点，应用信息论、数字信号处理、水声工程等理论，解决了一系列水声信号处理中的问题，为我国水声技术的发展作出了重要贡献。

　　李启虎，1939 年 5 月 25 日生于浙江省温州市。他和他的夫人都是温州人，对家乡有着深厚的感情，直到现在还经常参加家乡组织的一些活动。他的父亲很早就去世，他的母亲只是一位普通的女性，却为他做了关乎他后来成功的第一次选择。1950 年，上小学五年级的李启虎被母亲从艺文小学（现瓦市小学）转到离家远些但升学率较高的第一小学（现广场路小学），第二年，他不负母亲的期望，考上了当时市里最好的温州一中（现温州中学），在这所学校读了 6 年。在那里他遇到了非常好的老师，不论是在初中还是在高中，这些老师影响了李启虎的一生，如初中班主任邹益皓、高中班主任潘芝培，还有数学老师杨悦礼等。

在他印象中，他的父母对子女管得并不太严。但在那个时代，社会的大环境给予他们的是只有认真读书才有出路的观念，所以，他和他的同学学习都很努力。他认为那时老师与学生的关系都不错，老师对自己看上的学生都愿意花心血去培养。

1957 年，在国家"向科学进军"的号召下，李启虎考入北京大学数学力学系。在大学的第三年，一个新的专业方向的开辟让李启虎受益终身。1960 年，北大著名教授段学复等老师率先在国内高校组建信息论、控制论专业，从全系 200 多人中选择 22 人，李启虎有幸调到了这个新专业。那时的老师眼光比较远，成立信息论和控制论专业时，这门学科还是受批判的，因为当时苏联官方还认为控制论这门学科是伪科学。老师们使用的主要教材是国际著名的 Shannon 和 Wiener 的著作，同时还有无线电原理和计算机设计等，主要采用讨论班式的教学方式。

1963 年，按照当时学制，在大学读了 6 年本科的李启虎毕业于北京大学信息论/控制论专业，6 年的学习，为李启虎打下了扎实的基础，使他日后的科研工作与众不同。同年 8 月，分配到中国科学院电子学研究所第七研究室，师从著名科学家、中国科学院学部委员汪德昭，从事国防水声学研究。就是在这后来的二三十年中，他结合我国沿海水声传播的特点，创造性地应用和发展了信息论和数字信号处理理论等，解决了一系列水声工程问题，为我国声呐技术和装备的发展作出了重要的贡献。

新中国水声学的发展到今年，刚好迈过 50 年的门槛。在我国水声学研究奠基人汪德昭指导和培养的人才中，李启虎可以说是最年轻的一位院士。虽然 1963 年他从北京大学数学力学系毕业分配到中国科学院进行水声学研究时，已经不属于 1958 年为组建水声学研究队伍选择 100 名未毕业的大学生的"拔青苗"那拨人，但他也是分到所里，才知道水声学，在此之前，连基本理论都不知道。关于水声学的知识，都是他在学校毕业后学的（这与现在情形大不相同，现在分来的学生，在学校里学的就是水声专业）。李启虎从一个在学校从没接触过水声学的学生，凭借他扎实的基础知识和很深的数理功底成为了我国著名的水声工程和信号处理专家。从1976年开始，一直到20世纪90年代，李启虎多次获得国家、中国科学院、中船总公司等各种科技奖励：1976年因参加自适应滤波的研究而获中国科学院重大科技成果奖一等奖；1978年因参加岸用声呐站的研究而获全国科学大会奖一等奖；1982年以来因主持或参加多种声呐研制而获得六机部科技进步奖一等奖、中国科学院科技进步奖一等奖、国家科技进步奖一等奖、国防科工委科技进步奖二等奖等多项奖励。

主要科学技术成就

李启虎所从事的水声技术研究属于应用基础研究。同时，在他的科研生涯中，有80%的项目是为国防事业而做，所以他的研究就有"特殊性"：一方面，国情不同，比如，美国的东西海岸都是深海，而我国除台湾以东及南海之外都是浅海，所以，水声传播规律与深海不同，声呐装备会有不同特点，这就要求中国走一条符合自己国情的声呐技术研究之路；另一方面，因为涉及国防，所从事的研究也要求必须走自主创新之路。

在出国之前已经取得重要成果的李启虎，1984～1986年赴美国普林斯顿大学电子工程和计算机科学系从事访问研究工作。这里曾经是爱因斯坦工作过的地方，实验设备、图书资料等条件都很好，李启虎研究工作的内容也是与国防技术有关的基础工作，签了两年的合同，但核心的东西接触不到。回忆往事，他十分感慨，当时国内环境很好，人还没有回国，声学研究所所长关定华就已经预留了经费让他回国搞项目。

李启虎回国以后就开始在一个新的平台上发挥作用，他开始独立承担项目，主持了某型声呐的多功能信号处理机的研制，第一次把广义互谱法测延时的算法用于水下目标的被动测距，为提高我国被动声呐水平作了贡献。

自 1996 年开始，我国将海洋领域纳入"863"计划，这也是几位学人多年积极推动的结果。李启虎曾经在国家"863 计划"海洋领域工作了 8 年。这件事能够让他侃侃而谈。我国已把遥感、遥测等技术集成为有一定规模的海洋监测网。目前，国内已有两个这样的示范监测网。一个建在上海，是由科技部与上海市联合建立的上海市（长江口区）海洋监测示范区；另一个是由科技部与香港特别行政区共同出资建设的珠江水域环境污染监测系统。由科技部和福建省联合投资的台湾海峡及其毗邻海域海上动力参数立体监测系统也将投入使用。

李启虎自己总结的做科研最重要的几个要素中，第一个就是勤奋。"文化大革命"10 年中，很多人看不到前途，心灰意冷，有的人自己做家具、看菜谱、打扑克，而他却在每天晚上下班以后，在属于他自己的时间里，研读专业书籍和一些国外的有关科研资料，不是一天两天，而是孜孜不倦整整 10 年。李启虎曾说："作科研，勤奋很要紧。因为，无论你搞理论还是搞工程，都要花大量的时间，别人与你处在同样的状态水平，你没有比别人花更多时间，投入更多精力，你不可能取得更好的成绩。你不能光靠上班时间投入业务，上班以外的时间很重要。现在有的年轻人不太懂得要比别人多花时间，他们又想有成就，又想少出力，这是不太可能的事情"。"另外，就是创新，你要不断打破旧的思路，不要按照书本上或者人家已经做过的方向去做，在任何情况下都要根据任务情况去创新"。

李启虎在为他组织的 70 岁寿辰庆典上演讲时特别提到大科学家爱因斯坦的名言："我不能容忍这样的科学家，他拿出一块木板，寻找最薄的地方，在最容易钻透的地方打许多洞"。他借此勉励学生不要因循守旧，不要人云亦云，不要急功近利，而要向困难挑战。

对于自己的成功，李启虎认为自己周围的"环境可以"，这也是很重要的因素，没有很多妨碍自己做事的因素。他说，中国科学院声学所，包括国家有关主管部门和机关都给了他做事的很好条件：在自己刚刚走上水声研究之路时，有汪德昭和侯自强这样的前辈和学科带头人给自己一个良好的开始；"文化大革命"中自己又"沾"了国防研究项目的"光"，业务没有受到太大影响。

高尚的道德风范

2009 年 5 月 25 日，来自中国科学院声学研究所与水声技术有关的几个研究室的近百名职工、研究生和几十位嘉宾欢聚一堂，为李启虎庆祝生日。

这个庆典本来是早一年就要搞的，但他一直反对。就在 2009 年初，操办此事的黄海宁博士接到他"一定要从简从简再从简"的书面意见，无奈，他们只好舍弃了以前的策划，设计了最简方案：定位为"家事"。其实，在李启虎 40 余年的科研路途中，除了在科研方面取得斐然成就，还培养了许多人才，他们如今在国家各个重要单位担负着重要的科研项目，此时此刻，这些学生弟子最想表达的是他们对恩师的敬仰与感激之情。

李淑秋是中国科学院声学研究所 1985 级的硕士生，她在读博士时有幸得到侯自强和李启虎两位老师的指导，回想自己的成长之路，对于李启虎培育学生、留住学生的方式特别有感触。

最突出的感受是李启虎发现人才、爱惜人才、提携年轻人，敢于放手让学生承担重要项目，在做的过程中得到历练。李淑秋、黄海宁都是如此成长起来的年轻人。李淑秋做博士生的时候，李启虎让她承担了某声呐的设计项目，并且作为主要负责人。经历了这个大型项目的组织实施的全过程，使她在日后的大型项目中能发挥出一定作用。1999 年，黄海宁来到声学所跟着李启虎做博士后，2002 年，李启虎就将一个大的项目交给他，让他担任项目执行负责人。黄海宁博士后出站后，本来打算出国留学，但是，研究室的发展和他自己所拥有的施展才华的天地让他留了下来。一年后，他就成为现在的研究室主任。

对于年轻人，对于学生，李启虎能放手，敢于压担子，这个传统是与30多年前汪德昭和侯自强的风格一脉相承的。

同时，李启虎对年轻人不分单位、出身，以祖国科学事业为重，唯才是用。对每一个学生和晚辈都一视同仁。李伟昌来自哈尔滨工程大学，李启虎很快发现了这棵好苗子。将某型声呐硬件和软件设计重担交给了这位刚毕业的硕士生。李伟昌确实干得非常出色，顺利完成了研制任务。

现在在海军某科研单位任职的唐劲松，1998年到声学所做博士后，当时声学所里住房远没有现在宽松，李启虎特意为他留了一套房子，为他解除了后顾之忧。1998年底，正好赶上李启虎承担了一个重要项目，尽管当时他还是副高职称，但李启虎将他与研究员一样看待，同时布置了任务。在他的指导下，很快完成了任务。

李启虎无微不至地照顾关心学生，充分信任学生，这是所有学生的共同感受，在这样的氛围下，他为声学所也为中国的水声学研究培养并留住了一批批人才。李淑秋说，他们20世纪80年代中期读研的时候，条件还很艰苦，李启虎就通过研究室为学生购置了冰箱、电视机等放在实验室里供大家使用。那时正是出国大潮最汹涌澎湃的时候，很多学生都走了，刚从国外回来的李启虎，努力创造条件让学生有机会在读书时或在刚刚毕业后就出国参加国际会议或进修访问。他把这种方法称为"打预防针"，他认为学生出去开眼界、见世面有利于他日后安心留在国内工作。

的确是这样，李启虎桃李满天下的同时，更重要的是培养了一批学术带头人。目前，声学所有4个研究室的主任都出自他的门下，所内的研究员中有七八个都是他的亲传弟子，其中3个研究室都与他的科研方向有关。经过"文革"，国内的科研人员出现断层，在李启虎等一批科学家的努力下，使一大批"文化大革命"刚一结束走上科研道路的人现在承担着科研重任。

李启虎是个"行动派",这一点给学生深刻印象和很大影响。唐劲松说,那时他刚到所里,还不习惯李老师的快节奏,李老师安排的工作,通常会耽误几天。每当这时候,李老师就会将检索出来的资料打印出来给他,但从不批评,几次之后,他就再也不敢懈怠,一遇到李老师交给的任务,就尽快完成,生怕落在后面。李启虎的言传身教,给学生以积极影响,成为他们一生的财富。

李启虎年届70,依然辛勤耕耘在科学研究的第一线。不仅承担着国家的大型科研项目,而且依然亲临一线,指导大型试验工作。

从1958年老一辈科学家汪德昭开始的新中国的水声研究始,50年的薪火相传,如今枝繁叶茂,硕果累累,这其中无不凝聚着李启虎等一代科学家的执著和努力。

(张春华)

简 历

1939年5月25日　出生于浙江省温州市

1957—1963年　在北京大学数学力学系学习

1963—1964年　任中国科学院电子所研实员

1964—1978年　任中国科学院声学所研实员

1978—1979年　任中国科学院声学所助理研究员

1979—1980年　任中国科学院声学所副研究员

1984—1986年　任美国PRINCETON大学访问学者

1986—1993年　任中国科学院声学所信号处理实验室主任

1986—2001年　任国家科技进步奖和发明奖、海军武器装备行业、舰船行业评审委员

1990—1998年　任国防科工委水声与水声对抗专业组成员

1993—1997年　任中国科学院声学所副所长

1995 年　任《声学学报（中文，英文）》、《应用声学》杂志副主编

1997—2003 年　任国际水下防务技术会议 TPC 成员

1997 年　当选为中国科学院（技术科学部）院士

1997 年　任中国科学院研究生院终生教授

1997—1999 年　任科技部国家"863"计划海洋领域海洋监测专家组副组长

1997—2001 年　任中国科学院声学所所长

1997 年　任国家海洋局《海洋技术》名誉编委

1999 年　任中国科学院学位评定委员会委员

1999—2001 年　任科技部国家"863"计划海洋领域海洋监测专家组组长

2001—2005 年　任科技部国家"863"计划海洋领域专家委员会委员

2001 年　任海军水面舰艇学院客座教授

2001 年　任《微机应用》主编

2001 年　任中船重工集团《舰船科学技术》顾问

2003 年　任国际水声测量会议科学委员会成员

2003 年　任《哈尔滨工程大学学报》名誉编委

2005 年　任国际港口警戒声呐会议科学委员会成员

2006 年　任厦门大学教授

2007—2009 年　当选为中国信号处理应用学会理事长

2007 年　当选为中国电子学会信号处理分会副理事长

2007 年　任中国海洋大学教授

2007 年　任国际海洋系统技术会议 TPC 成员

2008 年　任北京大学教授

主 要 论 著

1　李启虎．声呐信号处理引论．北京：海洋出版社，1985．

2　李启虎．数字式声呐设计原理．合肥：安徽教育出版社，2003．

3　李启虎．自适应波束成形中最优解在时域和频域中的等价关系．声学学报，1979，4（4）：296．

4　李启虎．多波束自适应噪声抵消法引论．声学学报，1980，5（3）：

221.

5　Qihu Li. Time – delay estimation of split – beam system. Proceedings of ICASSP'
86, Tokyo, 1986, 1816.

6　Qihu Li. A combined architecture of adaptive noise canceller and line enhan-
cer. Department of EE. Princeton University, NJ 08544, Sept. 1985（Co –
author Prof. S. C. Schwartz）

7　李启虎. Time – delay estimation of split – beam system. Department of EE,
Princeton University, NJ 08544, Jan. 1986（Co – author Prof. Bede Liu）

8　李启虎. 声呐设计中的计算机模拟技术（Ⅰ）. 声学学报, 1986, 11
（3）: 212.

9　李启虎. 数字式多分层多波束系统指向性的计算机模拟. 应用声学学
报, 1986, 5（3）: 17.

10　李启虎. 声呐设计中的计算机模拟技术（Ⅱ）. 声学学报, 1986, 11
（5）: 297.

11　Li Qihu. A Study of multi – beam DICANNE system. Proc. UDT'94, London,
1994, 334.

12　Li Qihu. A beam interpolation algorithm in digital multi beam sonar. Chinese
J. of Acoustics, 1995, 14（3）: 231.

13　Li Qihu. The nearest neighborhood criteria in underwater target noise recogni-
tion. Proc. of UDT'96, London, July, 1996, 366.

14　李启虎. 独立观测资料的最佳线性数据融合. 声学学报, 2000, 25
（5）: 385.

15　李启虎. 相关观测资料的最佳线性数据融合. 声学学报, 2001, 26
（5）: 385.

16　李启虎. 用双线列阵区分左右舷目标的延时估计方法及其实现. 声学
学报, 2006, 31（6）: 485.

17　李启虎. 水下目标辐射噪声中单频信号分量的检测：理论分析. 声学
学报, 2008, 33（3）: 193.

18　李启虎. 水下目标辐射噪声中单频信号分量的检测：数值仿真. 声学
学报, 2008, 33（4）: 289.

19　李启虎. 微弱信号源的和波束定向方法与分裂波束定向方法的性能比
较. 应用声学, 2007, 26（3）: 1.

夏建白

（1939—　）

　　夏建白，半导体物理学家，中国科学院院士。长期从事半导体和半导体超晶格、微结构理论研究。首次提出了量子球空穴态的张量模型、介观系统的一维量子波导理论、（11N）取向衬底生长超晶格的有效质量理论、半导体双势垒结构的空穴隧穿理论，以及计算超晶格电子结构的有限平面波展开方法等。撰写了《现代半导体物理》等专著。

　　夏建白 1939 年 7 月 5 日出生于上海一个银行职员的家庭，祖籍江苏苏州。家中有 4 个子女，就靠父亲一个人的工资生活，经济情况比较艰苦。小时候正是抗日战争时期，随父母由香港经广西、贵州逃难到重庆。途中历经艰难，为了保住他，不得不将他的弟弟留在了路上。这件事以后在他父母心上留下很大的创伤，因而更关爱他。

　　1950 年夏建白从位育小学（现襄阳南路小学）毕业，可以直升位育中学。位育中学是一所很好的中学，但是私立的，学费很贵，家里负担不起。于是他报考了公立市西中学，结果以第一名的成绩被录取。从此他和他的姐姐享受了新中国的义务教育待遇，不用交学费，一直上到了大学毕业。

中学教育对他以后的成长打下了很好的基础。当时中学里的老师都具有很高的水平和教育经验，实行的是素质教育，注重培养德智体全面发展的人才。上课讲得非常清楚，下课留的作业又不多。1956 年（高三时）他参加了上海市举办的第一届数学竞赛，得到了全市数学竞赛的第 5 名（一共取 20 名）。中学里他语文学得也不错。此外他对地理、历史、英文也都感兴趣。所以高中毕业时得到了"三好学生"的称号。

1956～1962 年，他上了北京大学物理系。这一段时期正是我国政治大动荡的时期。他经受了各种考验，坚持学习，每天晚上都到图书馆自习。当时有胡宁先生教"场论"和"相对论"，杨立铭先生教"群论"和"原子核理论"，吴杭生先生教"量子统计学"、"固体理论"和"超导理论"，孙洪洲先生教"量子力学"，郭敦仁先生教"复变函数补充"等，这些老先生的讲课水平非常高，在北大物理系的历史上达到了最高峰，使他和他的同学们获益匪浅。

1962 年大学毕业。那一年我国第一次实行了通过考试录取研究生，他考取了黄昆先生的研究生。当时就考一门固体物理。固体物理是在 1959 年学的，已经学过了 3 年。他把以前的讲义和笔记找出来，复习了一星期，结果考得了 100 分，给黄昆先生留下了比较深刻的印象。

1962～1965 年研究生学习期间，第一年学固体理论，第二年开始进入研究工作，黄昆先生让甘子钊开了一张文献单子，并且指定了一个研究题目。文献单子上一共列了有约 40～50 篇文章，都是有效质量理论和实验方面的经典文章，论文题目是《Ⅲ－Ⅴ族化合物价带能量的线性项对回旋共振的效应》。两年多时间他天天在物理系图书馆中一篇一篇地读这些文章，作了许多笔记，同时用电动计算机做论文。到 3 年学业结束毕业时，他完成了这篇论文，另外还写了 2 篇类似读书心得的论文《InSb 的价带结构》和《用有效质量理论计算半导体中的电偶极跃迁矩阵元》，为他以后的工作打下了基础。

1966 年底，夏建白接到工作分配通知，留在北大物理系能谱教研室工作。

1970 年他和刚结婚的妻子为了解决两地分居问题，主动申请调到核工业部 585 所（现西南物理研究院）工作。他在等离子体理论和热核聚变装置——托卡马克方面真正学习到了不少东西，做了一些有意义的工作。刚改革开放时，和美国马里兰大学吴京生教授合作做了一篇论文 *Generalized Lower – Hybrid – Drift Instability* 发表在 Phys. Fluids，22，1737（1979）上。

1978 年黄昆从北大调任科学院半导体所所长。黄昆根据工作需要把他全家调进了中国科学院半导体研究所。从 20 世纪 80 年代开始他从事半导体超晶格理论研究，取得了一些重要成果，共发表学术论文 100 余篇，被引用 800 余次，撰写专著 3 部。获得了 1993 年和 2004 年国家自然科学奖二等奖、1989 年和 1998 年中国科学院自然科学奖一等奖及 2004 年何梁何利科技进步奖。专著《半导体超晶格物理》获得 1998 年全国优秀科技图书一等奖和国家图书提名奖，专著《现代半导体物理》获得 2001 年全国优秀科技图书三等奖。2006 年由中共中央统战部及 9 个民主党派、团体评为"为全面建设小康社会作贡献先进个人"。2008 年获中国科学院研究生院"杰出贡献教师"称号。

夏建白在 2001 年当选为中国科学院技术科学部院士。2003 年当选为中国人民政治协商会议第十届全国委员会委员。

半导体超晶格电子结构的赝势计算

1979 年夏建白调入半导体所以后，在当时的物理室从事半导体理论研究，做了一些深能级和表面电子结构的计算。1983年他到瑞士洛桑高工在 Baldereschi 教授的指导下工作。1986 年他转到了意大利国际理论物理中心工作，Baldereschi 也是中心的教授，所以他们还经常讨论。那一年，国际上半导体超晶格量子阱的实验工作已经有了很大发展，而理论工作相对滞后。原有的固体能带计算方法较难应用到这么大周期的半导体上。他当时已经熟悉了经验赝势方法，就考虑怎样将这方法用到超晶格电子结构计算上来。直接用大元胞法，计算工作量将很大，因为所用的平面波基矢的数目与超晶格元胞大小成正比。考虑到组成超晶格两种材料，如 GaAs 和 $Al_xGa_{1-x}As$ 的电子结构相差不大，他想到了用量子力学中的微扰论来处理这一问题。取两种材料的平均经验赝势作为零级近似，计算具有这种平均赝势半导体的能量和波函数，作为零级近似的能量和波函数。再将 GaAs 和 $Al_xGa_{1-x}As$ 中的赝势与平均赝势之差作为微扰势。因为微扰势不是很大，不会引起能级之间很大的相互作用。尤其是在超晶格中只对导带底和价带顶附近态的变化感兴趣，因此就不考虑离它们很远的态的贡献。例如可以只考虑离导带底、价带顶最近的 4 个带的贡献。因此把这 8 个能带中所有有关的 Bloch 态作为子空间，求出微扰势在它们之间的矩阵元，得到久期方程，问题就解决了。久期方程的维数，也就是子空间中基函数的数目等于能带数（8）乘以每个带的 Bloch 态数目（由超晶格周期决定），比直接用平面波法所用的基函数数目少得多，并且计算结果还便于分析。用这种方法他计算了 $GaAs/Al_xGa_{1-x}As$ 以及第二类超晶格的电子结构，还推广到 Si 量子线、量子点电子结构的计算，发展了一种叫经验赝势同质结模型。这一篇和 Baldereschi 合作的文章是他回国以后完成的，用中文发表在 1987 年半导体学报上。后来翻译成英文，发表在美国出版的 *Chinese Physics* 上。这个思想后来被美国再生能源研究所的 Zunger 教授和他的一批中国学生利用了，发展了一种计算大原子集团电子结构的方法。

半导体量子点的球张量模型

　　20 世纪 80 年代末，作为超晶格、量子阱的发展，用分子束外延和化学胶体方法生长出了半导体量子点和量子线。1987 年夏建白在黄昆指点下，合作用有效质量理论、平面波展开方法计算了半导体直角截面量子线的电子结构，发表在 1987 年半导体学报上。1988 年他在杂志上看到了美国贝尔实验室 Brus 等人用化学方法制成了孤立的半导体量子球，并且测量了它们的吸收光谱。他们当时用了一个简单的单带模型计算量子球中的电子和空穴能级以及光跃迁几率。这种单带模型不适用于空穴态，因为空穴带是四重简并的，因此得到了不正确的空穴态波函数和光跃迁选择定则。他借鉴了以前关于半导体中的浅受主态理论，利用球对称张量模型，把受主势能的库仑项改成球对称的限制势，于是很快就把量子球中的空穴能级计算出来了，它与单带模型的结果有很大的不同。它的波函数包括了角动量 L 和 $L+2$ 态的混合。因此光跃迁选择定则不再是 $\Delta L=0$，例如 S 电子态除了可以跃迁到 S 空穴态上，还可以跃迁到 D 空穴态上。这个工作发表以后，产生了很大的影响，已经有 150 多篇引用，许多半导体量子点、团簇方面的专著都介绍了这一理论，将它作为量子球空穴态理论的基础。这一理论有一缺点，就是要求价带顶波函数有一个确定的总角动量量子数 J。当半导体价带顶的自旋轨道耦合能量 Δ_{so} 很大时（远大于空穴量子能级的能量），这一假定是成立的。当 Δ_{so} 小于空穴量子能级的能量时，需同时考虑自旋轨道分裂带，这时球张量模型就不再适用。因此后来他就发展了一个适合于一般情形的计算半导体量子球空穴能级的理论方法，发表在 1996 年 J. Luminescence 的一期有关专集上。这种方法一直被他和他的研究生用来计算各种情形下量子球的电子结构，发表了许多文章。

一维量子波导理论

20 世纪 90 年代，在半导体调制掺杂异质结产生的二维电子气上，通过刻蚀方法制作各种窄宽度的金属电极，形成了量子点或者窄电子通道。当系统的尺寸小于电子的平均自由程时，电子运动不再受到杂质或声子散射的影响，成为一种纯由量子力学决定的波动运动，这种系统就称为介观系统。介观系统最著名的一个实验是 Aharonov – Bohm 环（简称 A – B 环）。A – B 环是尺寸很小的金属或半导体圆环，两边接出两根导线。实验发现，通过 A – B 环的电流随着穿过环面积的磁通量（磁场强度乘以环面积）而振荡，振荡周期是磁通量的一个量子数，与环的大小无关。当时有一些复杂的理论来解释这一现象，而夏建白用了一个简单的量子力学模型来理解它。他假定环和两边的导线都是细的一维导线，电子在其中的运动是一种平面波，遵从量子力学规律。当电子从一边导线进入到环的时候，在一个分叉点上分成左、右两路继续运动，运动到环的另一边又汇合从另一条导线流出。电子波在分叉点处会发生干涉，一部分电子波继续向前运动，一部分波被反射回来。所以关键是在回路的节点处，电子的波函数满足什么方程。他第一个提出了关于在一维介观导体的节点上电子波函数所应满足的 2 个方程。第一个方程要求回路上的波函数在同一个节点上相等（包括振幅和相位）。第二个方程要求在节点上所有电子波的流密度（波函数对坐标的微商）之和等于零，也就是流进节点的电子流等于流出节点的电子流。可以证明这两个方程对于计算所有回路上的电子波函数（假定入射电子波函数已知）是充分和完备的。这两个方程类似于电路的克希霍夫定律。克希霍夫定律是对任意的复杂回路上电流和电压所满足的方程：在电路节点上电压相等和电流之和等于零。他用这 2 个方程除了解 A – B 环问题外，还解了各种形状的量子干涉器件，得到不少有意义的结果。得到的许多结果都是解析的，用不到复杂的数值计算，并且物理概念清楚。文章在 1992 年发表，得到了 100 余篇的引用。当时国际上掀起了一个用这一理论计算各种一维量子波导网络电导性质的小高潮。后来比利时安特卫普大学 Peeters 教授来访，谈到他们最近要研究一维量子波导中的一些物理问题，一查就查到了这篇文章，就用了起来。随着集成电路的尺寸越来越小，这一理论将会得到越来越多的应用。

量子点和量子线中的自旋调控

进入 21 世纪以来，自旋电子学成为新发展起来的一个研究领域，它研究固体中特别是半导体中的电子自旋相干态的调制和运动。实验发现，自旋相干态能够保持足够长的时间（几百 ps 量级），因此有可能用来制造一个固态的量子计算机。但是制造实际的自旋电子器件，首先需要解决的是：如何将自旋极化电子（或空穴）注入半导体中和调控它们。夏建白和他的学生们研究了半导体量子点和量子线中，由尺寸、形状和电场可调的 g 因子和 Rashba 系数，得到了一系列有意义的结果：①发现随着量子点的尺寸变小，由于轨道运动的抑制，电子的 g 因子由体材料值趋于自由电子值。②发现窄禁带半导体量子线在横向外电场下的 Rashba 效应，电子能带分裂，分裂能量与电子波矢成正比。在大电场下，Rashba 系数与电场成非线性关系。Rashba 系数随量子点半径增加而增加，在半径等于 20 nm 时达到极大。③发现窄禁带半导体椭球的 g 因子随方位比和纵向电场而变化。在一定的电场下，g 因子能被调为零，所以在这个电场附近，自旋极化能由外电场调制。④发现 N 杂质能使能隙减小，通过掺 N 能使半导体量子点和量子线的 g 因子和 Rashba 系数的调制效果大大增强。当 N 组分由 0 增加到 0.02 时，Rashba 系数和 g 因子能增加 10 ~ 20 倍。发表的文章中共有 12 篇被收录到美国的 *Virtual Jour-*

nal of Nanoscale Science & Technology，另被邀请为 Nova Science Publishers 出版社的专著 *Quantum Dots：Research，Technology and Application*，Ed：Randolf W. Knoss，撰写一章："Electronic structure and physical properties of semiconductor quantum dots"，该书已于 2008 年出版。

夏建白一生受新中国的教育和培养，所以热爱祖国，立志将所学到的知识回报祖国、回报人民。他勤奋工作，努力学习，不断地探索新的领域，努力在我国的半导体物理领域做出具有国际先进水平的工作。他脚踏实地，实事求是，不好高骛远，具有严谨的科学作风。他热情关怀年轻人的培养和成长，扶掖后进，不遗余力。他认真负责地培养了许多优秀的研究生，支持帮助了许多年轻研究骨干。

（秦华曾）

简　历

1939 年 7 月 5 日　　出生于上海市

1956—1962 年　　在北京大学物理系本科学习

1962—1966 年　　在北京大学物理系当研究生

1967—1970 年　　任北京大学物理系助教

1970—1978 年　　任二机部 585 所实习研究员

1978—1986 年　　任中国科学院半导体研究所助理研究员

1979 年 6 月　　访问意大利的里亚斯特国际理论物理中心

1981 年 11 月　　访问瑞士

1983—1985 年　　任瑞士洛桑高等工业学院访问学者

1985—1986 年　　任意大利的里亚斯特国际理论物理中心研究员

1986 年至今　　任中国科学院半导体研究所研究员

1989 年、1991 年　　任美国伊里诺大学物理系访问研究教授

1994 年、1996 年、1997 年、2002 年　　任香港浸会大学物理系访问教授

2001年　当选为中国科学院信息技术学部院士

2001年8月　任巴西圣保罗大学圣卡罗斯物理研究所访问教授

2003—2007年　担任中国人民政治协商会议第十届全国委员会委员

2006年10月　任美国加州大学Berkeley分校Lawrence Berkeley国家实验室
　　　　　访问教授

2007年7月　任中国台湾中央研究院应用科学研究中心访问教授

主 要 论 著

1　J B Hsia, S M Chiu, M F Hsia, et al. Generalized lower – hybrid – Drift in-stability. J. Phys. Fluids, 1979, 22：1737.

2　夏建白, A Balbereschi. 超晶格电子结构的赝势计算. 半导体学报, 1987, 8：574.

3　夏建白, 黄昆. 一维超晶格的子带和光跃迁. 半导体学报, 1987, 8：563.

4　夏建白, 黄昆. 电场下超晶格的子带和光跃迁. 物理学报, 1988, 37：1.

5　项金真, 夏建白. 磁场下超晶格的子带结构及光跃迁. 物理学报, 1988, 37：1915.

6　J B Xia. Theory of hole resonant tunneling in quantum – well structures. Phys. Rev., 1988, B38：8365.

7　J B Xia. Theoretical analysis of electronic structures of short period superlat-tices（GaAs）$_m$（AlAs）$_n$ and corresponding alloys AlGaAs. Phys. Rev., 1988, B38：8358.

8　J B Xia. Theory of anisotropic donor states in quantum – well structures. Phys. Rev., 1989, B39：5386.

9　J B Xia. Electronic structure of zero – dimensional quantum wells. Phys. Rev., 1989, B40：8500.

10　J B Xia, W J Fan. Subband structures of superlattices under In – plane mag-netic field. Phys. Rev., 1989, B40：8508.

11　J B Xia. Γ – X mixing effect in GaAs/AlAs superlattices and heterojunctions.

Phys. Rev. , 1990, B41: 3117.

12　J B Xia, Y C Chang. Electronic structures and optical properties of short – period GaAs/AlAs superlattices. Phys. Rev. , 1990, B42: 1781.

13　J B Xia. Effective – mass theory for superlattices grown on (11N) – oriented substrates. Phys. Rev. , 1991, B43: 9856.

14　J B Xia. Electronic structures of quantum wires formed by lateral strain. Phys. Rev. , 1991, B44: 3211.

15　J B Xia. Quantum wave – guide theory for mesoscopic structures. Phys. Rev. , 1992, B45: 3593.

16　J B Xia, Y C Chang. Theory of electronic structure of porous Si. Proceeding of the 21st International Conference on the Physics of Semiconductor, Beijing, 1992; Phys. Rev. , 1993, B48: 5179.

17　W D Sheng, J B Xia. A transfer matrix approach to condutance in electron waveguides. J. Phys. C, 1996, 8: 3635.

18　J X Yu, J B Xia. Collective excitations in the coupled quantum wires. Solid State Commun. , 1996, 98: 227.

19　J B Xia. Electronic structure of quantum spheres and quantum wires. Review paper, J. Luminescence, 1996, 70: 120.

20　J B Xia, K W Cheah. Exciton states in isolated quantum wires. Phys. Rev. , 1997, B55: 1596.

21　J B Xia. Theory of terahertz – photocurrent resonances in miniband Superlattices. Phys. Rev. , 1998, B58: 3565.

22　J B Xia, K W Cheah, X L Wang, et al. Energy bands and acceptor energies of GaN. Phys. Rev. , 1999, B59: 10119.

23　J B Xia, J B Li. Electronic structure of quantum spheres with wurtzite structure. Phys. Rev. , 1999, B60: 11540.

24　H B Wu, K Chang, J B Xia. Electronic structure of diluted magnetic semiconductor superlattices: In – plane magnetic field effect. Phys. Rev. , 2002, B65: 195204.

25　J B Xia, G Q Hai. Collective and single – particle excitations in coupled quantum wires in magnetic field. Phys. Rev. , 2002, B65: 245326.

26　J B Xia, S S Li. Electronic structure and transport property of quantum rings in magnetic field. Phys. Rev. , 2002, B66: 035311.

27 J B Xia, S S Li. Resonant tunneling theory of planar quantum dot structures. Phys. Rev. , 2003, B68: 075310.

28 Y H Zheng, J B Xia. Mean – field study of Fe^{2+} – and Co^{2+} – doped dilu-ted magnetic semiconductors. Phys. Rev. , 2005, B72: 195204.

29 X W Zhang, J B Xia. Effects of magnetic field on the electronic structure structure of wurtzite quantum dots: Calculations using effective – mass enve-lope function theory. Phys. Rev. , 2005, B72: 075363.

30 J B Xia, X W Zhang. Electronic structure of ZnO wurtzite quantum wires. Eur. Phys. J. B, 2006, 49: 415.

31 夏建白, 朱邦芬. 半导体超晶格物理. 上海: 上海科学技术出版社, 1995.

32 夏建白. 现代半导体物理. 北京: 北京大学出版社, 2000.

33 夏建白, 葛惟昆, 常凯. 半导体自旋电子学. 北京: 科学出版社, 2008.

后　记

　　《中国科学技术专家传略·理学编·物理学卷4》在中国科学技术协会、《传略》总编纂委员会的指导下和入选者（及其撰稿者）的支持下，与大家见面了。

　　《物理学卷4》编委会自2007年7月成立以来，至2010年底，先后召开了6次编委会全体会议，讨论、制定了入选本卷《传略》候选人的入选条件，并据此遴选、确定了候选人的名单，进行了约稿、编审、校对等工作。为保证稿件的质量，在各编委分别审稿的基础上，定稿时又专门召开了两次编委会全体会议，对所有的稿件进行了认真的审核和修改，特别是对"导言"部分，都逐字逐句地反复推敲，对在审稿过程中发现的共同性问题，如对专家的评价、一些工作成果的提法、有关用词等尽可能地作了统一。定稿后，还安排专人对全部稿件进行了最后的审读、校对。

　　《物理学卷4》遵循前3卷的体例，收录了1936～1940年出生的有关物理学专家，对少数在1936年前出生、符合入传条件而在前3卷中没有收录的物理学家，也进行了补录。

　　在这39名专家中，有教授、研究员和两院院士；他们所从事的专业涉及物理学、等离子体物理、高能物理和核物理、光学、声学、凝聚态物理和电离层物理教育与研究；工作单位包括中国科学院、高等院校及研究机构和产业部门；工作地区遍及北京、上海、江苏、湖北、辽宁、山东、四川、内蒙古、陕西、山西、黑龙江和安徽等省市。

　　《中国科学技术专家传略·理学编·物理学卷》自1996年

11 月出版第 1 卷以来，至今已编辑、出版了 4 卷，共收录了 198 名从事物理学专业教育和科研的专家。为便于读者查询方便，现将前 3 卷入传专家的名单附于附录中。

在编纂这卷《传略》的过程中，得到了中国科学技术协会、《传略》总编纂委员会和《传略》总编辑部的指导和支持，得到了中国物理学会的支持和帮助，也得到了各位撰写《传略》的作者、入传者及其所在单位的大力支持。在此，我们编委会全体人员向他们表示衷心的感谢。

由于我们水平有限，经验不足，一定存在不少缺点和错误，敬请广大读者提出批评、指正。

物理学卷4　编委会

2011 年 4 月

附录《中国科学技术专家传略》
物理学卷 1、2、3 入传人员名单

物理学卷 1（56 名）：

查　谦	戴运轨	丁西林	丁绪宝	丁佐成
葛正权	龚祖同	桂质廷	郭贻诚	何育杰
何增禄	胡刚复	霍秉权	江仁寿	李庆贤
李书华	李耀邦	陆学善	潘孝硕	钱临照
裘维裕	饶毓泰	萨本栋	施汝为	束星北
施士元	王承书	王淦昌	王季烈	王竹溪
汪德昭	吴大猷	吴有训	夏元瑮	谢玉铭
严济慈	颜任光	杨肇燫	叶企孙	余瑞璜
岳劼恒	张绍忠	张文裕	张贻惠	赵广增
赵忠尧	郑华炽	郑建宣	郑衍芬	周昌寿
周培源	周同庆	周誉侃	朱福炘	朱正元
褚圣麟				

物理学卷 2（60 名）：

马大猷	马仕俊	陈能宽	陈仁烈	程开甲
戴传曾	邓稼先	丁　渝	冯　端	葛庭燧
何寿安	何泽慧	洪　晶	胡　宁	胡济民
黄　昆	黄祖洽	金建中	金星南	雷树人
李　林	李恒德	李荫远	林兰英	卢鹤绂
梅镇岳	彭桓武	钱三强	沈克琦	汤定元
王　普	王大珩	王福山	王明贞	王天眷

王治梁	魏荣爵	吴式枢	吴全德	萧　健
谢家麟	谢希德	谢毓章	忻贤杰	徐躬耦
徐叙�	徐亦庄	许少鸿	杨澄中	杨桂宫
杨立铭	应崇福	虞福春	张家骅	张志三
张宗燧	赵景员	郑林生	周世训	朱洪元

物理学卷 3（43 名）：

曹昌祺	陈　通	陈佳洱	高崇寿	关定华
郭敦仁	郭可信	郝柏林	何祚庥	李方华
李寿枬	力　一	梁敬魁	刘高联	刘广均
刘颂豪	柳百新	闵乃本	潘　垣	钱皋韵
乔登江	宋家树	王景唐	王业宁	王育竹
王之江	王殖东	魏宝文	吴文虬	冼鼎昌
薛鸣球	徐积仁	杨士莪	叶铭汉	于　敏
曾谨言	张焕乔	赵凯华	赵松龄	周光召
周仲璧	朱光亚	邹世昌		